창조부터 바벨까지

창조부터 바벨까지

초판4쇄 펴냄 | 2022년 3월 2일
지은이 | 기동연
펴낸곳 | 도서출판 생명의 양식
등록 | 1998년 11월 3일. 제22-1443호
주소 | 06593 서울특별시 서초구 고무래로 10-5 (반포동)
전화 | (02) 533-2182
팩스 | (02) 533-2185

총판 | 생명의 말씀사
전화 | (02) 3159-7979
팩스 | (080) 022-8585

교열 | 양명지
북디자인 | 이성희

ISBN 978-89-88618-41-7 93230

www.qtland.com

창세기 1–11장 주석

From the Creation to the Babel

창조부터 바벨까지

기동연 지음

생명의 양식

머리말

나는 포로 후기 선지서를 전공한 구약 학자인데도 창세기 주석서를 먼저 저술하게 되었다. 이렇게 된 사연은 나의 처녀작 "성전과 제사에서 그리스도를 만나다"를 쓴 경우처럼 잠실중앙교회에서부터 시작된다. 나는 미국 유학을 마치고 귀국한 직후 잠실중앙교회에서 교육 목사로 사역하게 되었다. 고등부와 교육부서 전체를 섬기는 사역과 함께 성경 공부를 인도하게 되었다. 이듬해에 잠실중앙교회 박삼우 담임 목사님이 잠시 미국으로 출국할 일이 생겼고 박 목사님은 자신이 맡아 인도하던 창세기 성경 공부반을 나에게 맡겼다. 이후 일년 반 동안 나는 창세기 전체를 강의 하였다. 알다시피 창세기의 내용은 모든 성도들에게 너무나도 익숙하다. 심지어 이제 6살밖에 되지 않은 나의 막내 아들도 아담과 하와가 에덴 동산에 살았다는 사실을 알고 있고, 에서가 야곱의 형이란 사실을 알고 있을 정도로 창세기의 내용은 모든 성도들에게 친숙하다. 하지만 나는 창세기 성경 공부반에서 그런 창세기의 내용을 이야기의 수준을 넘어 그 신학을 알려 주기 위해 전력을 다해 노력하였다. 매 강의마다 나는 A4 용지 5-6장에 빽빽하게 쓴 강의안을 준비하여 나누어 주었고, 강의를 듣는 성도들은 강의 내용에 매우 만족해 하였다. 이것이 내가 창세기를 주석하게 된 계기가 되었다.

창세기를 강의하는 동안 나는 신학생과 목회자를 위한 주석서를 써야 되겠다는 생각을 가지게 되었다. 창세기의 히브리어 성경을 읽으면서 한글 성경의 번역상의 한계를 곳곳에서 발견하게 되었다. 번역 과정에서 발생하는 원어의 의미를 충분히 살리지 못하는 한계가 항상 도사리고 있는데다가, 히브리어 문법을 제대로 이해하지 못한 부분들도 있었고, 전후 문맥을 고려하지 않고 용어를 선택한 부분도 곳곳에서 볼 수 있었다. 예를 들면, 창세기 3:5에서 뱀이 하와에게 "너희가 그것을 먹는 날에는 너희 눈이 밝아져 하나님과 같이 되어"에서 '하나님과 같이'는 70인 역을 비롯한 고대의 성경 번역과 유대인들의 전통에서는 항상 "신들 같이"라고 번역하고 있고 심지어 KJV같은 영어 성경에서도 "as gods"로 번역하고 있으며, 존 칼빈도 이를 "as gods"로 번역하였다. "하나님과 같이"라는 번역은 불과 지금부터 100년 전후에서부터 생겨난 현상이며, 히브리어 문법을 전혀 고려하지 않았다는 문제점을 안고 있다. 이런 문제들을 고려하면서 지난 3년간 고려신학대학원 히브리어 강독 시간에 창세기 1-6장을 해석하고 설명해 주었다. 학생들의 반응은 기대 이상으로 좋았다. 이들의 반응은 내가 창세기 주석을 결심하는데 큰 힘이 되었다.

사실 구약 성경 각 권들 중에서 주석서가 가장 많이 출판된 성경은 창세기이다. 학교 도서관 주석 코너의 책장 면적을 가장 많이 차지하는 것이 창세기 주석이다. 이들 주석들을 이용하면 위에서 내가 제기한 번역된 성경들의 한계들과 우리의 성경 지식에 대한 한계들을 대부분 극복할 수 있다. 하지만 창세기의 영어 주석서는 많은데 반해 창세기의 한글 주석서는 너무 없는 것이 한국 교회의 현실이다. 그나마 창세기 한글 주석서들은 대부분 외국 학자들의 주석서들을 번역한 것들이고, 한국의 구약 학자들이 쓴 창세기 주석은 극소수에 지나지 않는다. 이러한 한국 교회의 현실 앞에 두고 누가복음 1:1-4에서 누가가 한 말이 내 경우에 적절한 핑계가 될 것 같다.

> "우리 중에 이루어진 사실에 대하여 처음부터 목격자와 말씀의 일군 된 자들이 전하여 준 그대로 내력을 저술하려고 붓을 든 사람이 많은지라 … 나도 … 써 보내는 것이 좋은 줄 알았노니"

누가의 경우와 유사하게 나도 창세기 주석서를 써 보고 싶은 마음을 외면할 수가 없었다. 하지만 누가의 경우와는 달리 나의 창세기 주석은 창세기 1-11장 주석서들의 표준이나 최고의 작품이 아니고 아직 걸음마 단계에 있는 한 구약 학자의 설익은 작품에 지나지 않는다. 그렇기 때문에 이 책을 통해 목회자들과 성도들이 약간의 도움이라도 얻게 된다면 내게는 큰 기쁨과 영광이 아닐 수 없다.

주석서를 출판하는 것은 쉬운 일이 아니다. 독자층이 너무 한정되어 있기 때문에 출판사들이 부담스러워 한다. 그럼에도 불구하고 이 책을 출판해 준 고신총회교육원에 진심으로 감사 드린다. 특히 작업을 맡아준 양명지 강도사에게 고마움을 표시하고 싶다. 주석서를 쓰는 동안 자료를 모으기 위해 시카고의 트리니티를 다녀 온 적이 있다. 나를 따뜻하게 맞아 주고 자료 검색을 도와 주었던 목사님들께 감사를 드린다. 그때 오랜만에 가족들과 오랫동안 떨어져 있게 되었고, 가족들과 핸드폰 문자로 연락을 주고 받는 재미를 맛 보았다. 한번은 다섯 살이었던 아들이 내게 이런 문자를 보내 주었다. "아빠 사랑해요 우빈이에요." 사랑하는 아들 우빈과 내게는 보석 같은 딸 예빈, 수빈이가 아담의 후손 셋처럼 셈의 후손 에벨처럼 살기를 바란다. 항상 나의 사역을 위해 기도해 주는 아내와 어머니 그리고 장모님께 감사 드린다. 태초에 하나님께서 하신 일들을 자세히 미루어 살필 기회를 주신 주님께 영광을 돌린다.

천안 고려신학대학원에서

기 동 연

차례

창세기 서론

창세기 1-11장은 구약의 시작이고 모세 오경의 시작 부분이며 창세기 전체의 시작 부분이다. 뿐만 아니라 창세기 1-11장은 성경신학의 시작이다. 흥미롭고 중요한 예를 하나 살펴 보자. 모세 오경의 마지막 부분 신명기는 이스라엘 자손들이 가나안 땅으로 들어가기 위해 모압 평지에서 대기하고 있다가 모세가 죽고 그를 매장하는 것으로 종결된다. 여호수아서에서는 모세를 제외하고 남은 이스라엘 자손들은 가나안 땅으로 들어가게 된다. 창세기 50장에는 유사한 사건이 기록되어 있다. 이스라엘 또는 야곱이 죽고 그의 자손들이 그를 헤브론에 매장하기 위해 애굽을 떠나 가나안으로 가고 있다. 이들은 당연히 고센에서 출발하여 당시 이집트와 가나안을 이어주는 주요 도로인 지중해 해안 길을 따라 브엘세바를 거쳐 헤브론으로 갈 것으로 생각할 수 있다. 그런데 창세기 50:10에는 이런 기록을 남기고 있다.

그리고 그들이 요단 강 건너편 아닷 타작 마당에 이르러 거기서 크고 깊은 슬픔 속에 통곡하였고 그리고 그가 그 아비를 위하여 7일 동안 애곡하였더라.

야곱의 시신을 운구하고 있는 이스라엘 자손들은 요단 강 건너편, 즉 요단 강 동편 모압 지역에 도착하여 그 곳에서 7일 동안 애곡한 후 요단 강을 건너 헤브론으로 내려 가고 있다. 즉 이들은 지중해 해안 길로 통상적인 길을 택하지 않고, 사해 남쪽과 사해 동쪽을 끼고 이동하여 요단 강 동편의 한 모압 평지에 도달한 것이다. 그리고 이곳에서 7일 동안 애곡한 후 요단 강을 건너 가나안으로 들어가 헤브론에 야곱을 매장하고 있다. 모세의 인도하에 가나안에 들어가던 이스라엘의 자손들과 야곱을 장례하기 위해 가나안으로 가던 이스라엘의 자손들은 공교롭게도 같은 장소에서 출발하여 유사한 방향과 유사한 장소를 거쳐 가나안으로 들어가고 있다.[1] 우연일까? 창세기 11:27-32에는 가나안 땅에 들어가는 또 다른 사람들이 있다. 아브라함이 그의 아버지와 함께 갈대아 우르를 떠나 가나안으로 향하여 가다가 아버지 데라를 장사 지낸다. 그 후 창세기 12장에서 아브라함은 하나님의 지시에 따라 요단 강 동편에서 요단 강을 건너 세겜과 벧엘을 거쳐 그리고 이집트까지 내려갔다가 다시 되돌아 와 헤브론에 정착한다. 창세기 11장과 50장 그리고 신명기 34장이 공통적으로 죽음과 가나안 입성을 주요 주제로 다루는 것과는 대조적으로 창세기 3장은 죽음과 인생의 무거운 짐을 지고 에덴에서 추방 당하는 사람들을 기록하고 있다. 창조기사가 에덴을 떠나는 것으로 종결되었다면 아브라함의 역사와 출애굽 백성들의 역사는 가나안으로 들어가는 것으로 시작된다. 이런 점에서 볼 때 창세기 1-11장은 성경과 성경 신학의 출발점이라고 할 수 있다.

구약 성경 신학자들은 자신의 신학적 관점에 따라 구속사, 언약, 약속, 하나님 나라 등등을 구약 성경 신학의 핵심 주제라고 여긴다. 하지만 어느 주제를 핵심 주제라고 주장하든, 그의 연구는 창세기 1-11장에서부터 시작할 수밖에

---

1) Victor P. Hamilton, *The Book of Genesis Chapters 18-50* (Grand Rapids: Eerdmans, 1995), 696-697.

없다.[2] 창세기 1-11장 어떻게 읽느냐는 성경 신학이라는 큰 강물의 흐름을 결정짓는다. 강원도 태백의 검룡소(한강 발원지)에서 출발하느냐 아니면 검룡소에서 불과 수 km 밖에 떨어지지 않은 태백의 낙동강 발원지에서 출발하느냐에 따라 그 도착점이 판이하게 달라지는 것처럼, 창세기를 어떻게 읽느냐에 따라 엄청난 차이기 생겨날 수밖에 없다. 창세기가 하나님의 영감으로 기록되었지만, 대부분의 독자들은 저자가 의도한 의미를 찾기 보다는 자신의 관심과 관점에 따라 읽는다. 예를 들면, 창세기 1장을 읽는 현대 독자들은 창조론과 진화론의 영향에서 벗어날 수 없다. 불임의 아픔을 가지고 있는 부부들은 자신들의 관심사 때문에 아브라함과 사라의 아픔을 누구보다 잘 이해할 수 있을 것이다. 이런 것들이 성경을 읽는데 장점으로 역할하기도 하지만, 경우에 따라서는 저자의 의도와 의미를 보지 못하고 독자가 낀 안경의 색깔에 따라 본문을 읽고 그 의미를 왜곡하기도 한다. 이 책을 쓰는 저자 자신도 한 명의 독자이기 때문에 색안경을 완전히 벗어버릴 수는 없지만, 최선을 다하여 하나님께서 창세기 저자를 통해 말씀하고자 했던 바를 드러내고자 한다. 하나님께서 의도하신 뜻은 저자의 글을 분석함으로 알 수 있다. 저자의 글은 단순히 글자의 나열이 아니라 당대의 문법적인 체계를 통해 기록되었으며, 한 문장의 의미는 그 문장만을 보아서는 분명하게 알 수 없고 전후의 구문들의 구문론적 관계와 각각의 표현들의 상호 관계를 파악해야만 알 수 있다. 뿐만 아니라, 의미라는 것은 언어를 실제적으로 어떻게 사용하였느냐에 따라 달라진다. 예를 들면, '10시다' 라는 말은 그 배경에 따라 의미가 달라진다. 단순히 10시라는 사실을 알려주기 위해 사용할 수도 있지만, 10시이기 때문에 잠자리에 들어가든지 휴식을 하든지, 어떤 일을 행동으로 옮겨야 한다는 것을 알리는 신호로 사용할 수 있다. 이런 점들을 감안하여 나는 본문 언어학적(text linguistic) 방법론을 사

2) 창세기가 모세 오경의 서론부라면, 창세기 1:1-2:3은 창세기의 서론부이다. S. Dean McBride Jr., "Divine Protocol: Genesis 1:1-2:3 as Prologue to the Pentateuch," *God Who Creates*, eds. William P. Brown and S. Dean McBride Jr. (Grand Rapids: Eerdmans, 2000), 3-41.

용하여 주석할 것이다. 그렇다고 복잡한 언어학적인 용어를 난발하여 독자들을 곤란하게 만들지는 않을 것이다. 본문 언어학을 방법론으로 채택하겠다는 것은 창세기 1-11장을 한 저자가 통일성과 일관성을 가지고 자신의 메시지를 전하기 위해 의도적으로 기록했다는 것을 전제한다. 이것은 자연스럽게 전통적인 비평학자들의 연구 방법론을 한쪽으로 밀쳐 놓을 수밖에 없다. 많은 주석자들이 창세기를 주석할 때 전통적인 비평학의 영향을 받고 있다. 이런 방법론들이 창세기의 메시지를 이해하는데 심각한 방해가 되었다. 주석에 앞서 전통적인 비평학 중에서 자료 비평과 양식 비평 그리고 전승사 비평의 문제점들을 간략하게 지적하고 창세기의 저자가 누구인지 살펴 보겠다.

자료설

퍼즐을 끼워 맞춰 본 적이 있는가? 500개의 조각으로 나누어진 아름다운 명화의 퍼즐을 완성했을 때 느끼는 성취감은 아주 크다. 이런 경우 완성된 퍼즐을 액자에 넣어 보관하곤 한다. 그러나 그 퍼즐을 하나 하나 나누어 버리면 결코 그 명화를 볼 수 없을 것이다.[3] 성경을 퍼즐의 조각처럼 나누어 버리면 어떻게 될까? 다음의 출애굽기 13:17-14:31의 일부로 구성된 글을 읽어 보자.

> 13:20 그들이 숙곳에서 발행하여 광야 끝 에담에 장막을 치니 21 여호와께서 그들
> 앞에 행하사 낮에는 구름 기둥으로 그들의 길을 인도하시고 밤에는 불 기둥으로
> 그들에게 비취사 주야로 진행하게 하시니 22 낮에는 구름 기둥, 밤에는 불 기둥이
> 백성 앞에서 떠나지 아니하니라 14:5b (애굽 사람들이) 가로되 우리가 어찌 이같이
> 하여 이스라엘을 우리를 섬김에서 놓아 보내었는고 하고 6 바로가 곧 그 병거를
> 갖추고 그 백성을 데리고 갈새 13 모세가 백성에게 이르되 너희는 두려워 말고 가

3) T. Stordalen, *Echoes of Eden: Genesis 2-3 and Symbolism of the Eden Garden in Biblical Hebrew Literature* (Leuven, Belgium: Peeters, 2000), 187-198.

만히 서서 여호와께서 오늘날 너희를 위하여 행하시는 구원을 보라 너희가 오늘 본 애굽 사람을 또 다시는 영원히 보지 못하리라 [14] 여호와께서 너희를 위하여 싸우시리니 너희는 가만히 있을지니라 [19b] 구름 기둥이 앞에서 그 뒤로 옮겨 진과 이스라엘 진 사이에 이르러 서니 저 편은 구름과 흑암이 있고 이 편은 밤이 광명하므로 밤새도록 저 편이 이 편에 가까이 못하였더라 [24] 새벽에 여호와께서 불 구름 기둥 가운데서 애굽 군대를 보시고 그 군대를 어지럽게 하시며 [25b] 애굽 사람들이 가로되 이스라엘 앞에서 우리가 도망하자 여호와가 그들을 위하여 싸워 애굽 사람들을 치는도다 [27aa] 모세가 곧 손을 바다 위로 내어밀매 [30] 그 날에 여호와께서 이같이 이스라엘을 애굽 사람의 손에서 구원하시매 이스라엘이 바닷가의 애굽 사람의 시체를 보았더라 [31] 이스라엘이 여호와께서 애굽 사람들에게 베푸신 큰 일을 보았으므로 백성이 여호와를 경외하며 여호와와 그 종 모세를 믿었더라

출애굽기 13:20-14:31에 있는 이스라엘 백성들이 출애굽 때에 홍해에서 겪은 것을 기록한 성경 기사의 일부이다. 독자는 그리 어렵지 않게 이 내용에는 이스라엘 백성이 갈라진 홍해를 건넌 것과 이집트 군대가 그 홍해에 빠져 죽은 기사들이 없다는 것을 발견할 수 있을 것이다. 이것은 독일 구약 학자 마틴 노스(Martin Noth)가 출애굽기 13:17-14:31에서 소위 J라고 분류한 부분만 정리한 것이다. 그는 출애굽기 13:17-14:31에는 J, E, 그리고 P문서로 구분하였는데, 그 내용은 아래와 같다.[4)]

J ⇒ 13:20-22, 14:5b, 6, 13-14, 19b, 20, 24, 25b, 27aa, 30-31

E ⇒ 13:17-19, 14:5a, 7, 11-12, 19a, 25a

P ⇒ 14:1-4, 8-10, 15-18, 21-23, 26, 28-29

마틴 노스는 출애굽기 13:17-14:31을 시대와 장소가 전혀 다른 상황에서,

4) Martin Noth, *A History of Pentateuchal Traditions*, trans by Bernhard W. Anderson (Atlanta: Scholars Press, 1981), 269.

별개의 사람들에 의해 만들어진 세 그룹의 문서들이 이곳 저곳에 끼워 맞춘 퍼즐처럼 만들어졌다고 주장하고 있다.

마틴 노스의 견해는 전통적으로 교회가 모세를 창세기의 저자로 생각하였던 것과 크게 다르며, 그의 견해는 자료설이라는 역사 비평학의 한 부류에 뿌리를 두고 있다. 역사비평학의 등장과 함께 많은 비평학자들이 전통적인 견해에 대해 강력하게 도전하였고 지금은 안타깝게도 비평학자들의 견해가 주류가 되다시피 하였다. 창세기의 모세 저작성에 대해 처음 의심을 품었던 사람은 헤닝 비테(1711 Henning Bernhard Witter)라는 독일인 목사였다. 그는 창세기 1-3장에서 하나님의 이름들이 다르게 사용된 것과 스타일과 내용의 차이점에 근거하여 1-3장에는 모세 이전에 존재했던 몇몇 자료들이 뒤섞여 있다고 주장했다. 그의 주장은 드 베테(De Wette)와 카알 그라프(Karl Heinrich Graf) 같은 학자들을 통해 발전을 거듭하다가 벨하우젠(Wellhausen)에 의해 체계화된다. 벨하우젠에 의하면 여러 편집자가 여러 시대를 걸쳐 J, E, D, P라는 네 개의 문서를 가지고 편집하여 만든 것이 창세기이며, 이 중에서 J문서는 가장 오래된 자료로서 초기 왕조 시대인 기원전 9C경에 유다 왕국에서 생겨 났다. J문서는 하나님을 야웨(Yahweh)라고 부르며, 창세기 2:4b에서 시작하며 창세기의 상당부분과 출애굽기와 민수기의 일부 그리고 신명기 내의 소수의 짧은 본문으로 되어 있다. 반면에 E문서는 하나님을 엘로힘(Elohim)이라고 부르며, 기원전 8C경에 생겨나 북쪽 이스라엘 왕국에서 사용되었다. 벨하우젠에 의하면 이 문서들은 여러 단계의 편집 과정을 거쳤으며, 이들을 현재의 형태로 묶은 것은 P문서를 만들었던 제사장 그룹이였다. 벨하우젠은 제사장 그룹들이 포로 후기 시대에 족보와 제사장 규정들을 창세기를 비롯한 모세 오경에 첨가하였다고 주장한다. 벨하우젠을 비롯한 자료설을 주장하는 비평학자들이 창세기를 별개의 문서들로 구성되어 있다고 본 이유는 창세기 1장과 2장에 각각 다른 창조 기사가 두 번씩이나 기록되어 있다든지, 아브라함과 이삭이 아내를 누이라고 위장하는 사건들처럼 동일하거나 유사한 사건들이 반복해서 나타나는 현상 때문이다. 그리고 반복된 기록들에서 하나님의 이름은 야웨나 엘로힘을 각각 다르게 사용하고 있다(창 12:10-20 J; 20:1-18 E; 26:6-16). 이런 현상들을 나름대로 설명하는 과정에서 비평학자들은 모세 저작성을 부인하고 별개의 자료들의 존재를 가정하게 되었다.

이런 현상들 때문에 별개의 문서의 존재를 가정할 수 있지만, 이들의 주장은 고대 근동의 문학적 스타일을 충분히 고려하지 않았기 때문이다. 고대 근동 지역에서 발굴된 문서들을 살펴보면, 동일한 사건을 반복하거나 한 신에게 다양한 이름들을 붙여 그 이름들에 따라 글의 내용을 이어가는 현상을 종종 발견하게 된다. 예를 들면, 고대 아카드 시대에(ca. 2360-2180 B.C.) 만들어진 에뉴마 엘리쉬(Enuma-Elish)라는 창조 신화에서 마르둑(Marduk)이라는 신이 티아매트(Tiamat)이라는 사악한 바다의 신을 죽여 그 몸으로 하늘과 땅을 만든다. 그 때에 아카드 만신전의 신들이 마르둑에게 50가지의 이름을 붙여주며 그 이름에 따라 노래를 부르는데, 28, 35, 36, 그리고 49번째 이름에 이런 내용이 있다.

> Let us then proclaim his fifty names: … (1) Marduk, as Anu, his father, called him from his birth… (28) Sir.sir, who heaped up a mountain over her, Tiamat, who the corpse of Tiamat carried off with his weapon; who directs the land-their faithful shepherd; whose hair is a grain field, his honed cap furrows; who the wide-spreading sea vaults in his wrath, crossing (her) like a bridge at the place of single combat. Sirsir, secondly, they named Malah-and so forth. Tiamat is his vessel and he the rider. … (35) Gishnumunab, creator of all people, who made the (world) regions, Destroyer of the gods of Tiamat; who made men out of their substance. … (36) Lugalabdubur, the king who frustrated the work of Tiamat, rooted out her weapons; whose foundation is firm in front and in the rear. … (49) Nebiru shall hold the crossings of heaven and earth…, May he vanquish Tiamat; may her life be strait and short! Into the future of

mankind, when days have grown old, may she recede without cease and stay away forever. Because he created the spaces and fashioned the firm ground, father Enlil called his name (50) Lord of the Lands.[5)]

이 신화는 마르둑에게 다양한 이름을 붙이고 있고, 마르둑이 티아매트을 죽여 세상을 창조하였다는 내용을 거듭 반복되고 있다. 만약에 자료 비평의 견해를 받아 들여 적용한다면, 에뉴마 엘리쉬의 6-7번째 토판은 최소한 50개 이상의 자료로 나누어야 하며, 이들은 각각 50개 이상의 지역에 존재하였는데, 누군가가 이들을 하나로 모아 에뉴마 엘리쉬 신화를 만들었다고 보아야 할 것이다. 이런 식의 접근은 고대 메소포타미아 사람들에게는 황당하게 느껴질 것이다. 마찬가지로 하나님의 이름에 근거하여 창세기를 조각조각 나누는 것은 본문의 의미를 드러내지 못하고 파괴시키는 결과를 초래한다.

양식 비평

19C말경에 자료 비평에 한계를 느낀 비평학자들은 관심을 기록된 자료들에서 구두전승으로 옮겼다. 즉 JEDP의 내용들은 기록되기 이전에 입에서 입으로 전해져 내려오던 시기가 있었다고 가정하고, 구전 형태의 본문을 찾아 내고, 이들 구전들을 사람들이 어떤 배경에서 사용하였는지 연구하기 시작하였다. 대표적인 학자들은 헤르만 군켈(Hermann Gunkel)과 지그문트 모빙켈(Z. Mowinckel)이다. 군켈은 창세기뿐만 아니라 시편을 장르에 따라 구분하고 각 장르에 속한 이야기와 시들의 종교적 사회적 삶의 배경(Sitz im Leben)을 찾으려고 했다. 군켈은 창세기의 내용을 전설, 영웅담, 신화, 민간 설화로 구분하고, 창세기에 있는 족장들의 이야기들은 히브리인들의 민간설화에서

5) James B. Pritchard, *Ancient Near Eastern Texts: Relating to the Old Testament* (Princeton: Princeton University Press, 1969), 69-72.

유래되었고 목자들 개개인들의 삶의 경험들과 관련있다고 주장했다.[6] 그에 의하면 전문 이야기꾼들이 캠프 파이어에 앉아 자신들의 조상들이 겪은 무용담들을 신화들과 영웅들의 전설들과 결합시켜 청중들에게 들려 주었고, 이런 과정을 거치면서 조상들의 무용담이 현재의 종교적 이야기로 발전하게 되었다.

창세기 18장에 있는 아브라함을 방문한 세 천사 이야기를 예로 들어 보자. 군켈에 의하면 이 이야기는 J문서가 만들어지기 이전부터 존재하였으며, 창세기 18장에 등장하는 세 사람은 원래 야웨의 사자들이 아니라 세 명의 신들이었다. 군켈은 유사한 내용을 지닌 그리스의 오리온 신화에서 이 이야기의 기원을 추적한다.[7] 오리온 출생 신화에 의하면, 제우스와 포세이돈 그리고 허마스(혹은 제우스, 아폴로스 그리고 포세이돈)가 땅에 내려 왔다가 히리에우스(Hyrieus)라는 노인의 극진한 대접을 받고 그에게 소원을 들어 주겠다고 약속한다. 자식이 없던 히리에우스는 이 신들에게 아들을 달라고 간청한다. 이에 세 명의 신들은 그들의 정액을 사정하여 황소의 가죽에 담아 땅에 묻었고, 10달 뒤에 그 속에서 아들이 태어난다. 이 아이가 오리온이다. 오리온(*Οριων* 또는 *ουριων*)이란 이름은 정액을 방출한다는 의미를 가진 그리스어 '우레오'(*ουρεω*)란 동사에서 파생되었다. 군켈에 의하면, 아이의 출생을 둘러 싸고 불쾌한 내용을 담고 있긴 하지만, 이를 제외하고는 오리온 신화는 아브라함의 헤브론 전설과 똑같다고 주장한다. 군켈은 이 전설이 이스라엘로 건너와서 헤브론 전설과 이삭의 출생으로 바뀌었다고 주장한다. 군켈의 주장의 문제점은 팔레스타인의 목동이 메소포타미아도 아닌 그리스의 신화를 어떻게 알 수 있었으며 언어적 한계는 어떻게 극복했느냐는 것이다. 그리고 이런 이야기를 만들어 종교생활에 끌어들인 이유가 무엇인지 명확하지 않다. 어쨌든 지난 수십년간 많은 학자들이 창세기 1-11장의 내용을 고대 근동의 신화들과 비교하려고

---

6) Herman Gunkel, *Genesis* (Macon, Georgia: Mercer University Press, 1997), vii-lxxxvi. 군켈의 용어는 기분적으로 창세기의 내용이 역사적 사실이라기 보다는 소설에 가깝다는 전제를 가지고 있다. J. I. Packer, "Hermeneutics and Genesis 1-11," *Southwestern Journal of Theology* 44(2001): 13-14.

7) *Ibid.*, 198-200.

했기 때문에 이 주석에서는 이 신화들을 소개하여 독자들이 평가할 수 있게 할 것이다.

전승사 비평

양식 비평이 창세기 기사의 원조와 삶의 배경을 찾으려고 했지만, 현재의 창세기 기사로 완성되는 과정에 대해 설명하지 못하는 약점을 가지고 있다는 지적은 많이 받게 된다. 이런 약점을 보완하고 발전시키기 위한 작업으로 전승사 비평이 생겨나게 되었다. 알트(Albrecht. Alt), 노스(Martin Noth), 본 라드(Gerhard von Rad)가 대표적인 인물이며, 이들은 구약 본문의 구전 단계의 기원과 발전 그리고 기록과 최종 편집을 포함하는 본문의 전체 역사를 재구성하려고 하였다. 알트에 의하면 아브라함과 이삭과 야곱은 원래 서로 아무 관계가 없는 별개의 반 유목민 부족들의 족장들로서 목장을 찾아 옮겨 다니며 살았고, 각자의 시조들과 관련된 종교를 따로 따로 가지고 있었다. 이들은 가나안 땅에 정착하게 되면서 자신들의 종교적 시조의 이름들을 그 땅에 이미 세워져 있던 산당들과 결부시켰고, 부족의 신을 지역 산당들의 이름을 딴 신과 동일시했다(엘엘로헤이 이스라엘 창 33:20, 엘벧엘 창 35:7). 인접한 지역에 정착한 이들 반 유목민 부족들은 서로 교류하게 되었고, 각자의 신들을 한 신으로 통일시켰으며, 그들의 조상들을 한 계보 속으로 통합시키게 되었다. 노스(M. Noth)와 본 라드(von Rad)는 이 과정에서 반 유목민 부족들은 그리스의 도시 국가 연맹체(Amphictyony)와 같은 형태의 부족 연맹체를 만들었다고 한다.[8] 고대 그리스는 다양한 형태의 도시 국가 연맹체를 가지고 있었는데, 그 중에서 델피 신전을 중심으로 형성된 델피의 앰픽티오니(amphictyony)가 가장 큰 도시 국가 연맹체였다. 이 연맹체는 신전의 운영과 보호를 위매 형성되었는데,

8) Gerhard von Rad, *Old Testament Theology*, vol. 1 (Sanfrancisco: Haper Collins, 1962), 16-17.

기원전 6세기에 이르러 정치적 색체를 가지게 된다. 전승사 비평가들은 이 연맹체를 통해 사사 시대의 이스라엘 부족의 관계를 설명하려 하였다. 이 부족 연맹은 정치적 기능을 직접적으로 가지지 않은 종교 공동체로서 야웨 신을 숭배하고 공동으로 신전을 관리하기로 하였다.[9] 이들에 의하면 열두 부족들은 대표를 중앙 성소에 파견하여 매년 한 달 동안 제사장직을 수행했다. 이들은 파견된 대표들이 이 기간 동안 족장들의 이야기들을 모아 부족 연맹의 결속력을 강화시키기 위한 가족 역사로 바꾸었다고 주장한다. 이 주장의 문제점은 기원전 6세기 이전에는 그리스 자체에서도 그 영향력이 미미했던 제도를 통해 이보다 무려 600–800년 이전에 존재했던 이스라엘의 사사 시대를 설명할 수 있느냐에 있다. 뿐만 아니라, 구약 성경은 12지파를 연맹체로 보지 않고 단일 민족이라고 한다. 그리고 사사 시대에는 성막을 보호하고 운영하기 위해 12지파가 연맹체를 형성하지 않았다. 성막의 보호와 운영은 제사장과 레위인들에게 맡겨져 있었다. 각 지파에 흩어져 살던 레위인들을 성막 보호와 운영을 위해 12지파가 파견한 사람들이었다고 주장하는 것은 옳지 못하다.

본 라드는 신명기 6:20–24와 여호수아 24:2–13에 근거하여 이 부족 연맹체는 야웨 하나님의 네 가지 구속 행위를 신조로 삼고 있었다고 주장한다: 1) 조상들에게 준 약속, 2) 출애굽, 3) 광야 생활, 그리고 4) 약속의 땅. 본 라드는 이 고대의 신조 속에 시내산 언약에 대한 언급이 전혀 없다는 점에 근거하여 언약과 율법은 후대의 신학적 발전이며, 포로후기 시대에 신조적 신앙고백에 포함되었다(느 9:6f)고 주장한다. 그에 의하면 고대 근동 지역에 만연해 있던 창조 신화도 바벨론 포로기 때에 비로소 창세기에 포함되었으며, 이 창조 신화를 받아들이는데 결정적인 역할을 한 자는 포로기 때에 활동한 선지자라고 주장하는 제2이사야였다.

본 라드의 전승사 비평은 여러 가지 문제가 있다. 본 라드는 전승사 비평을 통해 창세기를 비롯한 이스라엘의 역사를 구속사라는 관점에서 설명하려 한

---

9) Gerhard von Rad, *Old Testament Theology*, vol. 1, 3–102.

다. 본 라드는 이스라엘의 역사를 비평가들이 만든 소위 객관적 이스라엘의 역사와 이스라엘의 신앙 고백적 역사를 구별한다. 본 라드의 구속사는 비평가들이 재구성한 이스라엘 역사가 아니라 이스라엘의 고백적 역사 위에서 구속사를 설명한다. 이 경우 이스라엘의 고백적 역사가 사실이라면 그의 구속사적 설명은 가장 훌륭한 설명일 것이다. 그러나 본 라드는 비평가들에 의해 재구성된 역사는 사실이고 창세기를 비롯한 이스라엘의 고백적 역사는 사실이 아니라 지어낸 역사라고 믿는다. 그렇다면 그의 구속사는 꾸며낸 역사에 기초한 거짓된 역사에 지나지 않는다는 딜레마를 가지고 있다.

창세기의 저자는 누구인가?

이상에서 살펴본 전통적인 비평학자들은 창세기를 비롯한 모세 오경의 모세 저작성을 부인하였다. 최근에 활동하는 구약 학자들은 전통적인 비평학자들의 주장을 액면 그대로 받아들이지는 않지만 비교적 수용하는 입장을 취하고 있다.[10] 즉 모세를 창세기의 저자로 생각하지 않는다. 그렇다면 전통적인 견해는 아무런 의미가 없는 것일까? 예수님께서 창세기를 포함한 오경을 모세의 글이라고 한 것은 어떻게 되는 것일까? 창세기의 저자가 모세라는 것은 오랜 전통이긴 하지만 창세기 자체는 저자가 누구인지 분명하게 밝히지 않는다. 그리고 안타깝게도 우리는 결코 과거로 되돌아 가서 창세기 저자의 저작 활동을 직접 확인할 수 없기 때문에 전통적인 견해가 옳은지 비평학자들의 견해가 옳은지 확인할 수 없다. 하지만 나는 창세기를 비평학자들이 주장하는 것처럼 후대의 작품으로 생각하지 않는다. 창세기의 저자는 모세이고 모세 오경을 여호수아가 대서했을 가능성이 높다. 근거가 있는가? 물론 있으며, 지금부터 그 근거를 제시하겠다.

---

10) Paul Morris, "A Walk in the Garden: Images of Eden," 21-38.

독립 인칭 대명사 3인칭 남성 여성의 구분

히브리어에는 독립 인칭 대명사가 있다. 3인칭 남성 단수는 '후' (הוּא)이며 3인칭 여성 단수는 '히' (הִיא)이다. 이 두 대명사의 남성과 여성 구분은 모세 오경을 제외한 나머지 구약 성경에서 아주 분명하게 나타난다. 그런데 창세기 3:12와 3:20 등에서는 독립 인칭 대명사 3인칭 여성 단수의 둘째 자음에 '요드' (י)를 쓰지 않고 '와우' (ו)를 사용하여 아래의 이탤릭체로 된 히브리어에서 볼 수 있듯이 남성 단수와 동일한 형태(הוא)를 가지고 있다.

창 3:12 וַיֹּאמֶר הָאָדָם הָאִשָּׁה אֲשֶׁר נָתַתָּה עִמָּדִי *הִוא* נָתְנָה־לִּי מִן־הָעֵץ וָאֹכֵל׃

아담이 가로되 하나님이 주셔서 나와 함께 하게 하신 여자 그가 그 나무 실과를 내게 주므로 내가 먹었나이다

창 3:20 וַיִּקְרָא הָאָדָם שֵׁם אִשְׁתּוֹ חַוָּה כִּי *הִוא* הָיְתָה אֵם כָּל־חָי׃

아담이 그 아내를 하와라 이름하였으니 그는 모든 산 자의 어미가 됨이더라

마소라 학자들은 이 3인칭 남성 단수처럼 생긴 인칭 대명사를 3인칭 여성 단수로 읽도록 첫째 자음 '헤' (ה) 밑에 모음 '히렉' (ִ)을 붙여 '히' (הִוא)로 표기하였다. 창세기 3:12과 3:20 뿐만 아니라 이런 표기는 오경에서 무려 190번 이상 발견되며, 모세 오경을 벗어나 여호수아서에서부터는 이런 현상을 단 한 번도 찾을 수 없다. 이런 현상이 나타나는 이유는 창세기를 비롯한 모세 오경의 독립 인칭 대명사 3인칭 남성과 여성은 그 성구분이 명확하지 않았던 시기의 특징을 반영하기 때문이다. 히브리어가 이 같은 특징을 가지게 된 것은 힛타이트와 후리안의 영향 때문인 것으로 생각된다. 폴(Paul Joüon)에 의하면, 이들은 아브라함 시대부터 헤브론을 비롯한 유다 산악 지역에 도시를 형성하고 살았으며(창 23:1-20), 가나안 정복과 사사 시대까지 존재하며 서로 영향을 주고 받았다. 이들은 오경처럼 독립 인칭 대명사 3인칭에서 남성과 여성을 구분

하지 않았다.[11] 이스라엘 백성들이 가나안 거민들과 활발하게 교류하면서 남성과 여성의 구분이 생겨나게 되었으며, 여호수아서를 비롯한 나머지 성경들은 두 번 다시 'הִוא'를 사용하지 않는다. 만약 창세기가 구전으로 전해지다가 후대에 기록되었다면 이런 고대의 문법적 특징을 가질 수 없다.

접속사+동사 부정사 독립형의 사용

학개 1:6에서 학개는 포로 후기 이스라엘 백성들에게 그들의 삶이 하나님의 징벌 아래 있었음을 일깨워 준다. 이스라엘 백성들이 많은 씨를 뿌렸지만 수확량은 아주 적었다. 이를 히브리어로 다음과 같이 표현하고 있다:

> Hag 1:6 .זְרַעְתֶּם הַרְבֵּה וְהָבֵא מְעָט
>
> 너희가 많이 뿌릴지라도 수입이 적으며

여기에 문법적으로 특이한 현상이 있다. 둘째 문장 '베하베 메아트' מְעָט וְהָבֵא에서 동사는 '보' בּוֹא의 부정사 독립형이며 접속사 '브'(וְ)와 결합되어 선행하는 한정 동사 '제라템' זְרַעְתֶּם을 이어주는 역할을 하고 있다. 동사 부정사 독립형을 이렇게 사용한 경우는 구약에서 모두 45번이다. 발트케(Waltke)와 오코너(O' Connor)에 의하면, 이런 용례는 주로 기원전 7C 후반부터 많이 나타나는데, 예레미야 10회, 스가랴 3회, 에스더 9회, 그리고 느헤미야에서 4회 나타나는 반면에 오경 전체에서 2회 그리고 초기 선지서에서도 아주 드물게 사용되고 있다.[12] 히브리어 사용 역사에서 나타난 이 같은 현상을 비교해 보면 창세기를 비롯한 오경은 최소한 기원전 7C 후반부 이후의 언어 유행과 크게

---

11) Paul Joüon, *A Grammar of Bibical Hebrew: Part One: Orthography and Phonetics* (Roma: Editrice Pontificio Istituto Biblico, 1993), 122-123. G. A. Rendsburg, "A New Look at Pentateuchal awhi," *Biblica* 63 (1982): 351-369.

12) Waltke & O' Connor, *Biblical Hebrew Syntax* (Winona Lake: Eisenbrauns, 1990), 595.

차이가 있음을 알 수 있다. 오경이 비평가들의 주장과는 달리 최소한 BC 7C 이전에 기록되었을 가능성을 분명하게 보여준다.

동사 미완료형을 사람 이름으로 사용

시대에 따라 유행하거나 선호하는 이름들이 있다. 구한말까지만 해도 우리 선조들은 남아 선호 사상 때문에 딸을 낳으면 '끝녀', '끝순', '말자', '말숙'과 같은 이름을 많이 지어 주었다. 하지만 지금은 이런 류의 이름을 거의 사용하지 않는다. 유사한 현상이 구약 성경에서도 나타난다. 이삭, 이스마엘, 야곱, 그리고 요셉의 이름은 히브리어 동사의 미완료형이다.

이삭יִצְחָק 이스마엘יִשְׁמָעֵאל 야곱יַעֲקֹב 요셉יוֹסֵף

이삭의 이름의 뜻은 '그가 웃다' 이며, 이스마엘은 '하나님이 듣다', 야곱은 '그가 붙잡다', 그리고 요셉은 '그가 더하다' 라는 뜻을 가지고 있다. 키첸(Kitchen)에 의하면, 겔브가 서부 셈족 사람 6,000명의 이름을 분석하였는데, 기원전 1500-2000년의 이름들 가운데 16%가 미완료형이고, 기원전 1500-1000년대에는 2%만 미완료형으로 된 이름을 사용하고, 그리고 1000-500년대에는 페니키아 지역은 6% 그리고 앗시리아 지역은 0.25%로 줄어 든다.[13)]

1800 B.C.	16%
1300 B.C.	2 %
1000-500 B.C.	0.25%

이 같은 현상은 창세기에서 족장들이 미완료형으로된 이름들을 빈번하게 사

13) K. A. Kitchen, *On the Reliability of the Old Testament* (Grand Rapids: Eerdmans, 2003), 341-343, 639.

용하는 이유를 알게 해주며, 동시에 창세기의 인물들이 활동하던 시기를 짐작하게 해준다.

노예의 가격

야곱은 열두 아들을 낳고, 그 중에서 요셉을 편애하였다. 그의 편애는 나머지 형제들의 질투를 유발시켰고, 결국 요셉의 형들은 동생을 살해하려 했고, 마침내 요셉을 이스마엘의 후손들로 구성된 대상들에게 팔아 넘겼다. 그 때 요셉의 형들은 요셉이 몸값으로 은 20개를 받았다. 함무라비 법전에는 노예의 가격을 은 1/3 미나 즉 약 20세겔로 규정하고 있다. 출애굽기 21:32에는 소가 노예를 받아 죽인 경우 소 주인이 갚아야할 노예의 가격으로 은 30을 규정하고 있다. 누지 문서에 의하면 당시의 노예 가격은 약 은 30이었다.

시기	가격	고대 근동 문헌	성경
2500-2000	10-15	수메르	
2000-1500	20	함무라비	창 37:28
1500-1000	30	누지	출 21:32
1000-500	50	앗시리아	왕하 15:20
625 B.C.	120	신바빌론	

키첸에 의하면 이후 노예의 가격은 계속 올라 앗시리아 문서에서는 은 50세겔로 규정하고 있다.[14] 유사하게 열왕기하 15:20에서 앗시리아의 불(Pul) 왕의 군대가 이스라엘을 공격하였을 때, 므나헴은 앗시리아 군대의 철수를 위해 이스라엘 백성 일인당 은 50세겔씩 계산하여 불 왕에게 지불한다. 이런 노예

14) *Ibid.*, 344-345.

가격의 일치가 우연일까? 우연이 아니라면, 후대의 저자가 어떻게 노예의 가격을 정확하게 알고 기록할 수 있었을까? 어떻게 1000년 전의 노예 가격을 알 수 있었을까? 우리는 신라 시대의 노예 가격을 아는가? 조선시대 노예 가격은? 상평통보 몇 냥을 지불했을까? 이 같은 노예 가격의 일치는 모세 오경을 기록한 사람이 살았던 시기를 짐작하게 해준다.

시대착오적인 표현

창세기의 기록 연대를 추정할 때 가장 걸림돌이 되는 것은 창세기 14:14의 단이란 지명과 창세기 21:32-34의 블레셋이란 이름이다. 블레셋은 가나안 서부 해안 지역의 5개 도시인 가드, 가사, 아스돗, 아스글론, 에그론에 정착해 살았던 비셈족인들이다. 일반적으로 이들은 기원전 12-13세기 에게해 지역에서 소아시아 지경을 경유하여 가나안에 정착한 것으로 여긴다. 이들에 의해 고대 힛타이트 제국이 멸망당한 것으로 알려져 있다. 문제는 이들이 가나안 땅에 등장한 것은 기원전 12-13세기인데 수백년 이전에 가나안에 들어왔던 아브라함이 블레셋 땅에 거주하였고 그들의 왕이라고 불리는 아비멜렉과 언약을 체결하고 있다는 것이다. 아브라함은 수백년 뒤에 나타날 사람들과 어떻게 만날 수 있었을까?

이 문제를 해결하기 위해 먼저 생각해야 할 것은 블레셋이란 명칭의 성격을 파악해야 한다. 블레셋이란 이름이 주로 기원전 12-13세기에 가나안에 정착한 사람들을 지칭하기 위해 사용된 것은 사실이지만, 구약 성경에서 '블레셋'은 에게해 지역에서 이주해 온 사람들을 총칭하는 명칭으로 사용되었음을 알아야 한다. 에게해로부터 온 이주민들을 부르는 이름이 또 있었다. 사무엘상 30:14에 나오는 '그렛'이 바로 그들이다. 그렛은 에게해에 있던 크레테라는 섬에서 이주해 온 사람들로서 에스겔 25:16과 스바냐 2:5에서 그렛 사람들은 블레셋 사람들과 동일시되고 있다.

> 그러므로 나 주 여호와가 말하노라 내가 블레셋 사람 위에 손을 펴서 그렛 사람을 끊으며 해변에 남은 자를 진멸하되 (겔 25:16).
> 해변 거민 그렛 족속에게 화 있을진저 블레셋 사람의 땅 가나안아 여호와의 말이 너희를 치나니 내가 너를 멸하여 거민이 없게 하리라 (습 2:5).

사무엘상 30:14과 열왕기상 1:44에 언급된 지명을 참고로 하면 이 그렛 사람들은 다윗 시대에 아브라함과 이삭이 거주하였던 그랄과 브엘세바에 여전히 살고 있었고, 솔로몬의 용병으로 활동하였다. 블레셋 사람을 호칭하는 또 다른 용어가 있었다. 신명기 2:23에는 '갑돌 사람'이라는 말이 나온다(cf. 수 13:3).

> 갑돌에서 나온 갑돌 사람이 가사까지 각 촌에 거하는 아위 사람을 멸하고 그들을 대신하여 거기 거하였었느니라

창세기 10:14, 역대상 1:12, 예레미야 47:4, 아모스 9:7에 의하면 블레셋 사람들이 바로 이 갑돌에서 나왔다고 말한다. 갑돌은 에게해에 있는 크레테(Crete)와 키프로스(Cyprus) 지역을 총칭하는 지역이다. 이처럼 구약 성경에는 에게해 지역에서 이주해 온 사람들을 블레셋 사람, 그렛 사람, 그리고 갑돌 사람이라고 불렀다. 이들 이름이 구약 성경에 등장하는 빈도로 보아 '블레셋 사람' 더 대중적인 명칭이었다. 그렇다면 에게해 지역 사람들이 언제부터 가나안으로 이주해 정착하였을까? 일반적으로 알려진 블레셋 사람의 이주는 기원전 12-13세기에 있었다. 그러나 이들보다 수백년 앞서 시리아 팔레스타인 지역에 이주하였음을 보여주는 기록이 있다. 중기 청동기 시대에 에게해 지역 사람들과 시리아 팔레스타인 지역 사람들간에 지속적인 교류가 있었다는 사실은 마리 문서(1830-1760 B.C.) 등을 통해 잘 알려져 있다.[15] 기원전 1490-

15) Gösta W. Ahlström, *The History of Ancient Palestine* (Minneapolis: Fortress, 1993), 176.

1436년에 이집트를 통치한 투트모세 3세가 카르낙의 신전 벽에 자신의 아시아 원정 업적을 기록해 놓았다. 그의 아홉 번째 아시아 원정 기록에 의하면, 그는 다히(Djahi), 켑티(Keftiu), 비블로스(Byblos), 그리고 섹투(Sektu)라는 동부 지중해 연안의 도시들로부터 백향목을 가져 왔다. 이 도시들 중에서 켑티(Keftiu)는 그레데의 이집트식 명칭이다(ANET 241). 기원전 1600년대에 파괴된 하솔 인근의 텔 카브리에서 기원전 2700-1450년 사이에 그리스 반도에 번성한 미노스 문명의 유적이 대량으로 발굴되었다. 이 지역에서는 크레테 스타일의 프레스코도 발굴되었다.[16] 아브라함이 머물기도 했던 그랄로 알려진 텔 하롤에서는 중기 청동기 시대(기원전 2200-1550)에 해당하는 유물들이 발굴되었는데, 이중에는 키프로스 항아리들과 미노스 스타일로 된 잔이 발굴되었다.[17] 이것들은 모두 가나안 지역 도시 국가들이 에게해 지역과 교역을 하고 있었다는 것 뿐만 아니라, 소수일지라도 그 지역 사람들이 시리아 팔레스타인 지역에 교역을 위한 정착지를 확보하고 있었음을 보여 준다.[18]

그러므로 아브라함이 만난 블레셋은 기원전 12-13세기에 시리아 팔레스타인으로 대규모로 이주한 에게해 지역 사람들이 아니라, 그 이전에 이주한 사람들일 가능성이 매우 높다. 그렇다면 왜 그들을 블레셋이라고 불렀을까? 블레셋이란 말은 라암셋 3세의 신전 벽화에 기록된 문서에서 처음 나타난다.[19] 그런데 크레데에서 발굴된 미노스 시대의 파이스토스 디스크(최소한 기원전 1700년 이전에 만들어진 토판)에 새겨진 그림들에는 이집트의 라암셋 3세의 신전에 새겨져 있는 블레셋 전사와 아주 유사한 그림들이 새겨져 있다.[20] 위의

---

16) 텔 에드-다바(Tell ed-Dab'a)는 힉소스 시대에 크레데 스타일의 벽화가 지난 1991-1993년 사이에 대량으로 발견되었다. Amelie Kuhrt, *The Ancient Near East: c. 3000-330*, vol. 1 (New York: Routledge, 1995), 179.

17) Joel D. Klenck, *The Canaanite Cultic Milieu: The zooarchaeological evidence from Tel Haror, Israel (2000-1500 B.C.)*, Britich Archaeological Reports International Series 1029 (Oxford, England: Archaeopress, 2002), 30. Eliezer D. Oren,?"A Minoan Graffito from Tel Haror (Negev, Israel)," *Cretan Studies* 5 (1996): 91-118.

18) K. A. Kitchen, *On the Reliability of the Old Testament*, 341.

19) 블레셋이란 말은 라암셋 3세의 신전 벽화에 기록된 문서에서 처음 나타난다. ANET, 262.

그림에서 볼 수 있는 것처럼 블레셋 전사들은 머리카락을 꼿꼿이 세운 헤어 스타일을 하고 있다. 이를 보면 일반적으로 알려진 블레셋 용사는 이들이 가나안에 오기 500-600년 전부터 크레데에 실존한 인물들이었음을 알 수 있다. 이들을 언제부터 블레셋이라고 불렀는지는 확실히 알 수 없다. 혹시 아브라함 때에는 블레셋이라고 부르지 않았다고 하더라도 '블레셋' 이란 이름은 과거의 지명을 후대에 생겨난 보편화된 지명으로 바꾸는 필사자들의 스타일에 따른 현상일 수 있다.

이런 현상은 창세기 14:14의 '단' 이라는 지명에서도 확인할 수 있다. '단' 이라는 지명은 아브라함의 손자 야곱의 아들 단의 이름이며, 언급된 지명 이름이 생겨난 것은 가나안에 정착한 단 지파가 새로 이주한 지역에 붙인 이름이며, 그 전에는 레센 또는 라이스라고 불렸다(수 19:47; 삿 18:29). 당연히 아브라함 시대에 '단' 이라는 지명을 쓰는 것은 심각한 문제를 야기하게 된다. 이렇게 되면 창세기의 저자 후보 군에서 모세를 비롯해서 가나안 땅에 들어가기 전에 살았던 사람은 모두 배제되어야 한다.

하지만 이런 문제 때문에 모세 저작성을 배제하는 것은 아니다. 위의 문제와 모세 저작성 문제를 해결할 수 있는 실마리가 오경에는 기록되어 있다. 그 실마리를 말하기 앞서 로마서 16:21-22을 먼저 가볍게 생각해 보자.

> [21]나의 동역자 디모데와 나의 친척 누기오와 야손과 소시바더가 너희에게 문안하느니라 [22]이 편지를 대서하는 나 더디오도 주 안에서 너희에게 문안하노라

바울이 로마에 있는 성도들에게 디모데를 비롯한 다른 교우들과 함께 문안

---

20) 파이스토스 디스크(Phaistos Disk)는 1908년 남부 크레테에 있는 한 미노안 궁전 유적지에서 발굴되었다. Andrew Robinson, *Lost Languages: The Enigma of the World's Undeciphered Scripts* (New York: McGraw-Hill, 2001), 297-315.

하고 있다. 그런데 22절에는 더디오라는 사람이 로마 교회에 문안하면서 이 편지를 대서하고 있다는 사실을 밝히고 있다. 그렇다면 로마서의 저자는 바울인가 아니면 대서하고 있는 더디오인가? 구약 성경에서도 유사한 경우를 볼 수 있다. 예레미야 45:1에 이런 말이 있다.

> "유다 왕 요시야의 아들 여호야김 제 사년에 네리야의 아들 바룩이 예레미야의 구전대로 이 모든 말을 책에 기록하니라 때에 선지자 예레미야가 그에게 말하여 가로되"

예레미야가 네리야의 아들 바룩에게 구두로 하나님의 말씀을 말해 주면 바룩은 책에 기록하였다고 말한다. 이 책은 두말할 것도 없이 예레미야서 전부 혹은 대부분이다. 그렇다면 예레미야서의 저자는 예레미야인가 바룩인가? 예레미야이다. 바울과 더디오의 경우처럼 예레미야가 예레미야서를 기록하였지만 바룩이란 대서인이 있었다. 이런 관계가 모세 오경에도 해당될 가능성이 있다. 이스라엘 백성이 홍해를 건너 시나이 광야를 가로질러 시내산으로 향하고 있을 때 아말렉 족속들이 그들의 뒤를 공격한 적이 있다. 여호수아가 아말렉 군사들과 박빙의 전투를 치루는 동안 모세는 산꼭대기에서 아론과 훌의 도움을 받으며 손을 들고 하나님의 도우심을 간구하였다. 전쟁이 끝난 후 하나님은 출애굽기 17:14에서 모세에게 다음의 말을 한다.

> "여호와께서 모세에게 이르시되 이것을 책에 기록하여 기념하게 하고 여호수아의 귀에 외워 들리라 내가 아말렉을 도말하여 천하에서 기억함이 없게 하리라."

모세 오경의 저작성과 관련하여 결코 간과해서는 안되는 사실이 기록되어 있는 것을 눈치 챘는가? 하나님은 최소한 출애굽기 17장의 아말렉 사건을 모세에게 기록하게 하는데, 그 내용을 여호수아에게 들려 주어 외우게 하였다. 모세가 출애굽기 17장의 저자이면 여호수아는 그것을 받아 적은 대서인의 역할을 하고 있다.

가나안의 정복한 여호수아가 임종을 앞 두고 이스라엘 백성들을 세겜에 불러 모아 놓고 하나님과 언약을 갱신하게 하였던 적이 있다. 여호수아 24:25-26에 의하면 여호수아는 언약 갱신 말미에 아주 의미심장한 행동을 하였다.

> [25]그 날에 여호수아가 세겜에서 백성으로 더불어 언약을 세우고 그들을 위하여 율례와 법도를 베풀었더라 [26]여호수아가 이 모든 말씀을 하나님의 율법 책에 기록하고 큰 돌을 취하여 거기 여호와의 성소 곁에 있는 상수리 나무 아래 세우고
>
> וַיִּכְתֹּב יְהוֹשֻׁעַ אֶת־הַדְּבָרִים הָאֵלֶּה בְּסֵפֶר תּוֹרַת אֱלֹהִים

여호수아가 25절에 베푼 율례와 법도는 하나님께서 시내산과 모압 평지에서 모세에게 주었던 것들이 아닌가? 26절의 히브리어 표현에서 확인할 수 있는 것처럼 여호수아는 25절에서 백성들에게 베푼 그 율례와 법도를 하나님의 율법 책에 기록하였다고 말한다. 여호수아가 대서인의 역할을 다시 하고 있다. 그렇다면 신명기의 모세의 죽음에 관한 기록이나 창세기의 단이라는 지명 그리고 경우에 따라 블레셋이란 용어와 관련된 문제는 자연스럽게 해소된다. 여호수아 19:47에서 볼 수 있는 것처럼 단 지파는 여호수아에 의해 가나안 땅 분배가 이루어진 후 오래 지나지 않아서 레셈 또는 라이스로 이주하였고 단이라는 지명이 생겨나게 되었다. 가나안에 들어온 여호수아는 에게해에서 이주해 온 사람들에 대한 보편화된 명칭인 블레셋을 알았을 가능성을 배제할 수 없다.[21] 이런 점들을 감안할 때 우리는 모세를 창세기의 저자로 여기는 전통적인 견해를 결코 무시할 수 없다.

창세기를 통해 하나님은 무엇을 말하려고 하였을까? 창세기의 메시지가 전

---

21) 여호수아 13:3에서 여호수아가 가나안 땅에서 정복하지 못한 땅의 리스트에 블레셋의 다섯 도시와 그 남쪽에 있는 아위 사람의 땅이 들어가 있다. 그런데 신명기 2:23에 있는 신명기 첨가 부분에서는 갑돌에서 나온 갑돌 사람이 가사까지 각 촌에 거하는 아위 사람을 멸하고 그들을 대신하여 거기 거하였다고 말하고 있다. 여호수아만이 할 수 있는 말들이 아닐까?

체 구약 성경에서 가지는 위치는 무엇이며, 그리고 그 메시지가 신약 성경과는 어떤 관계를 가질까? 다르게 말하면 창세기에서 신약 성경의 계시록까지를 아우를 수 있는 중심 주제라는 것이 있을까? 메르디스 클라인은 그의 책 *Kingdom Prologue*에서 창세기를 하나님 나라의 서막이라고 했다. 클라인의 주장을 출애굽기 1장이 뒷받침해 준다. 우선 출애굽기 1:1-5은 창세기 46:27과 유사한 메시지로 시작하면서 출애굽기와 창세기를 서로 연결 시키고 있다. 출애굽기의 주요 신학 중에 하나는 이스라엘 백성을 출애굽시켜 하나님의 제사장 민족을 만드는 것이다.

> [5]세계가 다 내게 속하였나니 너희가 내 말을 잘 듣고 내 언약을 지키면 너희는 열국 중에서 내 소유가 되겠고 [6]너희가 내게 대하여 제사장 나라가 되며 거룩한 백성이 되리라 (출 19:5-6).

하나님께서 이스라엘 백성과 언약이라는 수단을 통해 하려했던 것은 이스라엘 백성을 하나님의 제사장 나라 그리고 거룩한 백성으로 삼는 것이다. 이렇게 하나님 나라 백성의 창조 과정을 묘사하는 출애굽기가 흥미롭게도 1장에서 창세기 1:28의 메시지를 반복해서 들려 준다.

> [7]이스라엘 자손은 생육이 중다하고 번식하고 창성하고 심히 강대하여 온 땅에 가득하게 되었더라 [12]그러나 학대를 받을수록 더욱 번식하고 창성하니 [20]하나님이 그 산파들에게 은혜를 베푸시니라 백성은 생육이 번성하고 심히 강대하며

마치 창세기 1장에서 하나님께서 인간을 창조하였던 것처럼, 출애굽기 1장에서는 이스라엘이라는 제사장 나라, 거룩한 백성이 태동하고 있음을 알리고 있다. 그렇기 때문에 창세기는 하나님 나라의 서막이라고 불러도 조금도 어색하지 않다.

하나님 나라는 신약 성경에서도 중요한 주제였다. 세례 요한이 유다 광야에

서 외쳤던 것은 하나님 나라의 도래였다. 예수님의 복음의 메시지도 당연히 하나님 나라에 포커스를 맞추고 있다. 공생애를 시작하면서 외쳤던 메시지가 그렇고, 주기도문도 그렇다. 누가복음 13:22에서 좁은 문으로 들어가기를 힘쓰라고 하면서 예수님은 이렇게 말했다.

> 사람들이 동서남북으로부터 와서 하나님의 나라 잔치에 참석하리니 (눅 13:29).

요한계시록 21:1-3에서 사도 요한은 신랑 되신 그리스도가 다시 오실 때에 그의 신부들은 하나님의 백성이 되고 하나님은 보좌에 앉아 친히 그들과 함께 하신다고 한다. 그리고 그 신부들은 천국 잔치에 참여하여 생명 나무의 실과를 먹고 생명수를 마시게 된다.

> 성령과 신부가 말씀하시기를 오라 하시는도다 듣는 자도 오라 할 것이요 목마른 자도 올 것이요 또 원하는 자는 값없이 생명수를 받으라 하시더라 (계 22:17).

이런 점들을 고려하면서 이 책에서 나는 하나님께서 창세기 1-11장에서 하신 일들과 말씀들을 겸손히 주석하며 하나님 나라의 메시지가 어떻게 전개되고 있는지 살펴 보고자 한다.

Chapter 01 창세기 1장

2006년 8월 24일 태양계에 심각한 일이 일어났었다. 태양계 자체에 무슨 일이 일어난 것이 아니라, 체코 프라하에서 열린 국제천문연맹(IAU) 총회가 태양계의 행성의 수를 9개에서 8개로 줄여 버렸다. 이 과정에서 명왕성을 태양계에서 퇴출시켜 버렸다. 명왕성이 태양 주위를 여전히 공전하고 있지만, 국제 천문 연맹이 행성에 대한 정의를 새로 내리면서 명왕성을 태양계의 행성에서 빼 버린 것이다. 이 일로 인해 상당한 충격을 받았다. 초등학교 시절 수금지화목토천해명이라고 외우며 굳게 믿었던 사실이 하루 아침에 부정되었기 때문이다. 현대 이론 물리학의 거장 스티븐 호킹 박사는 30년 전에 쓴 논문에서 블랙홀에 빨려 들어간 물질과 그 물질에 대한 정보는 영원히 빠져 나오지 못한다고 주장했다. 하지만 2004년 7월 스티븐 호킹 박사는 "블랙홀 패러독스"라는 논문에서 블랙홀에 빨려 들어간 정보는 방출될 수 있다며 자신의 이전 주장을 180도 수정하였다. 이 일은 시사하는 바가 크다. 과학은 가설의 학문이며 상대적 진리이다. 과학적 진리는 특정 사실을 어떻게 생각하고 정의하느냐에 달렸기 때문에 언젠가 변할 수 있다. 우주와 생명의 기원에 대한 여러 가지 과학적 주장들도 마찬가지다. 과학자들이 체계적이고 논리적으로 설명한 우주와 생명에 대한 이론들이 전적으로 무가치한 것은 아니다. 하지만 아무도 목격한 적이 없는 우주와 생명의 기원에 대해 증명하는 것은 불가능하다. 창세기 1장은 하나님이 우주를 창조하였다고 말한다. 나는 창조론을 굳게 믿고 있다. 그러나 나는 창조론을 입증 가능하기 때문에 믿는 것이 아니다. 히브리서 11:3에는 이런 말씀이 있다.

> "믿음으로 모든 세계가 하나님의 말씀으로 지어진 줄을 우리가 아나니 보이는 것은 나타난 것으로 말미암아 된 것이 아니니라."

나는 하나님이 천지를 창조하는 과정을 지켜 보았기 때문이 아니라 성경이 그렇게 말하기 때문에 믿음으로 하나님이 천지를 창조하셨다는 것을 알고 믿는다. 진화론자들이 창세기 1장의 창조론과 상이한 주장을 하듯이 고대 근동 사람들도 성경과 상이한 우주관을 가지고 있었다.

고대 이집트 사람들은 다양한 창조 신화를 가지고 있었다. 그 중에서 대표적인 것인 멤피스 신전을 중심으로 형성된 창조 신화와 헬리오폴리스 신전에서 형성된 창조 신화이다. 그 중에서 헬리오폴리스 창조 신화가 전통 이집트 우주관을 보여준다.[1] 이 신화에 의하면, 태초에 우주는 '누'(Nu)라고 불리는 태초의 물들(Primeval Waters, 종종 신격화됨)로 되어 있었다. 이 물들 속에 창조신 '아툼'이(Atum, '끝내는 자') 배아 상태로 부유하고 있었다. 창조는 배아 상태의 아툼이 자신을 둘러싸고 있던 태초의 물로부터 분리시킴으로 시작된다. 이것은 나일강의 범람 이후 물이 줄어들면서 강 주변의 언덕이 드러나는 주기적인 현상을 신화화한 것이다. 이 태초의 언덕이 아툼 자신의 현현이며,

1) James P. Allen, *Genesis in Egypt: The Philosophy of Ancient Egyptian Creation Accounts* (New Haven: Yale Egyptological Seminar 1988), 1-114.

그 언덕에 헬리오폴리스 신전이 세워졌다. 이어서 아툼은 점차적으로 고대 이집트 만신전의 아홉 신들을 만들어내는데, 그 방법은 자위 행위를 통해 정액을 입에 떨어뜨리고, 다시 재채기를 통해 입밖으로 토해내면서 신들이 만들어진다. 그리고 그 신들에게 생명력인 '카'(ka)를 불어 넣어준다. 그 신들은 각각 공간, 하늘, 땅, 그리고 오시리스(Osiris), 셋(Seth), 이시스(Isis), 네프디스(Nephthys)이다.[2]

고대 메소포타미아의 대표적인 창조 신화는 일곱개의 토판으로 된 에뉴마 엘리쉬(Enuma Elish)라는 책에 기록되어 있으며, 이 책에서도 창조 이전에 물이 존재한다.[3] 에뉴마 엘리쉬의 내용들은 대부분 기원전 1100년 경에 작성된 것들이다. 첫 번째 토판은 마르둑의 출생에 대해 말하고 있다. 마르둑은 에아(Ea)와 담키나(Damkina) 사이에서 태어난다. 이어서 시끄러운 젊은 신들과 평화롭고 조용한 분위기를 추구하는 신들의 부모인 앞수(Apsu)와 티아매트(Tiamat)사이의 불화가 일어나고, 앞수는 젊은 신들을 죽이기로 작정하고 티아매트은 이에 동참한다. 둘째 토판에서는 앞수를 선제 공격하여 죽인 젊은 신들이 자신들의 힘으로는 감당할 수 없는 티아매트을 대항할 수 있는 신을 찾는다. 신들은 마르둑(Marduk)을 찾아 티아매트을 죽이는 조건으로 만신전의 수장 자리를 제안한다. 셋째 토판에서 마르둑은 앞수와 티아매트의 가장 나이 많은 자녀인 라무(Lahmu)와 라하무(Lahamu) 앞에 자신의 제안을 설명하고 이들은 마르둑의 제안을 받아들인다. 넷째 토판에서는 마르둑에게 칙령이 주어지고, 전쟁을 위한 무기들이 준비된다. 전쟁에서 마르둑은 승리하게 되며, 티아매트의 시체를 이용하여 상체로 하늘을 만들고 하체로 땅을 만든다. 다섯째 토판에서 마르둑은 별들과 별자리들, 달과 해를 궁창에 배열하며, 신들의 영

---

2) G. Klein은 이집트 신화의 창조는 신들의 창조와 천지의 창조가 뒤섞여 분리할 수 없기 때문에 천지 창조라기보다는 신들의 창조라고 보는 것이 더 적절하다고 한다. George L. Klein, "Reading Genesis 1," *Southwestern Journal of Theology* 44 (2001): 30-32.

3) James Pritchard, *Ancient Near Eastern Texts: Relating to the Old Testament* (Princeton: Princeton University Press, 1969), 60-72, 501-503. 이후부터 이 책은 약어 ANET로 표기될 것이다.

역을 다시 정비하고, 신들의 왕으로 선포된다. 여섯째 토판에서 인간을 창조하여 신들이 하던 일을 맡기며, 신들을 안식하게 한다. 티아매트의 부관인 킹구(Kingu)를 죽이고, 에아(Ea)는 그의 피를 이용하여 사람을 만든다. 바벨론이 첫 번째 도시로 건설되며, 마지막으로 마르둑의 50개의 이름이 이기기(Igigi) 신들에 의해 선포된다. 일곱 번째 토판에서는 50개의 이름 선포가 끝나고, 마르둑을 찬양하는 것으로 끝난다.[4)]

창세기 1-2장은 하나님의 창조 기사가 기록되어 있다. 이 속에 묘사된 하나님은 하늘과 땅을 창조하신 하나님이며, 시간과 공간 안에 있는 모든 생명체를 만든 하나님이다. 하나님은 말씀을 통하여 무에서 유를 창조하시며, 창조된 피조물들에게 이름을 붙여주면서 주되심을 보여준다. 뿐만 아니라, 하나님은 땅을 피조물들이 살 수 있게 만들고, 그 피조물들에게 복을 주어 번성하게 한다. 땅, 복, 번성은 창세기의 주요 주제로서 이후 믿음의 조상들에게 하나님이 반복해서 약속했던 언약의 핵심 내용들이다. 하나님은 창조주일 뿐만 아니라 언약의 주이다. 이 언약 관계 속에 하나님은 자기 백성과 교제를 나누신다. 이런 거대한 주제들이 녹아 있는 창세기 1-2장의 창조 기사를 살펴보는 것은 큰 기쁨이 될 것이다.

1-2절

1 하나님이 천지를 창조하기 시작한 때에 2 지구는 혼돈하고 공허하며 흑암이 깊음 위에 있고 하나님의 신은 수면에 운행하시니라.

---

4) Bernard F. Batto는 창세기 1장의 창조와 고대 메소포타미아의 창조 신화의 유사성을 강조한다. Bernard F. Batto, "Creation Theology in Genesis," *Creation in the Biblical Traditions*, eds. Richard J. Clifford and John J. Collins (Washington, DC: Catholic Biblical Association of America, 1992), 16-38. Robert A. Di Vito, "The Demarcation of Divine and Human Realms in Genesis 2-11," *Creation in the Biblical Traditions*, 39-56.

창세기 1:1에서 하나님은 우주의 창조자이며 시간을 시작하게 한다. 삼위 하나님 외에 아무 것도 존재하지 않은 상태에서 하나님은 천지 또는 지구를 포함한 전체와 공간를 만든다. 성경의 첫 문장이자 창조를 기록한 첫 문장의 첫 주어가 하나님인 것은 시사하는 바가 크다. 동사 '바라' ברא는 항상 하나님을 주어로 취하여 하나님의 창조 활동을 나타내기 위해 사용된다.[5] 그리고 이 첫 문장에 천지의 창조를 위해 사용된 물질이 전혀 언급되지 않는 것은 바로 무에서 창조가 이루어졌기 때문이다. 뿐만 아니라, '베레시트' בְּרֵאשִׁית(태초에)라는 표현을 통해 알 수 있듯이, 시간과 공간을 초월해 존재하는 하나님에 의해 우주 공간에 시간이 시작된다. '베레시트' 와 더불어 창세기 1장의 6일 창조와 7일 안식도 하나님이 시간을 만들고 다스리는 분임을 보여 준다. 하지만 천지창조와 시간의 시작을 알리는 창세기 1:1과 6일 창조 사이에는 풀기 쉽지 않은 문제가 도사리고 있다. 전통적인 창조 신학에서는 하나님이 6일 동안 무에서 유를 창조한 것으로 생각하는데, 제1일의 창조(1:3)에 앞서 1:2에 땅과 바다가 존재하고 있다는 것이다. 문제점을 좀 더 분명하게 만들어 보자.

1-6일 동안 이어진 매일의 창조는 "하나님이 가라사대"(와요멜 엘로힘 וַיֹּאמֶר אֱלֹהִים)로 시작하여 "저녁이 되며 아침이 되니 이는 ○날이니라"라는 말로 항상 끝난다. 이런 패러다임을 염두해 두고 창세기 1장을 보면 첫째 날은 창세기 1:3에서 시작된다는 것을 알 수 있다. 그런데 창세기 1:2을 보면 첫째 날 창조가 시작되기 전에 지구와 물이 존재하고 있다. 전통적으로 많은 주석가들이 창세기 1:1을 1-6일 창조에 대한 요약적 선포로 생각했다.[6] 즉 "태초에 하나님이 천지를 창조하셨다"는 말은 1-6일 동안 하나님이 하신 창조 활동 전체에 대한 선포라는 것이다. 그렇다면 2절에 있는 혼돈하고 공허한 상태로 있

5) Gordon J. Wenham, *Genesis*, WBC (Waco: Word Books, 1987), 14.

6) Hermann Gunkel, *Genesis* (Macon, Georgia: Mercer University Press, 1997), 103. Victor P. Hamilton, *The Book of Genesis: Chapters 1-17*, NICOT (Grand Rapids: Eerdmans, 1990), 103-108. Erence E. Fretheim, *The Book of Genesis*, NIB vol. 1 (Nashville: Abingdon, 1994), 342.

는 땅과 깊음과 수면이라는 물체를 어떻게 이해해야 하는가? 이 문제 때문에 전통적인 해석과 다른 해석들이 생겨났다. 간격 이론(gap theory)과 하나님과 물질의 공존설이 대표적인 것들이다.

간격이론의 제창자는 펨버(G. H. Pember)이다. 그는 그의 책 *Earth' Earliest Ages*(1876)에서 소위 '간격 이론' (gap theory)을 제창하였다. 그의 주장은 스코필드 레퍼런스 바이블(Scofield Reference Bible 1909)에 의해 복원(restitution) 이론으로 발전되어 대중들에게 널리 알려지게 되었다.[7] 간격 이론에 의하면, 창세기 1:1과 1:3-31의 창조 사이에는 시간적으로 큰 간격이 있으며, 창세기 1:1에서 하나님은 첫 번째 천지 창조를 완성하였다. 이 때 창조된 천사들 중 하나였던 사탄이 스스로를 높여 하나님과 같이 되고자 하는 욕망 때문에 하나님께 반역하였고, 하나님은 이런 사탄을 심판하셨다(사 34:11). 하나님의 심판은 지구에도 영향을 미쳤고, 창세기 1:2은 그로 인한 지구의 혼돈 상태를 묘사하고 있다. 간격 이론에 의하면, 창세기 1:3-31은 하나님이 파괴된 지구를 복원하는 과정이며 재창조이다.

창세기 1:2로 인해 생겨난 또 다른 주장은 하나님의 창조 이전에 물질이 존재하였다는 하나님과 물질의 선-공존설(pre-exitence)이다. 카슈토는 창세기 1:1을 창세기 1:3-31의 창조에 대한 선포라고 하면서도, 창세기 1:2의 땅은 하나님이 창조를 시작할 때 이미 존재하고 있던 혼돈 상태의 물질이며 창조 과정을 통해 지구가 된다고 한다.[8] 헤르만 군켈도 유사한 주장을 하고 있다. 군켈은 창세기 1:1을 하나님만이 세상을 창조했다는 말로 이해해야 한다고 주장한다. 그러나 군켈은 창세기 1:1과 창세기 1:2에는 극복할 수 없는 모순이 있다고 생각한다. 군켈에 의하면, 그 이유는 창세기 1:1에서 하나님의 창조를 이야기 하지만, 창세기 1:2은 하나님의 창조 이전에 원시 상태의 세상이 존재

7) Kenneth A. Mathews, *Genesis 1-11:26* (Nashville: Broadman & Holman Publishers, 1996), 139.

8) U. Cassuto, *A Commentary on the Book of Genesis* (Jerusalem: The Magnes Press, 1961), 19-23.

하고 있는 것으로 묘사하고 있기 때문이다. 군켈은 이 모순을 해소하기 위해 오경의 P자료를 만들었던 그룹들이 '혼돈하고 공허하다'는 말을 첨가하였다고 한다.[9] 이런 본질적인 모순을 지닌 2절의 표현이 생긴 이유는 포로기 시대에 P자료를 첨가하여 창세기를 비롯한 오경의 편집을 완성한 제사장 그룹이 무로부터 창조(creation ex nihilo)에 대한 분명한 확신을 가지지 못했기 때문이라고 군켈은 주장한다.[10]

위의 두 주장은 근본적으로 성경의 메시지와 큰 차이가 있다. 성경은 두 차례에 걸친 창조를 결코 말하지 않을 뿐만 아니라 무에서 유로 창조했다는 신학으로 일관하고 있다. 위의 주장들에 대한 효과적인 답변은 근본적으로 창세기 1:1-3의 해석에 달려있다. 우선 창세기 1:1은 문법적으로 특이한 표현을 가지고 있음을 인식해야 한다. 영어 성경(KJV, NIV) 과 한글 성경은 창세기 1:1의 '브레쉬트' בְּרֵאשִׁית를 "In the beginning" 또는 "태초에"라고 번역하고 있다.

> בְּרֵאשִׁית בָּרָא אֱלֹהִים אֵת הַשָּׁמַיִם וְאֵת הָאָרֶץ
>
> 브레쉬트 바라 엘로힘 에트 하사마임 브에트 하아레츠
>
> (KJV) In the beginning God created the heaven and the earth
>
> (NIV) In the beginning God created the heavens and the earth

영어 성경으로 표현할 수 없는 요소가 히브리어 표현에 담겨 있다. 히브리어의 명사에는 절대형과 연계형이 있는데, 연계형은 주로 다른 명사나 분사 그리고 부정사등과 연계하여 사용된다. 창세기 1:1의 '브레쉬트' בְּרֵאשִׁית는 시간을 나타내는 전치사 '브' בְּ와 명사 연계형 '레쉬트' רֵאשִׁית가 결합되어 있다. '레쉬트' בְּרֵאשִׁית는 구약에서 모두 51번 사용되었는데, 이 중에 50번이 명사나 분사

---

9) P는 문서설에서 사용하는 용어이다. 문서설은 모세 오경에 4개의 주요 자료인 J, E, D, P가 있다는 비평학자들의 주장이다. 이들에 의하면, P는 제사장 그룹들이 소유하고 있던 자료로서 유다 왕국이 바벨론으로 포로로 끌려간 이후에 만들어져 창세기에 삽입되었다.

10) Hermann Gunkel, *Genesis*, 103-104.

와 연결하여 사용된 연계형이다. 예레미야 27:1을 예를 들어보자.

렘 27:1 בְּרֵאשִׁית מַמְלֶכֶת יְהוֹיָקִם בֶּן־יֹאשִׁיָּהוּ מֶלֶךְ יְהוּדָה

브레쉬트 맘레케트 여호야김 벤-요시야후 멜렉 예후다

명사 연계형 브레쉬트를 여호야김의 통치라는 뜻을 가진 명사구 '맘레케트 여호야김' מַמְלֶכֶת יְהוֹיָקִם이 연계하여 수식하고 있다. 그 의미는 '여호야김 통치 초기에' 이며, 개역개정 성경은 이를 "유다의 왕 요시야의 아들 여호야김이 다스리기 시작할 때에"로 번역하고 있다. 창세기 1:1의 브레쉬트도 연계형인데, 특이하게도 명사가 아닌 동사 완료형 '바라' בָּרָא가 사용되었다. 이런 경우는 아주 드물지만 레위기 14:46, 이사야 29:1, 그리고 호세아 1:2에서 찾아볼 수 있다.[11)]

레 14:46 וְהַבָּא אֶל־הַבַּיִת כָּל־יְמֵי הִסְגִּיר אֹתוֹ יִטְמָא עַד־הָעָרֶב׃

베합바 엘-합바이트 콜-여메이 히스길 오토 이트마 아드-하아렙

사 29:1 הוֹי אֲרִיאֵל אֲרִיאֵל קִרְיַת חָנָה דָוִד

호이 아리엘 아리엘 킬야트 하나 다윗

호 1:2 תְּחִלַּת דִּבֶּר־יְהוָה בְּהוֹשֵׁעַ פ וַיֹּאמֶר יְהוָה אֶל־הוֹשֵׁעַ

테힐라트 딥벨-야웨 베호세아 와요멜 야웨 엘-호세아

이 중에서 호세아 1:2는 창세기 1:1과 아주 흡사한 구문과 내용을 가지고 있다. 시작이란 뜻을 가진 레쉬트와 동의어인 '테힐라트' תְּחִלַּת는 전치사 '브' בְּ를 가지고 있지는 않지만 명사 연계형이며 동사 피엘 완료형 '딥벨' דִּבֶּר과 연계 되어 있다. 주어도 창세기 1:1이 '엘로힘' 인데 호세아 1:2은 '야웨' 이다. 이를 영어 성경(NIV)은 "When the LORD began to speak through Hosea"로 번

11) Nahum M. Sarna, *Genesis* (Jerusalem: The Jewish Publication Society, 1989), 5.

역하고 있다. 그렇다면 창세기 1:1의 해석도 윤곽이 잡히게 된다.

When God began to creat the heaven and the earth.

현대 유대인들을 위한 영어 번역 성경인 타낙(Tanakh 1985)도 이렇게 번역하며 많은 유대인 주석가들도 이 번역을 따르고 있다.[12] 이 표현을 잘못 이해하면 창조 활동이 아직 이루어지지 않은 상태, 이제 막 창조 행위를 하려는 시점으로 생각할 수 있다. 창세기 1:1의 바라 בָּרָא는 완료형 동사로서 어떤 행동이 완료되었음을 나타낸다. 이런 점을 감안하면 창세기 1:1은 하나님이 하늘과 땅을 만들었지만 창세기 1:3-31의 창조 활동이 일어나지 않은 시점을 나타낸다. 이런 의미를 충분히 살리려면 창세기 1:1은 NRS 영어 성경처럼 번역하는 것이 적절하다.

In the beginning when God created the heaven and the earth

하나님이 하늘과 땅을 창조한 시초에

그렇다면 창세기 1:1과 1:2의 관계의 관계는 무엇일까? 창세기 1:1에서 하나님은 우주와 지구를 창조하였고, 창세기 1:2은 막 생성된 지구의 상황을 묘사하고 있다.[13] 칼빈이 말하는 것처럼 하나님이 태초에 우주와 지구를 창조하였을 때 지구는 황무하고 아무것도 없었다.[14]

---

12) *Ibid*.

13) Meredith G. Kline, *Kingdom Prologue* (S. Hamilton, MA: Gordon-Conwell Theological Seminary, 1993), 16. 창세기 1:1의 하늘은 둘째 날, 넷째 날, 그리고 다섯째와 여섯째 날의 하늘 또는 궁창과 그 의미가 다르다. 창세기 1:1의 하늘은 궁창을 포함한 우주를 두고 하는 표현이며, 둘째, 다섯째 여섯째 날 하늘은 대기권 내의 공간을 의미한다. 반면에 넷째 날 하늘은 우주를 가리키는 말이다.

1 בְּרֵאשִׁית בָּרָא אֱלֹהִים אֵת הַשָּׁמַיִם וְאֵת הָאָרֶץ

하아레츠 엘로힘 바라

וְהָאָרֶץ הָיְתָה תֹהוּ וָבֹהוּ וְחֹשֶׁךְ עַל־פְּנֵי תְהוֹם
וְרוּחַ אֱלֹהִים מְרַחֶפֶת עַל־פְּנֵי הַמָּיִם׃

3 וַיֹּאמֶר אֱלֹהִים יְהִי אוֹר וַיְהִי־אוֹר

엘로힘 와요멜

위에서 볼 수 있는 것처럼, 1:2에서 묘사된 상황들은 결코 1:1의 주어인 하나님의 창조 활동의 연속이 아니라 창조된 천지 중에서 땅의 상황을 묘사하며, 천지 중에서 하나님의 창조의 관심사가 땅에 있음을 강조하기 위해 '하아레츠' (הָאָרֶץ 땅)를 동사 앞에 두어 도치시켰다.[15] 하나님의 창조 활동이 이어지는 구절은 1:3이며, 이를 나타내기 위해 동사 와우 계속법 표현인 '와요멜 엘로힘' וַיֹּאמֶר אֱלֹהִים(그리고 하나님이 가라사대)을 사용하고 있다.[16] '와요멜 엘로힘' וַיֹּאמֶר אֱלֹהִים은 1-6일간의 창조에서 매일의 창조 활동의 시작을 알리는 표현으로 항상 사용 되며, '와여히-에렙 와여히-보켈 욤 에하드' (יוֹם אֶחָד וַיְהִי־עֶרֶב וַיְהִי־בֹקֶר) 저녁이 되고 아침이 되니 ○날이니라)는 매일의 창조를 종결하는 표현으로 항상 사용된다. 그러므로 창세기 1:1-3을 다음과 같이 번역하는 것이 적절하다.[17]

> 1 하나님이 천지를 창조한 시초에 - 2 땅은 혼돈하고 공허하며 흑암이 깊음 위에 있고 하나님의 신은 수면에 운행하시니라 - 3 하나님이 가라사대

---

14) John Calvin, *Genesis* (Grand Rapids: Eerdmans, 1948), 70. 그는 창세기 1:1-2를 다음과 같이 간단하게 묘사한다. "When God in the beginning created the heaven and the earth, the earth was empty and waste." Gunkel, *Genesis*, 103. 군켈은 하늘과 땅을 완전하게 조직화된 상태라고 주장한다. 그의 주장은 창세기 1:1과 1:2의 어의론적 관계를 충분하게 고려하지 않고 있다.

15) Wenham, *Genesis*, 15. 웬함은 2절을 3절에 대한 상황절로 이해한다.

16) Bruce K. Waltke and M. O'Connor, *Biblical Hebrew Syntax* (Winona Lake: Eisenbrauns, 1990), 547-550.

17) Derek Kidner, *Genesis* (Downers Grove, IL: IVP, 1967), 43.

하나님이 만든 우주와 지구, 그 중에서도 지구의 현 상황 위에 3절의 "하나님이 가라사대"가 이어져 나온다. 창조의 '시초'는 1-6일에 앞 선 시간으로도 볼 수 있겠지만, 첫째날의 시발점으로 볼 수도 있을 것이다.

2절

> 지구는 혼돈하고 공허하며 흑암이 깊음 위에 있고 하나님의 신은 수면에 운행하시니라 (창 1:2).

모세는 지구에 대한 상황을 묘사하기 위해 다양한 구문론적 기교를 부리고 있다.

창 1:2 וְהָאָרֶץ הָיְתָה תֹהוּ וָבֹהוּ וְחֹשֶׁךְ עַל־פְּנֵי תְהוֹם וְרוּחַ אֱלֹהִים מְרַחֶפֶת עַל־פְּנֵי הַמָּיִם

(3) (2) (1)

베하아레츠 하이타 토후 와보후 베호섹 알-프네이 테홈 베루아흐 엘로힘 메라헤페트 알-프네이 함마임

창세기 1:2은 모두 세 개의 문장으로 되어 있으며, 첫째 문장에서는 도치가 일어났다. 히브리어 구문 순서는 일반적으로 동사 + 주어 + 목적어이다. 첫째 문장은 지구를 의미하는 주어 '하아레츠' הָאָרֶץ를 동사 '하이타' הָיְתָה이다) 앞으로 보내어 도치시켰다. 둘째 문장은 주어 '호섹' חֹשֶׁךְ(흑암)과 전치사구 '알-페네 테홈' עַל־פְּנֵי תְהוֹם(깊음 위에)로 되어 있다. 둘째 문장의 특징은 동사 없는 구문이라는 점이다. 셋째 문장에서 주어는 '루아흐 엘로힘' רוּחַ אֱלֹהִים(하나님의 신)이며 동사는 '메라헤페트' מְרַחֶפֶת(운행하다)이다. 그런데 동사를 일반 동사가 아닌 분사를 사용하였다. 그리고 둘째와 셋째 문장에는 유사어를 반복시키고 있다: 셋째 문장: 수면 위에(알-페네 함마임 עַל־פְּנֵי הַמָּיִם), 둘째 문장: 깊음 위에(알-페네 테홈 עַל־פְּנֵי תְהוֹם). 결국 창세기 1:2의 세 문장 모두 평이한 문장

이 아닌 특별한 문장을 사용하며, 이를 통해 창세기 1:1에서 창조된 지구의 상황을 상세하게 묘사하고 있다. 그렇다면 창세기 1:1과 1:2의 관계는 무엇일까? 창세기 1:2은 1:1에서 창조된 지구의 상황을 부연 설명하는 상황절이다. 그 상황을 네 가지로 설명하고 있다.[18)]

1) 땅이 혼돈하고

2) 공허하며

3) 흑암이 깊음 위에 있고

4) 하나님의 신은 수면에 운행하시니라

"땅이 혼돈하고"라는 말은 창조된 땅은 아직 생명체가 살 수 없는 상태라는 것을 의미하며, "공허하다"는 말은 땅위에 아직 생명체가 존재하지 않는다는 의미이다.[19)] 창세기 1:2의 '토후' תֹהוּ(혼돈)와 '보후' בֹהוּ(공허)와 의미상 가장 유사한 예문을 예레미야 4:23-26에서 볼 수 있다.

> [23] 내가 땅을 본즉 혼돈하고 공허하며 하늘들을 우러른즉 거기 빛이 없으며 [24] 내가 산들을 본즉 다 진동하며 작은 산들도 요동하며 [25] 내가 본즉 사람이 없으며 공중의 새가 다 날아갔으며 [26] 내가 본즉 좋은 땅이 황무지가 되었으며

예루살렘과 유다에 대한 하나님의 심판을 예언하면서 예레미야는 예레미야

---

18) 느헤미야 9:6에서 "오직 주는 여호와시라 하늘과 하늘들의 하늘과 일월 성신과 땅과 땅 위의 만물과 바다와 그 가운데 모든 것을 지으시고" 라고 하며 창세기의 창조를 언급하는데, 하늘들의 하늘은 천사들이 거주하는 보이지 않는 하늘을 의미할 것이다(Ex. 고후 12:2).

19) David Toshio Tsumura, *The Earth and the Waters In Genesis 1 and 2: A Linguistic Investigation*, JSOTSupp 83 (Sheffield: JSOT Press, 1989), 17-43. Tsumura는 '토후'와 '보후'는 혼돈과 관련이 없고 지구가 텅빈 상태로 있는 것을 의미한다고 주장한다. Norman Habel, "Geophany: The Earth Story in Genesis 1," *The Earth Story in Genesis*, eds. Norman C. Habel & Shirley Wurst (Sheffield: Sheffield Academic Press, 2000), 38-40.

4:23에서 그 땅이 멸망당하여 혼돈하고 공허하게 될 것이라고 한다. 이어서 23절 후반부와 24절 그리고 26절에서 땅의 혼돈 상태에 대한 설명을 한다. 땅의 혼돈한 상태란 하늘에 빛이 없고 높고 낮은 산들이 진동하며 황무지가 된 것이다. 25절은 땅의 공허함을 설명한다. 공허는 사람이 없고 공중의 새가 다 날아가 버리고 없는 상태이다. 이것은 창세기 1:2에서 말하고 있는 지구의 혼돈과 공허의 의미를 이해하는데 아주 큰 도움을 준다. 차이가 있다면 예레미야 4:23-26의 땅의 혼돈과 공허는 사막과 같은 상태로 생명체가 존재할 수 없는 상태이지만, 창세기 1:2의 혼돈과 공허는 땅 위에 물과 어둠만 가득한 상태이다. 결국 창세기 1:1에 창조된 땅은 아직 사람을 비롯한 피조물들이 생존할 수 없는 상태였다. 그래서 7일 창조의 처음 4일 동안 지구를 생존할 수 있는 곳으로 만들고, 나머지 2일 동안 움직이는 생명체를 만든다. 그리고 제7일은 하나님과 피조물들이 쉬는 날이 선포된다.

"흑암이 깊음 위에 있고 하나님의 신이 수면 위에 운행하시니라"라는 말을 메소포타미아 창조 신화 에뉴마 엘리쉬를 배경으로 한다고 생각하는 학자들이 있다.[20] 이들은 깊음의 히브리어 표현 '테홈' תְּהוֹם을 고대 메소포타미아의 바다의 신인 티아매트(Tiamat)와 같은 어원에서 나왔다고 생각한다.[21] 티아매트는 어

20) Victor P. Hamilton, *The Book of Genesis Chapters 1-17* (Grand Rapids: Eerdmans, 1990), 111.

21) David Toshio Tsumura, *The Earth and the Waters In Genesis 1 and 2*, 158-159. Tsumura는 테홈תְּהוֹם과 티아매트의 어원론적 유사성을 받아 들이지 않는다. George L. Klein, "Reading Genesis 1," *Southwestern Journal of Theology* 44 (2001): 29-30.

머니 신이지만, 시끄럽게 떠드는 자식 신들을 죽이려다 폭풍의 신인 마르둑(Marduk)에 의해 살해 당한다. 그 때 마르둑은 입을 쩍 벌리고 있는 티아매트 위에 강력한 바람을 내 뿜으며 공격한다.[22] 티아매트가 마르둑을 삼키려고 입을 쩍 벌리자 마르둑은 티아매트의 입속으로 번개를 쏘아 죽여 버린다. 주석가들 중에는 바다의 신 티아매트 위에 강풍으로 공격하는 마르둑의 이미지와 깊음 위에 있는 하나님의 바람은 매우 밀접한 관계가 있으며, 고대 메소포타미아의 신화의 영향이라고 주장하는 사람이 더러 있다.[23] 그러나 메소포타미아 신화의 티아매트와 창세기 1:2의 '테홈' תְּהוֹם 사이에 극복할 수 없는 차이점이 있다.

창세기 1:2의 테홈은 티아매트와 달리 결코 인격적인 존재나 신적인 존재로 묘사되지 않는다. 구약 성경 전체에서도 테홈은 시적인 표현에서 의인화되기는 하지만, 결코 신적인 존재가 아니다. 에뉴마 엘리쉬에서 티아매트는 악의 신으로서 신들의 적과 원수로 그려지고 있고, 신들과 전쟁을 치루고 있다. 하지만, 창세기 1장의 배경에서 테홈은 결코 악의 신도 아니며 신들과 전쟁을 치루지도 않는다. 테홈은 하나님을 대적하는 존재가 아니라, 하나님에 의해 창조된 지구를 덮고 있는 물에 지나지 않는다.[24] 창세기 1:2과 메소포타미아 신화 사이에 어원적 문화적 유사점이 있을지라도 위에서 지적한 근본적인 차이점들 때문에 창세기 1:2의 표현이 메소포타미아 창조 신화의 영향을 받았다고 결코 말할 수 없다.[25]

하나님의 '신' 으로 번역된 히브리어 '루아흐' רוּחַ는 세 가지 의미를 가지고 있다: 바람(출 14:21), 호흡(창 6:13), 그리고 영(삼상 10:10). 창세기 1:2의 루아흐의 의미는 두 가지의 가능성을 가지고 있다. 첫째는 단순한 자연 현상으로서 엘로힘은 '하나님' 이 아닌 '강력한' 의 의미로 이해하는 것이다. 그리고

---

22) ANET, 60-72.

23) Hermann Gunkel, *The Legends of Genesis: The Biblical Saga and History* (New York: Schocken, 1974), 146-149. G. von Rad, Genesis, 49.

24) David Toshio Tsumura, *The Earth and the Waters In Genesis 1 and 2*, 45-65.

25) W. G. Lambert, "A New Look at the Babylonian Background of Genesis," *Journal of Theological Studies* NS 16 (1965): 293.

이 강력한 바람은 하나님의 창조의 수단으로 사용되었다고 생각한다.[26] 이 같은 해석은 고대와 중세 유대인들이 선호했다. 또 다른 가능성은 하나님의 영이다. 구약 성경에서 루아흐가 연계형으로 사용되어 '하나님' 또는 '야웨'와 연결되어 수식 받으면 항상 바람이 아닌 '영'의 의미를 가진다. 창세기 1장에서 엘로힘이 1:2을 제외하고 모두 31번이나 사용되었지만 한결같이 '하나님'으로 사용되었다는 점을 고려하면 엘로힘을 '강력한'으로 해석하는 것은 적절하지 않다. 루아흐와 함께 사용된 동사 '라합' רָחַף이 바람의 의미를 배제하는 듯하다. 동사 라합은 창세기 1:2과 신명기 32:11에 단지 두 번만 사용되었다. 신명기 32:11에서 하나님이 이스라엘 백성을 이집트로부터 구원하여 광야로 인도하여 간 일을 독수리가 새끼를 키우는 방식에 비유하며 이 동사를 사용한다. 즉 독수리가 날기를 배우는 새끼 위에서 '공중을 맴도는' 광경을 묘사하기 위해 이 동사를 사용하고 있다. 위의 내용을 고려한다면 루아흐는 지구에 불고 있는 강력한 바람 현상이라기 보다는 창조된 지구에 강림한 하나님의 임재로 생각할 수 있다. 하나님의 창조 활동을 기다리고 있는 지구가 움직임이 없는 상태로 있을 때에 유일하게 지속적으로 움직이고 있는 것이 있다. 바로 동사 라합을 분사형으로 사용하여 그 동작을 표현한 '루아흐 엘로힘' 즉 하나님의 영이다.[27] 구약 성경은 하나님의 창조 때에 등장하는 루아흐를 하나님의 성령으로 이해하였다. 시편 104:30을 보자.

> תְּשַׁלַּח רוּחֲךָ יִבָּרֵאוּן וּתְחַדֵּשׁ פְּנֵי אֲדָמָה׃
>
> (테살라 루하카 입바레운 우테핫데쉬 프네 아다마)
>
> 주의 영을 보내어 저희를 창조하사 지면을 새롭게 하시나이다

하나님의 창조를 노래하는 가운데 시인은 하나님이 자기의 영을 보내어 피조물을 창조하고 지면을 새롭게 하였다고 말한다. 시인이 말하는 영은 창세기

26) Wenham, *Genesis* 1-15, 17.
27) Mathews, *Genesis* 1-11:26, 131-136.

1:2의 하나님의 신이다. 하나님의 영은 첫 번째 창조 뿐만 아니라, 노아 홍수를 통한 재창조 때에도 나타나며(창 8:1-2) 이스라엘 백성을 하나님 나라 백성으로 만들 때에도 나타난다. 출애굽기 14-15장에 의하면 하나님은 이스라엘 백성을 위해 홍해를 갈라 건너가게 하였다. 출애굽기 15:8은 공교롭게도 창세기 1:2에 나오는 두 단어 '루아흐' (רוּחַ)와 '테홈' (תְּהוֹם)을 사용하면서, 하나님으로부터 나온 '루아흐' (רוּחַ)에 의해 '테홈' (תְּהוֹם 깊음)이 바다 가운데서 엉기었다고 말한다.[28] 이사야 63:11-13은 그 루아흐를 성령이라고 못박고 있다.

> [11]백성이 옛적 모세의 날을 추억하여 가로되 백성과 양무리의 목자를 바다에서 올라오게 하신 자가 이제 어디 계시뇨 그들 중에 성신을 두신 자가 이제 어디 계시뇨 [12]그 영광의 팔을 모세의 오른손과 함께하시며 그 이름을 영영케 하려 하사 그들 앞에서 물로 갈라지게 하시고 [13]그들을 깊음으로 인도하시되 말이 광야에 행함과 같이 넘어지지 않게 하신 자가 이제 어디 계시뇨

그리고 하나님의 영은 교회를 창조할 때도 오순절 다락방에 모인 무리들 가운데 불의 혀처럼 강림하여 머물렀다(행 2:3).

6일 창조의 구조

실제적인 창조 활동을 그리고 있는 6일간의 창조는 두 그룹으로 나눌 수 있다. 첫째 그룹은 1-3일이며 둘째 그룹은 4-5일이다. 두 그룹은 공통적인 요소를 가진다. 창조의 진행 과정이 우주(1, 4일) → 바다와 공중(2, 5일) → 땅(3, 6일)이다. 첫째 3일 동안에서 나눔을 통한 창조 행위가 이루어지고 이를 통

---

28) 창세기 8:1-2에서도 하나님은 루아흐를 지구에 보내고 이어서 테홈의 샘은 닫히게 된다.

[1] וַיִּזְכֹּר אֱלֹהִים אֶת־נֹחַ וְאֵת כָּל־הַחַיָּה וְאֶת־כָּל־הַבְּהֵמָה אֲשֶׁר אִתּוֹ בַּתֵּבָה וַיַּעֲבֵר אֱלֹהִים רוּחַ עַל־הָאָרֶץ וַיָּשֹׁכּוּ הַמָּיִם׃

[2] וַיִּסָּכְרוּ מַעְיְנֹת תְּהוֹם וַאֲרֻבֹּת הַשָּׁמָיִם וַיִּכָּלֵא הַגֶּשֶׁם מִן־הַשָּׁמָיִם׃

해 창세기 1:2에서 혼돈한 상태였던 우주를 질서 정연하게 만든다. 둘째 3일 동안은 우주와 바다와 공중 그리고 땅에 각자에서 활동할 피조물들을 채워 넣거나(5, 6일의 경우) 본격적인 기능을 하게 만든다(4일의 경우).

1. 빛 ⇒ 낮과 밤 (3-5) ← 4. 천체들이 주관 (14-19)
2. 물과 하늘을 나눔 (6-8) ← 5. 물고기와 새들 (20-23)
3. 바다와 땅, 식물 (9-13) ← 6. 동물과 인간 (24-31)

6일 구조에서 창조 행위는 모두 '하나님이 가라사대' 라는 표현을 통해 이루어 지는데 모두 8번 사용 되었다. 매일 한 번씩 이 표현이 사용되지만 두 그룹의 마지막 날인 3과 6일에 각각 두번 사용되었다.

1일 - 3절 4일 - 14절
2일 - 6절 5일 - 20절
3일 - 9절, 11절 6일 - 24절, 26절

매일은 앞서 말한 '하나님이 가라사대' 를 포함하여 모두 7가지의 표현을 기본으로 가지고 있다.

1) 예고: 하나님이 가라사대 2) 명령: 있으라 (되어라)
3) 성취: 있었다(되었다) 4) 평가: 좋았더라
5) 추가 행동(나눔-1, 2, 4일 / 종류대로-3, 5, 6일)
6) 이름: 칭하다(1, 2, 3일만) 7) 저녁/아침 ㅇ날이니라

기본 틀만으로 구성된 날들은 비교적 가볍게 지나간다고 볼 수 있으며, 이에 더한 말들이 나오는 것들을 주목할 필요가 있다.

3-5절: 첫째 날 창조

> [3]하나님이 가라사대 빛이 있으라 하시매 빛이 있었고 [4]그 빛이 하나님의 보시기에 좋았더라 하나님이 빛과 어두움을 나누사 [5]빛을 낮이라 칭하시고 어두움을 밤이라 칭하시니라 저녁이 되며 아침이 되니 이는 첫째 날이니라

창세기 1:3-2:3은 하나님이 6일 동안 천지를 창조하였고 제7일에 쉬었다고 한다. '일'의 히브리어 표현은 '욤'(יוֹם)이다. 욤은 하루를 가리키는 말이지만, 종종 "여호와의 날"(יוֹם יהוה)처럼 일정한 기간을 나타내기도 한다.[29] 창세기 1장에서 욤은 하루일까 아니면 일정한 기간일까? 창세기 1장에 있는 "저녁이 되며 아침이 되니"는 '욤'을 하루의 의미를 가진 것으로 거듭 못을 박는 표현이다(창 1:5, 8, 13, 19, 23, 31).[30] 하지만 욤을 하루로 규정하기에는 창세기 1-2장은 몇 가지 중요한 문제를 안고 있다.

> 첫째, 해와 달이 낮과 밤을 주관하게 되는 것은 넷째 날에 이루어진다. 그러므로 첫째 날에서 셋째 날까지의 하루를 문자 그대로 24시간이라고 말하기 곤란하다.
> 둘째, 하나님의 창조 기사는 창세기 2장에도 기록되어 있는데, 2장은 1장과는 달리 더 이상 날짜 별로 창조 과정을 묘사하지 않는다.
> 셋째, 더군다나 창세기 2:19 이하에서 하나님이 동물들을 만들어 아담에게 데려와서 이름을 짓게 한다. 아담이 하루에 모든 동물의 이름을 지어주는 것은 불가능한 일이다.
> 넷째, 동물의 이름을 지은 후 하나님은 아담을 깊이 잠들게 하고 갈비뼈를 취하여 하와를 만들었다. 긴 시간이 지난 것이 확실해 보이는데도 창세기 1장은 여전히 여섯째 날에 이루어진 것으로 기록하고 있다.

---

29) Walter C. Kaiser, *Toward an Old Testament Theology* (Grand Rapids: Zondervan, 1978), 74-75.

30) Rober I. Vasholz, "Evening and Morning in Genesis 1," *Presbyterion* 28-2 (2002): 110.

이런 문제들은 창세기 1장의 하루가 지구의 자전으로 인한 현실적인 하루와 차이가 있음을 보여 준다. 그렇다면 이런 문제를 가지고 있음에도 불구하고 왜 창조 기간이 7일인 것으로 창세기 1장은 기록하고 있을까? 그 이유는 6/7의 패턴을 통해 피조 세계의 창조와 구조의 완전함을 나타내고, 하나님은 시간 그 자체를 다스리고 있음을 보여 준다. 뿐만 아니라 이것은 제의적인 차원에서 7일 안식일을 염두에 두고 있기 때문이다. 6/7패턴을 구체적으로 살펴보자. 창세기 1:1은 7개의 단어로 구성되어 있으며, 창세기 1:2은 14개의 단어(7×2)로 구성되어 있다.[31] 창조의 시작을 7단어로 묘사했는데, 창조의 절정은 제7일에 이루어지며, 제7일은 35개의 단어로 구성되어 있다(7×5=35).

6일간의 창조는 나눔의 연속이다. 빛과 어두움의 나눔, 궁창과 바다와 땅의 나눔, 낮과 밤의 나눔이 이어진다. 그리고 사람을 비롯한 동물들의 창조도 나눔이다. 사람은 흙에서 나왔다가 죽을 때에 흙으로 돌아 간다(창 3:19).[32] 첫째 날 창조는 빛의 창조와 빛과 어둠의 나눔이다. 이 빛은 일반적으로 두 가지로 이해할 수 있다. 첫째는 태양과 달과 별이 넷째 날 만들어지기 때문에 이 빛은 천체들과 무관한 빛으로서 하나님의 임재를 의미할 가능성이다. 그 가능성을 보여 주는 성경 구절들이 있다. 시편 104:2은 창조를 이야기하면서 하나님이 옷을 입음같이 빛을 입고 하늘을 휘장같이 치셨다고 말한다. 요한계시록 22:5에서는 "다시 밤이 없겠고 등불과 햇빛이 쓸데 없으니 이는 주 하나님이 저희에게 비취심이라"고 한다. 그러나 1:4에서 빛과 어둠을 구분하는 것은 이 빛을 하나님의 임재로 볼 수 없게 만든다. 또 다른 가능성은 창세기 1:1에서 이미 만들어진 천체가 마침내 빛을 발하기 시작하는 것이다. "빛이 있으라"는 말은 지구를 향하여 빛을 비취게 하는 것이다. 5절에서 빛을 낮이라 부르고 어두움을 밤이라 부르는 것은 지구라는 물리적 공간에서 빛의 영향력이 미치는 곳 또

---

31) 계시록은 7이란 숫자에 맞추어 새창조 과정을 기록하고 있다. 이 7은 창세기를 모델로 삼은 것으로 보인다.

32) Janathan Magonet, "The Themes of Genesis 2-3," *A Walk in the Garden*, eds. Paul Morris and Deborah Sawyer, JSOT Sup. 136 (Sheffield: JSOT Press, 1992), 39-40.

는 빛이 존재하는 곳과 그렇지 않은 곳에 대한 구분이다. 뿐만 아니라 낮과 밤이라고 부른 것은 밝은 상태의 기간과 어두운 상태의 기간을 가리킨다. 결국 첫째 날 창조는 빛의 생성과 더불어 시간의 기초를 형성하고 있다. 첫째 날의 빛과 시간의 탄생은 넷째 날에 창조 활동의 기반이 되며, 이를 통해 낮과 밤은 구체적인 체계를 갖추게 된다.

6-8절: 둘째 날 창조

> 6하나님이 가라사대 물 가운데 궁창이 있어 물과 물로 나뉘게 하리라 하시고 7하
> 나님이 궁창을 만드사 궁창 아래의 물과 궁창 위의 물로 나뉘게 하시매 그대로
> 되니라 8하나님이 궁창을 하늘이라 칭하시니라 저녁이 되며 아침이 되니 이는 둘
> 째 날이니라

하나님이 가라사대

6일간의 창조 과정에서 가장 눈에 두드러진 하나님의 행동은 하나님이 말씀하시는 것이다. 매일을 시작할 때마다 '하나님이 가라사대'로 시작한다.[33] 첫째 날에 하나님은 '빛이 있으라'고 명령하고, 이어서 빛이 생겨난다. 둘째 날에도 마찬가지이다. 하나님이 궁창으로 물과 물 사이를 나뉘게 하라고 말씀하시고, 이어서 그렇게 되어 버린다. 다른 날들도 마찬가지이며, 하나님께서 말씀하시고 그렇게 말씀대로 되는 과정에 그 어떤 제3의 행위나 요소가 나타나지 않는다. 이것은 천지 창조가 하나님의 말씀에 의해 전적으로 이루어졌음을 보여 준다. 이것은 고대 메소포타미아의 창조 신화에서 티아매트의 시체로 우주를 형성하는 것과 근본적으로 다른 점이다. 이집트의 창조 신화는 두가지가 있다: 태양신 아툼과 라의 창조 그리고 프타의 창조.[34] 프타의 찬양에는 프타

---

33) '하나님이 가라사대'는 셋째 날과 여섯째 날에 각각 두 번 그리고 나머지 날들은 각각 한 번씩 모두 8번 사용되었다.

의 창조와 아툼의 창조를 서로 비교하는데, 프타는 이집트의 주요 신들을 창조할 때 이들을 마음 속으로 생각하고 입으로 말함으로 창조하였다고 한다. 반면에 태양신 '라'는 자위 행위를 통해 정액을 입에 쏟아 넣은 후 이를 뱉어냄으로 창조하게 된다. 프타가 말로 직접 창조한 신은 바람의 신인 수(Shu)와 비의 신인 테프누트(Tefnut)이며, 이들은 이어서 땅의 신인 겝(Geb)과 하늘의 신인 누트(Nut)를 낳는다. 바람과 비를 프타의 말로 창조하였다는 것은 성경의 창조와 비교된다. 하지만 프타의 창조는 입으로부터 유출되어 나왔다는 개념이 강하다. 창세기에서 창조는 하나님이 존재의 탄생을 명령하고 그 명령에 따라 피조물들이 생겨난다. 하나님이 빛이 있으라고 명령하였고 그리고 빛이 생겨났다고 1:3은 말한다. 하나님의 명령과 빛의 탄생 사이에 제3의 요소가 전혀 없다. 전적으로 하나님의 말씀에 의해 빛이 창조 되었음을 보여주고 있다.

둘째 날 창조된 궁창을 묘사하는 표현들은 첫째 날과 동일하지만 "보시기에 좋았더라"는 말이 없다. 이 말이 없는 이유는 분명하지 않지만, 아마도 '7' 패러다임에 맞추기 위해서 생략한 듯 하다.[35] 즉 하나님은 제3일에 육지와 식물을 만든 후 "보시기에 좋았더라"고 하고, 제6일에도 땅의 짐승들과 사람을 창조한 후 각각 "보시기에 좋았더라"고 두 번 말한다. 그리고 첫째, 넷째, 그리고 다섯째 날에 각각 한 차례씩 이 표현을 사용하여 모두 일곱차례에 걸쳐 "보시기에 좋았더라"고 한다. 이로 인해 둘째 날 창조에서는 이 표현을 생략한 것으로 보인다.

둘째 날 창조된 궁창을 하늘이라고 불렀지만, 창세기 1:1의 하늘과 넷째 날의 하늘과 그 의미가 다르다. 둘 다 '샤마임' שָׁמַיִם이라고 표현되었지만, 창세기

34) Victor H. Matthews and Don C. Benjamin, *Old Testament Parallels: Laws and Stories from the Ancient Near East* (New York: Paulist Press, 1997), 6–8. 프타(Ptah)의 찬양에서 프타는 이집트의 9명의 신을 창조하는데, 이 신들은 각각 바람, 비, 땅과 하늘을 담당한다. 프타는 이 신들을 말로 창조하였다고 한다. *Ibid.*, 3–5.

35) LXX은 창세기 1:8에 "보시기에 좋았더라"는 표현을 첨가하였다. "*καὶ ἐκάλεσεν ὁ θεὸς τὸ στερέωμα οὐρανόν καὶ εἶδεν ὁ θεὸς ὅτι καλόν*" LXX 는 다른 날들과 조화를 시키기 위해 이 표현을 첨가하였다.

1:1과 넷째 날의 하늘은 우주를 의미하고 둘째 날 하늘은 지구의 대기권 이내 또는 구름이 떠 다니는 공간을 말한다. 궁창 위의 물은 대기권에 존재하는 물이나 구름이고, 궁창 아래의 물은 지표면에 있는 물이다. 이집트 창조 신화에서는 공간은 이미 존재하는 것으로 여겨진다. 하늘과 땅을 만들기 전에 바람 신(수 Shu)과 비의 신(테프누트 Tefnut)를 먼저 만든다. 에뉴마 엘리쉬에서는 마르둑이 티아매트를 죽인 후 그 시체를 쪼개어 조개껍질을 벌리듯 펼쳐 하늘을 만든다.[36] 그리고 티아매트의 쪼개진 몸이 닫혀지지 않도록 기둥을 세워 고정시킨다. 이는 바다의 수평선을 중심으로 하늘과 바다가 펼쳐진 것과 같은 이미지이다. 둘째 날의 궁창과 에뉴마 엘리쉬 사이에 유사점을 주장하는 학자들도 있지만 우리는 이런 이미지를 창세기의 창조에서 발견할 수 없다.

9-13절: 셋째 날 창조

> [9]하나님이 가라사대 천하의 물이 한곳으로 모이고 뭍이 드러나라 하시매 그대로 되니라 [10]하나님이 뭍을 땅이라 칭하시고 모인 물을 바다라 칭하시니라 하나님의 보시기에 좋았더라 [11]하나님이 가라사대 땅은 풀과 씨 맺는 채소와 각기 종류대로 씨 가진 열매 맺는 과목을 내라 하시매 그대로 되어 [12]땅이 풀과 각기 종류대로 씨 맺는 채소와 각기 종류대로 씨 가진 열매 맺는 나무를 내니 하나님의 보시기에 좋았더라 [13]저녁이 되며 아침이 되니 이는 세째 날이니라

셋째 날 창조에서 하나님은 궁창 아래의 물을 한 곳으로 모아 마른 땅이 드러나게 한다. 마침내 지구 위에 육지가 드러나고 바다와 구분되었다. 이어서 육지에는 풀과 채소 그리고 나무를 종류별로 창조하여 자라게 한다. 에뉴마 엘리쉬에서 폭풍의 신 마르둑은 식물을 창조한 것으로 묘사되고 있다. 뿐만 아니라 마르둑은 비를 내리고 댐과 수로를 만들며 밭고랑의 경계를 만든 것으로 그려

36) ANET, 67.

지고 있다.[37] 경작을 위한 필수 조건이었던 티그리스 강과 유프라테스 강의 관계 시설 관리의 중요성이 신화에 투사되어 있음을 확인할 수 있다. 이집트의 프타 신화에서 식물의 창조는 범신론적 성격을 가지고 있다. 프타는 각종 신들을 만들고, 이 신들의 몸체인 모든 종류의 나무와 돌 등등을 만든다. 그리고 프타는 이 신들을 몸체인 식물과 물체들에 들어가게 한다.[38] 창세기에는 이런 범신론적 사상이 존재하지 않는다. 식물은 단지 식물에 지나지 않는다.

칭하시니라

하나님은 1-4일간의 창조에서 피조물들을 창조한 후 적절한 이름을 붙여준다. 예를 들면, 빛과 어둠을 구분하고 빛을 낮이라 부르고 어두움을 밤이라 칭한다. 고대 근동의 신화에서 이름 붙여주는 것은 중요한 의미를 지녔다. 이름이 없다는 것은 존재하지 않는 것으로 취급했다. 다르게 말하면 창조와 이름 짓는 것을 동일시 하였다. 에뉴마 엘리쉬는 창조 이전 시대를 다음과 같이 묘사하고 있다.[39]

> When on high the heaven had not been named, firm ground below had not been called by name, naught but primordial Apsu their begetter … When no gods whatever had been brought into being, uncalled by name, their destinies undetermined. Then it was that the gods were formed within them. Lahmu and Lahamu were brought forth, by name they were called.

이집트에서도 이런 사상을 발견할 수 있다. 프타가 바람과 비의 신을 창조할

---

37) ANET, 71.

38) James B. Pritchard, *The Ancient Near East: An Anthology of Texts and Pictures*, vol. 1 (Princeton: Princeton University, 1973), 1-2.

39) ANET 60-61.

때 그들의 이름을 불렀다고 말한다.[40]

> Ptah had only to speak, and the Ennead came forth. Ptah called the names of Shu the wind and Tefnut the rain.

창세기의 창조에서도 하나님은 피조물들에게 이름을 붙여 준다. 하지만 고대 근동의 신화들과는 달리 창세기의 작명은 창조의 마무리이지 창조 그 자체는 아니다.[41] 고대 근동에서 이름 짓기는 주권자나 우월적 위치에 있는 사람들이 할 수 있었다. 이런 개념을 창세기의 하나님의 작명에서도 찾아 볼 수 있다. 하나님은 모든 피조물들에게 이름을 지음으로 하나님의 주권성을 나타내고 있다.

14-19절: 넷째 날 창조

> 14하나님이 가라사대 하늘의 궁창에 광명이 있어 주야를 나뉘게 하라 또 그 광명
> 으로 하여 징조와 사시와 일자와 연한이 이루라 15또 그 광명이 하늘의 궁창에 있
> 어 땅에 비취라 하시고 16하나님이 두 큰 광명을 만드사 큰 광명으로 낮을 주관하
> 게 하시고 작은 광명으로 밤을 주관하게 하시며 또 별들을 만드시고 17하나님이
> 그것들을 하늘의 궁창에 두어 땅에 비취게 하시며 18주야를 주관하게 하시며 빛
> 과 어두움을 나뉘게 하시니라 하나님의 보시기에 좋았더라 19저녁이 되며 아침이
> 되니 이는 네째 날이니라

넷째 날 창조는 첫째 날 창조와 동일한 주제를 가지고 있으며(올אוֹר → 마올 מָאוֹר), 첫째 날 창조물에 대한 기능과 목적을 부여하고 있다. 1-3일의 창조 기록은 앞서 말한 기본적인 6개의 표현을 제외하면 부가적인 표현이 거의 없다.

---

40) Victor H. Matthews and Don C. Benjamin, *Old Testament Parallels: Laws and Stories from the Ancient Near East* (New York: Paulist Press, 1997), 5.

41) Sarna, *Genesis*, 7-8.

그러나 넷째 날 창조에 대한 기록은 상대적으로 풍성하며, 제6일 창조를 제외하고 가장 길게 설명하고 있다. 이는 제4일 창조를 중요하게 생각하고 있다는 표시이다. 일반적으로 하늘의 천체가 넷째 날에 만들어진 것으로 생각한다.[42] 하지만 천체는 이미 존재했을 가능성을 배제할 수 없다. 그 가능성을 뒷받침해 줄 요소를 14절에서 찾을 수 있다. 첫째는 14절 첫 문장의 동사 하야הָיָה의 의미이다.

וַיֹּאמֶר אֱלֹהִים יְהִי מְאֹרֹת בִּרְקִיעַ הַשָּׁמַיִם לְהַבְדִּיל בֵּין הַיּוֹם וּבֵין הַלָּיְלָה

와요멜 엘로힘 여히 메오로트 빌키아 하샤마임 레합딜 베인 하욤 우베인 할라이라

첫째 문장은 두 가지로 해석 가능하다: 1) 광명이 하늘의 궁창에 있어라, 2) 하늘의 궁창에 있는 광명이 -이 되라. 첫 번째 해석의 경우 주어는 '광명'(메오로트מְאֹרֹת)이고 전치사구 '하늘의 궁창에'(빌키아 하샤마임 בִּרְקִיעַ הַשָּׁמַיִם)를 동사 '하야' הָיָה와 함께 술어부를 형성한다고 여길 때 가능한 해석이다. 둘째 해석은 전치사구 '하늘의 궁창에'(빌키아 하샤마임)가 명사 '광명'(메오로트)를 수식하는 표현으로 볼 때 가능하다.[43] 동사 '하야' הָיָה의 의미도 존재를 나타내는 'be'(-이다)의 의미가 아니라 'become 되다'의 의미를 가질 수 있다. 창세기 1:3-13에 사용된 '하야' הָיָה 동사들과는 달리 14절의 하야 הָיָה 동사는 전치사 + 동사 부정사 연계형을 수반하고 있다. 게세니우스(Gesenius)에 의하면, '하야' הָיָה + '레' לְ + 부정사 연계형 문장은 특정한 목적을 나타내기 위해 사용될 수 있다.[44] 이 경우 14절 첫째 문장은 이미 존재하는 천체가 특정한 기

---

42) Kenneth A. Mathews, *Genesis 1-11:26*, 153.

43) John H. Sailhamer, *The Pentateuch as Narrative: A Biblical-Theological Commentary* (Grand Rapids: Zondervan, 1992), 92-93. 세일하머는 14절을 다음과 같이 해석하도록 제안한다. "God said, 'Let the lights in the expanse be for separating…'"

44) *GKC*, 114h. "Just as clearly the idea of aiming at a definite purpose or turning towards an object may be seen in the combination of the verb היה to be, with לְ and an infinitive." 하야הָיָה 동사 + 전치사לְ 다음에는 흔히 명사가 따라온다.

능을 하게 "되다"의 의미로 사용되었다고 볼 수 있다.[45]

둘째로 천체가 이미 존재할 가능성을 보여주는 또다른 표시는 14절의 동사 부정사 연계형 '레합딜'לְהַבְדִּיל이다. '레합딜' 은 '나누다' 로 번역되며, 1-3날에서 나눔은 항상 이미 존재하거나 존재하게 된 것을 구분할 때 사용되는 표현이다. 첫째 날에는 빛을 먼저 창조하여 존재하게 한 후 하나님은 그 빛을 빛과 어둠으로 나누고 있고, 둘째 날에는 창세기 1:1에서 만들어진 땅 위의 물을 나누어 궁창을 만들어낸다. 셋째 날 창조에서도 역시 마찬가지다. 그렇다면 넷째 날 창조는 새로 창조하여 나눌까 아니면 창세기 1:1에서 창조되어 이미 존재하고 있었던 것을 나눌까? 예외적인 경우라고 볼 수도 있겠지만, 창세기 1:1에서 천지를 창조하였다는 말을 생각하면 굳이 예외로 생각할 필요가 없다.[46]

셋째로 고려해야할 것은 넷째 날 창조의 목적이 무엇인가라는 점이다. 앞서의 1-3일의 창조에는 목적을 언급하지 않는다. 그러나 넷째 날 창조는 창세기 1:14-15에서 볼 수 있는 것처럼 네 가지 목적을 가지고 있다.

> 첫째, 주야를 나누는 것
>
> 둘째, 징조와 사시와 일자와 연한을 이루는 것
>
> 셋째, 땅을 비추는 것
>
> 넷째, 두 광명으로 낮과 밤을 주관하게 하는 것

이 네 가지 목적은 히브리어 성경책에서 각각 전치사 '레'לְ + 동사 부정사

---

45) 이것은 창세기 2:7과 창세기 1:14-15의 הָיָה 동사와 비교해 보면 충분히 알 수 있다. 창세기 2:7에서 인간이 생령이 되는 것은 그가 먼저 흙으로 창조되고 난 후 이어서 생령을 불어 넣음으로 생명이 된다(와예히 하 하아담 레네페쉬 하야וַיְהִי הָאָדָם לְנֶפֶשׁ חַיָּה). 먼저 인간이 만들어지고 이어서 생령이 되는 것처럼 하늘의 발광체들은 먼저 만들어지고 이어서 빛을 발하게 되고 그 기능을 부여받는다.

46) C. F. Keil, *Pentateuch*, vol.1 (Grand Rapids: Eerdmans, 1991), 58-59. 케일은 창세기 1:2의 지구의 상태처럼 창세기 1:1의 우주는 완성되지 않은 상태로 창조된 후 첫째 날과 넷째 날 창조를 거치면서 완전한 상태가 만들어졌다고 말한다.

연계형 또는 '레' לְ + 명사로 표현되어 있다.

레 לְ + 동사 부정사 연계형 לְהַבְדִּיל בֵּין הַיּוֹם וּבֵין הַלָּיְלָה (레합딜 베인 하욤 우베인 할라이라) 레 לְ + 명사 לְאֹתֹת וּלְמוֹעֲדִים וּלְיָמִים וְשָׁנִים (레오토트 우레모아딤 우레야밈 베샤님)	1:14
레 לְ + 동사 부정사 연계형 לְהָאִיר עַל־הָאָרֶץ (레하일 알-하아레츠)	1:15
레 לְ + 명사 לְמֶמְשֶׁלֶת הַיּוֹם לְמֶמְשֶׁלֶת הַלַּיְלָה (레멤세레트 하욤 레멤세레트 할라이라)	1:16

창세기 1:17-18은 이들 네 가지 목적 또는 기능을 전치사 '레' לְ + 동사 부정사 연계형을 사용하여 다시 기록하고 있다.

לְהָאִיר עַל־הָאָרֶץ 레하일 알-하아레츠	1:17
וְלִמְשֹׁל בַּיּוֹם וּבַלַּיְלָה 베림숄 바욤 우바랄이라 וּֽלֲהַבְדִּיל בֵּין הָאוֹר וּבֵין הַחֹשֶׁךְ 베레합딜 베인 하올 우베인 하호섹	1:18

이들은 14-15절과 교차대구법을 형성하고 있으며 이를 정리하면 다음과 같다.[47]

47) Cf. Gordon J. Wenham, *Genesis 1-15* (Waco: Word Books, 1987), 22.

A. 주야를 나누는 것 14절

B. 징조와 사시와 일자와 연한을 이루는 것 14절

C. 땅을 비춤 15절

D. 낮과 밤을 주관 16절

C'. 땅을 비춤 17절

D'. 낮과 밤을 주관 18절

A'. 빛과 어둠을 나누는 것 18절

이상에서 볼 수 있는 것처럼 넷째 날 창조는 천체의 생성에 관심을 가지는 것이 아니라 천체들의 네 가지 목적 또는 기능에 초점을 맞추고 있다. A-D는 광명의 목적에 대한 일반적인 묘사이지만, A'-D'는 동일한 목적을 조금 더 구체적으로 묘사하고 있다. 예를 들면 14절의 광명은 16절에서 큰 광명과 작은 광명 그리고 별들로 구체화된다. 결국 넷째 날 창조의 목적은 지구를 중심으로 볼 때 땅에 빛을 비추게 하여 불규칙한 낮과 밤 또는 빛과 어둠에 규칙성을 부여하는 것이다. 이 규칙성을 강조하기 위해 창세기 1:16-17에서 '주관'이란 표현을 세 차례나 반복한다. 16절의 명사 '멤세레트' מֶמְשֶׁלֶת와 동사 '마샬' מָשַׁל이 바로 그 표현들이다.[48]

넷째 날 창조된 피조물의 목적 중에 일반적으로 간과되는 것이 하나 있다. 그것은 14절에서 말하는 "징조와 사시와 일자와 연한이 이루라"이다. 히브리어 성경은 이를 다음과 같이 표현하고 있다.

וְהָיוּ לְאֹתֹת וּלְמוֹעֲדִים וּלְיָמִים וְשָׁנִים׃

베하우 레오토트 우레모아딤 우레야밈 베사님

---

48) 16절의 '아사' עָשָׂה는 해와 달을 창조했다는 표현으로 볼 수도 있지만, 그보다는 'make A into B'의 뜻으로 해석되는 '아사' עָשָׂה + 목적어 אֶת־ + 전치사 לְ־의 구문이다.

16 וַיַּעַשׂ אֱלֹהִים אֶת־שְׁנֵי הַמְּאֹרֹת הַגְּדֹלִים אֶת־הַמָּאוֹר הַגָּדֹל לְמֶמְשֶׁלֶת הַיּוֹם וְאֶת־הַמָּאוֹר הַקָּטֹן לְמֶמְשֶׁלֶת הַלַּיְלָה וְאֵת הַכּוֹכָבִים

동사 '하야' הָיָה는 간접 명령이며 이어지는 명사에 전치사 '레' לְ를 붙여 '되다' 의 의미를 가진다. 하늘의 광명이 징조가 되라는 말이다. 이 징조가 무엇일까? 고대 메소포타미아에는 점성술이 발달하였는데, 징조는 천체의 변화를 통해 인간의 대소사를 예측하는 것을 말할까? 에뉴마 엘리쉬에서는 천체의 창조에 그런 의도가 담겨 있었다. 마르둑은 티아매트의 시체를 가지고 태양과 달과 별들의 별자리를 만들어 일년 12달을 표시하게 한다. 그리고 마르둑은 월력의 주기에 따라 일주일을 구분할 수 있게 한다. 태양과 달 그리고 별자리는 각각 신들의 보금자리가 되며, 이들의 움직임을 관찰함으로 운명을 파악하는 점성술의 기초를 놓게 된다.[49]

> The norms had been fixed and all their portents, All the gods apportioned the stations of heaven and earth. The fifty great gods took their seats. The seven gods of destiny set up the three hundred in [heaven].

창세기 1:14의 징조도 이런 의도를 가지고 있을까? 그렇지 않다. 창세기 1:14의 징조는 뒤따라 나오는 사시와 일자와 연한의 사인이라는 말이다.[50] 히브리어 표현을 다시 보자.

> וְהָיוּ לְאֹתֹת וּלְמוֹעֲדִים וּלְיָמִים וְשָׁנִים׃
>
> 베하우 레오토트 우레모아딤 우레야밈 베사님

접속사 '베' וְ + 동사 '하야' הָיָה의 완료형 3인칭 복수형 '하우' הָיוּ는 와우 계속법이며 앞의 문장에 있는 '여히' יְהִי와 논리적으로 연결되어 있다. 따라서

49) ANET, 69.

50) Sarna, *Genesis*, 9. John H. Walton, *Genesis*, NIVAP (Grand Rapids: Zondervan, 2001), 122-123.

'베하우' וְהָיוּ는 '여히' יְהִי와 마찬가지로 간접명령문(jussive)이며, 그 의미는 뒤따르는 전치사 '레' לְ와 결합하여 'let them become sign of' 이다. 이 표현에는 전치사 '레' לְ가 세 번 반복된다. 첫 번째 전치사는 동사 하야와 함께 '-되다' 라는 의미로 사용되었다. 둘째와 셋째 전치사는 of의 의미를 가지며 징조를 수식하는 역할을 한다.[51] 그리고 '우레모아딤 우레야밈 베사님' (וּלְמוֹעֲדִים וּלְיָמִים וְשָׁנִים)에서 앞의 두 접속사 '베' וְ는 both A and B의 의미를 가진다. 그리고 샤님 앞의 접속사 '베' וְ는 and의 의미를 가진다.[52] 이를 토대로 영어로 번역하면 *both of* the feasts *and of* the days and years가 된다. 이를 한글로 번역하면 '사시의' 그리고 '일자와 연한의' 사인이 되라는 뜻이다. 이 표현은 구약과 창세기 1:1-2:3의 배경에서 이해해야 한다.

우선 사시라는 말을 생각해보자. 사시라는 말은 사계절을 뜻하며 주로 사계절이 뚜렷한 온대 지방에서 사용하는 표현이다. 하지만 팔레스타인은 주로 우기와 건기로 구분하며, 특히 히브리어에서 '모에드' מוֹעֵד는 정해진 장소나 시간 또는 만남을 뜻하며, 정해진 시간의 경우 거의 항상 구약의 절기를 가리키는 말이다. 창세기 1:14에서도 모에드는 시간과 관련되어 사용되었기 때문에 온대지방의 사계절의 의미로 사용되었다기 보다는 구약의 절기를 의미한다.[53] 일자는 창세기 1:1-2:3의 배경에서 생각한다면 틀림없이 7일을 의미한다고 보아야 할 것이다. 하나님은 6일 동안 창조하고 제7일에 쉬었으며, 매일을 나타낼 때에 항상 "저녁이 되며 아침이 되니"라는 표현을 붙여 창조 기간 7일을 일반적인 하루의 개념으로 취급하고 있다. 1-3일에는 아직 지구의 자전이 형성되지 않았음에도 불구하고 이 표현을 사용함으로 하나님은 천지 창조의 하루를 일정한 기간으로 이해하는 것을 배제하고 있다. 그렇다면 창세기 1:14의 일자 또는 날들의 사인은 1-7일의 사인으로 보아야 하며, 궁극적으로는 창세기 2:1-3에 제정된 안식일에 대한 사인으로 보는 것이 적절한다. 그리고 연한

---

51) Wenham, *Genesis*, 22-23.
52) John Skinner, *Genesis* (Edinburgh: T. & T. Clark, 1976), 25-26.
53) Walton, *Genesis*, 122-123.

도 안식년과 희년을 계산하는 것으로 보아야 할 것이다. 하나님이 해와 달과 별들을 통해 절기를 나타내는 사인으로 삼았다는 것은 시편 104:19에서 분명하게 나타난다.

> עָשָׂה יָרֵחַ לְמוֹעֲדִים שֶׁמֶשׁ יָדַע מְבוֹאוֹ
> 아사 야레아흐 레모아딤 세메쉬 야다 메보오
> 여호와께서 달로 절기를 정하심이여 해는 그 지는 것을 알도다

전통적으로 유대인들도 이렇게 생각하였다. 기원전 2세기에 기록된 주빌리는 2:9에서 다음과 같이 말한다.

> And the Lord set the sun as a great sign upon the earth for days, Sabbaths, months, feast days, years, Sabbaths of years, jubilees, and for all of the appointed times of the years.
> 그리고 주께서 날들과 안식일들 월삭들 절기들 연수들 안식년들 희년들 그리고 연중 모든 정해진 날들을 위해 태양을 큰 징조로 땅 위에 두셨다.

이런 점을 감안한다면 넷째 날 창조의 중요한 목적 중에 하나는 안식일과 절기들과 안식년을 알려주는 사인의 역할이다.

20-23절: 다섯째 날 창조

> 20하나님이 가라사대 물들은 생물로 번성케 하라 땅위 하늘의 궁창에는 새가 날
> 으라 하시고 21하나님이 큰 물고기와 물에서 번성하여 움직이는 모든 생물을 그
> 종류대로, 날개 있는 모든 새를 그 종류대로 창조하시니 하나님의 보시기에 좋
> 았더라 22하나님이 그들에게 복을 주어 가라사대 생육하고 번성하여 여러 바다
> 물에 충만하라 새들도 땅에 번성하라 하시니라

다섯째 날에 하나님은 물에서 사는 생물과 공중을 나는 새들을 창조하셨다. 넷째 날 창조가 첫째 날 창조와 동일한 주제를 가지고 첫째 날 창조에 근거하여 창조 활동을 이어가는 것처럼, 다섯째 날 창조는 둘째 날 창조에 근거하여 창조 활동을 이어간다. 그리고 4-6일의 주제는 1-3일에서 하나님이 지어준 이름과 관련되어 있다.

1 올 אוֹר (5절) → 4 여히 마올 יְהִי מָאוֹר (14절)

2 마임 מַיִם (10절) → 5 이스레추 함마임 יִשְׁרְצוּ הַמַּיִם (20절)

라키아 핫샤마임 רְקִיעַ הַשָּׁמָיִם (8절) → 오프…라키아 핫샤마임 עוֹף…רְקִיעַ הַשָּׁמָיִם (20절)

3 에레츠 אֶרֶץ (10절) → 6 토체 하아레츠 תּוֹצֵא הָאָרֶץ (24절)

주제만 이어지는 것이 아니라 4-6일의 피조물들은 1-3일의 피조물로부터 만들어지며, 1-3일의 피조물을 생존과 활동의 무대로 제공받는다. 다섯째 날 피조물도 마찬가지이다. 물은 거대한 공룡(탄닌 תַּנִּין)을 비롯하여 물속에 떼를 지어 사는 각종 물고기들을 출현시킨다. 그리고 둘째 날에 만들어진 하늘의 궁창에는 각종 새들이 창조되어 날아 다니게된다. 다섯째 날 창조를 묘사하기 위해 창세기 1:1에 사용된 동사 '바라' בָּרָא(창조하다)가 사용되었다.

다섯째 날 창조는 1-3일의 창조처럼 기본적인 표현들이 반복되며 상대적으로 비중있게 다루어지지 않는다. 하지만 다섯째 날 창조에는 1-4일의 창조에서 볼 수 없는 내용을 가지고 있다. 하나님은 다섯째 날에 만든 피조물들을 축복한다. 이것은 이전의 창조와 확연하게 구분되는 특징이다. 축복의 내용도 여섯째 날에 인간을 만든 후에 축복한 내용과 일부 동일하다. 즉 생육하고 번성하여 강과 바다의 물을 채우고 새들은 땅 위에 번성하는 것이다. '생육하고 번성하여 충만하라' 는 표현은 구약 성경에서 하나님의 창조와 구속사적 축복의 중요한 주제이다.

이전 창조에서는 창조된 피조물의 구체적인 종류를 언급하지 않는다. 심지어는 넷째 날의 큰 광명과 작은 광명의 창조에서 이들을 태양과 달이라고 구체적인 이름을 언급하지 않는다. 그런데 다섯째 날 물고기 창조에서 큰 바다 짐승들의 이름 탄닌תַּנִּין이 언급되고 있다. 탄닌은 모세 오경에서 주로 뱀으로 해석되었다. 모세가 이집트 왕 앞에서 지팡이를 뱀으로 만들었을 때 뱀은 탄닌이란 히브리어로 묘사되어 있다(출 7:9). 탄닌은 또한 시가서와 선지서에서 바다에 사는 거대한 뱀 또는 용이란 뜻으로 사용되며 라합(사 51:9) 또는 리워야단(사 27:1)이라고 불리기도 했다. 고대 근동의 신화에서 용은 악의 화신으로서 신들의 원수로 여겨진다. 에뉴마 엘리쉬에서 바다의 신 티아매트도 악한 용으로 불리며, 바알 신화에서 바다의 신 얌은 바알에게 대적하는 악한 용으로 불린다.[54)]

> Crushed I not El's Beloved Yamm? Destroyed I not El's flood Rabbim? Did I not, pray, muzzle the Dragon? I did crush the crooked serpent, Shalyat the seven-headed.

하지만 창세기 1:20은 탄닌을 하나님이 창조한 피조물의 하나로 여기며, 신적인 존재가 아닌 바다에 사는 생명체들 중에 하나이다. 놀랍게도 탄닌도 다른 물고기들처럼 생육하고 번성해야할 하나님의 축복의 대상이다.

24-31절: 여섯째 날 창조

> [24]그리고 하나님이 가라사대, 땅은 그 종류대로 생령을 내되, 가축과 기는 것과 땅의 짐승들을 그 종류대로 내라. 그리고 그렇게 되었더라 [25]그리고 하나님이 땅의 짐승을 그 종류대로 그리고 가축을 그 종류대로 그리고 땅의 모든 기는 것을 그 종류대로 만드시니라. 그리고 하나님이 보신즉 그것이 좋았더라. [26]그리고 하

54) ANET, 137.

> 나님이 말씀하시니라. 우리가 우리의 형상대로 우리의 모양을 따라 사람을 만들
> 고 그리고 그들로 바다의 물고기와 하늘의 새와 가축들과 그리고 땅의 모든 것들
> 과 그리고 땅 위에 기는 모든 기는 것들을 다스리게 하자. [27]그리고 하나님이 사람
> 을 그의 형상을 따라 만들었더라. 하나님의 형상을 따라 그가 그들을 만들되 남
> 자와 여자로 그가 그들을 만들었더라. [28]그리고 하나님이 그들을 축복하시고 그
> 리고 하나님이 그들에게 말씀하시기를, 생육하고 번성하여 땅을 채우라 그리고
> 그것을 정복하라 그리고 바다의 물고기와 하늘의 새와 그리고 땅 위에 기를 모든
> 생명체를 다스리라. [29]그리고 하나님이 가라사대, 보라 내가 너희들에게 땅 위에
> 씨를 뿌리는 모든 식물과 그 속에 열매가 있어 씨를 뿌리는 모든 나무를 네게 주
> 니 그것이 네게 식물이 되리라. [30]그리고 땅의 모든 생명체들과 하늘의 모든 새들
> 과 그리고 그 안에 생명이 있어 땅 위에 기는 모든 것들에게 모든 푸른 식물을 양
> 식으로 주리라. 그리고 그렇게 되니라. [31]그리고 하나님이 만드신 모든 것을 보
> 니, 보라 심히 좋았더라. 그리고 저녁이 되고 아침이 되니 여섯째 날이니라.

제6일 창조에서는 육지의 짐승들과 사람이 창조된다. 육지의 짐승들은 셋째 날에 생겨난 땅으로부터 만들어지며(1:24 토체 하아레츠 네페쉬 하야 레미나 תּוֹצֵא הָאָרֶץ נֶפֶשׁ חַיָּה לְמִינָהּ), 다섯째 날 창조 표현과 흡사하다. 차이점이 있다면, 땅의 짐승들은 가축과 들짐승 그리고 기어 다니는 것들을 구분하고 있다는 점이다. 짐승의 창조가 창세기 1:24과 1:25에서 반복하여 기록되었지만, 미세한 차이점이 있다. 창세기 1:24에서는 가축 → 기는 것 → 땅의 짐승 또는 들짐승 순서로 기록되고 있는 반면, 창세기 1:25에서는 들짐승을 제일 앞으로 배치하여 들짐승 → 가축 → 기는 것의 순서로 기록되어 있다. 순서를 바꾼 이유는 알 수 없다. 사실상 제6일 창조는 육지의 짐승들의 창조에는 특별한 관심을 주지 않고 사람의 창조로 건너간다.

우리의 형상과 모양을 따라

26절에서 하나님은 마침내 인류 최초의 인간을 하나님의 형상과 모양을 따

라 창조하자고 한다.[55] 인간 창조에는 시작부터 "우리의 형상과 우리의 모양"이라는 특별한 표현을 사용한다.[56] 이 표현은 두 가지 문제점을 야기시킨다. 첫째는 하나님이 '우리' 라고 복수로 표현한 우리의 정체에 대한 문제이며, 둘째는 형상과 모양의 의미이다. '우리' 의 정체를 두고 세 가지 주장이 제시되어 왔다.

1) 다신교 전통. 몇몇 학자들은 이 표현을 구약에 남아 있는 다신교 전통의 잔재라고 말한다.[57] 2) 삼위일체 전통. 전통적인 교의학자들은 이를 삼위일체 하나님의 존재 양식을 보여주는 표현으로 생각한다.[58] 3) 천상 회의. 어떤 학자들은 하나님께서 천상 회의 즉 천사들의 모임에서 말하고 있는 것으로 이해한다.[59] 셋 중에 어느 것이 가장 가능성이 높을까? 1)의 주장은 다른 구약 성경의 내용을 고려할 때 전혀 가능성이 없다. 3)도 가능성이 전혀 없는 것은 아니지만, 두 가지 이유 때문에 그 가능성이 매우 낮다. 첫째 이유는 이 주장은 하나님 한 분에 의한 창조라는 창세기 1장의 주요 신학과 배치된다. 이 주장대로라

---

55) George Kufeldt, "Were There People Before Adam and Eve?," *The Genesis Debate: Persistent Questions about Creation and the Flood*, ed. Ronald Youngblood (Nashville: Thomas Nelson, 1986), 148-165.

56) Marsha M. Wilfong은 인간의 특성을 다음과 같이 표현하였다. "사람은 하나님의 형상을 가진 자로서 하나님과 닮았지만 하나님과 다르고, 인간은 서로 닮았지만 남자와 여자로 다르게 지음 받았고, 다른 피조물들과 닮았지만 그들을 다스리는 자로 구별되었다." Marsha M. Wilfong, "Human Creation in Canonical Context: Genesis 1:26-31 and Beyond," *God Who Creates*, eds. William P. Brown and S. Dean McBride Jr. (Grand Rapids: Eerdmans, 2000), 42.

57) Hermann Gunkel, *Genesis*, 112-113. "God turns here to other אלהים -beings and includes himself with them in the 'we'. … The concept originates in polytheism, but is no longer polytheistic perse since it regards the one God (Yahweh) as the Lord, the sole determiner, but the other אלהים as greately inferior, indeed his servants.

58) L. Berkhof, *Christian Doctrine* (Grand Rapids: Eerdmans, 1976), 76.

59) John Skinner, *Genesis*, 30-31. Lyle Eslinger는 창세기 1:26의 하나님의 복수 표현은 창세기 2:22과 창세기 11:7의 복수 표현과 함께 하나님과 인간의 존재론적 경계를 명확하게 하려는 수사학적인 의도를 가지고 사용되었을 뿐이라고 주장한다. Lyle Eslinger, "The Enigmatic Plurals Like One of Us (Genesis 1:26, 3:22 and 11:7) in Hyperchronic Perspective," *Vetus Testamentum* 54-2 (2006): 171-184.

면 인간 창조에 하나님 외에 천사들이 참여한 것으로 보아야 한다. 또 다른 이유는 하나님의 형상을 따라 지음 받은 사람의 역할을 고려할 때 가능성이 낮다. 즉 하나님의 형상을 따라 지음 받은 사람은 다른 피조물을 다스리는 역할을 하게 되지만, 반면에 천사들은 다스리는 자로 지음 받은 것이 아니라 섬기는 자로 지음 받았다. 하나님을 섬겨야 하고 인간을 섬기는 존재들이다(히 1:14; 계 22:8-9). 창세기 1:27은 "우리의 형상과 우리의 모양"을 하나님의 형상에 국한됨을 보여주는 표현들이 있다. 창세기 1:26과는 달리 창세기 1:27에서는 인간을 창조한 하나님은 단수로 표현되어 있다.

> וַיִּבְרָא אֱלֹהִים אֶת־הָאָדָם בְּצַלְמוֹ
>
> 와이브라 엘로힘 에트-하아담 베찰모

창세기 1:27에서 창조의 주체는 '엘로힘' 이다. 그리고 동사 '바라' בָּרָא가 3인칭 남성 단수형이다. 주어 '엘로힘' (אֱלֹהִים)이 복수형이지만 장엄복수로서 단수 취급되므로 동사 '바라' בָּרָא가 단수형으로 사용되었다. 뿐만 아니라 "그의 형상"בְּצַלְמוֹ에서 하나님은 3인칭 단수 '그의' 로 표시되어 있다. 창세기 1:26에서 하나님의 형상에 따른 인간 창조를 1인칭으로 말할 때는 복수이지만, 창세기 1:27에서 동일한 인간 창조를 3인칭으로 표현할 때는 단수이다. 즉 창세기 1:26의 복수로 등장한 하나님과 창세기 1:27의 단수로 등장한 하나님은 동일한 것으로 봐야 한다. 그러므로 천사들이 포함될 여지가 없고, 이를 삼위일체 하나님으로 보는 것이 더 타당하다. 이 경우 하나님이 '우리' 라고 말하는 당사자는 창세기 1:2의 하나님의 신일 것이다.[60]

두 번째 문제는 하나님의 형상의 의미이다. 이레니우스(Irenaeus, 180

---

60) Cassuto, *Genesis*, 54. 카슈토는 '우리' 를 'Let us go!' 처럼 일종의 권유형으로 생각한다. E.A. Speiser, *Genesis*, Anchor Bible (Garden City: Doubleday, 1982), 7.

61) Wenham, *Genesis*, 29-30. Janell Johnson, "Genesis 1:26-28," *Interpretation* 59-2 (2005) 176-178. Graeme Auld, "*imago dei* in Genesis: Speaking in the Image of God," *Expository Times* 116-8 (2005): 259-262.

A.D.) 이래로 교부들은 형상과 모양을 구별하여 이해하였다.[61] 형상은 인간이 가지고 있는 질적인 면들, 즉 이성과 인격 같은 것들을 가리키며, 모양은 초자연적인 은총들, 즉 윤리적인 것을 가리키는 것으로 이해한다. 그러나 창세기 뿐만 아니라 구약 성경에서 형상과 모양은 서로 혼용해서 사용할 수 있기 때문에 이를 구별하는 것은 의미가 없다.[62] 학자들 중에는 형상이 인간의 몸과 관련 있다고 주장하기도 한다.[63] 창세기 5:3에서 아담은 자기 형상을 따라 셋의 아버지가 되었다고 말한다. 아버지와 아들이 닮았다는 것은 신체와 관련된 것을 가리킬 가능성이 아주 높다고 생각한다. 그렇다면 하나님은 영이라고 했는데, 하나님의 어떤 신체를 닮았다는 것일까?

창세기 1:27에서 하나님은 자기의 형상을 따라 사람을 만들되 남자와 여자로 만들었다고 말한다.[64] 하나님의 인간 창조는 거듭 강조되어 있다.

> 27 וַיִּבְרָא אֱלֹהִים אֶת־הָאָדָם בְּצַלְמוֹ בְּצֶלֶם אֱלֹהִים בָּרָא אֹתוֹ זָכָר וּנְקֵבָה בָּרָא אֹתָם
>
> 와이브라 엘로힘 에트-하아담 베찰모 베체렘 엘로힘 바라 오토 자칼 우네케바 바라 오탐

'창조하다' 라는 의미를 지닌 동사 '바라' בָּרָא를 세 번이나 사용하고 있으며 교차 대구법도 사용하고 있다.

וַיִּבְרָא אֱלֹהִים אֶת־הָאָדָם בְּצַלְמוֹ 와이브라 엘로힘 에트-하아담 베찰모

בְּצֶלֶם אֱלֹהִים בָּרָא אֹתוֹ 베첼렘 엘로힘 바라 오토

---

62) Nathan Jastram, "Man as Male and Female: Created in the Image of God," *Concordia Theological Quarterly* 68-1 (2004): 8-58.

63) Hermann Gunkel, *Genesis*, 113. W. Sibley Towner, "Clones of God: Genesis 1:26-28 and the Image of God in the Hebrew Bible," *Interpretation* 59-4 (2005): 341-356. Towner는 하나님의 형상을 하나님과 사람의 관계성으로 이해한다.

64) So God created man in his own image, in the image of God he created him: male and female he created them.

둘째 문장은 첫째 문장의 '그의 형상' (בְּצַלְמוֹ)이 다름 아닌 '하나님의 형상' (בְּצֶלֶם אֱלֹהִים)임을 한 번 더 분명하게 밝혔는데, '하나님의 형상으로' (אֱלֹהִים בְּצֶלֶם)를 문장 앞에 두는 도치법을 통해 하나님이 인간을 하나님의 형상으로 창조하였음을 다시 강조를 하고 있다. 그리고 셋째 문장은 남자와 여자를(וּנְקֵבָה זָכָר) 동사 앞에 배치하는 도치법을 통해 하나님이 인간을 남자와 여자로 창조하였음을 강조하고 있다. 필리스 트리블은 남자와 여자의 관계성이 하나님의 형상을 나타낸다고 한다.[65] 물론 인간의 창조에서 남성과 여성으로 구분되는 것은 특별하다. 다른 생명체들은 그 종류대로 만들었지만, 암컷과 수컷으로 지었다는 말을 하지 않는다. 그러나 다른 생명체들도 암수 구분이 있었다는 것은 자명한 일이다. 이럴 경우 중요한 문제가 대두된다: 암컷과 수컷으로 존재하는 다른 피조물들도 그들의 암컷과 수컷이라는 관계성을 통해 하나님의 형상을 나타내는가? 남자와 여자로 만들었다는 표현은 다른 움직이는 피조물들을 그 종류대로 만들었다는 표현에 상응하는 요소이다. 즉 셋째, 다섯째 그리고 여섯째 날 피조물들은 그 종류대로 만들었다고 하였는데 반해 인간에 대해서는 남자와 여자로 만들었다고 하였다.

1:12	셋째 날	땅이 풀과 각기 종류대로 씨 맺는 채소와
1:21	다섯째 날	모든 새를 그 종류대로 창조하시니
1:24	여섯째 날	땅은 생물을 그 종류대로 내되
1:27	여섯째 날	남자와 여자를 창조하시고

그리고 창세기 1:27의 하나님의 형상과 성의 구분은 필리스 트리블의 주장처럼 이해하기 보다, 남자와 여자가 모두 하나님의 형상으로 지음 받았다는 말

65) Phyllis Trible, *God and the Rhetoric of Sexuality* (Philadelphia: Fortress, 1978), 21. 트리블의 주장의 문제점에 관해서는 로버트 카와시마의 논문을 참조할 것. Robert S. Kawashima, "A Revisionist Reading Revisited: On the Creation of Adam and Then Eve," *Vetus Testamentum* 56-1 (2006): 46-57. Cf. Nathan Jastram, "Man as Male and Female: Created in the Image of God," *Concordia Theological Quarterly* 68-1 (2004): 63-96.

로 이해하는 것이 적절하다. 이는 여성에 대해 비하적이었던 고대 근동의 전통과는 아주 다른 견해이다.

고대 근동 사회에서 하나님의 형상이란 말은 왕권을 나타내거나 왕이 신의 대리인임을 강조하기 위해 종종 사용되었다.[66] 창세기 1:26의 하나님의 형상도 유사한 맥락에서 이해할 수 있으며 인간이 하나님을 대신하여 피조물들을 다스리는 자로 만들어졌음을 의미한다. 창세기 1:26과 창세기 1:28은 이를 아주 분명하게 보여 준다.

26 וַיֹּאמֶר אֱלֹהִים נַעֲשֶׂה אָדָם בְּצַלְמֵנוּ כִּדְמוּתֵנוּ וְיִרְדּוּ בִדְגַת הַיָּם

와요멜 엘로힘 나아세 아담 베찰메누 키데무테누 베일두 비데가트 하얌

28 וַיְבָרֶךְ אֹתָם אֱלֹהִים וַיֹּאמֶר לָהֶם אֱלֹהִים פְּרוּ וּרְבוּ וּמִלְאוּ אֶת־הָאָרֶץ וְכִבְשֻׁהָ וּרְדוּ

와에바렉 오탐 엘로힘 와요멜 라헴 엘로힘 페루 우레부 우밀우 에트-하아레츠 베킵수하 우레두

이 역할을 강조하기 위해 창세기 1:26과 창세기 1:28에서 다스림과 관련된 표현이 두 번이나 반복되었고, 그 대상도 창세기 1장에서 창조된 피조 세계 모두이다. 이 다스리심을 위해 창세기 1:28에서는 하나님이 복을 주신다. 다섯

66) ANET 245. 아멘호텝 2세의 아시아 원정을 기록한 비문에는 그를 신의 형상이자 아들이라고 부르는 내용이 담겨 있다.

"Amen-hotep-the-God-Ruler-of-Heliopolis, given life forever; the good god, likeness of Re, son of Amon upon His throne."

Westermann, *Genesis* 1-11, 152-153. S. Dean McBride Jr.은 창세기 1:26-28이 인간의 다스리는 자로 말하는 것은 분명하지만, '왕직'과 관련된 표현을 명확하게 표시하지 않는다고 지적한다. 그는 그 이유로 저자가 인간의 다스리는 위치를 전제 군주식 통치로 이해하는 것을 방지하려는 것으로 보인다고 말한다. S. Dean McBride Jr., "Divine Protocol: Genesis 1:1-2:3 as Prologue to the Pentateuch," *God Who Creates*, eds. William P. Brown and S. Dean McBride Jr. (Grand Rapids: Eerdmans, 2000), 15-118. Andreas Schüle, "Made in the Image of God: The Concepts of Divine Images in Gen 1-3," *ZAW* 117 (2005): 1-20. 안드레아스 슐레는 기원전 8세기 구자나(Guzana)의 핫두이티(Hadduyiti)가 세운 흉상에 새겨진 글을 다음과 같이 제공한다. "(This is) the image/the statue(צלם)of Hadduyiti, king of Guzana, Sikannu and Arzan. For the glory and the consolation of this dynasty and for the continuance of his life and for his words to be agreeable to the Gods and to the humans he has made this image/statue(דמותא)."

째 날 창조된 피조물들은 축복의 결과로 생육하고 번성하는 것이지만, 인간에게 주어진 축복은 이에 더해 정복하고 다스리는 것이 추가되었다. 28절은 이를 강조하기 위해 '그들을' (אֹתָם/לָהֶם 인간들을) 주어(אֱלֹהִים) 앞에 배치하는 도치법을 통해 인간에게 복 주심을 강조한다. 이는 고대 근동 사람들의 인간관과 비교해 볼 때, 아주 중요한 의의를 가지고 있다. 고대 근동 사람들은 인간 존재의 기원에 대하여 아주 부정적인 견해를 가지고 있었다. 인간은 고대 근동 사람들이 악의 화신으로 생각했던 티아매트(Tiamat)의 부하였고 뱀이었던 킹구(Kingu)의 더러운 피와 흙을 섞어 창조되었다. 근본이 더럽고 악한 뱀으로부터 만들어진 인간은 신들을 부양하는 노예에 지나지 않았다.[67] 그들의 세계관에서 오직 왕만 신의 형상으로 만들어진 존재였다. 하지만, 성경은 완전히 다른 견해를 가지고 있다. 모든 인간이 하나님의 형상으로 만들어졌을 뿐만 아니라, 하나님의 자녀로서 하나님을 대신하여 이 세상을 다스리는 왕 같은 존재로 창조되었다.[68]

창세기 1장에서 하나님은 넷째 날의 발광체들과 여섯째 날의 인간에게 다스리는 지위를 부여하였다. 이 둘의 다스림의 성격은 현저하게 차이난다. 넷째 날의 발광체들의 다스림은 고정되어 있다. 낮과 밤 그리고 일자와 절기와 연한을 알리는 다람쥐 쳇바퀴 돌듯이 영원히 반복되는 다스림이다. 그러나 인간의 다스림은 고정된 것이 아니라, 다스림의 영역을 영원히 넓혀 가야 하는 유동적

67) John H. Walton, *Ancient Israelite Literature in its Cultural Context: A Survey of Parallels Between Biblical and Ancient Near Eastern Texts* (Grand Rapids: Zondervan, 1990), 19-42.

68) Atrahasis, [Stephanie Dalley, *Myths from Mesopotamia: Creation, the Flood, Gilgamesh and others* (Oxford: Oxford University Press, 1989), 14-18] - 신들의 노동으로 인한 고통을 들어주기 위해 인간 창조를 결정하고 Mami와 Enki가 이 일을 수행하기로 한다. Enki가 Geshtu-e라고 불리는 지적인 한 신을 죽여서 그의 살과 피를 진흙과 섞어 인간을 만들 준비를 한다. 죽은 신을 기념하기 위해 ghost를 만든다. The Igigi, the great gods들이 진흙에 침을 뱉는다. Enki와 Mami가 운명의 방으로 들어가서 14조각의 진흙을 끄집어내어 7쌍씩 좌우에 세우고 그 사이에 흙 벽돌을 세운다. 마침내 7쌍의 남녀 인간이 탄생되고 이들을 각각 둘씩 부부로 짝지어 이들을 통해 인간이 번식하게 하며, 임신의 기간을 10개월로 정한다.

인 다스림이고 하나님 형상의 표출로서 다스림이다. 그 사람에게 하나님은 2인칭으로 상대하며 땅의 모든 것을 양식으로, 즉 소유와 지배권을 준다. 그러나 넷째 날의 다스림은 무생물 세계의 다스림이다.

창세기 1:29에서 하나님은 땅에서 자라는 모든 식물을 인간에게 양식으로 준다. 이 과정에서 하나님은 자신을 1인칭으로 표현하고 인간을 2인칭으로 표현한다. 이전의 창조 활동에서는 찾아볼 수 없는 획기적인 사건이며, 하나님이 인간에게 한 최초의 말씀이다. 하나님은 인간을 영적인 대화와 교제를 나눌 상대로 만들었음을 보여 준다. 창세기 1:30에서 제6일 창조를 하나님은 보시기에 매우 좋았더라고 극찬한다.

창세기 2:1-3

> [1]천지와 만물이 다 이루니라 [2]하나님의 지으시던 일이 일곱째 날이 이를 때에 마치니 그 지으시던 일이 다하므로 일곱째 날에 안식하시니라 [3]하나님이 일곱째 날을 복 주사 거룩하게 하셨으니 이는 하나님이 그 창조하시며 만드시던 모든 일을 마치시고 이 날에 안식하셨음이더라.

1절: 천지와 만물이 다 이루니라(וַיְכֻלּוּ הַשָּׁמַיִם וְהָאָרֶץ וְכָל־צְבָאָם)

창세기 1장에는 6일간에 걸친 하나님의 천지 창조가 기록되어 있고, 창세기 2:1-3에는 하나님이 천지 창조를 마치고 안식한 것을 기록하고 있다.[69] 본래 창세기 2:1-3의 내용은 창세기 1:1-31로부터 구분되어서는 안되며, 제7일은 천지창조의 마지막 날로서 전체 7일의 절정에 해당하는 날이다. 구약 성경

---

69) 제7일은 안식일을 창조의 질서 속에 두는 것으로 보는 견해와 그렇지 않다고 여기는 견해로 나뉘어 있다. 이에 대해서는 H. Ross Cole, "The Sabbath and Genesis 2:1-3," *Andrews University Seminary Studies* 41-1 (2003): 5-12를 참조할 것.

의 장 구분은 중세 때에 기독교인이었던 스티븐 랑턴에 의해 고안되어 1330년경 랍비 살로몬 벤 이쉬마엘에 의해 히브리어 성경에 도입되었다.[70] 그리고 장의 구분은 성경의 영감과는 별개의 문제이다. 제7일은 1-6일과 연속성을 가지고 있지만, 동시에 차이점도 가지고 있다. 우선 제7일의 시작과 종결 표현이 1-6일과 다르다. 1-6일의 첫 표현은 항상 "하나님이 가라사대"(וַיֹּאמֶר אֱלֹהִים) 이며, 마지막 표현은 "저녁이 되며 아침이 되니 이는 ○날이니라"(와여히-보켈 욤 ○ וַיְהִי־בֹקֶר יוֹם)이다. 반면에 제7일의 시작 표현은 "천지와 만물이 다 이루니라"이며, 이는 창세기 1:1의 "태초에 하나님이 천지를 창조하시니라"와 근본적으로 대조를 이룬다. 그리고 제7일의 마지막 표현은 "하나님이 창조하시며 만드시던 모든 일을 마치시고 안식하셨음이더라"이다. "저녁이 되며 아침이 되니 이는 일곱째 날이니라"라고 예상되었던 표현이 제7일 마지막에 나타나지 않는다. 뿐만 아니라, 1-6일 창조에서 일반적으로 등장하던 기본적인 표현들도 나타나지 않는다. 이렇게 제7일을 1-6일로부터 구분시키는 요소도 있지만, 둘을 연결시켜 주는 요소도 존재한다. 비록 과거 완료의 의미로 사용되었지만 명사 하늘과 땅 그리고 동사 '창조하다' (בָּרָא 바라)와 '만들다' (עָשָׂה 아사)를 제7일 창조에서도 만날 수 있다.

창세기 1:1과 2:1은 inclusio로서 시작과 끝을 나타낸다. 창세기 1:1은 "태초에 하나님이 천지를 창조하시니라"고 말하며, 창세기 2:1은 "천지와 만물이 다 이루니라"고 말한다. 창세기 1:1에서 하나님은 행동을 시작하고 창세기 2:1에서 하나님은 행동을 멈춘다. 하나님은 모든 일을 마치고 쉬며 안식일을 재정한다. 이렇게 창조는 완전한 원을 형성하고 있다. 세상은 하나님 편에서 창조 행위를 통해 하나님으로부터 나왔다가 안식일에 쉼과 예배를 통해 그에게로 돌아간다. 이 안식일에 인간은 안식일을 지킴으로, 즉 인간 자신을 위한 창조 활동을 멈춤으로, 하나님을 창조주로 인정하고 그래서 하나님의 창조주

70) Ernst Würthwein, *The Text of the Old Testament* (Grand Rapids: Eerdmans, 1979), 21. Ellis R. Brotzman, *Old Testament TextualCriticism* (Grand Rapids: Baker, 1994), 47.

되심을 더욱 빛나게 한다.[71] 그 인간이 안식일을 지킬 수 있도록 도와주는 기능을 넷째 날의 발광체들이 하게 된다. 넷째 날 발광체와 여섯째 날 인간 그리고 일곱째 날 안식일의 관계를 다음과 같이 묘사할 수 있을 것이다.

4일 – 안식일 징조
　　　　　　　　　7일 – 안식일
6일 – 안식일 지킴이

동사 '이루니라' (כָּלָה 카라)는 창조와 관련된 모든 과정과 행위가 끝났다는 말이다. 2:1은 하늘과 땅의 창조가 이루어진 것을 말할 뿐만 아니라 그에 속한 모든 것들이 만들어졌음을 말한다. 명사 '차바' (צָבָא)는 주로 군대, 전쟁, 그리고 천사들을 나타낼 때 사용되며, 해와 달과 별들 같은 천체를 주로 지칭하는 말이다. 2:1에서 '차바' 는 창조 과정을 통해 잘 정리된 하늘과 땅의 군상들을 의미한다.

창세기 2:2

하나님의 지으시던 일이 일곱째 날이 이를 때에 마치니

וַיְכַל אֱלֹהִים בַּיּוֹם הַשְּׁבִיעִי מְלַאכְתּוֹ אֲשֶׁר עָשָׂה

와여칼 엘로힘 바욤 하스비이 메라케토 아셀 아사

이 표현은 하나님의 창조가 제7일에 끝났다는 뉘앙스를 풍긴다. 그래서 사마리아 오경과 70인역 그리고 시리아역 사본들은 제7일을 제6일로 수정하였었다. 하지만 제7일을 제6일로 바꾸는 것은 옳지 못하다. 이 표현은 하나님이 6일 동안 창조를 완성했고, 제7일에는 창조와 관련된 일을 더 이상 하지 않고 끝내

---

71) Jeph Holloway, "From the Beginning: The Moral Vision of Genesis 1-11," *Southwestern Journal of Theology* 44 (2001): 90-91.

고 멈추었음을 나타내는 말이며, 이를 강조하기 위해 다음의 밑줄들이 보여주는 것처럼 네 가지의 유사하거나 동일한 표현을 각각 세 번씩 반복 사용하였다.

2 וַיְכַל אֱלֹהִים בַּיּוֹם הַשְּׁבִיעִי מְלַאכְתּוֹ אֲשֶׁר עָשָׂה

와여칼 엘로힘 바욤 하스비이 메라케토 아셀 아사

וַיִּשְׁבֹּת בַּיּוֹם הַשְּׁבִיעִי מִכָּל־מְלַאכְתּוֹ אֲשֶׁר עָשָׂה׃

와이스보트 바욤 하스비이 미콜–메라케토 아셀 아사

3 כִּי בוֹ שָׁבַת מִכָּל־מְלַאכְתּוֹ אֲשֶׁר־בָּרָא אֱלֹהִים לַעֲשׂוֹת׃

키 보 사바트 미콜–메라케토 아셀–바라 엘로힘 라아소트

이들 반복적인 표현들을 제외하면, 남는 표현은 3절에 있는 "하나님이 일곱째 날을 복주사 거룩하게 하셨으니"이다. 창세기 2:1–3에는 세 가지 새로운 주제가 있다: 창조주 하나님의 안식, 일곱째 날에 대한 축복, 제7일을 거룩하게 성별.

세 가지 주제에서 가장 강조되고 있는 것이 하나님의 안식이다. "하나님의 안식"의 의미는 무엇일까? 고대 근동의 창조 신화인 에뉴마 엘리쉬에 의하면 젊고 어린 신들은 나이 많은 신들을 섬기는 노예였다. 마르둑이 신들의 원수였던 악의 신인 티아매트를 죽여 하늘과 땅을 만들었을 때 젊은 신들은 마르둑에게 그들의 노동으로부터 벗어나게 해 달라고 요청한다. 마르둑의 명령에 따라 신들은 티아매트의 부하 킹구를 죽여 그 피로 인간을 만들고 자신들의 노동을 떠맡긴다. 인간들은 신들의 안식을 위해 수고하는 노예로 탄생된 것이다. 이어서 신들은 티아매트와 벌인 전쟁과 창조 때문에 피곤해진 마르둑에 대한 충성의 표시로, 그리고 마르둑과 자신들의 안식을 위해 벽돌로 신전을 높이 쌓아 만든다. 그리고 그 신전의 이름을 바빌론이라고 붙이고, 그 신전에서 쉬며 잔치를 벌여 먹고 마신다.[72)]

제7일에 하나님이 쉬었다는 것은 에뉴마 엘리쉬의 신들의 안식과 같은 차원일까? 창조라는 엄청난 일을 하느라 피곤해진 몸을 쉼을 통해 재충전하는 것

일까? 창세기 2:1-3에서는 이런 사상을 전혀 찾아볼 수 없다. 뿐만 아니라 하나님의 안식은 하나님이 아무 것도 하지 않았다는 뜻이 결코 아니다. 창세기 2:3에 의하면 하나님은 제7일에 쉬고 거룩하게 구별하였을 뿐만 아니라 제7일을 축복하였다(와에바렉 엘로힘 에트-욤 하스비이 וַיְבָרֶךְ אֱלֹהִים אֶת־יוֹם הַשְּׁבִיעִי). 거룩하게 한 것은 제7일을 창조주 하나님께 속한 특정한 날로 구별한 것을 말한다. 그럼 하나님이 제7일을 복주었다는 것은 무슨 의미일까? 공간을 초월한 하나님이 공간 속에 우주를 질서정연하게 창조하고 그 다스리는 것들을 만든 것처럼, 시간을 초월해 있으면서 시간을 질서정연하게 만들고 제7일을 1-6일보다 우월한 날로 만든 것을 의미할까?[73] 그래서 모든 피조물 중에 인간을 더 높인 것처럼 영적인 의미에서 제7일을 높인 것을 의미할까?[74] 안식일을 축복하였다는 말의 의미는 본문의 배경 속에서 이해해야 한다. 1-6일간의 창조에서 하나님의 축복은 모두 세 번 사용되었다(창 1:22, 28, 2:3). 창세기 1:22와 1:28에서 축복은 공통적으로 생육하고 번성하여 땅에 충만해 지는 것이다. 인간에 대한 축복에서는 이에 더하여 땅을 정복하고 다스리는 것을 포함하고 있다. 다른 구약 성경에서도 하나님의 축복의 대상은 항상 사람이나 사람의 소유 그리고 생명체에 한정되며, 축복의 내용은 창세기 1:22과 1:28처럼 번영과 함께 하나님의 임재와 보호와 관련 있다.[75] 그렇다면 하나님이 제7일을 축복한 것도 이런 차원에서 이해해야할까? 제7일에 대한 축복은 모세 오경의 안식일 규정들 전체의 배경에서 살펴 보아야 한다. 레위기 26장은 안식일을 비롯한

---

72) ANET 68. "Blood I (Marduk) will mass and cause bones to be. I will establish a savage, 'man' shall be his name. Verily, savage-man I will creat. He shall be charged with the service of the gods that they might be at ease! … Ea answered him (Marduk), speaking a word to him, giving him another plan for the relief of the gods. … Out of his blood (Kingu) they fashioned mankind. He imposed the service and let free the gods."

73) Nahum M. Sarna, *Genesis*, 15.

74) U. Cassuto, *Genesis*, 65.

75) Claus Westmann, *Genesis 1-11* (Minneapolis: Augsburg, 1984), 172-173. Gordon J. Wenham, *Genesis 1-15* (Waco: Word Books, 1987), 36. Terence E. Fretheim, *Genesis*, NIB (Nashville: Abingdon, 1994), 347. NICOTTE, 1:757-767.

하나님의 언약의 규정들을 지킨 자에게 언약의 복을 주고 어긴 자에게는 언약의 저주를 내린다고 강조한다. 뿐만 아니라 저주를 받는 그 자가 자기 기업에서 쫓겨나 포로로 끌려간 사이에 땅은 안식을 누리게 된다.[76] 신명기 15:9-10에서 제7년 안식년 또는 면제년 규정에서도 같은 신학 사상을 확인할 수 있다. 안식년에 가난한 사람을 구제하고 종을 해방시켜 주면 하나님이 범사에 복을 준다고 한다(신 15:9-10, 18). 그러므로 안식일을 복준다는 것은 안식일을 구별하여 지키는 그 사람을 축복한다는 말로 이해할 수 있을 것이다.

76) Howard N. Wallace는 창세기 2:1-3의 안식에는 땅의 안식도 포함되어 있으며, 안식일 지킴에 땅의 안식을 포함시켜 환경문제를 해결하는데 기독교가 주도적 역할을 해야 한다고 말한다. Howard N. Wallace, "Rest for the Earth? Another Look at Genesis 2:1-3," *The Earth Story in Genesis*, eds. Norman C. Habel & Shirley Wurst (Sheffield: Sheffield Academic Press, 2000), 49-59.

Chapter 02 창세기 2장

창세기 2장에서는 천지 창조에 관한 기사가 또 기록되어 있다. 창세기 2:1-3은 7일간의 창조 중에서 마지막 7일에 해당되기 때문에 창세기 1장에 포함되어야 할 것이다. 창세기 2:4-25에는 인간 창조, 식물 창조, 동물 창조, 그리고 하와의 창조와 관련된 내용이 또 다시 나온다.[1] 다양한 이유가 제시되었지만, 창세기 1장과 창세기 2장의 창조 기사의 기록 목적 자체가 다르다는 점에 주목해야 할 것이다. 창세기 1장에서 창조의 정점이 인간과 그리고 안식일이긴 하지만, 땅을 중심으로한 천지 창조 과정을 보여 주고 하나님이 창조주 되심을 보여 주는데 초점을 맞추고 있다. 반면에 창세기 2장은 하나님은 아담을 왕같은 제사장으로 세워 에덴 동산에 두어 사역을 맡기고 있다. 호세아는 이를 가리켜 하나님께서 아담과 언약을 맺은 것으로 표현하고 있다(호 6:7).[2] 그리고 하나님은 아담을 돕도록 하와를 만들어 가정을 이루게 하고 있다. 창세기 2장을 읽는 독자는 이 주제들이 어떻게 묘사되고 있는지 살펴볼 때 큰 유익을 얻게 될 것이다.

4-7절

> 4이것들은 천지가 창조된 때에 하늘과 땅의 내력이다. 여호와 하나님이 땅과 하
> 늘을 만드신 때에 5그리고 들판의 모든 초목이 아직 땅에 없었고 그리고 들의 모
> 든 채소가 아직 싹트기 전이었으니 이는 여호와 하나님이 땅 위에 비를 내리지
> 아니하셨고 그리고 땅을 경작할 사람도 없었음이라. 6그리고 안개가 땅에서 올
> 라와 온 지면을 적셨더라. 7그리고 여호와 하나님이 땅에서 취한 흙으로 아담을
> 만들었고, 그리고 그의 코에 생령을 불어 넣으므로 아담이 생령이 되었더라.

창세기 2:4-7은 1:1-2과 거의 비슷한 분위기로 시작한다. 창세기 1:1이 하나님의 창조 초기의 일을 말하고 이어서 지구의 상황에 대한 묘사로 이어진 것처럼, 창세기 2:4도 창조의 시작을 말하고 이어서 지구의 상황을 묘사한다. 차이점이 있다면 2:4은 창세기에 있는 13개의 톨레도트(תּוֹלְדוֹת) 중에 하나로 시작하고 있다는 점과, 2:5-7은 1:2보다 좀더 구체적으로 지구의 상황을 묘사하고 있다는 것이다.[3]

---

1) 군켈은 그의 주석에서 창세기 2:4b-3:24을 J에 따른 원시 역사로 분류하고 창세기 2:4a과 1:1-2:3을 P의 창조 기사로 분류한다. Hermann Gunkel, *Genesis*, 1-40, 103-133. 지난 100년 동안 창세기 2-3장의 연구 동향은 T. Stordalen, *Echoes of Eden: Genesis 2-3 and Symbolism of the Eden Garden in Biblical Hebrew Literature* (Leuven, Belgium: Peeters, 2000), 187-189를 참고할 것.

2) 호세아 6:7의 아담을 지명으로 이해하는 학자들도 있다. 그러나 호세아 6:7을 지명으로 이해할 경우 아담 지역에 사는 사람들이 어떻게 언약을 깨뜨렸는지 추가적인 진술이 없기 때문에 본문의 의사전달에 치명적인 결함을 가지게 된다. 그러나 아담을 지명이 아니라 창세기 1-3장의 아담으로 이해한다면, 호세아 6장을 이해하는데 아무런 장애를 주지 않고 의미도 분명하게 된다. Thomas McComiskey, Hosea, Minor Prphets vol. 1 (Grand Rapids: Baker, 1992), 95. Gale A. Yee, *The Book of Hosea*, NIB (Nashville: Abingdon, 1996), 252.

3) 10개의 אֵלֶּה תּוֹלְדוֹת 1) 2:4-4:26 History of Heaven and Earth, 2) 5:1-6:8 Family History of Adam, 3) 6:9-9:29 Family History of Noah, 4) 10:1-11:9 Family History of Noahs sons,

4절

[4]이것들은 천지가 창조된 때에 하늘과 땅의 내력이다.

톨레도트는 내력이란 의미를 가지며, 창세기에서는 주로 두 가지 독특한 현상을 지닌다.[4] 첫째, 앞선 이야기에 언급된 것들, 창세기에서는 주로 사람들 중에서 마지막에 언급된 사람과 관련된 이야기를 이어간다. 둘째, 마지막 사람을 언급함에도 불구하고 실제로는 그 사람보다는 뒤따르는 그의 후손의 이야기를 전개해 나간다.[5] 예를 들면, 창세기 11:27과 25:19는 각각 데라와 이삭의 톨레도트라고 말하지만 이어지는 내용에서 주요 인물은 각각 아브라함과 야곱이다. 창세기 2:4에서도 이 같은 현상을 찾아 볼 수 있다. 즉 2:4은 창세기 1장의 창조 주제를 이어가고 있지만, 마지막 날에 창조된 인간의 이야기가 주요 내용이다.

창세기 2:4은 두 부분으로 나눌 수 있다. 전반부는 하늘과 지구가 창조된 사실을 말하지만 후반부는 하나님이 하늘과 지구를 만든 것을 강조하고 있다. 전반부와 후반부는 유사성을 지니고 있다.

---

5) 11:10-26 Family History of Shem, 6) 11:27-25:11 Family History of Terah, 7) 25:12-18 Family History of Ishmael, 8) 25:19-35:29 Family History of Isaac, 9) 36:1-37:1 Family History of Esau, 10) 37:2-50:26 Family History of Jacob. 톨레도트가 창세기 2:4에서 처음으로 등장하기 때문에 학자들 중에는 창세기 1:1-2:3은 기존의 10의 톨레도트 문서들을 가지고 편집할 때 없었던 부분인데 후대에 첨가되었다고 주장한다. 하지만 톨레도트로 시작하는 부분들은 한결같이 앞의 내용을 이어주는 역할을 함께하고 있다는 점을 고려한다면 1:1-2:3을 구태여 첨가라고 볼 필요 없다.

4) Kenneth A. Mathews, *Genesis* 1-11:26, 114.

5) Stephen Kempf, "Introducing the Garden of Eden: The Structure and Function of Genesis 2:4B-7," *JOTT* 7 (1996): 38-39.

אֵלֶּה תוֹלְדוֹת הַשָּׁמַיִם וְהָאָרֶץ בְּהִבָּרְאָם׃ 엘레 톨레도트 하샤마임 베하아레츠 베힙바레암

בְּיוֹם עֲשׂוֹת יְהוָה אֱלֹהִים אֶרֶץ וְשָׁמָיִם׃ 베욤 아소트 야웨 엘로힘 에레츠 베샤마임

첫 번째 유사성은 둘 다 하늘과 지구가 나란히 등장한다는 점이다. 두 번째 유사성은 전반부의 마지막과 후반부의 시작은 각각 전치사 베(בְּ) + 부정사 연계형이며 첫째의 의미는 '창조된 때에' 이고(베힙바레암 בְּהִבָּרְאָם) 둘째의 의미는 '만든 때에' 이다(베욤 아소트 בְּיוֹם עֲשׂוֹת). 차이점도 있다. 첫 번째 차이점은 전자의 하늘과 지구에는 정관사 하(הַ)가 있지만 후자에는 없다. 두 번째 차이점은 전자의 주어가 하늘과 지구인 반면에 후자의 주어는 여호와 하나님이다. 세 번째 차이점은 하늘과 지구의 배열 순서이다. 전반부에서는 하늘 → 지구인데 반해 후반부에서는 지구 → 하늘이다. 사마리아 오경과 시리아역에서는 후반부의 순서를 전반부와 일치시키기 위해 하늘 → 지구의 순서로 바꾸었다. 하지만 이 순서가 바뀌어진 이유는 지구를 앞세워 이어지는 내용에서 하나님의 창조 초점이 하늘이 아니라 지구에 있음을 보여주기 위해서이다. 이러한 의도 때문에 5-6은 지구의 상황을 묘사하기 위해 에레츠(אֶרֶץ)와 아다마(אֲדָמָה)를 거듭 반복해서 사용한다.

5-6절

창세기 2:5-6은 세 가지 주제를 각각 두 개의 문장으로 표현하고 있다.

5 וְכֹל שִׂיחַ הַשָּׂדֶה טֶרֶם יִהְיֶה בָאָרֶץ
וְכָל־עֵשֶׂב הַשָּׂדֶה טֶרֶם יִצְמָח
} A 땅에 식물이 없음

כִּי לֹא הִמְטִיר יְהוָה אֱלֹהִים עַל־הָאָרֶץ
וְאָדָם אַיִן לַעֲבֹד אֶת־הָאֲדָמָה׃
} B 하나님의 비와 사람의 노동의 부재

6 וְאֵד יַעֲלֶה מִן־הָאָרֶץ
וְהִשְׁקָה אֶת־כָּל־פְּנֵי־הָאֲדָמָה׃
} C 땅에서 수증기가 나와 표면을 적심

창세기 2:5-6의 A, B, C는 함께 지구의 상황을 묘사하며, 그 내용은 창세기 1:2의 주제를 되풀이 하고 있다. 창세기 1:2와 2:5-6의 주제상의 일치점을 살펴보면 다음과 같다.[6]

창세기 1:2	창세기 2:5-6
혼돈 → 생명체가 살 수 없는 환경	땅에 비가 내리지 않았다
공허 → 생명체가 존재하지 않음	초목과 채소가 나지 않았다
깊음과 수면 → 물의 존재	안개만 온 지면을 적셨더라
하나님의 신	생기(2:7)

창세기 1장에서 인간은 하나님의 형상으로 창조되었다고 한다. 고대 근동의 배경에서 볼 때 파격적이었다. 그러나 창세기 2장에서 인간에 대한 표현들은 더 놀랍다. 우선 5절은 지구에 야생 식물과 채소가 아직 자라지 않았다고 말한다. 그리고 6절에 의하면 땅에는 안개 또는 수증기만 피어 오르고 있었다. 이것은 창세기 1:2의 땅의 혼돈함과 공허함 또는 생명체의 부재와 같은 주제이다. 5절은 생명체 부재에 대한 이유를 두 가지를 제시하고 있다. 첫째는 땅에 비가 내리지 않았다는 것이다. 이것은 단순히 자연 현상만을 두고 하는 표현이 아니다. 5절에서 단순하게 '비가 아직 내리지 않았다' 고 하지 않고, '하나님이 비를 내리지 않았다' 고 말하는 것은 하나님의 특별한 은혜가 땅 위에 아직 부재했음을 말하려는 의도를 가지고 있다.[7] 즉 땅에 식물이 아직 자라지 않았던 이유는 하나님의 은혜가 구체적으로 지구에 임하지 않았다는 것이다. 둘째 이유는 경작할 사람이 없었다는 것이다.

6) Stephen Kempf, "Introducing the Garden of Eden: The Structure and Function of Genesis 2:4b-7," *JOTT* 7 (1996): 46-53. Mark Futato는 이 부분을 셋째 날 식물이 창조되기 전의 상황이라고 생각한다. Mark Futato, "Because it had rained: A study of Gen 2:5-7 with implications for Gen 2:4-25 and Gen 1:1-2:3," *WTJ* 60 (1998): 1-21.

7) Sarna, *Genesis*, 17.

וְאָדָם אַיִן לַעֲבֹד אֶת־הָאֲדָמָה 베아담 아인 라아보드 에트-하아다마

동사 '아바드'는 '섬기다', '경배하다', '경작하다'의 뜻을 가지며, 여기에서는 경작하다의 의미로 사용되었다. 인간이 존재하지 않았음을 강조하기 위해 아담을 문장의 서두에 두었다. 그 인간은 땅을 경작할 인간이며, 경작할 인간의 부재가 식물의 부재 원인으로 제시되고 있다. 특이하게도 경작할 인간의 부재가 비를 내리게 하는 하나님의 은혜와 나란히 식물의 부재 원인으로 제시되고 있다.[8] 사람과 그의 노동에 각별한 의미를 부여하고 있음을 알 수 있다.[9]

7절

인간의 창조가 2:7에서 다시 묘사되고 있다.[10] 창세기 1:26-28에서 하나님의 형상으로 지음받았음을 강조한 것과는 달리 창세기 2:7에서 하나님은 마치 토기장이처럼 흙으로 사람을 직접 만들어 그 코에 마치 키스를 하듯이 생기를 불어 넣어 생령이 되게 한다.[11] 조금 유사한 형태의 인간 창조 전통이 고대 근동에도 있었다. 아트라하시스에 의하면, 산파 신인 마미는 신들의 노동을 대

---

8) 접속사 키가 '경작할 사람이 없었다'를 포함하는 것으로 여기는 견해와 그렇지 않은 것으로 보는 견해로 나뉘어져 있다. 하지만 창세기 2:5-6의 구조는 전자의 견해를 지지하는 것으로 여겨진다. Cf. David Toshio Tsumura, *The Earth and the Waters in Genesis 1 and 2: A Linguistic Investigation*, JSOT Sup 83 (Sheffield: JSOT Press, 1989), 86-88. Paul F. Scotchmer, "Lessons from Paradise on Work, Marriage, and Freedom: A Study of Genesis 2:4-3:24," ERT 28-1 (2004): 80-85.

9) Stephen Kempf은 창세기 2:4b-7을 창세기 2-3장의 서론부로 생각하며, 창세기 2-3장은 왜 인간이 땅에서부터 곡식을 생산하기 위해 힘들게 노동해야 하는가에 대한 대답을 찾는 것이라고 한다. Stephen Kempf, "Introducing the Garden of Eden: The Structure and Function of Genesis 2:4b-7," *JOTT* 7 (1996): 33-46.

10) 창세기 2:5-6은 인간 창조를 위한 배경 역할을 한다. 이를 보여 주는 중요한 표시가 wayyiqtol 동사인 와이첼(וַיִּצֶר)의 사용이다. 히브리어에서 wayyiqtol은 강화의 시작을 알리는 반면에 미완료와 분사는 배경을 나타내는 역할을 한다. Jack Collins, "Discourse Analysis and the Interpretation of Gen 2:4-7," *WTJ* 61 (1999): 273.

11) 이렇게 최초의 키스는 하나님이 아담을 만들 때 생겨났다. 이런 형태의 인간 창조는 고대 근동의

신할 인간을 만들기 위해 진흙 14조각을 취하여 남자와 여자 7쌍을 만들어 부부로 태어나게 한다. 이때에 엔키 신이 신들에게 다음과 같이 제안한다.

> Then one god should be slaughtered. … then a god and a man will be mixed together in clay. Let us hear the drumbeat forever after, let a ghost come into existence from the god' s flesh. … And let the ghost exist so as not to forget.

이 제안에 동의 하여 신들은 Seshtu-e라는 지적 능력을 가진 신을 죽여 혼을 만들고 진흙과 섞어 인간이 태어나게 한다. 그러나 창세기 2:7의 인간 창조는 아트라하시스의 인간 창조와 비교했을 때 하나님과 인간의 관계성이란 점에서 현저한 차이가 있다. 창세기 2장의 창조에서 둘의 관계는 아주 친밀함을 느낄 수 있다. 이것은 창세기 2장의 동물 창조와 비교해 보면 알 수 있다. 창세기 2:19에 의하면, 인간뿐만 아니라 각종 짐승들과 새도 흙으로 만들었다. 짐승들은 단순히 형체만 완성된 조각상의 모습이 아니라 살아 움직이는 존재들이다. 그러나 인간은 흙으로 만들었을 때 살아 움직이는 존재인지 아니면 조각상의 모습인지 알 수 없다. 분명한 것은 짐승들과는 달리 흙으로 만들고 나서 인간의 코에 하나님이 생기를 불어 넣고 난 후 비로서 생령이 된다.

> וַיִּפַּח בְּאַפָּיו נִשְׁמַת חַיִּים 와이파 베아파브 니쉬마트 하이임

생기의 '기'는 히브리어로 '네사마'(נְשָׁמָה)이며 '바람,' '호흡,' '영'이란 뜻을 가지고 창세기 1:2의 루아흐(רוּחַ)와 동의어적인 표현이다(욥 27:3, 사 42:5). 창세기 1:2에서 지구를 덮고 있던 그 영을 하나님은 직접 자신의 얼굴을 흙으로 빚어진 인간의 얼굴에 맞대고 자신의 입에서 그의 코에 인공 호흡하

창조 신화에서는 결코 찾아 볼 수 없다. John L. Harris, "An Exposition of Genesis 2:4-11:32," *Southwestern Journal of Theology* 44 (2001): 40.

듯이 불어 넣고 있다.[12] 그 결과 사람은 생령이 되어 살아 움직이기 시작한다.

8-17절

창세기 2:8-17은 두 부분으로 나눌 수 있다: 창세기 2:8-9, 2:10-17. 이 두 부분에는 세 가지 주제가 대구법으로 구성되어 있다.

a. 에덴 동산(8절)

b. 사람을 에덴 동산에 두다(8절)

c. 과일 나무:생명 나무와 선악과(9절)

a' 에덴 동산의 위치(10-14절)

b' 사람을 에덴 동산에 두다(15절)

c' 과일 나무:선악과(16-17절)

이 대구법의 구조에 근거하여 창세기 2:8-17을 살펴보는 것이 독자들에게 도움이 될 것이다.

8-9절

[8]여호와 하나님이 동방의 에덴에 동산을 창설하시고 그 지으신 사람을 거기 두시
고 [9]여호와 하나님이 그 땅에서 보기에 아름답고 먹기에 좋은 나무가 나게 하시
니 동산 가운데에는 생명 나무와 선악을 알게 하는 나무도 있더라

12) Kenneth A. Mathews, *Genesis 1-11:26*, 197. Lyn Bechtel은 창세기 2:4-3:24을 아담의 탄생에서 성인이 되는 과정을 그리고 있다고 주장한다. Lyn M. Bechtel, "Genesis 2.4B-3:24: A Myth about Human Maturation," *JSOT* 67 (1995): 3-26.

고대 이집트에도 파라다이스에 대한 전통이 있었다. 태양신 레가 떠오르는 곳에 이 세상을 떠나 다시 태어나는 사람들이 사는 장소가 있다. 그곳에는 태양신 레가 항해하는 강이 있고, 무화과 나무와 2m까지 자라는 보리가 있다. 그리고 키가 4.5m나 되는 영혼이 그 보리를 수확한다.[13]

고대 수메르 지역에도 파라다이스 전통이 있었다.[14] 물의 신 엔키(Enki)와 땅의 신 닌훌삭(Ninhursag) 신화에 따르면, 딜문(Dilmun)은 순결하고 깨끗하고 밝은 땅이며, 그곳에는 질병도 죽음도 없다. 딜문에는 달콤한 물이 흘렀고 각종 채소와 과일이 풍성하였다. 엔키와 닌훌삭 신화는 딜문에 8가지 식물이 자라게 된 배경을 기록하고 있다. 엔키가 닌훌삭을 잉태하게 하여 딸(Ninmu)을 낳고, 그 딸과 동침하여 손녀(Ninkurra)를 낳고, 그 손녀와 동침하여 증손녀(Uttu)를 낳는다. 엔키가 증손녀인 우투와 동침하려 할 때 닌훌삭이 우투에게 조언하기를 엔키에게 오이와 사과와 포도를 요구하고 이를 주면 동침하고 주지 않으면 동침하지 말라고 한다. 엔키는 우투의 요청을 받아 들여 이것들을 구해 준다. 마침내 둘이 동침할 때 배출된 정액을 취하여 닌훌삭은 8개의 식물을 만들어낸다. 엔키는 이 8개의 식물을 뽑아 먹다가 아내 닌훌삭의 저주를 받아 죽게 된다.[15] 이처럼 이 신화의 기본적인 배경은 땅의 신과 물의 신의 갈등이다. 고대 근동의 파라다이스 전통은 에덴 동산과 유사점도 있어 보이지만, 근본적인 차이점이 분명하게 드러난다. 이집트와 수메르 신화에서 살펴 본 것처럼 고대 근동의 파라다이스는 신들의 거주지이거나 사후 영혼이 갈 수 있는

---

13) ANET, 33. 에덴 동산을 파라다이스로 표현하기 시작한 것은 70인역이다. 파라다이스는 페르시아에서 기원한 용어로서 페르시아가 멸망한 후 헬라시대에 이르러서는 왕실 정원을 나타내는 표현으로 사용되었다. J. N. Bremmer, "Paradise in the Septuagint," *Paradise Interpreted: Representations of Biblical Paradise in Judaism and Christinity*, ed. Gerard P. Luttikhuizen (Leiden: Brill, 1999), 1-20.

14) 고대 가나안의 바알 서사시에는 가나안 만신전의 수장인 엘 신의 거주지에 대해 다음과 같이 묘사하고 있다(ANET 152).

"Towards El of the Source of the Floods, In the midst of the headwaters of the Two Oceans."

엘 신의 거주지가 두 강 또는 두 바다의 근원지에 있었다는 것이다.

15) ANET 37-41.

곳이지만, 에덴 동산은 하나님이 인간을 만나는 장소이며, 실제 거주자는 살아있는 사람이다.

창세기 2:8-9에 의하면 하나님이 인간을 만든 후에 에덴 동산을 만들고 그 동산에 마침내 생명나무와 선악과를 포함한 식물이 생겨나게 한다. 에덴 동산의 규모와 위치는 오랫동안 핵심 논쟁거리였다. 히브리어 성경 자체가 두 가지 난해한 표현을 가지고 있다.

וַיִּטַּע יְהוָה אֱלֹהִים גַּן־בְּעֵדֶן מִקֶּדֶם 와잇타 야웨 엘로힘 간-베에덴 미케뎀

첫째는 일반적으로 에덴 동산의 히브리어 표현은 간-에덴(גַּן־עֵדֶן)인데, 창세기 2:8의 에덴 동산(גַּן־בְּעֵדֶן)이란 표현에는 특이하게도 에덴(עֵדֶן) 앞에 전치사 베(בְּ)를 가지고 있다. 이 전치사 때문에 에덴 동산에 대해 두 가지 해석이 가능하게 했다: 1) 에덴과 동산을 동일시하는 견해, 2) 에덴은 광범위한 지역이고 동산은 그 지역 안에 있는 작은 정원으로 보는 견해.[16] 둘째는 창세기 2:8의 동방을 어디를 기점으로 한 동쪽인가하는 문제이다.[17] 일반적으로 동방은 이스라엘 민족이 살고 있는 가나안 지역의 동쪽으로 이해해 왔다. 즉 아라비아 사막이나 메소포타미아 지역을 동방으로 생각하는 것이다.[18] 에덴 동산의 위치와 범위는 이어지는 창세기 2:10-14를 참고해야만 한다.

창세기 2:14에 있는 셋째와 넷째 강은 일반적으로 티그리스 강과 유프라테스 강으로 알려져 있으며, 그 위치를 확인하는 것은 간단하다. 두 강은 현재 이라크와 이란에 흐르고 있다. 그러나 첫째 강 비손과 둘째 강 기혼의 위치는 미스테리에 속한다. 많은 학자들이 이들을 메소포타미아의 다른 강들에서 찾거

---

16) Wenham, *Genesis 1-15*, 61.

17) '간-베에덴 미케뎀' (גַּן־בְּעֵדֶן מִקֶּדֶם)에서 미케뎀은 두 가지 의미로 사용될 수 있다. 에덴 그 자체가 동방에 있다는 의미를 가질 수도 있고 동산이 에덴의 동편에 위치해 있다는 의미로도 볼 수 있다.

18) 사르나는 탈굼 온켈로스의 해석에 따라 동방의 히브리어 표현 미케뎀을 공간적인 의미가 아니라 시간적인 의미로 "태고 시대에"로 해석할 수 있다고 제안한다. *Sarna, Genesis*, 18.

나, 메소포타미아 밖에 있는 나일강이나 인더스 강과 동일시 하거나, 또는 페르시아 만이나 홍해와 동일시하기도 했다. 최근에는 과거에 말라버린 사우디 아라비아의 강들과 동일시 하기도 한다.[19]

위치와 관련하여 아담과 가인의 이동을 언급할 필요가 있다. 아담과 하와가 에덴 동산에서 추방 당할 때 에덴의 동편으로 쫓겨났다(창 3:23-24). 그리고 가인도 역시 아벨을 죽인 후 여호와 앞을 떠나 나가 에덴 동편 놋 땅에 거주하였다(창 4:16). 이들이 거주한 지역은 메소포타미아 지역 중에 한 곳일 것이다. 그렇다면 에덴은 최소한 아담과 가인이 정착한 메소포타미아 지역보다 서쪽에 위치해 있어야 한다. 그렇다면 에덴을 동편이라고 칭하는 화자가 위치한 곳은 어디일까? 가나안, 지중해, 아니면 이집트?

창세기 2:11-14에 언급된 네 강들의 기록 순서를 보면 독자들을 어리둥절하게 만드는 점들이 있다. 잘 알려진 셋째 강과 넷째 강이 마지막에 기록되어 있고, 대신에 현대인들에게는 익숙하지 않은 비손과 기혼 강이 먼저 기록되어 있다. 힛데겔과 유브라데는 메소포타미아에 있는 강들인데 먼저 언급된 비손과 기혼 강은 이 두 강과 비교할 때 서남쪽에 위치해 있는 것으로 여겨진다. 비손강이 있는 하윌라의 정확한 위치는 분명하지 않지만 최소한 기혼 강이 있는 구스는 구약 성경에서 일관되게 에티오피아를 지칭한다(창 10:6-7, 대상 1:9).[20] 그렇다면 에덴은 이들 네 강의 중간 부분에 있을 가능성이 높다. 놀랍게도 하나님이 아브라함에게 가나안 땅을 그와 그의 후손에게 주겠다고 했을 때 그 경계선은 유프라테스와 나일 강이다(창 15:18). 쥬빌리에서 에덴 동산은 가나안 땅이다.[21] 이에 더해 창세기의 저자는 유브라데와 힛데겔에 대해서는 가볍게 지나가는 반면에 비손 강에 대해서는 아주 상세하게 언급하고 있다. 그곳에서 생산되는 금은 정금이고 베델리엄과 호마노도 생산되고 있다고 밝힌

19) John Walton, *Genesis*, 169. 왈턴(Walton)은 기원전 3500-2000 B.C.에 말라버린 한 강을 비손 강으로 여긴다. 이 강은 쿠웨이트의 페르시아만에서 메디나로 이어지는 히자즈(Hijaz) 산맥을 흐른 강으로서 티그리스 유프라테스 강이 인접해 있다.

20) John Sailhamer, *The Pentateuch as Narrative*, 98-99. U. Cassuto, *Genesis*, 115-121.

21) G. E. Aalders, *Genesis*, EBCOT (Grand Rapids: Zondervan, 1981), 86-91.

다. 이것은 창세기의 저자가 이들 강들에 익숙하지 않은 독자들을 돕기 위해 추가적인 정보를 제공하려는 의도일 수도 있고, 아니면 저자가 비손 강이 흐르는 하윌라 지역에 대해 비교적 자세하게 알고 있기 때문에 생긴 현상으로 볼 수 있을 것이다. 그리고 그의 관점에서 에덴 동산은 동방에 있다고 말하고 있음을 잊어서는 안된다. 즉 저자는 에덴 동산으로 알려진 곳보다 서쪽에 위치해 있다. 하지만 안타깝게도 노아 홍수를 통해 지구 전체가 대격변을 겪었음을 감안한다면, 에덴 동산의 정확한 위치를 아는 것은 불가능하다.

에덴 동산이란 무엇일까? 성경은 에덴 동산을 아담과 하와의 저택이나 동산이라고 칭하지 않고 항상 하나님의 동산이라고 부른다.[22] 하나님의 동산 에덴은 성소의 이미지를 가지고 있다.[23] 구약 성경에서 성소는 하나님이 자기 백성과 교제하기 위해 임재해 있는 곳이다. 그렇다면 하나님이 에덴에 임재하셨을까? 창세기 3:8을 보자.

> 그들이 날이 서늘할 때에 동산에 거니시는 여호와 하나님의 음성을 듣고 아담과 그 아내가 여호와 하나님의 낯을 피하여 동산 나무 사이에 숨은지라
>
> וַיִּשְׁמְעוּ אֶת־קוֹל יְהוָה אֱלֹהִים מִתְהַלֵּךְ בַּגָּן
>
> 와이쉬메우 에트-콜 야웨 엘로힘 미트할렉 바간

22) Cf. 창세기 13:10, 이사야 51:3; 에스겔 28:13, 그리고 에스겔 31:9. 에덴 동산과 성소의 관계에 관한 내용은 저자의 저서에서도 만날 수 있다. 기동연, 《성전과 제사에서 그리스도를 만나다》(서울: 생명의양식, 2008), 14-16.

23) Jubilees 8:19는 에덴 동산을 "the holy of holies and the dwelling of the Lord"라고 부른다. William Dumbrell, "Genesis 2:1-3: Biblical Theology of Creation Covenant," *ERT* 25(2001): 219-230. J. T. A. G. M. van Rutten, "Eden and the Temple: The Rewriting of Genesis 2:4-3:24 In *THE BOOK OF JUBILEES*," Paradise Interpreted: representations of Biblical Paradise in Judaism and Christianity, ed. Gerard P. Luttikhuizen (Leiden: Brill, 1999), 63-94. Florentino GarcíaMartínez, "Man and Woman: Halakhah Based upon Eden in the Dead Sea Scrolls," *Paradise Interpreted*, 95-115.

"거니시는"의 히브리어 '미트할렉'(מִתְהַלֵּךְ)은 동사 '하락'(הלך)의 히스파엘 분사형이며, 이 표현은 지금 현재 거닐고 있는 것만 의도하지 않고 과거부터 현재까지 반복적으로 거닐고 있는 것을 의미한다. 유사한 표현이 사무엘하 7:6에 있다.

> 내가 이스라엘 자손을 애굽에서 인도하여 내던 날부터 오늘날까지 집에 거하지 아니하고 장막과 회막에 거하며 행하였나니
>
> וָאֶהְיֶה מִתְהַלֵּךְ בְּאֹהֶל וּבְמִשְׁכָּן׃ 와에예 미트하렉 베오헬 우베미스칸

"거하며 행하였나니"는 창세기 3:8처럼 동일하게 '미트할렉'이다. 사무엘하 7:6은 이 표현을 통해 하나님이 지금 현재 장막과 회막에 거하고 있음은 물론이고 이스라엘의 출애굽부터 지금까지 거하고 있음을 말하고 있다.[24] 창세기 3:8의 '미트할락' 도 동일한 의미로 사용되었다.

창세기 2:23 하와를 만들어 아담에게 데려 왔을 때 아담이 하나님께 하는 말에도 하나님의 임재를 확인할 수 있다.

> "아담이 가로되 이는 내 뼈 중의 뼈요 살 중의 살이라 이것을 남자에게서 취하였은즉 여자라 칭하리라 하니라"

'이는' 과 '이것을' 은 히브리어 지시 대명사 '조트'(זֹאת)이며 창세기 2:23의 히브리어 성경에서는 3번 사용되었다. 이 표현은 눈 앞에 있는 사람과 대화 중

---

24) 레위기 26:12와 신명기 23:15, 에녹 2서 8:3. A.D. 1세기의 유대인 역사가 요세푸스는 아담이 하나님께 와서 대화를 나누곤 하였는데 선악과를 따먹고 난 후 이를 회피하였다고 말한다 (Josephus antiquities 1.1.3).
"But when God came into the garden, Adam, who was wont before to come and converse with him, being conscious of his wicked behavior, went out of the way. This behavior surprised God; and he asked what was the cause of his procedure; and why he, that before delighted in that conversation, did now fly from it, and avoid it."

에 가까이에 있는 사물이나 사람을 지시하여 말할 때 쓰는 표현이다.[25] 따라서 창세기 2:23은 아담이 하나님 앞에서 하와에 대한 맹세를 하는 장면이고, 하나님의 임재를 나타내는 표현이다.

또 다른 표징은 에스겔 47:1-12과 요한계시록 22:1-2의 성소의 이미지이다. 에스겔 47:12을 보면 성소에서 물이 흘러 나와 강을 이루고 강 주변에는 각종 먹을 실과 나무가 자라고 있다고 한다.

> 겔 47:12 강 좌우 가에는 각종 먹을 실과나무가 자라서 그 잎이 시들지 아니하며 실과가 끊치지 아니하고 달마다 새 실과를 맺으리니 그 물이 성소로 말미암아 나옴이라 그 실과는 먹을 만하고 그 잎사귀는 약 재료가 되리라
> 계 22:1-2 또 저가 수정 같이 맑은 생명수의 강을 내게 보이니 하나님과 및 어린 양의 보좌로부터 나서 길 가운데로 흐르더라 강 좌우에 생명 나무가 있어 열 두 가지 시과를 맺히되 달마다 그 실과를 맺히고 그 나무 잎사귀들은 만국을 소성하기 위하여 있더라

요한계시록 22:1의 하나님 및 어린양의 보좌는 요한계시록 21:22이 말하는 것처럼 성전이다.[26] 에스겔 47:1-12과 요한계시록 22:1-2의 강은 모두 성소에서 흘러 나오고 있고, 그 강 주변에 있는 실과 나무들도 모두 생명나무이다. 에스겔 47:12의 나무도 요한계시록 22:2의 특징을 그대로 가지고 있기 때문에 생명나무를 염두에 두고 있음이 틀림없다. 에스겔 47:1-12와 요한계시록 22:1-2의 강과 생명나무는 틀림없이 창세기 2:8-9의 이미지와 동일하다. 에스겔 47:1-12와 요한계시록 22:1-2이 성소의 이미지를 에덴 동산에서 가져오고 있다면, 에덴 동산도 성소로 간주해야 되지 않을까? 에덴 동산은 성소 또

---

25) Bruce K. Waltke, M. O'Connor, *An Introduction to Biblical Hebrew Syntax* (Winona Lake: Eisenbauns, 1990), 171-172.

26) 요한계시록 21:22은 "성안에 성전을 내가 보지 못하였으니 이는 주 하나님 곧 전능하신 이와 및 어린 양이 그 성전이심이라." 에스겔 28:13-14에서 에덴은 하나님의 거룩한 산이라고 불린다.

는 하나님이 최초의 인류와 함께 하기 위해 임재했던 성소이다.

15절

> [15]여호와 하나님이 그 사람을 이끌어 에덴 동산에 두사 그것을 다스리며 지키게 하시고

창세기 2:10-14이 창세기 2:8의 에덴 동산의 위치를 구체적으로 묘사하는 것처럼, 창세기 2:15는 창세기 2:8의 사람을 에덴 동산에 둔 목적을 구체화시키고 있다. 창세기 2:8은 '하나님이 아담을 에덴 동산에 두었다' (와야셈, וַיָּשֶׂם)고 말할 때 히브리어 동사 '심' (שִׂים, 두다)을 사용하였다. 반면에 창세기 2:15에서 저자는 창세기 2:8의 동사 '심' (שִׂים)을 사용하지 않고 의도적으로 '와야니헤후' (וַיַּנִּחֵהוּ)라고 표현하면서 동사 '누아흐' (נוּחַ 두다, 쉬다)를 사용했다.[27] 이 둘은 동의어이지만, '와야니헤후' (וַיַּנִּחֵהוּ)는 아담을 에덴 동산에 둔 목적을 더 구체적으로 설명하려는 의도가 함께 들어있다. 동사 '누아흐' (נוּחַ)는 구약성경에서 주로 두 가지 의미로 사용된다: 1) 안식하다 또는 안전하게 두다, 2) -을 두다. 이 표현은 에덴 동산 밖이 안전하지 못했기 때문에 하나님이 아담을 에덴에 안전하게 거주하게 하였다는 의미일 수도 있다. 또는 동산에 거니시는 하나님과 교제를 나누기 위해 에덴에 두었을 수도 있다(창 3:8).[28] 또 다른 가능성은 누아흐(נוּחַ)가 안식일을 배경으로 사용되며 이때에는 '안식하다' 의 의미를 가진다.[29] 간접적이긴 하지만 창세기 2:15은 안식일 제정이라는 배경을 창세기 2:1-3에서 가지고 있다. 이것은 아담을 에덴에 둔 목적 중에 하나가 안식하는 것일 가능성을 보여준다.[30] 창세기 1장에 있는 창조의 무게 중심이

---

27) John H. Sailhamer, *The Pentateuch as Narrative*, 100.

28) Kenneth A. Mathews, *Genesis 1-11:26*, 208-209.

29 Cassuto, Commentary on *Genesis 1*, 121-122.

30) C. F. Keil, Genesis, 84.

제4일과 제6일에 있고, 제4일의 창조 목적 중에 하나는 안식일을 표시하는 것이었다. 7일간의 창조 구조에서 볼 때, 제4일이 안식일을 표시하고 제7일은 안식일을 제정하는 것으로 보아 제6일 창조에서 인간의 역할 중에 안식일을 지키는 것이 언급될 만도 한데 아무런 언급없이 지나가고 있다. 대신에 창세기 2:15에 그 인간의 안식이 기록되어 있다.

창세기 2:15에는 아담의 안식에 더하여 하나님이 그를 에덴 동산에 둔 목적을 두 가지 더 제시하고 있다. 아담과 하와가 해야할 일에는 긍정적인 차원에서 해야 할 일들과 부정적인 차원에서 해서는 안 되는 일이 있다. 이들이 긍정적인 차원에서 해야만 하는 일은 15절의 "다스리며 지키게 하시고" 이다. '다스리며' 의 히브리어 표현은 '레아베다' (לְעָבְדָהּ)이며, '일하다, 경작하다, 섬기다' 는 뜻을 가지고 있다. '지키다' 의 히브리어 표현은 '레샤마라' (לְשָׁמְרָהּ)로 '지키다' 는 뜻을 가진다. 아담이 해야할 일이 무엇인지는 '레아베다' 와 '레사메라' 에 붙어있는 대명사 3인칭 여성 접미사 '헤' (ה)가 무엇을 지시하느냐에 따라 결정된다. 문제는 대명사 접미사가 3인칭 여성형인데, 선행하는 문장에서는 여성 단수 명사가 존재하지 않는다. 그래서 많은 학자들은 대명사 3인칭 여성 접미사가 창세기 2:5의 땅을 가리킨다고 생각한다. 그 이유는 땅의 히브리어 '에레츠' (האדמה)는 여성 명사이고 또 "땅을 경작할 사람도 없었으므로" (וְאָדָם אַיִן לַעֲבֹד אֶת־הָאֲדָמָה)에서 '경작하다' 는 창세기 2:15의 '레아베다' (לְעָבְדָהּ)와 같은 동사 '아바드' (עָבַד)이기 때문이다. 이 경우 아담이 에덴 동산에서 해야할 일은 에덴 동산을 경작하고 지키는 일종의 정원사 역할이며, 고대 근동의 신화들의 인간을 만든 목적과도 일치한다. 하지만 아담과 하와 부부가 그 규모를 알 수 없는 에덴 동산을 경작하는 것은 불가능하다.

이 주장은 몇 가지 문제점들로 인해 지지하기 어렵다. 첫째는 대명사 접미사가 지시하는 대상에 관한 문제이다. 창세기 2:5의 땅을 여성 대명사 '헤' (ה)로 생각하기에는 문장 간의 간극이 너무 심하다. 이 보다 창세기 2:15의 에덴 동산이 여성 대명사 '헤' (ה)의 지시 대상일 가능성이 훨씬 높다. 대명사 헤(ה)에 선행하는 명사인 '동산' (גַּן)이 남성 명사이지만, 이를 수식하는 지명을 나타내는 명사 '에덴' 때문에 여성 취급되며 결과적으로 '레아브다'에 여성 대명사가 붙은 것이다.[31] 뿐만 아니라 장소를 나타내는 명사들은 성의 구분이 분명하지 않다. 이 경우 아담이 '아바드' 하고 '사말' 해야 할 대상은 단순히 땅이 아니라 에덴 동산이다.

둘째는 창세기 2:5의 '아바드'와 창세기 2:15의 '아바드'의 대상은 서로 다른 대상이라는 것도 유념해야 한다. 창세기 2:5의 '아바드'의 대상은 에덴 동산 밖의 땅이다. 반면에 창세기 2:15의 '아바드'의 대상은 에덴 동산이다.[32] 실제로 아담이 땅을 경작하게 되는 것은 3:23에서 선악과를 따먹고 에덴 동산 밖으로 쫓겨 나간 이후의 일이다.

셋째는 '아바드'와 '사말'이 모세 오경에서 사용되는 일반적인 용례와 관련된 문제이다. 상당수의 학자들이 '다스리며 지키고'('레아베다 우레사므라,' לְעָבְדָהּ וּלְשָׁמְרָהּ)의 대상은 에덴이며, 이 두 동사를 민수기 1:53; 3:7-8; 8:26; 18:5-6를 비롯한 오경에서 제사장과 레위인들의 성전 사역과 관련하여 많이 사용된다는 점에서 착안하여 아담의 역할을 제사장적인 것으로 이해한다.[33] 예를 들면, 민수기 3:7-8은 두 단어를 나란히 사용하여 레위인들의 사역을 기술하고 있다.

> 7그들이 회막 앞에서 아론의 직무와 온 회중의 직무를 위하여 회막에서 시무하되
> 8곧 회막의 모든 기구를 수직하며(베사메루, וְשָׁמְרוּ) 이스라엘 자손의 직무를 위하여 장막에서 시무할지니(라아보드, לַעֲבֹד)

---

31) Bruce K. Waltke and M. O'Connor, *An Introduction to Biblical Hebrew Syntax* (Winona Lake: Eisenbrauns, 1990), 104. 이와 유사한 현상을 '여호와의 영'에서 확인할 수 있다. 히브리어에서 '영'(רוּחַ)는 여성 명사이고 단독으로 사용될 때는 여성 취급되지만, '여호와의 영'이란 명사구에서는 '영'이 여성 명사임에도 불구하고 이를 수식하는 '여호와' 때문에 남성 취급된다.

32) Kristin M. Swenson, "Care and Keeping East of Eden: Gen 4:1-16 in Light of Gen 2-3," *Interpretation* 60-4 (2006): 375-377.

33) U. Cassuto, *A Commentary On The Book Of Genesis: Part 1 From Adam To Noah* (Jerusalem: Magnes Press, 1961), 122-123. John H. Sailhamer, *The Pentateuch as Narrative* (Grand Rapids: Zondervan, 1992), 100-101.

오경에서 동사 '아바드'(עָבַד)는 성막에서 '섬긴다'는 뜻으로 종종 사용되고 '사말'(שָׁמַר)은 성막을 '지킨다'는 뜻으로 사용되는데, 창세기 2:15의 '아바드'(לְעָבְדָהּ)와 '사말'(לְשָׁמְרָהּ)을 이런 차원에서 이해하여 아담의 사역은 에덴 동산에서 섬기고 에덴 동산을 지키는 것으로 해석한다. 실제로 창세기 2:15의 아담의 역할 중에 레위인과 제사장들의 사역과 관련이 있어 보이는 것이 있다.[34] 아담의 지키는(레사므라, לְשָׁמְרָהּ) 사역은 에덴 동산 특히 선악과를 외부의 침입자로부터 지키는 것이다. 그렇다면 창세기 2-3장에서 에덴을 침범하는 외부의 침입자가 있는가? 창세기 3:1 이하에서 에덴 동산 가운데 있는 선악과에 접근하여 아담과 하와를 유혹하여 하나님을 거짓말쟁이로 공격하는 사탄을 볼 수 있다. 안타깝게도 아담과 하와는 이 외부의 침입과 공격을 막지 못하고 오히려 동조하여 선악과를 따먹는다. 이것이 정말 아담에게 부여된 '사말' 사역이었을까? 그렇다. 에덴 동산에 들어갈 때 아담에게 주어진 사역과 타락 후 에덴 동산에서 쫓겨날 때 아담에게 주어지는 징계를 비교해 보면 분명해진다.

아담의 사역 변화

사역	아바드(עָבַד)경작/섬김	사말(שָׁמַר) 지킴	관련 성경
선악과 사건 전	아담 → 에덴 동산	아담 → 에덴과 선악과 타락한 천사로부터	창 2:15
선악과 사건 후	아담 → 에덴 밖의 땅	천사 → 에덴과 생명나무 타락한 아담으로부터	창 3:23-24

선악과를 따먹기 전에 아담이 사역해야 할 대상은 에덴 동산이었다. 타락 후 그 대상은 에덴 밖의 땅으로 바뀌었다. 타락 전에 아담은 선악과를 따먹으면 안될 뿐만 아니라 선악과와 에덴 동산을 타락한 천사의 침입으로부터 지켜야

34) William Dumbrell, "Genesis 2:1-3: Biblical Theology of Creation Covenant," *ERT* 25(2001): 225-226. 4QFlorilegium에서 쿰란 공동체 사람들은 에덴 동산을 'מקדש אדם'(미크다쉬 아담 temple of Adam)이라고 부른다.

했다. 타락 후 그의 역할은 또 다른 천사인 그룹들에게 주어져 버렸다. 그룹들은 아담과 하와가 에덴에 침입하여 생명나무의 열매를 따먹지 못하도록 지켰다. 이런 점들을 고려할 때 타락하기 전에 아담은 창세기 1:26-28의 생육하고 번성하고 땅에 충만하며 땅을 다스리는 일도 해야 되었겠지만, 이에 못지 않게 중요한 사역 중에 하나가 성소인 에덴을 지키고 하나님과 교제하는 것이었다.

16절

> [16]여호와 하나님이 그 사람에게 명하여 가라사대 동산 각종 나무의 실과는 네가 임의로 먹되 [17]선악을 알게하는 나무의 실과는 먹지 말라 네가 먹는 날에는 정녕 죽으리라 하시니라

창세기 2:16의 각종 나무의 실과를 먹는 것은 창세기 1:29의 주제와 밀접한 관계를 가지고 있다.

> 창 1:29 וְאֶת־כָּל־הָעֵץ אֲשֶׁר־בּוֹ פְרִי־עֵץ זֹרֵעַ זָרַע לָכֶם יִהְיֶה לְאָכְלָה
> 베에트-콜-하에츠 아셀-보 페리-에츠 조레아 자라 라켐 이웨 레아케라
> 창 2:16 מִכֹּל עֵץ־הַגָּן אָכֹל תֹּאכֵל
> 미콜 에츠-하간 아콜 토켈

이 외에도 앞서 살펴본 것처럼 창세기 2:4-7과 창세기 1:1-2가 동일한 주제를 가지고 있고, 창세기 2:19-20의 아담이 짐승들의 이름을 짓는 것과 창세기 1:26-28의 짐승들을 다스리는 것도 동일한 차원의 주제라고 볼 수 있다. 이런 공통된 주제들은 창세기 1장과 2장은 별개의 창조 기사가 아니라 서로 연속성을 가진다는 것을 보여 준다.[35] 창세기 2:16-17은 창세기 2:9과 밀접한 관계를 가지고 있다. 창세기 2:9이 에덴 동산에 각종 과실수와 생명나무 그리고 선악과가 있었음을 밝힌 반면에, 창세기 2:16-17은 그 실과를 임의로 먹되

선악과를 먹지 말라고 하며 더 구체적인 내용을 제시하고 있다. 아담이 부정적인 차원에서 해서는 안 될 일은 선악과를 따먹지 않는 것이다.

고대 근동의 사람들에게 생명나무는 아주 친숙한 개념이었다. 길가메쉬 서사시에 의하면 친구를 잃은 길가메쉬가 우트나피스팀을 만나 영생을 얻을 방법을 알려달라고 간청한다. 우트나피스팀은 고대의 대홍수에 관한 이야기를 들려준 후 바다 끝에 존재하는 생명나무 과일을 먹으면 영생하게 된다고 한다. 그 과일의 이름을 "Man becomes Young in Old Age"라고 한다. 길가메쉬가 그 곳에 도착하여 우물 속에 있는 생명나무 과일을 손으로 잡으려고 하는 순간 뱀이 나타나 그 열매를 먹어버리고, 길가메쉬는 영생을 얻지 못하고 눈물을 흘리며 자기 고향으로 돌아간다.[36] 고대 근동의 전통에 따르면 인류 최초의 도시는 에리두였다. 그 도시의 제사장 아다파가 낚시 도중에 만난 남풍을 저주함으로 남풍이 불지 않는 일이 생겨났다. 이로 인해 아다파는 하늘에 소환되어 아누(Anu)신에게 신문을 받는다. 자초지종을 듣고 아누 신은 그에게 생명의 떡과 생명의 물을 마시도록 초대 한다. 그러나 그는 이를 거부하고 대신에 땅으로 돌아 가도록 허락 받는다.[37] 길가메쉬와 아다파 이야기에 나오는 생명나무나 생명의 떡은 한 번 먹으면 영생을 얻게 된다는 특징을 가지고 있다. 창세기 2장의 생명나무는 어떨까? 창세기 2-3장은 생명나무의 특징에 대해 분명한 언급이 없다. 하지만 생명나무 실과를 먹으면 영생불멸의 몸으로 바뀌는 것은 아닌 듯하다. 창세기 3:22이 "생명나무 실과도 따먹고 영생할까 하노라"고 한다. 하지만 이것을 생명나무가 불사의 존재로 만들어 준다는 표현으로 보는 것

35) John F. A. Sawyer, "The Image of God, the Wisdom of Serpents and the Knowledge of Good and Evil," *Walk in the Garden*, ed. Paul Morris (Sheffield: JSOT Press, 1992), 64-73.

36) ANET 95-97.

37) ANET 102. 고대 앗시리아에서 생명나무는 생명을 유지시키는 능력을 가진 나무였으며, 신생 앗시리아 시대에는 생명나무가 신의 축복을 전달하는 왕의 능력을 상징하는 것으로 바뀌었다. T. Stordalen, Echoes of Eden: *Genesis 2-3 and Symbolism of the Eden Garden in Biblical Hebrew Literature*, 287-296.

은 적절하지 않다. 에스겔 28:12과 요한계시록 22:2에는 생명나무의 효능을 엿볼 수 있게 하는 표현이 있다.

> 겔 47:12 강 좌우 가에는 각종 먹을 실과나무가 자라서 *그 잎이 시들지 아니하며* 실과가 끊치지 아니하고 달마다 새 실과를 맺으리니 그 물이 성소로 말미암아 나옴이라 그 실과는 먹을 만하고 *그 잎사귀는 약 재료가 되리라*(their leaves for healing)
> 계 22:2 강 좌우에 생명 나무가 있어 열 두가지 실과를 맺히되 달마다 그 실과를 맺히고 그 나무 잎사귀들은 *만국을 소성하기 위하여 있더라*(the leaves of the tree are for the healing of the nations)

요한계시록 22:2의 '소성하다' 는(아미 타 퀼라 투 크쉬루 에이스 세라페이안 톤 에쓰논 *αἱ τὰ φύλλα τοῦ ξύλου εἰς θεραπείαν τῶν ἐθνῶν*) 에스겔 47:12처럼 병 고침을 의미한다. 결국 생명나무는 불사의 몸으로 만드는 효능을 가진 것이 아니라, 질병을 낫게 하며 생명을 회복시키는 효능을 가지고 있고 이를 통해 영원히 살게 되는 것으로 여겨진다.

창세기 2:9과 17에서 언급된 선악과는 창세기 3장에서 핵심 주제가 된다. 창세기 2:9에서 생명나무와 선악과가 함께 언급되었지만, 창세기 2:17에서는 생명나무는 사라지고 선악과만 다시 언급된다. 창세기 3:1-7은 사탄의 유혹에 의해 아담과 하와가 선악과를 따 먹음으로 언약을 파기하는 장면을 묘사하고 있다. 하지만 선악과를 먹지 말라고 한 것은 분명한데, 선악과가 무엇인지 그리고 선악과를 먹지 못하게 한 이유와 목적이 무엇인지 분명하지 않다. 선악과가 무엇인가에 대해서 다양한 견해들이 있다. 전통적으로는 선악과를 먹으면 옳고 그름을 분별하는 판단력이 생겨나는 것으로 생각해 왔다. 하지만 하나님께서 아담에게 '선악과' 를 말했다는 것 자체가 아담에게는 선과 악에 대한 판단력이 있음을 전제하고 있다.[38] 쿰란 제4동굴에서 발견된 창조에 관한 문서에서는 다음과 같은 기록을 가지고 있다(4Q305. cf 4Q504).[39]

1 ויברא בו היות	그리고 그는 그것으로 동물들을 창조하였고
와이브라 보 하요트	
2 נתן לאדם דעת	그는 아담에게 지식을 주었다
나탄 레아담 다아트	

이런 판단력이 있어야만 하나님께서 그에게 창세기 2:16-17에서 해도 되는 것과 해서는 안 되는 것을 말할 때 그 의미를 알 수 있다. 그렇다면 선악과는 무엇일까?[40] 웬함(G. Wenham)은 그의 주석에서 선악과와 관련된 다양한 주장들을 간단하게 요약하고 있다.[41]

- 계명에 대한 복종과 불복종의 결과(Kidner와 Gispen)
- 옳고 그른 것을 구별하는 도덕적 분별력(Budde)
- 성에 관한 지식(Weinfield)[42]
- 하나님의 속성인 전지Omniscience(von Rad와 Wallace)
- 지혜(Cassuto, Westermann)[43]

---

38) J. L. Harris는 아담이 선과 악을 알고는 있지만, 아직 악을 행할 줄 모르는 상태에 있었을 것이라고 한다. John L. Harris, "An Exposition of Genesis 2:4-11:32," *Southwestern Journal of Theology* 44 (2001): 41.

39) 4Q504-8의 4-6절에서는 다음과 같이 기록하고 있다.

4 [--אדם א]בינו יצרתה בדמות כבוד [כה--]

5 [--נשמת חיים נ]פחתה באפו ובינה ודעת מלאתה אותו--]

6 [--בג]ן עדן אשר נטעתה המשלת[ה אותו--]

40) 타락 전에 지구에는 죽음이 없었다는 생각은 잘못되었다. 인간의 죽음은 생명 나무 때문에 일어나지 않았지만, 동물 세계의 죽음은 있었다. 시편 104편은 하나님의 창조를 찬양하는 시인데 20절 이하에서 분명하게 죽음이 있었음을 보여 준다.

41) Wenham, *Genesis 1-15*, 63.

42) Ronald a. Veenker, "Forbidden Fruit: Ancient Near Eastern Sexual Metaphors," *Hebrew Union College Annual* 70-71 (1999-2000): 57-73. Veenker는 선악과를 성적인 상징을 지닌 나무라고 주장한다.

각각 의미있는 주장들이기는 하지만, 선악을 알게 하는 나무를 하나님이 피조물 특히 사람에게 옳고 그른 것을 알려주며 재판하고 통치하는 장소로 보는 것이 더 적절하다.

대부분의 영어 성경이 선악을 알게 하는 나무를 선악의 지식(the knowledge of good and evil)이라고 번역한다. 지식에 해당하는 히브리어 '다아트'(דַּעַת)는 동사 '야다'(יָדַע)의 부정사 연계형이 명사화 된 것이다. 70인역은 이를 바르게 인식하고 있다.

> וְעֵץ הַדַּעַת טוֹב וָרָע 베에츠 하다아트 토브 와라아
>
> *τὸ ξύλον τοῦ εἰδέναι γνωστὸν καλοῦ καὶ πονηροῦ*
>
> 토 크쉬론 투 에이데나이 그노스톤 칼루 카이 포네루

70인역이 명사 '그노스톤'(*γνωστὸν*, 지식)이라는 말을 첨가하였지만, '다아트'(דַּעַת, '알다'의 부정사 연계형)를 부정사 '에이데나이'(*εἰδέναι*, 알다)로 번역하고 있다.[44] 한글 성경을 이를 '선악을 알게 하는 나무'로 바르게 번역하였다. 이 열매를 따 먹으면 선악을 판단하는 능력을 가지게 되는 것으로 이해할 수도 있지만, 그 보다는 사람에게 옳고 그른 것을 알려 주는 장소로 이해하는 것도 가능하다.[45]

'선과 악'이란 말은 지혜의 차원에서 옳고 그름에 관한 표현이며, 왕이나 족장들같은 리더들의 통치와 재판과 관련된 말이다.[46] 열왕기상 3:9에서 솔로몬은 선과 악을 잘 구별할 수 있도록 하나님께 기도하였고, 사무엘하 14:17에서 드고아 출신의 여자가 다윗에게 하나님의 천사처럼 선과 악을 구별하는 왕이

---

43) "네가 제일 처음 난 사람이냐 산들이 있기 전에 네가 출생하였느냐 하나님의 모의를 네가 들었느냐 지혜를 홀로 가졌느냐." (욥 15:7-9; cf. 잠 30:1-4).

44) C.F. Keil, *Genesis*, 81. 다아트(דַּעַת)에 관사 하(הַ)가 붙은 이유는 '다아트 토브 와라아'를 한 단어로 취급하여 나무를 수식하기 위해서이다.

45) Sarna, *Genesis*, 19.

46) William N. Wilder, "Illumination and Investiture: The Royal Significance of the Tree of

기를 기원하였다. 구약 성경에서는 이 표현은 주로 하나님이 자기 백성의 행동에 대한 옳고 그름을 판단할 때 사용된다:

> 여호와 보시기에 악하였더라(신 4:25, 9:18, 17:2, 왕상 11:6)
> 여호와 보시기에 선하였더라/정직하였더라(신 6:18, 12:25, 왕상 15:5, 22:43)

이에 대해 고대 이스라엘의 전통에서 나무는 성문 입구와 왕궁의 뜰 그리고 마을의 광장처럼 재판이 이루어지는 장소들 중에 하나였다. 사사기 4:4-5에는 드보라가 이스라엘의 사사로서 드보라의 종려나무 아래에서 이스라엘 백성들을 재판하고 있다. 압살롬이 다윗을 반역하고 달아날 때, 다윗은 요압에게 압살롬을 살려 줄 것을 신신당부하였다. 하지만 요압은 압살롬이 나무에 매달려 있는 것을 보고 그를 죽여 버렸다. 나무에 달린 자는 하나님께 저주를 받은 것이라는 율법에 따른 행동이었을 것이다(신 21:23). 창세기 3:8 이하에서 아담과 하와가 선악과 또는 이 나무 주변의 한 나무에 숨어 있을 때 그들과 사탄을 심문하고 재판하는 장면이 기록되어 있다.

창세기 2:17의 "선악과를 먹지 말라"는 아주 강력한 금지 규정이다. 금지 규정을 어기고 이 과일을 먹으면 죽게 된다.[47] 창세기 3:3에서 하와는 하나님께서 선악과의 열매를 먹지도 말고 만지지도 말라고 했다. 이것은 하와가 창세기 2:17의 금지 규정을 과장하거나 왜곡시킨 것으로도 볼 수 있지만,[48] 오히려 이 규정을 명확하게 이해했을 수도 있다. 창세기 2:17의 금지 규정과 창세기 3:3의 하와의 말을 지성소와 비교해 볼만 하다. 민수기 4:15, 20은 제사장 외에는 성소에 접근하지 말라고 금지한다. 특별히 지성소는 하나님의 임재의 장소였고, 그곳에서 하나님은 십계명의 두 돌판에 근거하여 이스라엘 백성들이 행할

Wisdom in Genesis 3," *WTJ* 68 (2006): 53-56.

47) 선악과를 먹지 않았다면 인간은 불멸의 존재였을 것으로 생각하는 것은 잘못된 생각이다. 생명나무가 있다는 것 자체가 그 같은 생각을 허용하지 않는다. Kenneth Mathews, *Genesis 1-11:26*, 211-212.

48) Terence E. Fretheim, *Genesis*, 350.

모든 일을 알려 준다(출 25:22). 마찬가지로 하나님은 선악을 알게 하는 나무에서 아담에게 해야 할 일과 해서는 안 될 일 즉 선과 악에 관한 것을 알려 주었을 것이다.

요한계시록 22:1-5은 선악과뿐만 아니라 창세기 1-2장을 이해하는데 중요한 역할을 한다. 이 속에는 에덴 동산의 강과, 생명나무에 대한 주제가 있으며, 창세기 1장의 주제인 왕과 같은 다스림의 역할이 강화된다. 즉 성도들은 "세세토록 왕노릇" 하지만, 넷째 날의 다스림의 기능은 상실되어 "다시는 밤이 없고" 하나님이 빛을 비추어 준다. 이곳에서 성도들은 왕노릇에 더하여 "그의 종들이 그를 섬기며"에서 볼 수 있듯이 제사장적 역할도 수행한다.[49] 선악과의 정체와 관련된 아주 중요한 언급이 있다. 생명수 강이 흐르고 생명나무가 있다고 한 후 22:3에서 "다시 저주가 없으며"라고 한다. 이 표현은 아담과 하와가 선악과를 따먹고 난 후 하나님이 내린 징벌들을 상기시킨다. 그러므로 선악을 알게 하는 나무는 하나님이 재판하고 통치하는 지성소와 같은 역할을 하는 장소였다고 볼 수 있다. 창세기 3장의 관련된 부분을 계속 참고할 것.

18-19절

> [18]그리고 여호와 하나님이 말씀하시기를 아담이 독거하는 것이 좋지 못하니 내가 그를 위해 그의 앞에서 돕는 자를 만들리라 [19]그리고 여호와 하나님이 흙으로 각종 들짐승과 공중의 각종 새를 지으시고 아담이 어떻게 이름을 짓나 보시려고 그것들을 그에게로 이끌어 이르시니 아담이 각 생물을 일컫는 바가 곧 그 이름이라

49) William Dumbrell, "Genesis 2:1-3: Biblical Theology of Creation Covenant," *ERT* 25 (2001): 225-228.

창세기 2:19은 창세기 2:5과 더불어 하나님의 형상으로 지음 받은 아담이 피조물들을 다스리는 역할을 아주 명확하게 보여주는 구절이다. 이미 언급한 것처럼 창세기 2:5은 인간 존재와 그의 노동의 중요성을 강조하였다. 땅의 황무함의 원인을 말하면서, 비를 내리는 하나님의 은혜와 더불어 인간의 노동을 부각시키고 있다. 창세기 2:5은 하나님의 형상을 따라 땅과 그 위에 사는 모든 것을 다스리도록 지음 받은 자가 인간임을 밝힌 창세기 1:26-28과 같은 맥락 위에 있다. 창세기 1:26-28에서는 바다와 하늘과 땅의 물고기, 새, 짐승이지만, 창세기 2:5에서는 식물이다. 창세기 1:26-28과 창세기 2:5이 서로 보완적인 관계로서 마침내 피조세계 전체에 대한 인간의 다스림의 영역이 완결된다. 식물의 생육, 번성, 땅의 충만케 하신 하나님의 축복이 이루어지는 창구가 인간이다. 창세기 2:19은 피조세계에 대한 인간의 다스림의 절정을 보여준다. 창세기 2:19에서 하나님은 각종 들짐승과 공중의 새들을 만들어 아담에게 데려온다. 그리고 아담은 이들에게 이름을 지어준다. 여기에 아주 독특한 현상을 엿볼 수 있다. 6일간의 창조에서 하나님은 1-3일에 만든 피조물들에게 그 이름을 붙여주지만 4-6일에 만든 피조물들에게는 이름을 지어주지 않는다. 대신에 창세기 2:19 이하에서 아담이 동물들에게 이름을 지어준다. 하나님이 이름을 지어주는 역할을 하나님의 허락하에 아담이 대신하고 있다. 정말 놀라운 일이다. 한 걸음 더 나아가서, 창세기 2:19에서 아담이 동물들에게 이름을 지어 주면서 각각의 동물들에게 네페쉬 하야(נֶפֶשׁ הַיָּה)를 부르고 있다. 창세기 2:7과 창세기 2:19을 비교해 보면 재미있는 현상을 발견할 수 있다. 창세기 2:7에서 하나님이 흙으로 사람을 만들고 하나님이 직접 사람의 코에 생기를 불어 넣어 생령이 되게 한다(וַיְהִי הָאָדָם לְנֶפֶשׁ הַיָּה). 반면에 창세기 2:19에서 하나님은 흙으로 각종 짐승들을 만들지만 생기를 불어 넣어주지 않는다. 그럼에도 불구하고 짐승들은 살아 움직이는 생명체로 창조되었다. 그런데 놀랍게도 창세기 2:19에서 아담이 하나님을 대신하여 그 짐승들에게 생령을 부르는 역할을 하고 있다(וְכֹל אֲשֶׁר יִקְרָא־לוֹ הָאָדָם נֶפֶשׁ חַיָּה הוּא שְׁמוֹ).

20-22절

[20]아담이 모든 육축과 공중의 새와 들의 모든 짐승에게 이름을 주니라 아담이 돕는 배필이 없으므로 [21]여호와 하나님이 아담을 깊이 잠들게 하시니 잠들매 그가 그 갈빗대 하나를 취하고 살로 대신 채우시고 [22]여호와 하나님이 아담에게서 취하신 그 갈빗대로 여자를 만드시고 그를 아담에게로 이끌어 오시니

창세기 2:19에서 하나님이 짐승들을 만들어 아담에게 데려 왔던 것은 아담을 도울 자를 찾기 위한 선행 작업이었다. 창세기 2:20 후반부의 "아담이 돕는 배필이 없으므로"의 히브리어 표현은 다음과 같다.

וּלְאָדָם לֹא־מָצָא עֵזֶר כְּנֶגְדּוֹ 우레아담 로-마차 에젤 케네그도

동사 '마차' (מָצָא)의 뜻은 '찾다, 발견하다' 이며, 이것은 아담이 하나님이 데려온 짐승들 중에서 자신을 도울 자를 찾지 못했다는 뜻이다. 짐승들의 이름을 지어 주었던 아담이 창세기 2:23에서 자신을 도울 자의 이름을 지어 주는 것도 창세기 2:19과의 관계성을 짐작하게 해 준다. 하나님은 우선 동물들을 데려와서 아담이 어떻게 이름을 짓는지 보고, 동시에 이들 중에서 아담이 자신을 도울 자를 찾게 한다. 하지만 이 동물들 중에서 아담은 자신을 도울 자를 찾지 못한다.[50]

하나님이 하와를 만든 이유는 두 가지였다. 첫째는 혼자 있을 것이 좋지 못했다. 창조 과정 전체에 대한 평가가 항상 "하나님 보시기에 좋았더라"이다. 그러나 창세기 2:18에서 아담의 독처에 대해 처음으로 "좋지 못하니"라고 평가했다. 이 말에는 두 가지 특징이 있다.[51]

---

50) 랍비 라쉬는 이 과정에서 아담이 짐승들과 성적인 관계를 가졌다고 주장한다. Eric Lawee, "The Reception of Rashi's Commentary on the Torah in Spain: The Case of Adam's Mating with the Animals," *Jewish Quarterly Review* 97-1 (2007): 33-66.

וַיֹּאמֶר יְהוָה אֱלֹהִים לֹא־טוֹב הֱיוֹת הָאָדָם לְבַדּוֹ

와요멜 야웨 엘로힘 로-토브 헤요트 하아담 레바도

'좋지 못하다' 의 히브리어 표현 '로-토브' (לֹא־טוֹב(טוֹב 선))는 창세기 1:31의 "심히 좋았더라"와 극과 극을 이룬다. '로-토브' (לֹא־טוֹב)의 동의어 또는 '토브' (טוֹב)의 반의어는 '라아' (רַע, 악)이며, '선악과' 의 선과 악이다. 아이러니컬하게도 창세기 3:12에서 아담은 하와 때문에 선악과를 따먹었다고 핑계를 댄다. 창세기 1장에서 그렇게 자주 등장하던 "하나님이 가라사대"가 창세기 2장에서는 2:18에서만 유일하게 다시 등장한다. 이것은 하와의 창조를 매우 중요하게 여기고 있음을 보여 준다.

하와를 만든 둘째 이유는 하와로 하여금 아담을 돕는 것이다. 한글 성경의 베필이란 말은 일반적으로 배우자를 의미한다. 그러나 창세기 2:18에는 그런 의미의 표현이 사용되지 않았고 단지 돕는 자(helper)라는 표현이 사용되었다. 돕는 자란 열등한 위치를 말하지 않는다. 이 돕는 자란 말은 하나님이 자기 백성을 돕는 것을 말할 때도 사용된다.[52] 창세기 1-2장에서 하와가 아담을 돕는다는 것은 세 가지 의미를 지니고 있다. 첫째, 아담이 생육하고 번성하는 일을 돕는 것이다. 하와가 없이는 아담은 이에 순종할 수 없다. 둘째, 하나님의 대리인으로서 아담과 함께 피조 세계를 다스리는 것이다. 셋째, 하나님께 바른 예배를 드리는 것을 돕는 것이다. 에덴 동산이 성소이고 아담과 하와가 성소에 살게 된 이유 중에 하나는 하나님과의 교제이다. 넷째, 하와는 에덴 동산에서 사역하고 지키는 일을 도와야 한다.

---

51) Nancy L. deClaissé-Walford, Genesis 2: "It is not Good for the Human to be Alone," *Review and Expositor* 103 (2006), 343-358.

52) Phyllis Trible, God and the Rhetoric of Sexuality (Philadelphia: Fortress, 1978), 73. Sarna, Genesis, 21. John Walton, *Genesis*, 176. Gellman은 트리블의 견해에 반박하여 아담이 하와를 리드하였고, 하와는 아담을 위한 조력자였다고 주장한다. Jerome Gellman, "Gender and Sexuality in the Garden of Eden," *Theology & Sexuality* 12-3 (2006): 319-335.

하나님이 하와를 만든 방법은 파격적이다. 아담을 포함한 다른 생명체들은 흙으로 만들었는데, 하와는 아담의 갈비뼈를 취하여 하와를 만든다.[53] 하와에게 생기를 불어 넣었다는 말도 없지만, 이것은 하와를 아담의 갈비뼈로 만들었다는 점을 부각하는 과정에서 언급되지 않은 듯하다. 하나님은 왜 아담의 갈비뼈로 하와를 만들었을까? 카슈토는 이것을 부부 관계에 대한 풍유적인 설명으로 생각한다. 갈비뼈를 남자에게서 취하여 그에게 데려 온 것처럼, 남편의 갈비뼈인 좋은 아내는 남편 곁에서 그의 돕는 자의 역할을 하며 그녀의 영혼은 남편과 묶여있다고 한다.[54] 메튜 헨리는 하와를 갈비뼈로 만든 이유를 재미있게 제시한다. 그에 의하면 하나님이 여자를 아담의 머리 뼈로 만들었으면 남자를 다스리게 되었을 것이고, 다리 뼈로 만들었으면 지배를 받겠지만, 여자와 남자를 평등한 관계에 두고, 남편의 팔 아래에서 보호받고, 그의 심장 가까이에서 사랑 받도록 갈비뼈로 만들었다고 주장한다.

창세기 2:21의 갈비뼈의 히브리어 표현 '체라' (צֵלָע)는 갈비뼈와 측면이란 뜻을 가지고 있다. 일부 학자들은 '체라' (צֵלָע)를 갈비뼈가 아니라 측면으로 해석하는 것을 선호한다.[55] 두 가지 이유로 이 주장은 받아들이기 어렵다. 창세기 2:21에서 '체라' (צֵלָע)는 복수로 사용되었고 하나님은 여러 개의 '체라' (צֵלָע)중에서 하나를 취하였다. 창세기 2:23의 "뼈 중의 뼈요 살 중의 살이라"는 아주 명확하게 '체라' (צֵלָע)를 뼈에 한정시켜 준다. "살 중의 살"은 하나님이 갈비뼈 뿐만 아니라 아담의 살의 일부도 함께 취했을 가능성을 배제하지 않는다. 그렇다면 왜 하나님은 아담의 갈비뼈로 하와를 만들었을까? 하와와 아담의 관계성과 필요성 때문인 것으로 생각된다. 이것은 아담과 땅의 이름과 관계성을 살펴보면 분명해 진다. 최초의 사람의 이름이 아담이 된 이유는 그가 땅

---

53) 미드라쉬 랍바 창세기 8:1은 "남자와 여자가 어떻게 생겨나게 되었는가"하고 물으며, 그에 대한 답은 "하나님이 남자의 한쪽 반을 취하여 여자를 만들었고, 이 둘이 함께 하나님의 오리지날 창조를 완전하게 회복하게 했다"고 한다. 미드라쉬 랍바 레위기 14:1은 "하나님이 아담을 창조할 때 양성으로 만들었다고 한다." Victor P. Hamilton, *Genesis*, 178.

54) Cassuto, *Genesis* 1, 134.

55) Victor Hamilton, *Genesis* 1-17, 178.

의 흙으로 지음 받았기 때문이다.

창 2:7 וַיִּיצֶר יְהוָה אֱלֹהִים אֶת־הָאָדָם עָפָר מִן־הָאֲדָמָה

와이첼 야웨 엘로힘 에트-하아담 아팔 민-하아다마

אֲדָמָה (아다마, 땅 흙) → אָדָם (아담, 사람 남자)

창세기 2:5에서 땅과 아담의 관계는 식물이 자라도록 땅을 경작할 사람이 필요하다는 말로 둘의 관계가 정립되어 있다. 땅은 아담의 사역의 대상이고, 아담은 땅이 식물을 내도록 돕는(경작하는) 위치에 있다. 하와는 아담이 두 번째로 지어 준 이름이고 첫 이름은 '이사' 이다. '이사' (אִשָּׁה, 여자 아내)라고 이름 지으면서 아담은 자신을 아담이라고 부르지 않고 '이쉬' (אִישׁ) 즉 남편 또는 남자라는 뜻을 지닌 이름을 불렀다.[56]

창 2:23 לְזֹאת יִקָּרֵא אִשָּׁה כִּי מֵאִישׁ לֻקֳחָה־זֹּאת

레조트 이카레 이사 키 메이쉬 루카하-조트

אִישׁ(이쉬, 남편) → אשה(이사, 아내)

이 둘의 관계는 아담과 땅의 관계처럼 돕는 관계이다. 둘의 관계성은 선악과를 따먹고 난 후 저주에서도 분명하게 드러난다. 아담의 저주는 땅과의 관계, 하와의 저주는 남편과의 관계에 초점을 맞추고 있다.

아담을 땅으로부터 만들었다는 것은 아담이 땅보다 열등하다는 것을 의미하지 않는다. 마찬가지로 여자를 아담의 뼈로 만들었다는 것도 여자가 남자보다 열등하다는 것을 말하지 않는다. 이 관계는 사역적인 측면에 놓여 있다. 아담

56) George W. Ramsey는 아담이 하와의 이름을 지어 주는 것은 아담의 지배적 지위를 나타내는 것이 아니라 하나님이 하와를 자신의 배우자로 만들어 준 것에 대한 인식의 표현이라고 말한다. 이것은 창세기의 족장들이 여러 지역에서 지명을 붙인 것과 같은 차원에서 이해할 수 있다는 것이다. George W. Ramsey, "Is Name-Giving an Act of Domination in Genesis 2:23 and Elsewhere?," *Catholic Biblical Quarterly* 50 (1988): 24-35.

과 하와는 피조세계에 대해 동일한 사역을 하게 된다. 하지만 창세기 2장은 하와의 더 중요한 사역을 말하고 있다. 땅이 아담의 사역의 포커스인 것처럼, 남편은 아내의 사역의 포커스이다.

23절

> [23]아담이 가로되 이는 내 뼈 중의 뼈요 살 중의 살이라 이것을 남자에게서 취하였은즉 여자라 칭하리라 하니라

창세기 2:23은 인류 최초의 기록된 사람의 말이다. 짐승들의 이름을 지을 때 아담은 틀림없이 말을 하였겠지만 기록되지 않았다. 최초의 기록된 말은 인간이 하나님께 한 말이며, 아내에 대한 아담의 감정 표현이다. 아담의 말은 다양한 시적 기교로 구성된 매우 아름다운 시이다.

זֹאת הַפַּעַם עֶצֶם מֵעֲצָמַי וּבָשָׂר מִבְּשָׂרִי לְזֹאת יִקָּרֵא אִשָּׁה כִּי מֵאִישׁ לֻקֳחָה זֹּאת

조트 하파암 에쳄 메아차마이 우바살 밉베사리 레조트 익카레 이사 키 메이쉬 루카하–조트

대구법: זֹאת הַפַּעַם עֶצֶם מֵעֲצָמַי / וּבָשָׂר מִבְּשָׂרִי

교차 대구법: לְזֹאת יִקָּרֵא אִשָּׁה / כִּי מֵאִישׁ לֻקֳחָה זֹּאת

'이사' (אִשָּׁה)와 '이쉬' (אִישׁ)는 두운법이자 언어 유희(word play)이다. 그리고 히브리어 성경은 '조트' (זאת)로 시작해서 '조트' (זאת)로 끝나며, 세 번의 '조트' (זֹאת) 사이에 각각 다섯 단어를 배열하여 완벽한 균형을 이루고 있다.

"뼈 중에 뼈, 살 중에 살"이라는 말은 가족에게 붙이는 말 중에 최고의 친밀성을 나타낼 때 사용하는 말이다. 야곱이 라반을 찾아 갔을 때 라반은 야곱이 자신의 아주 가까운 친족이란 뜻으로 "진실로 너는 나의 살과 뼈이다"(악 아츠

미 우베사리 아타 אַךְ עַצְמִי וּבְשָׂרִי אָתָּה)이라고 했다(창 29:14). 아담은 하와에게 했던 말은 라반의 말의 최상급이라고 할 수 있다. "이는 이제 나의 뼈 중에 뼈이고 살 중에 살이다"(조크 하파암 에쳄 메아차마이 우바살 미베사리 מִבְּשָׂרִי זֹאת הַפַּעַם עֶצֶם מֵעֲצָמַי וּבָשָׂר). 이 말은 결혼 전의 자식들이 부모에게 할 수 있는 표현일 것이다. 아담의 말은 그가 이 친밀성을 하와에게서 느끼고 있음을 보여준다. 아담의 감정은 모든 인간에게 일반화되며, 부부가 어릴 때 부모에게서 느꼈던 최고의 친밀성(효)이 결혼을 통해 배우자에게 옮겨진다. 이것은 창세기 2:25에 있는 하나님의 말씀에서 확인할 수 있다.

24절

> 그러므로 남편(남자)은 그의 아버지와 그의 어머니를 떠나 그의 아내와 결합할 것이고, 그리고 그들 둘은 한 몸을 이룰 것이다 (창 2:24).

이 말은 부모를 공경하지 말라는 말도 아니고 분가를 하라는 뜻도 더더욱 아니다. 고대 이스라엘과 메소포타미아 사회에서 부모를 떠나는 것은 신부들이고 신랑은 신부와 함께 부모의 집이나 부모의 집 가까이에서 대가족을 이루며 살았다.[57] "연합하여"(다박, דָּבַק)는 성적인 관계를 말하는 것이 아니고 하나됨과 충절을 의미한다. 이 말은 하나님과 이스라엘 백성이 언약 관계를 맺었을 때 이 언약 관계의 확실한 관계성을 말할 때 자주 사용하는 단어이다. 하나님께서 이스라엘을 결코 버리지 않는다고 할 때 사용하는 말이며, 이스라엘에게 하나님만 붙들라고 할 때 사용하는 말이다(신 10:20). 결코 나눌 수 없는 관계이기에 나눌 경우 감당할 수 없는 상처가 동반된다. 남편과 아내의 관계를 이렇게 표현한 곳은 성경 밖에 없을 것이다. 고대 근동 사회에서는 남편이 부모

---

57) Wenham, *Genesis 1-15*, 70.

에 대한 효 또는 충성을 아내에게 전환한다는 것은 상상할 수 없었다. 열하일기에서 연암 박지원은 친구는 잃으면 다시 얻을 수 없지만, 아내는 다시 얻으면 된다고 생각했다.

"둘이 한 몸을 이룰찌로다"도 단순히 성적인 행위를 말하는 것이 아니다. 성적인 행위는 순간적인 것이지만, 둘이 한 몸을 이룬다는 것은 예수님께서 마태복음 19:6에서 말하는 것처럼 사람이 나눌 수 없는 관계 즉 영구적인 관계를 의미한다. 부부의 성은 이것을 상징적으로 나타내는 표현 방식이다. 아담과 하와의 관계는 사랑의 관계를 훨씬 초월해 있다. 부모에 대한 관계가 사랑의 관계를 넘어 효 또는 충성의 관계이듯이 부부의 관계도 사랑의 관계를 넘어 충절의 관계라는 것을 창세기 2:23-24는 말하고 있다. 우리는 결혼의 의미에 대해 모호한 시대에 살고 있다. 가정을 회복할 수 있는 길은 태초에 하나님이 세운 가정의 원리를 회복하는 것이다.

말라기 2:14은 부부의 결혼을 언약의 개념으로 보고 있다. 유대인들이 아내를 버리고 이혼한 것에 대해 하나님은 혼인 언약의 파괴로 간주하며 분노하고 있다. 하나님은 이 혼인 언약을 단순히 부부 두 사람의 언약으로 한정시키지 않고 하나님 자신이 그들 사이에 증인이라고 한다. 이것은 창세기 2:23-25의 최초의 결혼에 근거해 있다.[58] 아담이 "이는 내 뼈 중에 뼈요 살 중에 살이라"고 할 때 조트(זֹאת, 이는)은 하나님 앞에 하는 언약의 맹세임을 보여주는 표현이다.

---

58) Gordon Paul Hugenberger, *Marriage as a Covenant: A Study of Biblical Law and Ethics Governing Marriage Developed from the Perspective of Malachi* (Leiden: E.J. Brill, 1994), 124-167. 창세기 2:18-25를 결혼 제도의 설립으로 여기지 않는 학자들도 있다. Gunkel은 남자와 여자의 성적인 매력을 설명하려는 시도로 여기고, Westermann은 포괄적인 의미에서 남자와 여자로 구성된 공동체의 형성을 설명하는 것이라고 주장한다. Hermann Gunkel, Genesis 41. Claus Westermann, Genesis 1-11, 232. Bernard F. Batto, "The Institution of Marriage in Genesis 2 and in Atrahasis," *Catholic Biblical Quarterly* 62 (2000), 621-631.

25절

그들 둘 즉 아담과 그의 아내가 벗었지만 그러나 그들은 부끄러워하지 않았다 (창 2:25).

וַיִּהְיוּ שְׁנֵיהֶם֙ עֲרוּמִּ֔ים הָאָדָ֖ם וְאִשְׁתּ֑וֹ וְלֹ֖א יִתְבֹּשָֽׁשׁוּ

와이우 세네이헴 아루밈 하아담 베이쉬토 베로 이트보사수

두 사람이 벌거 벗었으나 부끄러워하지 않은 것은 창세기 2:23-24의 아담과 하나님의 말에 대한 실질적인 결과이다. 아담과 하와의 모습은 선악과를 따 먹기 전에 연합하여 하나된 부부의 가장 이상적인 관계성을 보여준다.

부끄러워하지 않는 현상은 이들 부부에 한정되는 것이 아니다. 창세기 3:8을 염두에 둔다면, 그들은 벌거벗은 것 때문에 하나님께도 부끄러움을 느끼지 않았다. 벌거벗어도 부끄러워하지 않는 것은 아담과 하와 그리고 하나님과의 가장 친밀한 관계를 보여 주는 표현이며, 이런 관계는 창세기 3장에서 파괴된다. 창세기 2:25는 창세기 2장을 종결하면서 동시에 창세기 2장과 3장을 연결시켜주는 선악과와 더불어 중요한 매개 표현이다.[59)]

59) Kenneth A. Mathews, *Genesis 1-11:26*, 225.

Chapter 03 창세기 3장

창세기 2장에 기록된 에덴 동산은 지상낙원이었지만, 창세기 3장에서는 인간에게 가장 큰 불행이 임한 장소이다. 아담과 하와가 선악과를 따먹었기 때문이다. 하와는 아담이 선악과를 따먹도록 돕는 역할을 하였고, 이 둘은 피조 세계의 대표로서 모든 짐승들을 다스리는 위치에 있었지만 뱀의 말을 듣고 따랐고 하나님의 말씀을 외면하였다. 결과적으로 최초의 가정은 파경을 맞게 되고 하나님의 징벌을 받게 된다.[1] 하나님은 네 개의 강이 둘러 있던 에덴 동산을 불검을 든 그룹들에게 두루 지키게 하여 그들이 생명 나무에 접근할 수 없게 하였다. 창세기 3장의 기본적인 개요는 이상과 같다. 하지만 창세기 3장에는 좀더 면멸하게 살펴보아야 할 내용들이 많이 있다. 뱀의 정체, 타락의 결과, 하나님의 징벌 내용의 의미들은 결코 쉬운 문제가 아니다. 어쩌면 영원히 풀 수 없을지 모른다. 하지만, 면밀한 주석은 문제들을 이해하는데 큰 도움을 줄 것이다.

1절

[1]그리고 그 뱀이 여호와 하나님의 지으신 들짐승 중에 가장 간교하더라. 그리고 그가(뱀) 그의 아내(여자)에게 말했다. 엘로힘(하나님)이 너희들이 그 동산의 모든 나무로부터 먹지 못하도록 말했느냐?

창세기 3장은 최초의 인간이 하나님께 불순종하고 반역하는 사건을 기록하고 있다. 인간의 불순종과 반역에는 뱀이 있다. 창세기 1–2장에서 전혀 언급되지 않던 뱀이 갑자기 등장하지만 히브리어 성경은 뱀이란 표현 '나하시' (הַנָּחָשׁ)에 정관사 '하' (הַ)를 붙여 독자들이 알고 있는 그 뱀이란 점을 드러내고 있다.[2] 텍스트 자체는 이 뱀이 어떤 뱀인지 밝히지 않지만, 아담과 하와의 벌거벗음을 나타내는 히브리어 '아롬' (עָרוֹם)과 동음이의어인 뱀의 성격으로 제시된 "간교한" 이란 말의 히브리어 '아룸' (עָרוּם)을 통해 뱀과 창세기 2장을 연결시키고 있다.[3] 그렇다면 이 뱀의 정체는 무엇일까? 고대 근동 사람들에게 뱀은 경배의 대상이면서 동시에 악의세력을 대표하였다. 에뉴마 엘리쉬에서 마르둑의 원수였던 티아매트는 바다의 신이지만 그 형상은 뱀이었다.[4] 바알 서사시에서 바다의 신 얌은 바알의 원수이며 그 형상도 역시 뱀 또는 용이다.[5] 고대 이집트에서도 뱀은 악의 화신이었다. 비록 바로의 머리에 독사의 형상을 장식하여 태양신의 레의 불타는 눈을 상징적으로 나타내었지만, 뱀은 주로 악의

---

1) D. Rudman은 선악과를 따 먹는 것을 옳고 그른 것을 구별하지 못하는 아이가 이를 구별할 줄 아는 성인이 되는 것이며, 에덴 동산에서 추방을 성인이 된 아이가 부모를 떠나 가는 것과 같다고 주장한다. D. Rudman, "Falling for the Wrong Woman? A theological Reasessment of Genesis 2–3," *Expository Times* 113(2001): 44–47.

2) 느헤미야 9:6 "오직 주는 여호와시라 하늘과 하늘들의 하늘과 일월 성신과 땅과 땅 위의 만물과 바다와 그 가운데 모든 것을 지으시고 다 보존하시오니 모든 천군이 주께 경배하나이다."

3) Kenneth A. Mathews, Genesis 1–11:26, 232. T. Stordalen, Echoes of Eden: Genesis 2–3 and Symbolism of the Eden Garden in Biblical Hebrew Literature (Leuven, Belgium: Peeters, 2000), 199–200.

4) ANET, 60–72.

5) ANET, 129–134.

신 아포피스를 상징하였다. 창조와 용의 추방에서 아포피스는 하늘 신 눈의 물 또는 천상의 나일 강물에 사는 거대한 뱀이다. 아포피스는 태양신 레가 매일 갈대배를 타고 항해할 때 방해하려고 시도한다. 항해 방해를 성공하면 폭풍이 일어나고 태양신의 갈대배를 삼키면 일식이 일어났다. 바로와 인간에게 악을 행하는 뱀 아포피스를 바로는 마술 주문으로 퇴치시켰다.[6] 길가메쉬 서사시에서 뱀은 길가메쉬가 고생 끝에 간신히 손에 넣으려고 하는 생명 나무를 순식간에 나타나 물고 가버린다. 그 자리에 뱀은 허물을 벗어 남겨 회춘하였음을 나타내 보인다.[7]

창세기 3장에 등장하는 뱀은 어떨까? 뱀 또는 리워야단은 하나님의 피조물로서 바다에 존재하는 생명체이다(시 104:26). 이 뱀은 사람의 능력으로는 어떻게 할 수 없는 존재이고(욥 41:1), 리워야단을 자극하는 것은 저주를 자처하는 것처럼 위험한 일이라고 한다(욥 3:8). 이사야에서 리워야단은 악의 세력으로서 하나님이 멸망시킬 대상이다(사 27:1, 시 74:13-14). 신약 성경은 리워야단으로 생각되는 뱀을 사탄이라고 한다.

> 롬 16:20 "평강의 하나님께서 속히 사탄을 너희 발 아래서 상하게 하시리라."
>
> 계 12:9 "큰 용이 내어 쫓기니 옛 뱀 곧 마귀라고도 하고 사탄이라고도 하는 온 천하를 꾀는 자라."
>
> 계 20:2 "용을 잡으니 곧 옛 뱀이요 마귀요 사탄이라."

의심의 여지 없이 이 성경 구절들은 에덴 동산에서 아담과 하와를 유혹했던 뱀을 두고 하는 말이며, 이 뱀을 사탄으로 전제하고 있다.[8] 그렇다면 창세기 3장에는 이 뱀을 사탄으로 여길만한 근거가 있는가? 평범한 뱀으로만 볼 수 없

6) ANET, 6-7.

7) ANET, 96.

8) Wisdom 2:23-24 "[23]for God created us for incorruption, and made us in the image of his own eternity, [24]but through the devil's envy death entered the world, and those who belong to his company experience it."

는 특징을 창세기 3장의 뱀이 가지고 있다.

창세기 3:1에는 뱀에 대하여 간단한 소개가 있고 난 후, 뱀이 하와에게 "하나님이 참으로 너희더러 동산 모든 나무의 실과를 따먹지 말라고 하더냐"고 물었다. 이 질문은 창세기 2:16에서 하나님이 아담에게 한 히브리어 표현을 그대로 사용하면서 부정어 로(לֹא)를 삽입시켜 하나님의 말씀을 왜곡시키고 있다.

창 2:16 מִכֹּל עֵץ־הַגָּן אָכֹל תֹּאכֵל 미콜 에츠-하간 아콜 토켈

창 3:1 לֹא תֹאכְלוּ מִכֹּל עֵץ הַגָּן 로 토케루 미콜 에츠 하간

뱀의 말은 뱀이 아담에게 한 하나님의 말을 알고 있었다는 것을 의미한다. 창세기 2장에서 선악과를 먹으면 죽는다는 규정은 하나님이 들짐승들을 만들어 아담에게 데려오기 이전에 하였다. 그런데 이 말을 뱀은 어떻게 알았을까?[9] 뱀이 그 자리에 있는 것은 불가능하고, 뱀 외에 누군가가 그 자리에 있었다는 사실을 짐작할 수 있다. 아담과 삼위일체 하나님을 제외하면 그 자리에 있었을 존재는 하나님을 보좌하는 천사 외에는 달리 없다. 에스겔 28:13-14은 이 추정에 대한 긍정적인 가능성을 보여준다.

> [13]네가 옛적에 하나님의 동산 에덴에 있어서 각종 보석 곧 … 황금으로 단장하였었음이여 네가 지음을 받던 날에 너를 위하여 소고와 비파가 예비되었었도다 [14]너는 기름 부음을 받은 덮는 그룹임이여 내가 너를 세우매 네가 하나님의 성산에 있어서 화광석 사이에 왕래하였었도다

두로왕의 죄를 비유로 책망하면서 에스겔은 그룹(천사)이 에덴 동산의 화광석 사이를 왕래하였다고 한다.

---

9) Martin Emmrich, "The Temptation Narrative of Genesis 3:1-6: A Prelude to the Pentateuch and the History of Israel," *The Evangelical Quarterly* 73-1 (2001): 3-20.

창세기 3:5에서 이 뱀은 인간이 선악과를 따 먹으면 엘로힘처럼 지혜롭게 되기 때문에 따 먹지 못하게 했다고 아담과 하와에게 말한다. 즉 뱀은 교활한 자기 지혜로 하나님이 불순한 의도로 선악과를 먹지 못하게 했다면서 거짓말로 인간을 속이며, 하나님을 인간의 유익을 가로막는 음흉한 거짓말쟁이로 몰아가고 있다. 에스겔 28:17은 이러한 가능성을 엿볼 수 있게 해 준다.

> 17네가 아름다우므로 마음이 교만하였으며 네가 영화로우므로 네 지혜를 더럽혔음이여 내가 너를 땅에 던져 열왕 앞에 두어 그들의 구경거리가 되게 하였도다

"네 지혜를 더럽혔음이요"는 창세기 3:1의 뱀의 간교함을 연상시키며, 이어지는 뱀의 거짓말을 생각나게 한다. 요한복음 8:44에서 예수님이 유대인들에게 "너희는 너희 아비 마귀에서 났으니 … 이는 저가 거짓말쟁이요 거짓의 아비가 되었음이니라"라고 한 것은 바로 창세기 3:5을 두고 한 말이다.

창세기 3:14-15에서 하나님은 뱀이 인간을 유혹하여 선악과를 따 먹게 한 일에 대한 징벌을 내리면서 뱀을 인격적인 존재로 취급하고 있다. 창세기 3:15에서 여자의 후손과 뱀의 후손이란 말이 있다. 여자의 후손은 사람이다. 그럼 뱀의 후손은 문자 그대로 뱀의 새끼들일까? 여자와 뱀, 여자의 후손과 뱀의 후손의 적대적 싸움이 사람과 진짜 뱀과의 싸움일까? 절대 그럴리가 없다. 뱀의 후손은 당연히 사람이다. 이것은 뱀을 인격적인 존재로 취급하고 있음을 보여준다. 이런 것들에 비추어 보아 창세기 3장은 뱀을 사탄으로 생각하고 있다고 단정할 수 있다. 사탄은 예수님의 허용에 따라 귀신들이 돼지에게 들어갔던 것처럼 뱀에게 들어가서 자신을 위장하여 하와를 유혹하였을 수도 있고(마 8:28-34), 뱀 한 마리가 사탄의 조종에 따라 행동하였을 수도 있다.

뱀의 특징을 나타내는 아룸(עָרוּם)은 지혜와 관련된 말이다. 잠언에서는 긍정적인 차원에서 신중하고 지혜로운 행동을 묘사하는 말로 사용되지만(잠 1:4; 12:23; 13:16; 14:8), 그 외에서는 부정적인 지혜 또는 간교함을 나타낸다(욥 5:12, 15:5, 출 21:14). 창세기 3:1의 아룸(עָרוּם)은 창세기 3장의 배경에서 볼

때 부정적인 지혜로 사용되었다.

2-3절

[2]여자가 뱀에게 말하되 동산 나무의 열매를 우리가 먹을 수 있으나 [3]동산 중앙에 있는 나무의 열매는 하나님의 말씀에 너희는 먹지도 말고 만지지도 말라 너희가 죽을까 하노라 하셨느니라

뱀의 질문에 대한 대답에서 하와는 '우리' 라고 동사 복수형을 사용하고 있다. '우리' 에는 하와뿐만 아니라 아담도 당연히 포함되어 있다. 1절에서 뱀도 하와에게 복수로 '너희' 라고 했다. "하나님이 참으로 너희가 먹지 못하도록" (לֹא תֹאכְלוּ)에서 너희는 2인칭 남성 복수이다. 뱀은 하와에게 말하면서 여성 복수가 아니라 남성 복수를 사용했다. 히브리어에서 주어와 동사는 성과 수가 일치해야 하며, 주어가 남성과 여성을 함께 포함하고 있으면 동사의 성은 히브리 문화의 남성 우월적 전통 때문에 남성으로 표시 된다.[10] 이것은 뱀이 하와에게 말하는 그 자리에 아담이 있었고, 하와에게만 질문하지 않고 아담을 염두에 두었음을 보여준다. 뿐만 아니라 뱀은 창세기 3:1-5에서 하와에게 말할 때마다 아래의 밑줄 친 부분에서 볼 수 있듯이 남성 복수형을 사용하고 있다.

1 וְהַנָּחָשׁ הָיָה עָרוּם מִכֹּל חַיַּת הַשָּׂדֶה אֲשֶׁר עָשָׂה יְהוָה אֱלֹהִים וַיֹּאמֶר אֶל־הָאִשָּׁה אַף
כִּי־אָמַר אֱלֹהִים לֹא תֹאכְלוּ מִכֹּל עֵץ הַגָּן׃ 2 וַתֹּאמֶר הָאִשָּׁה אֶל־הַנָּחָשׁ מִפְּרִי עֵץ־הַגָּן נֹאכֵל׃
3 וּמִפְּרִי הָעֵץ אֲשֶׁר בְּתוֹךְ־הַגָּן אָמַר אֱלֹהִים לֹא תֹאכְלוּ מִמֶּנּוּ וְלֹא תִגְּעוּ בּוֹ פֶּן־תְּמֻתוּן׃

---

10) Christo H. J. van der Merwe, Jackie A. Naude and Jan H. Kroeze, *A Biblical Hebrew Reference Grammar* (Sheffield: Sheffield Academic Press, 2000), 250. Bruce K. Waltke and M. O'Connor, *An Introduction to Biblical Hebrew Syntax* (Winona Lake: Eisenbrauns, 1990), 108.

4 וַיֹּאמֶר הַנָּחָשׁ אֶל־הָאִשָּׁה לֹא־מוֹת תְּמֻתוּן׃ 5 כִּי יֹדֵעַ אֱלֹהִים כִּי בְּיוֹם אֲכָלְכֶם מִמֶּנּוּ
וְנִפְקְחוּ עֵינֵיכֶם וִהְיִיתֶם כֵּאלֹהִים יֹדְעֵי טוֹב וָרָע׃

뱀의 거듭된 2인칭 남성 복수 사용에도 불구하고 아담은 침묵만 지키고 있고 하와만 '우리' 라고 표현하며 적극적으로 나서서 뱀에게 대답한다.[11]

하와는 동산 나무의 열매를 먹을 수 있지만 동산 중앙에 있는 나무 열매를 먹지 말고 만지지도 말라고 하나님이 말했다고 한다.

3 וּמִפְּרִי הָעֵץ אֲשֶׁר בְּתוֹךְ־הַגָּן אָמַר אֱלֹהִים לֹא תֹאכְלוּ מִמֶּנּוּ וְלֹא תִגְּעוּ בּוֹ פֶּן־תְּמֻתוּן׃

c b a

우미페리 하에츠 아셀 베톡-하간 아말 엘로힘 로 토케루 밈멘누 베로 틱게우 보 펜-테무툰

'동산 중앙의 나무 열매' 는 강조를 위해 밑줄 a처럼 문장의 앞에 두었고, 또 밑줄 b처럼 접속사 '아셀' (אֲשֶׁר)을 통해 수식하며, 그리고 밑줄 c처럼 '아말 엘로힘' (אָמַר אֱלֹהִים, 하나님이 말씀하시기를)을 문장의 시작에 배치하지 않고 뒤로 옮겨 '동산 중앙의 나무 열매' 다음에 두었다. 하와의 말에는 또 다른 특징을 가지고 있다. 창세기 2:17에서 선악과를 먹으면 죽게 된다고 했지만 만지지도 말라고 하진 않았다. 그럼에도 불구하고 하와는 만지지도 말라 했다고 뱀에게 대답한다. 이를 두고 어떤 학자들은 하와가 하나님의 명령을 왜곡하여 말했다고 주장한다.[12] 에덴 동산과 선악과가 성소와 지성소의 언약궤와 유사한 기능을 한다는 사실을 감안하면 하와의 말은 거짓 진술이라기 보다는 창세기

---

11) Terencce E. Fretheim, Genesis, 360. John H. Walton, Genesis, 206. Victor P. Hamilton, *Genesis 1-17*, 188.

12) Geerhard Vos, *Biblical Theology: Old and New Testaments* (Grand Rapids: Eerdmans, 1983), 35. 보스는 하와가 하나님이 아담에게 한 말을 왜곡 시킴으로 죄가 침투할 기회를 제공해 주었다고 말한다. 요세푸스는 하나님이 아담과 하와에게 만약 선악과를 만지면 선악과가 그들의 파멸을 증거할 것이라고 예고했다고 한다(Josephus, Antiquities, 1.1.4). Sarna, *Genesis*, 24. Kenneth A. Mathews, *Genesis 1-11:26*, 235-236.

2:17에 함축된 뜻을 말한 것으로 여겨진다. 개역성경의 “죽을까 하노라”에 해당하는 히브리어 ‘펜-테무툰’ (פֶּן־תְּמֻתוּן)은 ‘죽지 않도록’ 의 의미를 가지며, “정녕 죽으리라” 는 말이 가진 강조를 희석시킨다고 볼 수 없다.[13]

4-5절

> [4]뱀이 여자에게 이르되 너희가 결코 죽지 아니하리라 [5]너희가 그것을 먹는 날에는 너희 눈이 밝아 엘로힘과 같이 되어 선악을 알줄을 하나님이 아심이니라

하와의 대답을 듣고 뱀은 두 가지 왜곡된 사실로 하와를 유혹하여 하나님과의 신뢰 관계를 깨뜨린다. 첫 번째 왜곡은 선악을 알게 하는 나무 열매를 먹어도 죽지 않는다는 것이다(4절). 뱀은 죽지 않음을 강조하기 위해 부정사 절대형을 사용하고 있다: ‘로-모트 테무툰’ (לֹא־מוֹת תְּמֻתוּן). 이 경우 부정적 표현 ‘로’ (לֹא)의 위치는 일반적으로 부정사 절대형과 일반 동사 사이에 오게 되는데 (ex: מוֹת לֹא תְמֻתוּן) 창세기 3:4에서는 ‘로’ (לֹא)가 문장의 앞에 있다.[14] 이것은 창세기 2:17의 하나님의 말씀을 직접적으로 그리고 강조적으로 부정하려고 2:17의 표현을 다시 사용하면서 ‘로’ (לֹא)를 도치시킨 것으로 여겨진다.

창 2:17 [17] וּמֵעֵץ הַדַּעַת טוֹב וָרָע לֹא תֹאכַל מִמֶּנּוּ כִּי בְּיוֹם אֲכָלְךָ מִמֶּנּוּ מוֹת תָּמוּת׃

창 3:4-5 [4] וַיֹּאמֶר הַנָּחָשׁ אֶל־הָאִשָּׁה לֹא־מוֹת תְּמֻתוּן׃

[5] כִּי יֹדֵעַ אֱלֹהִים כִּי בְּיוֹם אֲכָלְכֶם מִמֶּנּוּ וְנִפְקְחוּ עֵינֵיכֶם וִהְיִיתֶם כֵּאלֹהִים יֹדְעֵי טוֹב וָרָע׃

사탄의 두 번째 왜곡은 창세기 3:5에서 선악을 알게 하는 나무 열매를 먹으면 눈이 열려 엘로힘이 선과 악을 아는 것처럼 된다는 것이다. ‘눈이 밝아 선악

13) Kenneth A. Mathews, *Genesis 1-11:26*, 236.

14) Cf. 아모스 3:5 הֲיַעֲלֶה־פַּח מִן־הָאֲדָמָה וְלָכוֹד לֹא יִלְכּוֹד׃ Gordon Wenham, *Genesis 1-15*, 74.

을 알게 되는 것' 은 옳고 그런 것을 판단하는 능력을 갖추는 것을 의미한다. 구약에서 '여호와의 눈에 악한' 또는 '좋은' 이라는 표현은 거의 대부분 하나님이 옳고 그른 것을 판단 하는 것과 관련되어 있다.[15] 그런데 뱀은 하와에게 엘로힘이 선과 악을 아는 것처럼 된다고 했다. 뱀은 무슨 의미로 '엘로힘처럼' 이란 말을 사용했을까? 일반적으로 엘로힘은 여러 가지 의미를 가지고 있다. 기본적으로 엘로힘(אֱלֹהִים)은 엘(אֵל)의 복수로서 신들이란 뜻을 가지고 있다. 뿐만 아니라, 엘로힘은 지도자들이나 재판관들(출 21:6, 22:7, 8, 27-30), 천사들(시 8:6)을 의미한다. 구약 성경에서 복수형 엘로힘은 하나님의 호칭으로 매우 자주 사용되며, 이와 같은 복수형은 장엄복수라고 하며 하나님을 높여 부르는 표현이다. 이 경우에는 엘로힘은 항상 단수 취급되며, 관련된 동사 혹은 형용사는 반드시 단수이어야 한다. 그렇다면 창세기 3:5에서 엘로힘의 의미는 무엇일까? 여호와 하나님일까?[16] 우선 창세기 3:22에서 하나님이 "이 사람이 선악을 아는 일에 우리 중 하나 같이 되었으니"라고 한 말의 의미부터 살펴보자.

여기에서 "우리"는 삼위 하나님이 아니라 하나님과 천사를 포함한 천상의 모임을 말하며, 두 가지 이유 때문에 "우리 중의 하나"에서 하나는 타락한 천사를 의미할 가능성이 많다.[17] 첫째는 하나님의 명령을 어긴 아담과 하와가 하나님처럼 선과 악을 알게 되었다고 하는 것은 심각한 모순이기 때문이다. 둘째는 하나님은 아담과 하와가 '우리 중에 하나같이 되었다' 고 함으로 뱀의 말의 일부가 사실임을 밝히면서 동시에 '우리 중의 하나 같이 된 것' 을 하나님은 부정적으로 보고 있기 때문이다. '우리 중에 하나 같이 된 것 때문에' 하나님이 아담과 하와가 생명나무 실과를 따먹고 영생하는 것을 방지하기 위해 그들을 에덴에서 추방하고 있다. 만약에 "선악을 아는 일에 우리 중 하나 같이"를 긍정적으로 본다면, 그리고 우리 중에 하나를 삼위 하나님 중의 하나로 본다면,

---

15) 신명기 6:18, 9:28, 9:18, 17:2

16) John Calvin, Genesis, 150-151. *Cassuto, Genesis I*, 146-147. Victor Hamilton, *Genesis 1-17*, 189-190.

17) John Skinner, *Genesis,* 75. Walter Vogels, "Like One of Us, Knowing TOB and RA (Gen 3:22)," *Semeia* 81 (1998): 145-157.

성부 성자 성령 하나님처럼 선악을 아는 것이 된다.[18] 이 경우 하나님이 옳고 그른 것을 판단하는 것은 항상 참되고 바르다. 이것은 사람이 소망할 수 있는 최상의 것이며, 결코 부정적일 수 없는 일이다.[19]

선악을 아는 일에 우리 중에 하나처럼 되었다는 말을 부정적으로 볼 경우에는 "우리 중에 하나"가 선악과와 관련된 일을 했고, 옳고 그른 것을 왜곡했음을 의미한다. 3장의 배경에서 선악과 관련된 행동을 한 것은 모두 셋이다. 첫째는 아담과 하와가 선악과를 따먹었다. 하지만 창세기 3:22은 아담과 하와를 "우리 중에 하나"에 포함시키지 않는다. 그렇다면 삼위 하나님 중에 누구일까? 삼위 하나님 중에 누가 선악과와 관련된 언행을 하였는가? 유일하게 가능한 것은 성부 하나님이다. 즉 창세기 3:4-5에서 사탄이 했던 말 속에 들어 있는 내용의 주체에 해당되는 존재를 성부 하나님으로 보는 것이다. 그러나 이 부분에서 하나님이 부정적인 언행을 한 것으로 보려면 사탄의 말이 진실일 때 그렇다. 하지만 사탄의 말은 거짓말이며 진실을 왜곡한 것에 지나지 않는다. 따라서 하나님은 자연스럽게 배제된다.

남은 것은 사탄이다. 사탄은 자신의 간교한 지혜를 이용하여 하나님이 아담과 하와가 엘로힘처럼 되는 것을 싫어해서 선악과를 먹지 못하게 했다고 거짓말을 하여 자신을 더럽힌다(cf. 겔 28:17). 사탄의 말이 거짓말이고 진실 왜곡이라는 것을 창세기 3:13의 하와의 대답이 분명하게 보여준다.

> וַתֹּאמֶר הָאִשָּׁה הַנָּחָשׁ הִשִּׁיאַנִי וָאֹכֵל 와토멜 하이사 한나하쉬 히시아니 와오켈
> The woman said, "The serpent tricked me, and I ate."
> 뱀이 나를 꾀므로 내가 먹었나이다

'꾀므로'의 히브리어 표현 '히시아니'(הִשִּׁיאַנִי)는 동사 '나사'(נָשָׁא)의 힙일형이며 그 의미는 '속이다'이다. 뱀이 하와를 속였다는 말이다. 하와는 뱀에게

---

18) Victor Hamilton, Genesis, 208. C.F. Keil, *Genesis*, 107.
19) John Calvin, *Genesis*, 183.

속았다는 것을 어떻게 알았을까? 뱀은 하와에게 선악과를 따먹어도 죽지 않는다고 말했다. 그럼 죽지 않는 것이 아니라 죽는다는 것을 알았는가? 아담이나 하와 중에 아무도 죽지 않았는데! 하와가 속았다는 것은 다른 것을 의미할 가능성이 많다. 가장 가능성이 높은 것은 사탄이 하나님의 이름으로 하와를 속이는 것이다. 창세기 3:5에서 뱀은 아주 교묘하게 여자에게 말하고 있다. 뱀은 하와에게 그들이 선악과를 먹는 날에 엘로힘이 선과 악을 아는 것처럼 된다는 사실을 하나님이 알았기 때문에 먹지 못하게 했다고 말했다. 여기에 뱀은 엘로힘을 가지고 아주 교묘한 언어 유희를 벌이고 있다.

> כִּי יֹדֵעַ אֱלֹהִים כִּי בְּיוֹם אֲכָלְכֶם מִמֶּנּוּ וְנִפְקְחוּ עֵינֵיכֶם וִהְיִיתֶם כֵּאלֹהִים יֹדְעֵי טוֹב וָרָע
>
> 키 요데아 엘로힘 키 베욤 아칼켐 밈멘누 베니프케후 에이네이켐 비이템 케로힘 요드에이 토브 와라

첫 번째 엘로힘은 여호와 하나님을 가리킨다. 그 이유는 엘로힘이 장엄복수이기 때문이며, 이는 동사 요데아(יֹדֵעַ)가 분사 단수인 것을 보면 알 수 있다. 그러나 "하나님처럼"의 두 번째 엘로힘은 장엄복수가 아니라 엘로아(אֱלוֹהַּ, 신)의 명사 복수형이다. 그 이유는 두 번째 엘로힘의 동사 요데에(יֹדְעֵי)가 분사 복수형이기 때문이다. 이 경우 엘로힘은 장엄복수의 하나님이 아니라 '신들' 또는 '천사들'로 해석해야 한다.[20] 이런 해석과 이해는 이미 70인역에서도 확인할 수 있다.

> *ᾔδει γὰρ ὁ* ***θεὸς*** *ὅτι ἐν ᾗ ἂν ἡμέρᾳ φάγητε ἀπ' αὐτοῦ διανοιχθήσονται ὑμῶν οἱ ὀφθαλμοί καὶ ἔσεσθε ὡ* ***θεοὶ*** *γινώσκοντες καλὸν καὶ πονηρόν*
>
> 에이데이 가르 호 데오스 호티 엔 헤이 안 헤메라이 파게테 아프 아우투 디아노이크세손타이 휘몬 호이 옵살모이 에세스데 호스 데오이 기노스콘테스 칼론 카이 포네론

---

20) Sarna, *Genesis*, 25.

70인역은 첫 번째 엘로힘을 단수 데오스(θεός)로 번역했지만, 두 번째 엘로힘을 복수 데오이(θεοί), 신들 또는 천사들로 번역하고 있다. 랍비들의 소논문인 소페림(Tractate Soferim) 4:5은 다름과 같이 기록하고 있다:[21]

> "the first Elohim is sacred, the second non-sacred."

첫 번째 엘로힘은 여호와 하나님이지만, 두 번째 엘로힘은 거룩하신 하나님이 아니라고 단언하고 있다. 킹 제임스 역과 유대인들의 구약 성경인 타낙(Tanak)도 이를 분명하게 인식하고 있다.

> KJV "For God doth know that in the day ye eat thereof, then your eyes shall be opened, and ye shall be as ***gods***, knowing good and evil."
> TNK "but God knows that as soon as you eat of it your eyes will be opened and you will be like ***divine beings*** who know good and bad."

사탄은 엘로힘 뒤에 나오는 동사의 단수형과 복수형의 차이를 교묘하게 이용하여 선과 악을 아는 일에 마치 첫 번째 엘로힘처럼 되는 것으로 속였을 가능성이 있지 않을까? 창세기 2-3장에서 한 번도 빠짐없이 하나님의 이름 야웨 엘로힘(יהוה אלהים)을 사용하다가, 창세기 3:1-5에서 뱀과 하와가 대화를 나누는 동안 뱀이 하나님의 이름 야웨(יהוה)를 사용하지 않고 엘로힘(אלהים)만 사용하고 하와도 엘로힘을 사용하여 응대하는 이유가 무엇일까?[22] 비평학자들이 말하는 것처럼 E자료가 J자료에 삽입된 증거일까? 뱀이 하와를 속이기 위해 의도적으로 엘로힘이라는 모호한 호칭을 택한 것이 아닐까? 하와가 뱀에게 속았다고 한 것은 장엄복수의 야웨 하나님처럼 될 줄 알았는데, 복수 엘로힘(천

---

21) Nahum M. Sarna, Genesis, 25; U. Cassuto, *Genesis*, 146-147.
22) T. Stordalen, Echoes of Eden: Genesis 2-3 and Symbolism of the Eden Garden in Biblical Hebrew Literature, 200-201.

사를 비롯한 신적 존재들) 중에 하나인 뱀 즉 사탄처럼 간교한 지혜를 가지고 선과 악을 부정적으로 판단하게 되었음을 깨달은 것일게다.

6절

> [6]여자가 그 나무를 본즉 먹음직도 하고 보암직도 하고 지혜롭게 할마큼 탐스럽기도 한 나무인지라 여자가 그 실과를 따먹고 자기와 함께한 남편에게도 주매 그도 먹은지라.

하와는 선악과를 보고 먹고 싶은 충동을 강하게 느꼈다. 그 충동은 선악과가 단순히 먹음직스럽고 보기 좋았기 때문만이 아니다. 가장 중요한 이유는 지혜롭게 할 만큼 탐스러웠기 때문이다. 하와의 관심사가 지혜였다는 것은 창세기 3:6과 창세기 2:9을 비교해 보면 알 수 있다.

> 창 2:9 וַיַּצְמַח יְהוָה אֱלֹהִים מִן־הָאֲדָמָה כָּל־עֵץ 나) נֶחְמָד לְמַרְאֶה 가) וְטוֹב לְמַאֲכָל
> 와야츠마 야웨 엘로힘 민-하아다마 콜-에츠 네흐마드 레말에 베토브 레마아칼
> 창 3:6 כִּי 가) טוֹב הָעֵץ לְמַאֲכָל וְכִי 나) תַאֲוָה־הוּא לָעֵינַיִם 다) וְנֶחְמָד הָעֵץ לְהַשְׂכִּיל
> 키 토브 하에츠 레마아칼 베 키 하아와-후 라에이나임 베테흐마드 하에츠 레하스킬

창세기 2:9과 창세기 3:6을 비교해 보면, 선악과는 다른 과일과 공통점을 가지고 있다. 가) 먹기에 좋고 나) 보기에(2:9) 또는 눈에(3:6) 탐스러운 과일이었다. 창세기 3:6의 선악과는 창세기 2:9과 다른 독특성을 하나 가지고 있었다. 바로 지혜롭게 할 만큼 탐스러운 나무라는 점이었다. 이 지혜(레하시킬, לְהַשְׂכִּיל)는 창세기 3:1에서 뱀을 가장 지혜롭다(아룸, עָרוּם)고 밝혔던 것과 관련 있다. 사탄은 부정적인 지혜로 하나님을 아담과 하와에게 거짓말하는 자로 말하였다.[23] 하와는 사탄의 말을 믿고 선악과가 엘로힘처럼 지혜롭게 할 수 있

을 것으로 판단하고 그 열매를 따먹는다. 아담과 하와가 벗었다(아루밈, עֲרוּמִּם) 는 것을 깨달은 것은 곧 뱀처럼 간교한(아룸, עָרוּם) 자신을 깨달은 것일 수 있다. 이로 인해 하나님과 사람 사이에 그리고 사람과 사람 사이에 심각한 관계 훼손 현상이 일어나게 되었다.

하와는 선악과를 따먹고 이어서 곁에 있던 아담에게도 주어 먹게 한다. 학자들 중에는 전치사 임(עִם, 함께)이 장소나 공간적인 개념보다는 관계적인 개념을 가지고 있다고 생각하고, 아담이 유혹의 순간 하와와 함께 있었다고 볼 수 없다고 주장하는 이들이 있다. 그러나 뱀이 하와에게 말할 때 한결같이 2인칭 남성 복수를 사용했던 것을 감안하면 설득력이 떨어진다.[24]

마침내 아담과 하와는 선악과를 따먹었다. 호세아 6:7에 따르면, 이것은 하나님과 맺은 언약을 파기하는 것이었다. 창세기 2장에서 언약과 관련됨 요소를 몇 가지 찾을 수 있다. 기원전 2500-2300년 경에 메소포타미아의 에안나툼(Eannatum)과 에블라(Ebla)의 언약들은 다음의 요소를 가지고 있었다: 1) 서론, 2) 규정들, 3) 축복 또는 저주. 에안나툼의 서론부에서는 역사적인 내용을 담고 있고 에블라의 언약에서는 서론부에 지리적 경계를 표시하고 있다.[25] 이런 요소들을 창세기 2:4-17과 비교해 보면 다음과 같다.

서론	창 2:5-14	인간 창조, 에덴 동산, 네 개의 강
규정	창 2:15-17	섬기고 지키라, 선악과 먹지 말라
저주	창 2:17	네가 먹는 날에는 정녕 죽으리라

안타깝게도 언약의 대표였던 아담은 하나님이 창세기 2:17에서 말했던 "선악과를 먹지 말라"는 규칙을 범하므로 언약을 파기했다.

23) 사무엘하 14:17은 천사들도 선과 악을 구별하는 것으로 분명하게 진술하고 있다.

24) John L. Harris, "An Exposition of Genesis 2:4-11:32," *Southwestern Journal of Theology* 44 (2001): 43-44.

25) K.A. Kitchen, *On the Reliability of the Old Testament* (Grand Rapids: Eerdmans, 2003), 286-288. 키첸은 언약의 형태들을 시대별로 구분하여 제공하고 있다.

7절

[7]이에 그들의 눈이 밝아 자기들의 몸이 벗은 줄을 알고 무화과 나무 잎을 엮어 치마를 하였더라.

7절은 선악과를 따먹은 결과를 기록하고 있다. 아담과 하와는 뱀의 말처럼 눈이 밝아졌고, 창세기 3:22에서 하나님이 말씀하시는 것처럼 '우리 중의 하나' 처럼 되었다. 즉 뱀을 포함한 일부 엘로힘의 속성에 속하는 것을 가지게 되었다. 그런데 그 결과로 그들이 알게 된 것은 자신들이 벌거벗었다는 것이다. 7절의 내용에서 두 가지를 면밀히 살펴볼 필요가 있다. 1) 7절의 표현을 사탄의 특징과 말 그리고 하와의 선악과에 대한 느낌 묘사와 서로 비교해 봐야 한다. 2) 아담과 하와가 무화과 나무 잎으로 치마를 만들어 입은 행동의 의미를 살펴볼 필요가 있다.

창세기 3:7은 창세기 2:25와 3:5의 표현으로 구성되어 있으며, 창세기 3:1과 3:6과 밀접한 관계를 가지고 있다.

창세기 3:7은 창세기 3:5의 표현을 사용하여 뱀의 말처럼 아담과 하와의 눈이 열렸다고 또는 밝아졌다고 한다. 하지만 창세기 3:5에서 뱀이 선과 악을 알게 된다고 했었는데 반해 창세기 3:7에서 아담과 하와는 벗었음을 알게 된다. 벗었음(아롬, עֵרֹם)의 자음과 소리는 사탄의 간교함(아룸, עָרוּם)의 자음과 소리와 비슷하다. 저자는 의도적으로 아담과 하와의 벗었음과 사탄의 간교함과 연결시키고 있다. 즉 창세기 3:6에서 하와는 선악과가 자신을 지혜롭게 만들어 줄줄 알았다. 선악과를 먹은 결과로 아담과 하와는 긍정적인 차원에서 지혜롭게 되는 것이 아니라 벗었음을 깨닫는 사탄의 간교함을 얻게 되었다.

벗었음을 깨달음(간교함) → 관계성 왜곡

벗었음을 깨달은 아담과 하와에게 관계성 왜곡 현상이 나타난다. 아담과 하와가 벗은 것을 깨닫고 난 후 무화과 나뭇잎으로 치마를 만들어 입었다. 선악과를 따먹음으로 실제로 일어난 결과는 창조 때에 하나님이 세운 관계성과 관련된 진실의 왜곡이다. '하나님은 선악과를 따먹으면 엘로힘처럼 된다는 것을 알고 사람에게 따먹지 못하게 하였다' 고 하면서 뱀이 하나님을 인간에게 진실을 감추고 그 능력과 역할을 제한하려 하는 분으로 묘사하여 하나님과 인간 사이의 관계성과 관련된 진리를 왜곡했었다. 선악과를 따먹은 아담과 하와도 사탄처럼 그 관계성을 왜곡시키는 현상이 나타났다. 창세기 2:25는 아담과 하와가 벌거 벗었지만 부끄러워하지 않았다고 한다. 벌거벗은 상태를 부끄러워하지 않는 어린 아이 같은 순박함도 있겠지만, 서로에 대한 친밀감과 하나됨 때문에 부끄러움을 느끼지 않았다. 선악과를 따 먹은 이들은 벗은 것 때문에 부끄러움을 느꼈고, 무화과 나뭇잎 치마로 벗은 몸을 가려 그 수치심을 없애려 할 정도로 관계가 심각하게 왜곡되었다.[26] 그들의 벗음은 서로가 상대방에게 지적해 준 것이 아니고 스스로 느끼는 것이다. 마치 뱀이 진실을 왜곡했던 것

26) John H. Hewett, "Genesis 2:4b-3:31; 4:2-16; 9:20-27; 19:30-38," *Review and Expositor* 86 (1989): 237-241.

처럼 스스로 세상을 보는 눈이 왜곡되어 부부의 관계성과 관련된 진실을 왜곡한다. 아담과 하와는 하나됨을 상실했고, 벗었음에 대한 자기 의식과 상대방에 대한 거리감 때문에 상대방으로부터 자신을 숨겨야 했다. 결국 아담은 선악과 따먹은 책임을 하와에게 전가시킴으로 둘 사이의 나누어짐과 왜곡된 관계를 드러내고 있다.

8-11절

> 8그들이 날이 서늘할 때에 동산에 거니시는 여호와 하나님의 음성을 듣고 아담과
> 그 아내가 여호와 하나님의 낯을 피하여 동산 나무 사이에 숨은지라 9여호와 하
> 나님이 아담을 부르시며 그에게 이르시되 네가 어디 있느냐 10가로되 내가 동산
> 에서 하나님의 소리를 듣고 내가 벗었으므로 두려워하여 숨었나이다 11가라사대
> 누가 너의 벗었음을 네게 고하였느냐 내가 너더러 먹지 말라 명한 그 나무 실과
> 를 네가 먹었느냐

창세기 3:8은 아담과 하와가 하나님께 대하여 느낀 괴리감을 그리고 있다. 하나님과 사람 사이에 생겨난 괴리감은 아담과 하와 두 부부가 느꼈던 괴리감보다 더 심각했다. 창세기 3:8은 하나님을 동산에 거니시는 것으로 묘사하였는데,[27] 히브리어 표현 '미트할렉'(מִתְהַלֵּךְ)은 동사 '하락'(הלך)의 히스파엘 분사형이며 반복적이고 습관적인 행동을 나타낸다.[28] 앞서 이 표현은 어쩌다가 에덴 동산을 방문하게 된 것이 아니라, 하나님께서 동산을 거니시는 것이 늘

27) 제프리 니하우스는 루아흐 하욤(רוּחַ הַיּוֹם)을 "stormy wind"로 '욤'을 '날'이 아니라 '폭풍'으로 해석한다. 그러나 그의 주장은 고대의 사본들과 역본들의 지지를 전혀 받지 못하고 있다. J. J. Niehaus, "In the wind of the storm: Another look at Genesis III 8," *VT* 44 (1994): 263-267. Cf. Christopher L. K. Grundke, "A Tempest in a Teapot? Genesis III 8 Again," *VT* 51-4 (2001): 548-551.

28) Victor Hamilton, *Genesis 1-17*, 192.

있던 일이라는 뜻임을 밝혔다.[29] 동산을 거니시는 하나님의 행동에 익숙해 있었을 아담과 하와는 선악과를 따먹은 결과로 황급히 나무 속으로 숨어 들어 간다. 아담과 하와가 하나님께 대해 느끼는 괴리감은 서로에 대해 느끼는 괴리감보다 훨씬 더 컸기 때문에 두 사람은 무화과 나뭇잎으로 자신을 가리는 것으로는 턱없이 부족하여 깊은 죄책감과 두려움 속에 나무 밑으로 숨어야 했다.

아담 ⇔ 하와	나뭇잎
아담과 하와 ⇔ 하나님	나뭇잎 + 나무 아래

그들이 이렇게 깊은 괴리감을 느낀 이유는 자신들이 벌거벗었기 때문이라고 한다. 하나님이 먼저 지적한 것이 아니라 스스로 먼저 느끼고 숨었다. 이것은 창조 때에 하나님께서 정한 하나님과 인간의 관계성과 관련된 진실을 왜곡하여 인간 스스로 취한 행동이다.[30] 선악과를 따먹은 결과로 눈이 밝아 졌다. 그러나 이것은 신체의 눈이 밝았다기 보다는 부정적인 차원에서 영적 도덕적인 눈이 밝아져서 다른 사람과 그리고 하나님과의 관계에서 스스로의 허물만 보고 괴리감만 느끼게 되었음을 의미한다. 요세푸스에 의하면 아담과 하와가 타락한 직후 그들을 만나러 왔던 하나님은 그들의 태도에 충격을 받았다고 한다. 평상시에는 하나님과 대화하기를 즐겨했는데, 지금은 하나님과 대화는 커녕 피해버렸기 때문이다.[31] 요세푸스의 말을 액면 그대로 받아들일 수 없지만, 유

29) 유대인들의 외경인 제2 에녹서에 따르면 에덴 동산 생명나무는 하나님께서 동산을 거니시고 난 후 쉬기 위해 찾던 장소였다. 에녹서는 책의 권위를 높이기 위해 창세기 5:18-24에 있는 에녹의 이름을 빌려 붙인 유대인들의 위경이다. 에녹 1서는 B.C. 2세기-A.D. 1세기 사이에 기록되었지만, 에녹 2서는 A.D. 1세기 말에 기록되었다. 에녹 2서 8:3에는 이런 글이 있다. "그리고 생명나무가 그 곳에 있었고, 여호와가 파라다이스를 거닌 후 그 나무 아래에서 안식을 취하곤 하였다." 에녹 3서는 아담이 에덴 동산에서 쫓겨난 후 생명나무 아래에 그룹 위에 좌정하였다고 말한다. "From the day that the Holy One, blessed be he, banished the first man from the garden of Eden, the Sekinah resided on a cherub beneath the tree of life" (3 Enoch 5:1).

30) Sarna, *Genesis*, 26.

31) A.D. 1세기의 유대인 역사가 요세푸스는 아담이 하나님께 나아와 대화를 나누곤 하였는데 선악과를 따먹고 난 후 이를 회피하였다고 말한다(Josephus antiquities 1.1.3). "But when God

대인들이 선악과 사건 때문에 일어난 현상에 대해 어떻게 이해했는지를 엿볼 수 있다.

아담과 하와는 숨을만한 장소가 많이 있었을텐데 공교롭게도 나무 아래로 황급히 숨었다. 창세기 2-3장에서 나무는 이야기 전개에 있어서 아주 중요한 역할을 한다.[32] 창세기 2:9에 의하면 에덴 동산에 각종 나무가 있었고 중앙에는 생명나무와 선악과가 있었다. 창세기 2:17에서 하나님은 아담에게 선악과의 열매를 먹지 못하게 하였다. 창세기 3:1이하에서 에덴 동산의 각종 과일 나무와 선악과가 다시 이슈가 되고, 마침내 아담과 하와는 선악과를 먹게 된다. 창세기 3:8에서 아담과 하와는 하나님의 낯을 피하여 나무 사이에 숨으며, 하나님은 그 나무 아래 있는 아담과 하와를 심문하고 심판한다.[33]

사탄은 왜 아담이 아니라 하와를 유혹했을까? 여자가 유혹에 잘 넘어가는 연약한 존재이기 때문일까? 그렇지는 않을 것이다. 게할더스 보스는 여자가 선악과 규정을 직접 받지 않았기 때문에 사탄이 공격하기 더 쉬웠을 것이라고 한다.[34] 하와가 선악과 규정을 간접적으로 받은 것은 사실이지만, 창세기 2-3장을 비롯한 성경 전체에는 이렇게 생각할만한 근거를 제공하지 않는다. 하지만 바울 서신은 사탄이 하와를 유혹한 이유를 판단할만한 자료를 제공한다. 바울 서신은 최초의 인간 아담과 하와에 대한 미스테리 같은 말을 가지고 있다. 이를 살펴보면 사탄이 여자에게 접근한 이유는 창조질서를 뒤집으려는 의도 때문인 것으로 판단된다. 고린도전서 11:3은 언약적 구속사적 질서라는 측면에서 남자와 여자 그리고 그리스도와 하나님의 순서를 기록하고 있다.

---

came into the garden, Adam, who was wont before to come and converse with him, being conscious of his wicked behavior, went out of the way. This behavior surprised God; and he asked what was the cause of his procedure; and why he, that before delighted in that conversation, did now fly from it, and avoid it."

32) John Sailhamer, *Pentateuch as Narrative*, 105.

33) 신명기 28:48과 에스겔 16:39; 23:29에서 벌거벗음은 하나님의 심판의 일부이다.

34) Geerhardus Vos, *Biblical Theology: Old and New Testaments* (Grand Rapids: Eerdmans, 1983), 34-35.

"각 남자의 머리는 그리스도요 여자의 머리는 남자요 그리스도의 머리는 하나님이시라."

이것은 신분상의 높고 낮음을 뜻하는 것이 결코 아니다. 그리스도는 하나님과 본체이고 동등하다(빌 2:6). 마찬가지로 남자와 여자도 동등한 인간이다. 하지만 언약의 질서에 있어서 그리스도는 하나님과 사람 사이에 언약의 대표와 구속의 중보자 역할을 하였고, 아담도 마찬가지로 언약의 대표 역할을 하였다(롬 5:12-21). 언약의 질서에서 남자가 여자의 머리됨은 하와가 아담의 돕는 자였고, 아담이 하와에게 이름을 지어 주는 것에서 알 수 있다.[35] 아담은 각종 동물들뿐만 아니라 하와에게도 이름을 지어 주고 있다.

인간과 천사 그리고 다른 피조물들과의 관계도 살펴볼 필요가 있다. 로마서 8:19-22와 히브리서 1:14 그리고 요한계시록 22:9은 피조세계의 질서를 다음과 같이 묘사하고 있다.

롬 8:19-22 [19]피조물의 고대하는 바는 하나님의 아들들의 나타나는 것이니 [20]피조물이 허무한데 굴복하는 것은 자기 뜻이 아니요 오직 굴복케 하시는 이로 말미암음이라 [21]그 바라는 것은 피조물도 썩어짐의 종노릇 한데서 해방되어 하나님의 자녀들의 영광의 자유에 이르는 것이니라 [22]피조물이 다 이제까지 함께 탄식하며 함께 고통하는 것을 우리가 아나니

히 1:14 모든 천사들은 부리는 영으로서 구원 얻을 후사들을 위하여 섬기라고 보내심이 아니뇨

이를 정리하면 인간과 피조물 그리고 천사의 질서는 다음과 같다.

---

35) Kenneth A. Mathews, *Genesis 1-11:26*, 219-222.

롬 8:19-22	피조물 → 인간
히 1:14	천　사 → 인간

이를 바탕으로 피조물과 인간 그리고 천사의 질서를 피조물 → 천사 → 인간으로 표시할 수 있다. 사탄은 하나님이 정한 피조 세계의 원래 창조 질서를 바꾸어 세상 → 인간 → 천사의 순서로 만들려고 했다. 제2 성전 시대의 유대인들 중에 이런 생각을 했던 사람들이 있었다. 구약 외경 '아담과 하와의 삶' 12-16절에 의하면 사탄은 하나님의 형상으로 지음 받은 아담을 섬기라는 천사 미가엘의 말을 거부하며 자신은 아담보다 먼저 창조되었고 아담보다 더 우월한 존재이기 때문에 아담을 섬기고 경배할 수 없다고 거부한다.[36] 미가엘이 사탄에게 하나님이 진노할 것이라고 경고하자 하늘 별들 위에 보좌를 만들어 하나님과 같이 되겠다고 말한다. 원래 천사였던 사탄이 교만하여져서 하나님이 정해준 피조세계의 질서를 저버리고 높아지려고 시도한 것이다. 이사야 14:12-15와 에스겔 28:13-19 그리고 유다서 1:6은 이런 일이 있었을 가능성을 뒷받침해 준다.

> 겔 28:12-19 [13]네가 옛적에 하나님의 동산 에덴에 있어서 … [15]네가 지음을 받던 날로부터 네 모든 길에 완전하더니 마침내 불의가 드러났도다 [16] … 너 덮는 그룹아 그러므로 내가 너를 더럽게 여겨 하나님의 산에서 쫓아 내었고 화광석 사이에

36) Life of Adam and Eve 12-16. "Satan then tells them that his fall from heaven resulted from his refusal to worship Adam, the image of God." Michael went out and called all the angels, saying, 'Worship the image of the Lord God, as the Lord God has instructed.' And Michael himself worshiped first, and called me and said, 'Worship the image of God, Yahweh.' And I answered, 'I do not worship Adam.' And when Michael kept forcing me to worship, I said to him, 'Why do you compel me? I will not worship one inferior and subsequent to me. I am prior to him in creation; before he was made, I was already made. He ought to worship me.' … But 'if you wil not worship, the Lord God will be wrathful with you.' And I said, 'If he be wrathful with me, I will set my throne above the stars of heaven and will be like the Most High.'"

서 멸하였도다 [17]네가 아름다우므로 마음이 교만하였으며 네가 영화로우므로 네 지혜를 더럽혔음이여 … [18]네가 죄악이 많고 무역이 불의하므로 네 모든 성소를 더럽혔음이여 내가 네 가운데서 불을 내어 너를 사르게 하고 너를 목도하는 모든 자 앞에서 너로 땅 위에 재가 되게 하였도다

유 1:6 또 자기 지위를 지키지 아니하고 자기 처소를 떠난 천사들을 큰 날의 심판까지 영원한 결박으로 흑암에 가두셨으며

사 14:12-14 [12]너 아침의 아들 계명성이여 어찌 그리 하늘에서 떨어졌으며 너 열국을 엎은 자여 어찌 그리 땅에 찍혔는고 [13]네가 네 마음에 이르기를 내가 하늘에 올라 하나님의 뭇별 위에 나의 보좌를 높이리라 내가 북극 집회의 산 위에 좌정하리라 [14]가장 높은 구름에 올라 지극히 높은 자와 비기리라 하도다

에스겔 28:12-19와 유다서 1:6은 에덴 동산에 있던 사탄이 교만하여 자신의 지위를 지키지 않고 자기 처소를 떠났고, 마침내 뭇별 위에 보좌를 높여 지극히 높은 하나님과 같은 지위에 오르려 함으로 하나님께 범죄하였다고 말한다. 이 것은 외경 '아담과 하와의 삶' 12-16의 내용과 유사하다는 것을 발견할 수 있다.

사탄은 피조물 → 천사 → 인간의 창조 질서를 바꾸기 위해 언약 질서에서 아담 다음이었던 하와를 유혹하여 창조 질서를 파괴하려 하였을 가능성이 있다. 사탄은 이 파괴를 통해 하와가 아담보다 앞서게 하고, 궁극적으로는 이들을 자신의 말에 순종하는 자로서 자기의 밑에 둠으로 피조 세계의 창조 질서를 세상 → 인간 → 천사의 순서로 만들려고 했을 가능성이 아주 높다. 그 근거는 고린도전서 11:10과 디모데전서 2:13-14에서 찾을 수 있다. 특히 고린도전서 11:10에서 바울은 여자(아내)의 머리에 쓰는 문제와 관련하여 아주 특이한 말을 하고 있다.

"여자(아내)는 천사들을 인하여 (남자의) 권세 아래 있는 표를 그 머리 위에 둘찌니라" (고전 11:10).

여기에서 말하는 권세는 두말할 것도 없이 남자(남편)의 권세이다. 왜 이런 말을 하였을까? 이 말에서 우리는 네 가지 사실을 확인할 수 있다.

· 이전에 여자(아내)가 남자(남편)의 권세 아래 있었다.
· 천사들이 이 사실을 악용하여 여자(아내)를 자극하고 유혹한 적이 있다.
· 이 표시를 통해 천사들이 남자(남편) 아래 있는 문제로 여자(아내)를 두 번 다시 유혹하지 못하게 해라.
· 그래서 여자(아내)는 머리에 쓸 것을 둠으로 언약의 질서상 남자(남편) 아래 있다는 것을 항상 표시해야 한다.

그렇다면 이런 일이 언제 일어났는가? 고린도전서 11:8이 그 대답을 제시하고 있다.

"남자(남편)가 여자(아내)에게서 난 것이 아니요 여자(아내)가 남자(남편)에게서 났으며" (고전 11:8).

바울의 말은 바로 창세기 2-3장을 염두에 두고 있으며, 바울이 고린도 교회에 이 말을 하는 이유가 선악과 사건 때문이라고 강하게 암시하고 있다. 그렇다면 창세기에 그런 흔적이 있는가? 선악과를 따먹었느냐는 하나님의 질문에 대한 아담의 대답을 생각해 보라. 아담은 선악과를 따먹게 된 것이 뱀 때문이라는 것을 알았다. 그런데 왜 아담은 하와가 주어서 먹었다고 말했을까? 아담이 하와에 대해 가지고 있는 깊은 불신과 적개심 때문이 아닐까? 그리고 하나님이 하와에게 벌을 줄 때 이런 말을 했다.

"너는 남편을 사모할 것이나 아담이 너를 다스릴 것이다."

이 말에서 '사모'는 남편을 애뜻하게 그리워하고 사모하게 된다는 것이 아니다. 이 말의 히브리어 '테수카'(תְּשׁוּקָה)는 사자 같은 짐승이 먹이를 삼키려는 행동을 묘사할 때 사용하는 단어이다. 즉 '사모할 것이나'라는 말은 남편을 집어 삼키려는 욕망이다! 그런 아내의 욕망에도 불구하고 하나님이 여자(아내)에게 남편의 지배를 받는 벌을 주는 이유가 무엇일까? 하와가 이전에 아담을 자신의 발 아래 두려는 시도를 하였기 때문이 아닐까?

사탄이 유혹할 때 아담이 하와 바로 곁에 있음에도 불구하고 하와만 상대하며 유혹하였고, 하와는 아담이 대답할까봐 적극적으로 나서 대답하고 선악과를 따 먹었다. 아담이 그 곁에 있었다는 것은 사탄이 말할 때마다 2인칭 남성 복수 동사를 사용한 점에서 확인할 수 있다. 사탄은 하와에게 말하면서 교활하게도 2인칭 남성 복수를 사용하여 아담과 하와를 자극하고 있다. 하지만 하나님이 심판할 때는 누구에게 먼저 책임 추궁을 하는가? 하와일까? 아담이다. 하나님은 언약 질서를 염두에 두고 언약 질서의 순서에 따라 아담과 하와의 책임을 추궁하고 있다. 하나님은 뱀을 아예 무시해 버리고, 아담과 하와를 유혹한 이유를 묻지도 않는다. 하나님이 벌을 내리고 난 후 아담이 하와에게 다시 이름을 지어 주는 것도 주목할 필요가 있다. 이것은 언약 질서에서 아담이 대표이고 여자(아내)의 머리됨을 다시 보여 주는 것이다.

12절

12아담이 가로되 하나님이 주셔서 나와 함께 하게 하신 여자 그가 그 나무 실과를 내게 주므로 내가 먹었나이다.

에덴 동산을 지키는 것이 의무였지만, 선악과에 접근하여 하나님을 거짓말쟁이로 속이는 사탄을 몰아내지 못했기 때문에 아담과 하와는 심판을 받게 된다. 사탄은 하와를 앞세워 언약의 규정을 깨뜨리도록 유혹하였지만, 하나님은 창조와 언약 질서의 순서에 따라 아담에게 먼저 심문하며 나무 아래에서 재판을 진행한다. 11절부터 본격적으로 시작된 아담과 하와와 뱀에 대한 하나님의 신문과 심판은 동사를 통해 교차대구법 구조로 나열시켰다.

A 와요멜 וַיֹּאמֶר 아담에게 11절

B 와요멜 야웨 엘로힘 라이사 וַיֹּאמֶר יְהוָה אֱלֹהִים לָאִשָּׁה 하와에게 13절

C 와요엘 야웨 엘로힘 엘-한나하쉬 וַיֹּאמֶר יְהוָה אֱלֹהִים אֶל־הַנָּחָשׁ 뱀에게 14절

B' 엘-하이사 아말 אֶל־הָאִשָּׁה אָמַר 하와에게 16절

A' 우라아담 아말 וּלְאָדָם אָמַר 아담에게 17절

아담에서 뱀까지 심문을 할 때에는 와우(ו) + 동사 아말의 미완료형(יאמר)으로 말을 이어가다가 하와와 아담에게 징벌을 선언할 때는 동사 아말의 완료형(אמר)으로 전환하였다.

하나님이 아담에게 왜 선악과를 따먹었느냐고 물었을 때, 아담은 선악과 사건이 사탄/뱀 때문이었고 그 자리에 자신도 있었음에도 불구하고 책임을 하와에게 전가한다. 일반적으로 히브리어 문장은 동사+주어 순서로 배열되는데, 아담은 하와가 주었다는 것을 강조하기 위해 주어인 하이사(הָאִשָּׁה, 아내/여자)를 동사 앞에 배치하고 있다. 선악과를 따먹고 벌거벗은 것 때문에 하와에게 부끄러움을 느껴 무화과 나무 잎으로 치마를 만들어 입어야 했던 아담은 하와에게 책임이 있다고 강하게 비난하고 있다. 이 책임 전가에는 하나님께 대한 책임 전가도 함께 포함되어 있다. 아담은 주어 하이사(הָאִשָּׁה) 다음에 동사를 가져 오지 않고 곧 바로 "하나님이 주셔서 나와 함께하게 하신"이란 수식어를 붙인다. 하나님이 돕는 자로 준 이 아내 때문에 선악과를 따먹게 되었음을 강조하여 밝힘으로 아담은 선악과를 따먹게 된 책임이 하와뿐만 아니라 하나님께도 있다고 말하고 있다. 벌거벗은 것 때문에 부끄러움과 죄책감 때문에 무화과

나뭇잎 치마를 입고 나무 사이에 숨어야 했던 아담은 책임이 하나님께도 있다고 강변하고 있다. 하나님이 아담에게 준 최고의 선물 하와를 아담은 최악의 걸림돌이라고 하나님께 불평하고 있다.[37] 안타깝게도 아담은 '뱀에게 유혹 받은' 이라고 말하지 못하고 '하나님이 주셔서 나와 함께하게 하신' 이라고 말했고, 선악과를 따먹게 된 이유가 뱀이 하와에게 했던 말 때문이었겠지만 아담은 자신이 선악과를 따먹은 이유를 하나님께 솔직하게 말하지 않는다.[38] 결국 아담은 이 사건에서 사탄의 역할을 빼버리고 자신의 책임은 축소하거나 외면하고 반면에 하와의 책임을 부각시키고 하나님의 역할을 끌어 들임으로 하나님과 사람의 왜곡된 관계를 드러내고 있다. 아담의 대답에 하나님은 침묵을 지킴으로 그의 변명을 인정하지 않는다.

13절

> [13]여호와 하나님이 여자에게 이르시되 네가 어찌하여 이렇게 하였느냐 여자가 가로되 뱀이 나를 꾀므로 내가 먹었나이다.

아담의 손가락이 하와와 하나님을 향했었는데, 하와의 손가락은 뱀과 자신을 향하고 있다. 하나님의 심문에 하와는 세 단어로 간단하게 대답한다.

הַנָּחָשׁ הִשִּׁיאַנִי וָאֹכֵל　　　　한나하쉬 힛쉬아니 봐오켈

개역 성경은 "뱀이 나를 꾀므로"라고 번역하였는데, 히브리어 나사(נָשָׁא)는 '꾀다' 는 말보다 부정적인 의미가 훨씬 강한 '속이다' 이다. 하와는 뱀이 자신을 속였고, 자신은 그 속임수에 넘어가 선악과를 먹었다고 하나님께 말한다.

37) John Sailhamer, *Pentateuch as Narrative*, 106.
38) Sarna, Genesis, 26. Victor Hamilton, *Genesis 1-17*, 194.

뱀은 속인 자이고 자신은 속았다는 것이다. 하와가 속은 것은 무엇일까? 뱀이 하와를 속인 것은 두 가지였다. 첫째, 선악과를 따먹어도 죽지 않는다. 둘째, 눈이 밝아 엘로힘처럼 선과 악을 알게 된다. 이 시점에서 하와가 깨달은 것은 둘째 속임수이다. 아담과 하와 중에 죽은 자도 없으며, 아직 하나님으로부터 죽음이라는 판결을 듣지 못했다. 벌거벗은 것에 대해 부끄러움을 느끼고 남편 아담의 비난을 들으며 하와는 선과 악을 부정적으로 인식하는 자신을 깨닫게 되었을 것이다. 뿐만 아니라 하나님처럼 선과 악을 알게 되는 것이 아니라 하나님의 규정을 어김으로 하나님의 심판대 앞에 서게 되는 것을 깨달았을 것이다. 아담과는 달리 하와는 회개의 단계는 아닐지라도 책임이 사탄과 자신에게 있음을 인식하고 있다. '속았다'는 말 자체가 죄를 고백하는 것은 아닐지라도 잘못을 깨닫고 있음을 보여 준다.[39]

14절

> [14]여호와 하나님이 뱀에게 이르시되 네가 이렇게 하였으니 네가 모든 육축과 들의 모든 짐승보다 더욱 저주를 받아 배로 다니고 종신토록 흙을 먹을지니라.

하나님은 선악과를 따먹은 이유를 아담 → 하와 순으로 심문하였고, 14절에서는 뱀의 심문이 뒤따를 줄 았았지만 심문은 없고 징벌로 바로 이어지고 있다. 범죄 내용이 명백하게 드러났기 때문이라기보다는 하나님께서 뱀을 심문할 가치조차 느끼지 못했던 것이다. 에덴 동산의 범죄자들에 대한 심판은 뱀 → 하와 → 아담의 순으로 이어진다. 각자에 대한 심판은 다시 교차대구법과 대구법으로 된 메시지로 종결된다.[40]

---

39) Beverly J. Stratton, *Out of Eden: Reading, Rhetoric, and Ideology in Genesis 2-3* (Sheffield: Sheffield Academic Press, 1995), 161-162.

밤 – 창 3:15 → 대구법

הוּא יְשׁוּפְךָ רֹאשׁ 후 에수프카 로쉬

↕ | |

וְאַתָּה תְּשׁוּפֶנּוּ עָקֵב 베앝타 테수펜누 아켑

하와 – 창 3:16 → 대구법

וְאֶל־אִישֵׁךְ תְּשׁוּקָתֵךְ 베엘–이섹 테수카텍

↕ |

וְהוּא יִמְשָׁל־בָּךְ 베후 임살–박

아담 – 창 3:19 → 교차대구법

a עַד שׁוּבְךָ אֶל־הָאֲדָמָה 아드 수베카 엘–하아다마

b כִּי מִמֶּנָּה לֻקָּחְתָּ 키 밈멘나 루카흐타

b' כִּי־עָפָר אַתָּה 키 아팔 앝타

a' וְאֶל־עָפָר תָּשׁוּב 베엘–아팔 타수브

뱀이 저주 받는 이유는 “네가 이렇게 하였으니”이다. 이 말은 인간에게 선악과를 따먹게 한 것이 사탄의 타락이었음을 보여준다. 즉 사탄이 하나님께 어떤 다른 반역 행위를 하였기 때문에 타락하고 그 결과로 인간을 유혹한 것이 아니라, 인간에게 선악과를 따먹게 한 것 자체가 하나님께 대한 반역이고 이로 인해 사탄은 하나님의 저주를 받게 된다.

사탄은 땅의 모든 짐승들보다 더 저주를 받아 배로 다니고 흙을 먹어야 된다. 뱀이 이전에는 서서 다니다가 지금부터는 배로 기어 다니게 된다는 의미가 아니다. 창세기 9:13에서 이미 존재하던 무지개가 새로운 의미를 부여받은 것처럼 뱀의 기는 동작에 저주라는 새로운 상징적 의미가 부여된 것이다.[41] “땅의 모든 짐승들보다 더 저주를 받아”는(cf. 롬 8:21) 땅의 다른 짐승들도 저주를 받았고 사탄은 더 저주 받았음을 의미할 수도 있다. 하지만 이런 의미보다는 사탄의 지위가 땅의 모든 짐승들보다 더 낮아졌음을 의미한다.[42] 미가 7:17에 비슷한 표현이 있다.

---

40) Stephen Kempf는 창세기 3:14-19가 창세기 2-3장의 문학적 구조상 절정에 해당된다는 것을 문예 분석을 통해 제시하고 있다. Stephen Kempf, “Genesis 3:14-19: Climax of the Discourse?,” *JOTT* 6-4 (1993):354-377.

41) Derek Kidner, *Genesis*, 70.

42) Terence Fretheim, Genesis, 363. John Sailhamer, Pentateuch as Narrative, 106-107. 전치사 ‘민’ (מִן)은 차별성을 나타내는 의미로 사용되었다.

그들이 뱀처럼 티끌을 핥으며 땅에 기는 벌레처럼 떨며 그 좁은 구멍에서 나와서 두려워하며 우리 하나님 여호와께로 돌아와서 주로 인하여 두려워하리이다

이 표현은 이스라엘의 대적들이 당할 가장 낮아지고 비참한 상태를 표현하고 있다. 창세기 3:14의 저주는 창세기 3:1의 뱀에 대한 묘사와 대조된다. 3:1에서 뱀은 다른 짐승들보다 더 간교하였다고 표현한다. 즉 다른 짐승들보다 최소한 지적으로 우월하였던 존재이다. 그러나 인간보다 높은 위치를 원했던 사탄은 이제는 짐승만도 못한 것이 아니라, 짐승들과도 비교할 수 없을 정도로 열등한 존재가 되었다.[43]

15절

[15]내가 너와 여자 사이에 그리고 너의 후손과 여자의 후손 사이에 적대감을 두며 그는 네 머리를 상하게 할 것이요 너는 그의 발꿈치를 상하게 할 것이니라.

뱀에 대한 징벌이 이어지고 있는 창세기 3:15은 전통적으로 원시복음이라고 불린다.[44] 뱀이 여자의 후손에게 가하는 공격을 그리스도의 십자가 사건으로 생각하기 때문이다. 하지만 이 점이 너무 부각되면서 창세기 3:15이 가지고 있는 중요한 내용들이 주목받지 못했다. 창세기 3:15에는 세 가지 중요한 요소가 있다.

---

43) Calvin, *Genesis*, 166-167.

44) John Calvin, *Commentaries on the First Book of Moses*, vol. 1 (Grand Rapids: Baker, 1979), 170-171. E. Hengstenberg, Christology of the Old Testament (Grand Rapids: Kregel, 1970), 21-24. 유해무, 《개혁교의학: 송영으로서의 신학》 (서울: 크리스챤 다이제스트, 1997), 284. J. I. Packer, "Hermeneutics and Genesis 1-11," *Southwestern Journal of Theology* 44(2001): 17. 70인역의 번역은(*ἀνὰ μέσον τοῦ σπέρματος αὐτῆς αὐτός*) 이 구절을 메시아적인 약속으로 이해한 것으로 볼 수 있다. Targum Neofiti는 여자의 후손을 메시아적인 인물로 이해한다.

· 뱀과 여자 사이의 적개심
· 너의 후손과 여자의 후손 사이의 적개심
· 그는 너의 머리를, 너는 그의 발굼치를 상하게 한다.

첫째, 하와와 뱀/사탄 사이에 적개심이나 앙심을 둔다는 말은 하와와 사탄이 원수가 된다는 말이다. 왜 하필이면 뱀과 아담이 아니라 뱀과 여자 사이에 적개심을 둔다는 말인가? 사탄과 하와가 앙심이나 적개심 또는 원수와 반대되는 사이가 되었던 적이 있기 때문이 아닐까? 창세기 3:1-7에서 하와는 하나님의 말보다는 사탄의 말에 귀를 기울였고, 둘은 하나가 되어 뱀이 하나님을 거짓말쟁이로 몰고 갈 때, 하와는 그것을 확인시켜 주듯 선악과를 따먹었다. 그러나 이제 하와는 사탄을 미워하게 되고 서로 원수가 된다. 하와가 하나님께 뱀에게 속아서 선악과를 따먹었다고 말했을 때 이미 하와의 마음에는 뱀에 대한 적개심이 형성되고 있었고, 하와는 사탄과 원수가 되었다.

둘째, 여자의 후손과 뱀의 후손의 갈등. 여자의 후손과 뱀의 후손의 정체를 먼저 확인하자. 여자의 후손은 틀림없이 사람이다. 그렇다면 뱀의 후손은 누구일까? 들판의 독사나 코브라 새끼일까? 둘 다 사람이다. 하지만 여자의 후손이 싸울 대상은 단순히 사람이 아니고 '뱀'의 후손이라고 한 것처럼 사탄의 지배를 받는 자들이며 이들의 싸움은 신앙과 관련된 싸움과 갈등이다. 여자의 후손은 특정한 한 후손을 가리키면서 동시에 집합적인 의미를 가지고 있다.[45] 즉 여자의 후손은 메시아이면서 동시에 여자의 신앙을 이어가는 모든 하나님의 백성들을 가리킨다. 여자의 후손이 집합적인 의미로 사용되었음을 보여주는 가장 중요한 성경구절을 로마서 16:20에서 만날 수 있다.

45) 히브리어 명사 '제라'(זֶרַע)가 단수형이면서 집합적인 의미를 가지는 예는 다음의 성경 구절에서 찾아 볼 수 있다: 창세기 15:5; 16:10; 21:12; 22:17; 24:60; 28:14; 32:12; 48:19; 민수기 14:24; 이사야 14:20; 예레미야 49:10; 시편 22:30; 잠언 11:21 등등.

ὁ δὲ θεὸς τῆς εἰρήνης συντρίψει τὸν σατανᾶν ὑπὸ τοὺς πόδας ὑμῶν ἐν τάχει.

호 데 데오스 테스 에이게네스 순트립세이 톤 산타난 휘포 투스 패다스 휘몬 엔 탁세이

평강의 하나님께서 속히 사탄을 너희 발 아래서 상하게 하시리라

조금도 망설일 필요없이 이 말은 창세기 3:15의 적용이라고 할 수 있다. 중요한 것은 "사탄을 너희 발 아래서 상하게 하시리라"에서 너희는 예수님이 아니라 로마서의 수신자들이다. 로마서 16:20은 사탄의 머리를 발로 짓밟는 것을 예수님에게만 한정시키지 않고 성도들의 영적 싸움으로 확대시키고 있다.

셋째, 여자의 후손이 뱀의 머리를 상하게 하고 뱀은 그의 머리를 상하게 한다. 여자가 뱀에게 하는 승리가 아니라, 여자의 후손이 승리하게 된다는 약속이다.[46] 머리를 상하게 하는 것은 그 승리가 결정적인 승리라는 것을 의미하며, 승리의 내용은 원수 사탄을 무찌르는 것이면서 동시에 우리를 원수의 손에서 구원할 승리이다. 하지만 뱀이 여자의 후손의 발꿈치를 상하게 하는 것은 이 승리가 뱀에 의해 여자의 후손이 치명적인 상처를 입어 죽음의 시련을 겪으며 얻는 승리라는 것을 의미한다. 여자의 후손과 뱀의 후손의 싸움은 이후 창세기의 신학적 내용 전개에 결정적인 역할을 한다. 여자의 후손이 누구인가에 대한 관심과 그에 대한 기대가 창세기 신학의 핵심를 이룬다.

---

46) Jack Collins, "A Syntactical Note (Genesis 3:15): Is the Woman's Seed Singular or Plural?," *Tyndale Bulletin* 48-1 (1997): 139-148.

16절

[16]그 여자에게 이르시되 내가 너의 잉태하는 고통을 매우 크게 할 것이고 너는 고통 속에 자식들을 낳을 것이다 그리고 네 남편에게 너의 갈망하는 마음이 향할 것이나 남편이 너를 다스릴 것이니라.

뱀과 사람에게 주어진 벌 사이에 차이가 있다. 하나님은 뱀을 저주하였지만, 사람에게는 벌을 내리면서 저주라는 말을 사용하지 않는다. 대신에 땅이 아담 때문에 저주를 받게 된다. 하와가 받은 벌은 두 가지이며 그녀의 남편 아담과 관련되어 있다. 첫째 벌은 출산의 고통이다. 선악과 사건이 없었더라면 출산의 고통이 생겨 났을지 생겨나지 않았을지 알 수 없다. 하나님이 내린 벌은 출산의 고통을 극심하게 만든다는 것이다. 왜 하필이면 출산의 고통일까? 창세기 2장에서 살펴본 것처럼 하와의 사역의 포커스는 아담이었고 그와 함께 생육하고 번성하고 땅에 충만해 지는 것이다. 하와의 벌은 바로 그녀의 핵심 사역과 관련된 것에서 큰 고통을 받게 된다. 카슈토(Cassuto)는 창세기의 저자가 출산의 고통과 선악과의 관계성을 보여주기 위해 단어를 의도적으로 선택하고 있다고 지적한다.[47)]

עץ 에츠　　　עץ 에츠

הַרְבָּה אַרְבֶּה עִצְּבוֹנֵךְ וְהֵרֹנֵךְ בְּעֶצֶב תֵּלְדִי בָנִים 할바 알베 이츠보넥 베에첩 테레디 바님

출산의 고통을 표현할 때 일반적으로는 이 단어들을 쓰지 않고 헤벨(חֵבֶל) 힐(חִיל), 칠(צִיר), 차라(צָרָה) 같은 단어를 쓴다. 그러나 창세기 3:16은 이런 단어들을 사용하지 않고 히브리어 나무(에츠, עֵץ)의 발음이 담긴 '에첩' (עֶצֶב)과 '이

---

47) U. Cassuto, *Genesis 1*, 165.

차본' (עִצָּבוֹן)을 사용하였다. 둘째 벌은 하와가 남편을 사모하지만 남편이 하와를 다스리는 것이며 이것은 아내와 남편의 관계의 문제이다. 전통적으로 이 사모함을 여자 또는 아내가 남자 또는 남편에 대한 성적인 욕망을 나타내는 것으로 생각했다. 여자의 성적인 욕망은 창세기 3:16 전반부의 자녀 출산의 고통과 적절하게 어울린다는 점에서 이런 욕망을 뒷받침한다고 생각하였다. 하지만, 이 사모함은 단순히 남녀의 애정을 말하는 것이 아니다. 여자의 사모함의 의미를 파악하려면 먼저 고려해야 할 것이 있다. 첫째, 여자의 사모함은 창세기 3:16 전반부가 아니라 후반부의 남편의 다스림과의 관계 속에 이해해야하며, 남편의 다스림이 여자의 사모함에 대한 징벌의 성격을 지니고 있음을 간과해서는 안 된다. 그렇기 때문에 여자의 사모함은 남편의 다스림과 반대 개념에 속해야 한다. 둘째, 창세기 3:16 후반부와 동일한 표현으로 된 창세기 4:12의 가인에 대한 하나님의 경고를 고려해야만 한다.

창 3:16 וְאֶל־אִישֵׁךְ תְּשׁוּקָתֵךְ וְהוּא יִמְשָׁל־בָּךְ 베엘–이섹 테수카텍 베후 임살–박

창 4:7 וְאֵלֶיךָ תְּשׁוּקָתוֹ וְאַתָּה תִּמְשָׁל־בּוֹ 베에레이카 테수카토 베앝타 팀살–보

창세기 4:7에서 '죄 사모함이 너를 향한다' 는 것과 '너는 그것을 다스리라' 는 것은 역시 반대 개념에 속하는 것이다. 가인을 향한 죄의 사모함은 가인을 삼켜 그 지배 아래 놓으려는 사모함이다. 마치 짐승이 먹이를 삼키려는 듯한 욕망이다. 창세기 3:16에서 여자의 사모함도 같은 차원에서 이해해야 한다.[48] 이런 점을 고려한다면 이 말은 아내가 가정에서 남편의 리더십을 장악하려는

---

48) Susan T. Foh, "What is the Woman's Desire?," *Westminster Theological Journal* 37 (1975): 376-383. Walter Vogels, "The Power Struggle between Man and Woman," *Biblica* 77-2 (1996): 197-209. cf. Joseph Abraham, Eve: Accused or Acquitted?: A Reconsideration of Feminist Readings of the Creation NarrativeTexts in Genesis 1-3 (Cumbria, U.K: Paternoster Press, 2002), 159-160. Irvin A. Busenitz는 이를 성적인 욕망으로 본다. Irvin A. Busenitz, "Woman's Desire for Man: Genesis 3:16 Reconsidered,"

욕심을 의미할 가능성이 매우 높다. 하지만 남편은 이런 아내를 오히려 다스리려고 주도권 싸움을 하게 된다. 사탄과 연합하여 언약의 질서를 뒤집으려 하였기 때문에 주어진 벌이다. 하지만 이 것은 여자가 남자에게 종속된다는 말이 아니라 가정의 리더십의 위치에 관한 말이다. 가정에서 남편의 리더십은 창세기 2장에서 아담이 하와의 이름을 지어 주는 것에서 볼 수 있듯이 이미 창조 질서로 세워진 것이었다(창 2:23에서 아담이 하와의 이름을 지어 주는 것). 그러므로 창세기 3:16은 단순한 리더십의 재확립을 의미하는 것이 아니라, 이것이 일종의 벌이라는 것을 감안한다면 남편과 아내가 주도권을 두고 싸우며, 결국 남편이 아내에게 강압적인 리더십을 행사하게 된다는 말일 것이다.

17-19절

[17]그리고 아담에게 이르시되 네가 네 아내의 말을 듣고 내가 네게 먹지 말라 명령한 나무로부터 네가 먹었기 때문에 땅이 너로인해 저주를 받을 것이니라. 고통 중에 너의 사는 모든 날 동안 너는 먹게 될 것이니라. [18]가시덤불과 엉겅퀴를 땅이 네게 내는 가운데 너는 밭의 채소를 먹어야 할 것이니라. [19]네 얼굴에 땀을 흘려야 너는 식물을 먹으리니 네가 취함을 받은 땅으로 돌아갈 때까지 (그래야 한다). 너는 흙이니 흙으로 돌아갈 것이니라.

하나님이 아담과 하와 그리고 뱀에게 내린 판결문을 단순 비교해 보면 아담에게 내린 판결문이 가장 길고 그 다음은 뱀에게 내린 판결문이며 하와에게 내린 판결문이 가장 짧다. 아담의 판결문은 몇 가지 특징을 가지고 있다. 아담의 판결문은 유일하게 징벌을 받게 되는 이유가 담겨 있다. 징벌의 이유는 선악과

Grace Theological Journal 7-2 (1986): 203-212. See also Richard M. Davidson, "The Theology of Sexuality in the Beginning: Genesis 3," *Andrews University Seminary Studies* 26-2 (1988): 121-131.

를 따먹지 말라는 언약의 규정을 어긴 것이며 이를 명시한 이유는 선악과 사건에 대한 최종적인 책임이 아담에게 있음을 보여 준다. 이 판결문에서 사탄의 역할이 전혀 언급되지 않는다는 점이다. 아마도 하나님이 뱀을 철저히 무시하기 때문일 것이다. 하나님은 선악과를 따먹은 것보다 하와의 말을 듣고 순순히 따른 것을 먼저 지적한다. 왜 뱀의 말에 따랐다고 하지 않고 여자의 말에 따랐다고 하는가? 하나님이 아담에게 내린 징벌에는 언약의 질서에 있어서 리더십의 문제가 작용하고 있다. 아담은 하나님의 말씀에 순종해야 하는데 하와의 말을 듣고 선악과를 따먹음으로 언약의 질서를 지키지 못했다. 6절에서 하와는 아담에게 선악과 열매를 주기만하지 말을 했다는 기록이 없다. 하지만 하와는 사탄이 그녀에게 했던 말을 아담에게 되풀이 했을 것이다.

아담에게 내린 벌은 그가 탄생된 땅과의 관계에 집중되며 두 가지 벌이 선포된다: 첫째, 경작의 고생을 거쳐야 먹을 수 있다, 둘째, 흙으로 돌아가야 한다. 아담이 선악과를 먹은 것 때문에 그에게 주어지는 벌도 먹는 문제에 집중이 된다. 아담의 벌이 기록된 17-19절에서 히브리어 동사 아칼(אָכַל)이 무려 네 번 사용되었다. 먹는 문제는 다시 땅과 연결이 된다. 창세기 2:5이 땅에 식물이 존재하지 않는 이유로 하나님의 비 내리는 역할과 함께 인간의 노동이 제시하였던 것과는 달리, 창세기 3:17에서 아담은 먹고 사는 생존의 문제로 땅과 싸워야하는 존재로 전락한다. 그런데 놀랍게도 하나님은 아담을 저주하지 않고 아담 때문에 땅을 저주한다. 땅이 저주를 받아 가시덤불과 엉겅퀴를 내게 된다.[49] 하와가 그녀의 존재의 근원인 아담에 의해 다스림을 받는 벌을 통해 둘의 관계가 근본적으로 파손된 것처럼, 아담과 그의 존재의 근원인 땅 사이의 관계가 철저히 파괴된다. 로마서 8:18-23에서 바울은 땅이 이 저주 상태에서 벗어날 때를 기다리며 신음하고 있다고 말한다. 하와의 형벌이 그녀의 사역의 핵심 대상인 아담과 관련된 출산의 고통인 것처럼 아담의 형벌은 이 땅과 관련된 노

49) 둠브렐은 땅의 저주를 인간이 땅을 바르게 사용할 수 없는 무능력과 관련있다고 본다. William Dumbrell, "Genesis 2:1-3: Biblical Theology of Creation Covenant," *ERT* 25(2001): 228-229.

동의 고통이다. 노동 자체가 벌이 아니라, 노동에 따른 고통이 벌이다. 즉 아담은 그로 인해 저주 받은 땅이 내는 가시덤불과 엉겅퀴를 제거해야 하며, 이를 위해 수고하고 땀 흘리는 일을 평생 반복해야만 된다. 17절의 '종신토록' 은 인간의 생명에 한계가 형성되었다는 것을 암시한다.

둘째 형벌은 아담을 비롯한 인류의 죽음이다. 흙으로 돌아 가는 것은 죽음에 대한 완곡한 표현이다. 선악과를 먹으면 죽는다는 창세기 2:17의 말씀의 결과이기도 하다.[50] 창세기 3:19은 둘째 징벌과 관련하여 두 가지 특징을 가지고 있다. 첫째, 이 죽음을 땅과의 관계 속에 정의된다. 아담은 흙으로 만들어졌기 때문에 죽어 땅으로 돌아가야 된다. 둘째, 하나님이 아담을 만들 때 부여하였던 두 가지 요소, 하나님의 모양과 형상 그리고 생령에 대해서 전혀 언급하지 않고 단지 아담이 흙으로 만든 사실만 교차 대구법의 구조 속에 거듭 강조하고 있다.

A עַד שׁוּבְךָ אֶל־הָאֲדָמָה 네가 땅으로 돌아갈 때까지

B כִּי מִמֶּנָּה לֻקָּחְתָּ 네가 그 것(땅)에서 취함을 받았기 때문에

B' כִּי־עָפָר אַתָּה 너는 흙이니

A' וְאֶל־עָפָר תָּשׁוּב 너는 흙으로 돌아갈 것이니라

20절

20아담이 그의 아내의 이름을 하와라 불렀으니 이는 그녀가 모든 산 자의 어미가 됨이라.

---

50) 아담과 하와가 선악과를 따먹고 즉시 죽지 않은 것을 두고, 창세기 2:17의 하나님의 말씀과 모순된다고 생각하는 경향들이 있다. 이런 생각은 창세기 2:17의 말씀을 선악과가 치명적인 독을 가진 열매 나무로서 인간에게 직접적인 해를 줄 수 있다는 말로 이해하기 때문이다. 그러나 창세기 2:17을 선악과가 아니라 하나님께서 인간의 생명에 제한을 둔다는 말로 이해하면 아담과 하와가 즉시 죽지 않은 것을 모순으로 생각할 필요가 전혀 없다.

20-21절은 생명과 구원의 메시지가 담겨 있다. 우선 아담은 다시 아내의 이름을 하와라고 지어준다.[51] 하와라는 이름의 의미는 모든 산 자의 어미라는 뜻이다. 아담은 왜 하와라는 이름을 붙여 주었을까? 죽을 수밖에 없는 인간이 생명을 이어갈 수 있는 유일한 통로가 출산이기 때문일까? 그러나 출산은 죽음이 들어오기 전에 창조와 함께 주어졌다. 그렇다면 왜 하와라고 했을까? 창세기 3:20은 창세기 3:9-19과 구분된다. 창세기 3:9-19는 선악과를 따먹은 인간에 대한 하나님의 심문과 징벌 선고를 담고 있다. 반면에 창세기 3:20-21은 징벌 선고 이후의 상황이며, 창세기 3:9-19에 대한 아담과 하나님의 반응이다. 특히 창세기 3:20은 창세기 3:15에 대한 아담의 반응으로 보아야 한다. 그 이유는 창세기 3:9-19의 내용은 징벌인데, 오직 창세기 3:15만 희망의 메시지가 담겨 있기 때문이다. 창세기 3:15은 여자의 후손이 사탄을 무찌르고 인간에게 생명을 회복시켜 줄 것을 예고하였고, 이에 대해 아담은 창세기 3:20에서 그 하와에게 모든 산자의 어미라고 불렀다. 아담이 창세기 3:15을 믿음으로 듣고 받아 들였다는 증거이다.[52] 디모데전서 2:15는 이런 의미를 잘 반영해 준다.

> *σωθήσεται δὲ διὰ τῆς τεκνογονίας ἐὰν μείνωσιν ἐν πίστει καὶ ἀγάπῃ καὶ ἁγιασμῷ μετὰ σωφροσύνης*
>
> NRS. Yet she will be saved through childbearing, provided they continue

---

51) Cassuto, *Genesis 1*, 170-171. Victor Hamilton, *Genesis 1-17*, 206-207. 유대인 주석가들 가운데는 하와의 이름이 아람어의 뱀과 유사하다는 점에 착안하여 이 이름을 통해 아담은 하와를 비난하고 있다고 생각했다. 그러나 실제로는 정반대로 생각해야 한다. Pardes는 하와가 모든 산 자의 어미라고 불린 것과 창세기 4:1의 '내가 사람 곧 야웨를 얻었다' 는 표현을 두고 다신교의 흔적으로 여기며, 하와가 여신이었던 흔적이라고 주장한다. Ilana Pardes, *Countertraditions in the Bible: A Feminist Approach* (Cambridge, Mass: Harvard University Press, 1992), 39-59.

52) Derek Kidner, Genesis, 72. Keil, The First Book of Moses, 106. John Collins, "What Happened to Adam and Eve? A Literary-Theological Approach to Genesis 3," *Presbyterion* 27-1 (2001): 31-32.

in faith and love and holiness, with modesty.

개역. 그러나 여자들이 만일 정절로써 믿음고 사랑과 거룩함에 거하면 그 해산함으로 구원을 얻으리라

개역 성경은 헬라어 동사 '소데세타이' (*σωθήσεται*, 구원을 얻으리라)의 주어를 여자들로 잘못 번역하였다. '소데세타이' 는 3인칭 단수이며 주어는 NRS 영어 성경과 KJV 영어 성경이 번역하는 것처럼 she이다. 디모데전서 2:15의 첫 문장 소데세타이 데 디아 테스 테크노고니아스를 이를 반영하여 번역하면 다음과 같다.

"그녀는 해산함으로 구원을 얻으리라"

해산을 통해 여자가 구원을 받는다는 것은 무엇일까? 출산하는 모든 여자는 구원을 받을 수 있고, 출산하지 못하는 여자는 구원 받을 수 없다는 말일까? 이 문장에서 '그녀' 는 누구를 지칭하며 무슨 차원에서 이런 말을 하였을까? 디모데전서 2:13-14을 보면 '그녀' 는 다름 아닌 하와이다.

13이는 아담이 먼저 지음을 받고 하와가 그 후며 14아담이 속은 것이 아니고 여자가 속아 죄에 빠졌음이라"

그렇다면 디모데전서 2:15는 자연스럽게 창세기 3:15의 여자의 후손과 창세기 3:20의 모든 산자의 어미와 관련됨을 짐작할 수 있다. 야곱의 아내들이 자식의 이름을 지으면서 자신의 희망을 담았던 것처럼, 아담은 하와의 이름을 다시 지어주면서 생명과 희망의 빛이 하와를 통해 비추고 있음을 고백하고 있다. 아담이 하와의 이름을 지어 주는 것은 창세기 1-3장까지 이어진 이름 짓기의 절정에 달한다.

אדמה 아다마 ⇒ איש 이쉬 ⇒ חוה 하와
↓ ↓ ↓
אדם 아담 אשה 아사 חי 하이

하나님은 흙으로 사람을 만들고 '아담'이라고 불렀고(창 2:7, 5:2), 짐승들의 이름을 지어 주었던 아담은 그의 갈비뼈로 만든 여자를 '이사'(אשה, 아내, 여자)라고 불렀고(창 2:23), 마침내 창세기 3:20에서 아담은 모든 살아있는 피조물들이 그의 아내를 통해 나오게 된다는 의미에서 아내에게 '하와'(חוה)라는 이름을 지어 준다.[53)]

21절

[21]여호와 하나님이 아담과 그 아내를 위하여 가죽옷을 지었고, 그리고 그가 그들을 입히시니라.

하나님이 아담과 하와에게 가죽옷을 지어 입힌다. 아담과 하와가 무화과 나뭇잎으로 옷을 지어 입을 줄 아는데도(창 3:7 와이트페루 아레 테에나, וַיִּתְפְּרוּ עֲלֵה תְאֵנָה) 왜 하나님은 직접 옷을 지어 그들을 입혔을까? 그리고 하필이면 가죽옷일까? 춥기 때문에? 이것은 하나님이 에덴 동산에서 인간에게 베푼 마지막 은혜이다. 무화과 나뭇잎으로 엉성하게 만든 옷으로 벌거벗은 몸뚱이를 가리고 있는 아담과 하와에게 가죽옷을 지어 입힌 것이다. 옷은 몸을 보호해 주기도 하지만 고대 근동 사회에서 옷은 인간의 사회적 지위와 역할을 나타내거나 외적인 멋을 위해 입기도 하였다. 그리고 고대 근동 사회에서 옷은 상속과 권리를 나타내기도 하였고, 옷을 벗어 주는 것은 상속과 권리를 포기하는 것으

53) Dmitri M. Slivniak, "The Garden of Double Message: Deconstructing Hierarchical Oppositions in the Garden Story," *JSOT* 27-4 (2003): 451-452.

로 이해되었다. 유대인들은 전통적으로 아담과 하와의 옷을 영광스러운 것으로 이해했고, 아담이 이 영광의 옷을 입고 제사장 역할을 한 것으로 여긴다.[54] 그러나 창세기 3:21에서 가죽옷은 하나님의 은혜가 표현되어 있다. 아담과 하와는 선악과를 따먹은 결과로 벗은 몸에서 자신의 죄와 허물만 보게 되었다. 이들은 어리석게도 무화과 나뭇잎으로 옷을 지어 입었지만, 벗은 몸을 완전히 가리지 못하였다. 그런 아담과 하와에게 하나님은 짐승을 죽여 그 몸에서 취한 가죽으로 가리워 줌으로 그들이 눈으로 보고 부끄러움과 괴리감을 느끼게 되는 벌거벗은 몸을 덮어 주고, 죄와 허물을 가려 주었다. 죄책감과 부끄러움만 느끼게 하는 몸을 가리우기 위해 짐승을 희생시키는 하나님의 은총이 최초로 여기에 기록되어 있다. 옷을 갈아 입힘으로 죄와 허물을 제거하는 것은 스가랴 3:4에 잘 기록되어 있다.

> "여호와께서 자기 앞에 선 자들에게 명하사 그 더러운 옷을 벗기라 하시고 또 여호수아에게 이르시되 내가 네 죄과를 제하여 버렸으니 네게 아름다운 옷을 입히리라 하시기로"

창세기 3:21에서는 허물을 그대로 노출 시키고 있는 무화과 나무옷을 벗기고 가죽옷으로 갈아 입혔지만, 스가랴 3:4은 더러운 옷을 벗기고 아름다운 옷으로 갈아 입힌다. 이것은 스가랴 3:9에서 볼 수 있듯이 메시아가 이 땅의 죄악을 하루에 제하는 사건과 관련이 있다. 창세기 3:21의 가죽옷 사건도 하나님이 직접 옷을 갈아 입힌다는 점과 창세기 3:15와의 관계를 고려할 때 메시아

54) Jubilee 3:23-31. "Targum Onqelos, Targum Pseudo-Jonathan, the Fragment Targum and Targum Neofiti는 모두 다 아담과 하와의 옷을 영광의 옷이라고 덧붙이고 있다. Stephen N. Lambden, "From Fig Leaves to Fingernails: Some Notes on the Garments of Adam and Eve in the Hebrew Bible and Select Early Postbiblical Jewish Writings," *A Walk in the Garden*, ed. Paul Morris (Sheffield: JSOT Press, 1992), 74-89. William N. Wilder, "Illumination and Investiture: The Royal Significance of the Tree of Wisdom in Genesis," *WTJ* 68 (2006): 51-69.

에 의한 대속 가능성을 완전히 배제할 수는 없다.[55]

22-24절

> [22]그리고 여호와 하나님이 말했다. 보라 아담이 우리 중에 하나처럼 선과 악을 알게 되었다. 이제 그가 그 손을 내밀어 생명 나무로부터 역시 취하여 먹고 영생하지 않도록 하자. [23]여호와 하나님이 그를 에덴 동산으로부터 내 보내어 그가 취해진 땅을 경작하도록 하였다. [24]그리고 그가 아담을 추방하였고 그리고 그는 에덴의 동편에 그룹들과 두루도는 불 칼을 두어 생명 나무로 가는 길을 지키게 하였다.

22절의 내용에 대해서는 창세기 3:5 주석을 참고하고 추가적인 내용을 여기에서 좀 더 살피도록 하자. 창세기 3:22-24은 여러 면에서 창세기 2:5-17과 대비된다. 첫째, 창세기 2:5-17에 하나님은 인간을 만들어 공허하고 혼돈한 땅에서 에덴으로 데려와 살게 만들었다. 그러나 창세기 3:22-24에서 하나님은 그 인간을 에덴 밖의 땅으로 추방한다.[56] 그리고 하나님은 아담에게 그의 근본된 토지를 경작하게 한다. 창세기 2:5에서 제기된 문제가 이 곳에서 해소된다.

둘째, 창세기 2:16-17에서 하나님은 에덴에 들어간 인간에게 선악과를 제외한 각종 나무의 실과를 따먹게 하였지만(2:16), 창세기 3:22-24에서 하나님은 선악과를 따먹은 인간이 생명나무 실과를 따먹지 못하게 추방하였다. 창세기 3:22의 히브리어 문장에서 감(גַּם)은 아담과 하와가 생명나무 열매를 따먹

---

55) 유대인들의 전통에 따르면 시내산에서 율법을 받을 때 이스라엘 백성들은 영광의 옷을 받았고, 이 옷은 이스라엘 백성들을 죽음의 천사로부터 지킨다고 여겼다. *B. Shabbat 88a*. Gary A. Anderson, "The Garments of Skin in Apocryphal Narrative and Biblical Commentary," *Studies in Ancient Midrash*, ed. James L. Kugel (Cambridge, MA: Harvard University Press, 2001), 122.

56) Zdravko Stefanovic, "The Great Reversal: Thematic Links between Genesis 2 and 3," *Andrews University Seminary Studies* 32 (1994): 47-56.

지 못했음을 시사한다.

פֶּן־יִשְׁלַח יָדוֹ וְלָקַח גַּם מֵעֵץ הַחַיִּים 펜-이스라 야도 베라카 감 메에츠 하하임

감(גַּם)은 선행하는 문장의 내용과 논리적으로 연결된 내용을 진술한다. 이런 점을 감안하고 이 부분을 다시 해석하면 다음과 같다.

> (아담과 하와가 선악을 알게 하는 나무의 실과를 따 먹었다) 그리고 그가 손을 내밀어 생명 나무로부터 역시 취하여 먹고 영생을 얻지 않도록 하자

이것은 아담과 하와가 선악과는 따먹었지만 생명나무 열매는 아직 따먹지 못한 상황임을 보여준다.[57] 안타깝게도 아담과 하와는 엘로힘처럼 선과 악을 알게 되었지만, 하나님의 속성 중에 하나인 영생을 잃게 되었다.

셋째, 창세기 2:15에서 하나님은 아담에게 에덴 동산을 지키고 그 곳에서 사역하는 역할을 부여하였지만, 창세기 3:22-24에서 하나님은 그룹들에게 에덴 동산을 지키게 하고 그들로 화염검을 가지고 에덴 동편, 즉 에덴의 입구에서 생명나무로 향하는 길을 지켜 아담과 하와가 접근하지 못하게 하였다.[58] 그룹이 에덴 동편을 지킨 것은 성전의 입구가 동쪽이듯이 에덴의 동편도 입구였기 때문일 것이다. 앗시리아 생명나무 전통에서는 날개를 가진 신들이 생명나무를 지키고 있다.[59] 두루도는 화염검의 의미는 분명하지 않다. 이를 천둥

57) Stewart E. Lauer는 Geerhardus Vos의 주장에 반대하여 아담과 하와가 생명나무 열매를 따먹을 수 있었다고 주장한다. Stewart E. Lauer, "Was the Tree of Life Always Off-limits? A Critique of Vos's Answer," *Kerux* 16 (2001): 42-47. 아담과 하와가 생명나무 열매를 따먹을 수 있도록 한 것은 사실이지만, 히브리어 감(גַּם; 역시)은 아직 따먹지 않았을 가능성을 보여 준다.

58) Dragga는 창세기 2-3장을 창조주의 새장으로부터 인간이 해방되는 과정을 그린 이야기라고 황당한 주장을 한다. Sam Dragga, "Genesis 2-3: A Story of Liberation," *JSOT* 55 (1992): 3-13. 반면에 Yee는 행방신학의 해석학을 통해 창세기 2-3장은 지배 계층이 농민 계층의 사회 계급의 정당성을 확보하기 위해 만들어진 이야기라고 한다. Gale A. Yee, "Gender, Class, and the Social-Scientific Study of Genesis 2-3," *Semeia* 87 (1999): 177-192.

번개와 같은 자연 현상으로 보는 견해가 있고, 여호와의 마술적인 무기로 보는 견해도 있다. 이런 견해보다는 두루도는 화염검을 사막의 뜨거운 열기로 보는 것이 더 적절하리라고 생각된다.[60]

59) John Walton, *Genesis*, 230.

60) 자연 현상으로 보는 학자는 G. von Rad, W. Zimmerli, U. Cassuto이고, 마술적으로 보는 학자는 H. Gunkel, T.H. Gaster이다. G. von Rad, Genesis: *A Commentary* (Philadelphia: Westminster, 1968), 97-98. W. Zimmerli, 1. Mose: Die Urgeschichte (Zurich: Zwingli, 1957), 183. U. Cassuto, *A Commentary on the Book of Genesis 1*, 176. H. Gunkel, *Genesis*, 25. T. H. Gaster, *Myth, Legend, and Custom in the Old Testament* (New York: Harper & Row, 1969), 48-49). Ronald S. Hendel, "The Flame of the Whirling Sword: A Note on Genesis 3:24," *JBL* 104-4 (1985): 671-674.

Chapter 04 창세기 4장

마침내 아담과 하와는 에덴 동산에서 쫓겨나 에덴의 동편에 정착하게 된다. 에덴 동편에 자리잡게 된 아담과 하와가 한 첫째 일은 무엇일까? 유대인들의 문학 "아담과 하와의 삶"에 의하면, 에덴 동산에서 쫓겨난 아담과 하와는 장막을 만들어 7일간 금식한 후 굶주림 때문에 먹을 것을 찾아 나선다.[1] 먹을 만한 것을 찾지 못한 아담과 하와는 하나님의 자비를 구하기 위해 아담은 요르단 강물속에서 40일 동안 그리고 하와는 티그리스강 물속에서 37일 동안 참회를 한다. 이 사실을 알게 된 사탄은 티그리스강으로 가서 하와에게 하나님이 그녀의 참회를 받아 들였다고 속여 강 밖으로 나오게 한다. 하와는 다시 사탄에게 속아 아담이 있는 요르단 강으로 간다. 아담은 즉시 사탄을 알아보고 절규하며 하와에게 그녀가 또 다시 속은 것을 알려 준다. 하와는 참담한 심령으로 절규하며 자신을 속인 이유를 사탄에게 묻는다. 사탄은 하나님이 자기에게 아담과 하와를 섬기게 하였기 때문에 인간을 유혹하여 자신에게 굴복시키려 했음을 밝힌다. 아담은 사탄을 물리쳐 달라고 하나님께 기도하며 요르단강에서 40일 참회 기간을 끝까지 채운다. 그리고 하와는 서쪽으로 비통한 심정으로 울며 걸어 갔고, 그리고 거기서 움막을 만들어 기거하게 되는데, 이때 하와는 임신 3개월이었다고 한다. 아담과 하와의 삶은 이것을 에덴 동산 밖에서 아담과 하와가 했던 첫 번째 행동이었다고 기록하고 있다. 그러나 성경은 이에 대해 전적으로 침묵을 지키고 있기 때문에 전혀 알 수 없다.

창세기 4장은 아담과 하와가 에덴 동산에서 쫓겨난 후 어떻게 살았는지에 대해서는 별로 관심이 없고 가인과 아벨을 출산하는 이야기로 시작한다. 왜 가인과 아벨 이야기로 이어갈까? 아담과 하와의 원죄가 자식들에게 그대로 전가되었음을 보여 주려는 것일까? 죄의 결과로 아담과 하와가 서로 책임을 전가하며 갈등했던 것처럼 자식들도 갈등을 겪고 범죄하고 살인하게 된다, 부모의 잘못은 자식의 교육에도 막대한 영향을 미치게 된다는 것을 보여주려는 것일까? 아담과 하와의 불순종으로 죄가 세상에 들어왔고, 모든 인간은 그 죄의 지배를 받는다는 것도 창세기 4장의 매우 중요한 주제이지만 이에 못지 않게 중요한 주제가 있다. 여자의 후손과 뱀의 후손의 싸움이다. 즉 창세기 4장은 창세기 3:15에서 하나님이 뱀을 저주하면서 예언했던 여자의 후손과 뱀의 후손의 싸움이 어떻게 시작되고 뱀의 후손들은 어떤 삶을 사는지를 보여 준다.

뱀의 후손은 누구일까? 뱀의 후손은 사탄처럼 하나님께 순종하지 않고 사탄처럼 행동하는 자를 가리킨다. 예수님이 요한복음 8:44에서 바리새인들에게 이런 말씀을 하셨다.

> 너희는 너희 아비 마귀에게서 났으니 너희 아비의 욕심을 너희도 행하고자 하느니라 저는 처음부터 살인한 자요 진리가 그 속에 없으므로 진리에 서지 못하고 거짓을 말할 때마다 제 것으로 말하나니 이는 저가 거짓말쟁이요 거짓의 아비가 되었음이니라.

---

1) James H. Charlesworth, *The Old Testament Pseudepigrapha* (Garden City, NY: Doubleday, 1985), 261-262.

예수님의 말씀은 창세기 3장과 4장의 뱀과 그의 후손을 두고 한 말이다. "살인한 자요"는 가인의 살인을 두고 하는 말이고 가인은 사탄 또는 뱀의 후손이란 말이 된다. 그렇다면 여자의 후손은 누구일까? 하와가 낳은 모든 자손이 여자의 후손이 아니고, 하와의 신앙을 가진 자들이 여자의 후손이다. 여자의 후손은 집합적인 의미와 단수로 표현된 특별한 한 개인의 의미를 모두 가지고 있다. 우리는 종종 단수에 집착하여 예수님만 여자의 후손으로 생각하는 경향이 있는데 사실은 집합적 의미도 함께 생각해야 한다. 집합적 의미를 지니고 있다는 것을 단적으로 보여 주는 것이 로마서 16:20이다:

> 평강의 하나님께서 속히 사탄을 너희 발 아래서 상하게 하시리라.

이 말씀은 우리 모든 믿는 자들이 여자의 후손이고 사탄의 머리를 상하게 하는 일에 참여하게 된다는 것을 의미한다.

1절

> 1그리고 아담이 그의 아내 하와와 동침하였고, 하와가 잉태하여 가인을 낳고 말하기를 내가 남자 곧 여호와를 얻었다

여자의 후손의 집합적인 의미를 지나치게 강조하여 메시아에 대한 대망을 희석시켜서는 안된다. 창세기 3:15의 여자의 후손에게 메시아 대망이 담겨 있다는 것을 짐작하게 하는 것은 창세기 3:20이다. 아담이 아내를 하와라고 부르며 모든 산 자의 어미라는 의미를 붙인 것은 아주 의미심장하다. 이런 구원론적 후손 개념은 창세기 4장에도 나타난다. 창세기 4:1의 한글 번역은 평범한 문장과 내용을 담고 있지만, 히브리어 표현은 주석가들에게 깊은 고민을 안겨 준다.

וְהָאָדָם יָדַע אֶת־חַוָּה אִשְׁתּוֹ וַתַּהַר וַתֵּלֶד אֶת־קַיִן וַתֹּאמֶר קָנִיתִי אִישׁ אֶת־יְהוָה

베하아담 야다 에트-하와 이쉬토 와타할 와테레드 에트-가인 와토멜 카니티 이쉬 에트-야웨

창세기 4:1은 '베하아담'(וְהָאָדָם)을 동사 '야다'(יָדַע) 앞에 두어 주어 아담을 강조하고 있다. 아담이 그의 아내와 동침하였는데, 동사 '야다'(יָדַע)는 일반적으로 '알다' 라는 의미로 사용되지만, 종종 남녀의 성적인 관계를 표현하기 위해 사용된다.[2] 창세기 4:1은 아담의 아내의 이름 하와를 사용하고 있다. 구약성경에서 창세기 3:20과 더불어 오직 창세기 4:1에서만 하와라는 이름이 다시 등장한다. 이 이름은 당연히 아담의 아내가 모든 산 자의 어미됨을 상기시킨다. 창세기 4:1은 첫 문장에서만 아담을 주어로 사용하고 다음 문장부터 창세기 4:2의 첫째 문장까지 하와를 주어로 내세운다. 그리고 아담의 목소리는 창세기 4장에서 다시 들리지 않지만 하와의 목소리는 두 번이나 더 들린다.[3] 창세기 4:1 마지막 문장이 하와의 목소리이고 창세기 4장 마지막 부분인 창세기 4:25에서 셋을 낳았을 때 하와의 목소리가 다시 들린다. 그만큼 최초의 출산과 관련하여 하와의 역할이 강조되고 있음을 알 수 있다.

하와는 아들을 낳고 가인이라고 이름을 붙였는데, 그 이유가 "가인을 낳고 이르되 내가 여호와로 말미암아 득남하였다"는 것이다. 이 표현은 두 가지 중요한 의미를 가진다. 첫째는 하와가 이런 말을 하였다는 것은 그녀가 하나님께 대한 믿음을 완벽하게 회복하였음을 보여 준다.[4] 아들 둘을 낳으면서 하와는 선악과를 따먹은 죄의 대가인 출산의 고통에 대해 전혀 언급하지 않는다. 대신에 하와는 가인을 낳고 여호와의 이름을 언급할 뿐만 아니라, 창세기 4:25에서 셋을 낳고 이름을 붙여 주면서 또 다시 하나님을 언급하며 셋은 하나님이 주었다고 고백한다. 둘째는 하와의 말은 메시아 신앙을 담고 있을 가능성을 가

---

2) 창세기 4:17, 25에서도 '야다'(ידע)는 성적인 의미로 사용되었다.

3) 창세기 4:25의 첫 문장의 주어는 아담이다.

4) Kenneth Mathews, *Genesis 1-11:26*, 265. Derek Kidner, Genesis, 74. 세일하머는 하와의 행동을 사라가 스스로의 힘으로 자손을 얻으려한 행동과 유사하다고 생각한다. John Sailhamer, *Pentateuch as Narrative*, 112.

지고 있다. 하와의 말의 히브리어 표현을 다시 보자.

קָנִיתִי אִישׁ אֶת־יְהוָה 카니티 이쉬 에트-야웨

이 문장은 두 가지 해석이 가능하다. 첫째, 내가 여호와와 함께 사람을 낳았다. 둘째, 내가 사람 즉 여호와를 낳았다. 어느 뜻으로 해석하던지 아주 충격적인 표현이다. 첫째 표현은 말 그대로 하나님이 하와에게 임신하게 만들어 주었다는 말이다. 신성모독을 피하려면, 하나님께서 사라에게 임신하게 한 것 정도일 수 있지만, 이 표현 자체는 그 이상으로 하와가 어머니의 역할을 하고 있다면 하나님은 아버지의 역할을 하는 듯한 인상을 준다.[5] 둘째 해석은 하와가 가인을 낳고 그를 여호와로 간주하였다는 의미이다. 이것은 앞 문장과 비교해 보면 짐작이 가능하다:

וַתַּהַר וַתֵּלֶד אֶת־קַיִן 와타할 와테레드 에트-카인

וַתֹּאמֶר קָנִיתִי אִישׁ אֶת־יְהוָה 와토멜 카니티 이쉬 에트-야웨

동사 '카나'(קָנָה)는 '얻다,' '창조하다,' '사다' 라는 뜻을 가지고 있다.[6] 이 중에서 카나는 창조하다 또는 생겨나게 하다는 의미로 사용되었다. 한글 성경의 번역처럼 '이쉬'(אִישׁ)와 함께 득남하였다는 의미로 사용되었다. 그렇다면 카나는 앞 문장의 '와테레드'(וַתֵּלֶד)와 동의어적으로 사용되었다. '이쉬' 를 뺀 '카니티 에트-야웨' 와 '와테레드 에트 가인' 은 동일한 의미를 전달할 목적으로 사용된 표현이라고 보아야 할 것이다. 그럼 '카니티 이쉬 에트-야웨' 는 무슨 의미일까? 이 표현은 다음과 같이 해석하는 것이 적절할 것이다.

---

5) T. A. Perry, "Cain's Sin in Gen 4:1-7: Oracular Ambiguity and How to Avoid it," *Prooftexts* 25 (2005): 259.

6) 가인!(קַיִן)의 이름은 '카나'(קנה)에서 나왔다.

"그리고 그녀가 말하기를 내가 사람 즉 여호와를 낳았다."

즉 하와는 가인을 낳고 이를 여호와를 낳았다고 말하고 있다.[7] 여전히 말도 안 되는 이 표현을 도대체 무슨 의도로 하와는 사용하였을까? 이 표현은 창세기 3:15과 관련하여 생각할 수밖에 없다. 아담과 하와가 낳은 아들들은 창세기 3:15의 사탄의 후손과 여자의 후손의 문제이다. 4:1에 3:15의 후손(제라, זֶרַע)이라는 표현이 없지만, 4:25에서 하와가 셋을 아벨을 대신한 다른 후손(זֶרַע אַחֵר)이라고 표현한다. 이는 가인과 아벨은 후손의 문제라는 것을 알게 해준다. 하와가 '여호와를 낳았다' 고 표현한 이유는 사탄과 그의 후손을 멸망시키고 자신들에게 생명을 회복시켜 줄 수 있는 자는 하나님밖에 없다고 생각했고, '여자의 후손' 을 메시아적인 인물로 이해했기 때문일 것이다.[8] 그래서 모든 산자들의 어미인 하와는 가인을 낳았을 때 그를 메시아적인 인물로 기대하며 이렇게 말하였을 것이다. 그러나 하와의 이 같은 기대가 곧 무너졌다는 것이 둘째 아들을 낳을 때 드러난다.[9] 하와는 둘째의 이름을 아벨이라 지었는데, 그 뜻은 '덧 없음' 또는 '무' 이다. 왜 아벨에게 이 같은 이름을 지어 주었을까? 아벨의 이름을 아벨이 죽고 난 후 그의 생명의 짧음과 죽음을 슬퍼하며 지어 주었을 수도 있고 아니면 이를 예언하며 지었을 수도 있다.[10] 그러나 이것이 아니라면, 가인에 대한 기대, 사람에 대한 기대가 덧 없었음을 나타낼 수 있다. 왜 가인에 대한 기대가 허물어졌을까? 가인의 행동 때문이 아닐까?

7) John Walton, *Genesis*, 261-262.

8) Victor Hamilton, *Genesis 1-17*, 221.

9) Walter C. Kaiser, *Toward an Old Testament Theology* (Grand Rapids: Zondervan, 1978), 37. 비록 칼빈 자신은 이를 받아 들이지 않았지만, 칼빈 시대에도 이 같은 해석이 있었다. Calvin, *Genesis*, 190.

10) Keil, *Genesis*, 109. Gordon Wenham, *Genesis*, 102.11 Josephus, Aniquities 1.2.1.

2-5절

[2]그리고 그녀는 그의 동생 아벨을 더 낳았다. 아벨은 양치는 자였고 가인은 땅을
경작하는 자였다. [3]날들의 끝에 가인은 땅에서 생산한 열매로부터 여호와께 제
물을 가져왔다. [4]아벨 그도 역시 그의 양의 첫새끼들과 그것들의 기름로부터 가
져왔다. 그리고 여호와는 아벨과 그의 제물을 열납하였다. [5]그러나 가인과 그의
제물을 열납하지 않았다. 이것은 가인을 매우 분노하게 하였으며 (가인은) 그의
얼굴을 푹 숙였다.

창세기 3:23에서 아담을 에덴 동산에서 쫓아 내어 토지를 갈게 하였는데, 창세기 4:2에서는 가인이 그 일을 하고 있다. 이에 반해 아벨은 양 치는 자였다. 요세푸스는 아담과 하와에게 가인과 아벨 외에 딸들이 있었다고 한다. 가인과 아벨은 서로 다른 삶의 길을 걸었으면, 아벨은 의를 사랑하고 그의 모든 행동에서 하나님이 함께 하였고, 덕망이 높았다. 반면에 가인은 모든 면에서 악했고 소유욕이 강했다.[11]

고대 근동의 문서에서 형제의 갈등으로 인해 존속 살인을 시도하는 이야기를 만날 수 있다. 어떤 학자들은 이집트의 아비누스와 바타 형제 이야기는 가인과 아벨 사건과 관련있다고 생각한다.[12] 이 이야기에 의하면, 아비누스는 형이고 바타는 동생이며, 둘은 농사와 목축을 하였다. 형에게는 아내가 있었고, 동생은 형을 아버지처럼 형수를 어머니처럼 따랐다. 그러나 어느 날 형제가 함께 밭에서 씨를 뿌리다가 동생이 형의 집에 다른 씨를 가지러 간다. 머리카락을 손질하고 있던 형수가 동생의 건강한 몸을 보고 유혹을 하지만, 동생은 분노하며 거절하고 들판으로 간다. 거절 당한 형수는 자신의 부정한 행동이 탄로날 것을 두려워하여 동생으로부터 폭행을 당한 것으로 위장하고 형에게 거짓

---

11) Josephus, Aniquities 1.2.1.

12) 아비누스와 바타 이야기가 기록된 파피루스는 최소한 기원전 1200년 이전에 만들어졌으며, 최소한 19왕조 이전부터 대중적인 인기를 얻었던 이야기로 생각된다(ANET 23-25).

말을 한다. 형은 창으로 동생을 죽이려고 하지만 동생은 태양신 레-아몬의 도움으로 구사일생으로 살아나고 형은 모든 진실을 알게 된 후 아내를 죽인다. 이 이야기는 형이 동생을 죽이려 했다는 점에서 가인과 아벨 사건을 닮았지만, 형의 아내가 동생을 유혹하고 책임을 전가하여 위기에 빠지게 한다는 점에서 요셉 이야기와 더 흡사하다고 볼 수 있다. 아비누스와 바타의 이야기와는 달리 가인과 아벨의 갈등 원인은 가인 자신의 행동과 하나님이 그를 받아들이지 않은 데 있다.

메소포타미아의 목축의 신인 두무지(Dumuzi)와 농사의 신인 엔킴두(Enkimdu)의 분쟁도 가인과 아벨 사건과 비교할만 하다. 사건의 발단은 우투신이 자기 여동생인 이난나 여신을 그녀가 좋아하는 농사의 신인 엔킴두가 아닌 목축의 신인 두무지에게 결혼시키려는 데서 출발한다. 둘은 들판에서 서로 싸우게 되지만 곧이어 서로 화해하게 된다.[13] 이 신화는 가인과 아벨처럼 농사의 신과 목축의 신이라는 신분 상의 유사점을 가지고 있지만, 내용상의 유사점을 전혀 발견할 수 없다.

가인과 아벨 사건에서는 갈등이 제의를 둘러싸고 일어난다. 3-4절은 두 형제가 제사 드린 시기와 제사를 기록하고 있다. 가인과 아벨은 그들의 부모에게서 예배를 배웠을 것이다. 쥬빌리에 의하면, 아담과 하와가 에덴 동산에서 쫓겨나던 바로 그 날 아침 해가 떠 오를 때 아담이 하나님께 주로 향료로 된 향기로운 제물을 바쳤다고 한다.[14] 최소한 에덴에서 쫓겨난 후 그리고 가인과 아벨이 제물을 드리기 이전에 이들은 하나님께 제사를 드리기 시작했을 것이다.

창세기 4:3 첫 부분에 있는 가인과 아벨이 제사 드린 날을 개역 성경은 "세월이 지난 후에"로 번역하였다. 이 표현의 의미가 무엇일까? 가인과 아벨이 성인으로 성장한 시기를 말할까? 아니면 가인이 씨를 뿌린 후 수확기가 되었다는 말일까? 그리고 아벨이 목축을 시작한 후 마침내 양이 새끼를 낳기 시작한 시기라는 말일까? "세월이 지난 후에"라는 말의 히브리어 와여히 '미케츠 야

13) ANET 41-42.
14) Jubilees 3:27.

밈' (וַיְהִי מִקֵּץ יָמִים)은 주로 어떤 정해진 기간의 끝이라는 의미를 가진다. 유사한 예를 창세기 8:6에서도 찾아 볼 수 있다.

창 4:3 וַיְהִי מִקֵּץ יָמִים 와여히 미케츠 야밈

창 8:6 וַיְהִי מִקֵּץ אַרְבָּעִים יוֹם 와여히 미케츠 알바임 욤

창세기 8:6은 40일이란 수식어를 붙여 '40일의 끝' 이란 의미를 가지고 있다. 창세기 4:3에는 창세기 8:6과 달리 40일과 같은 특정한 기간을 지칭하는 표현이 없지만, 창세기 1-4장에는 아주 익숙한 시간의 틀이 있다. 바로 창세기 1장의 7일간의 천지 창조가 있고, 또 2:1-3에서는 7일을 안식일로 정하고 특별하게 취급하고 있다. 날들의 끝은 제7일에 대한 또 다른 표현일 수 없을까? 창세기 4:3의 날들의 끝은 바로 제7일을 의도한 것이 아닐까?

가인은 땅의 소산 즉 곡식을 제물로 드렸고, 아벨은 키우던 짐승을 제물로 드렸다.[15] 가인이 먼저 하나님께 제물을 바치고 이어서 아벨이 제사를 지냈지만, 4절은 아벨의 제사를 강조하고 있다.

וְהֶבֶל הֵבִיא גַם־הוּא מִבְּכֹרוֹת צֹאנוֹ וּמֵחֶלְבֵהֶן

베헤벨 헤비 감-후 미베코로트 초노 우메헬베헨

강조를 위해 주어 아벨을 문장의 앞으로 도치시켰고 그리고 지시 대명사 '후' (הוּא)를 '감' (גַם)과 함께 사용하여 아벨 그도 역시 그의 양떼의 첫 새끼를 가져 왔음을 강조하고 있다. 그리고 하나님은 가인의 제사를 열납하지 않고 아벨의 제사만 열납하였다. 아벨의 제물은 양의 첫 새끼와 또 양의 기름이었다. 이것은 제사 규정에서 첫 열매 드리는 규정(출 34:19-20)과 또 기름을 하나님

---

15) 히브리서 11:4 "믿음으로 아벨은 가인보다 더 나은 제사를 하나님께 드림으로 의로운 자라 하시는 증거를 얻었으니 하나님이 그 예물에 대하여 증거하심이라 저가 죽었으나 그 믿음으로써 오히려 말하느니라."

께 바치라는 규정과 일치한다(레 3:16). 하나님이 아벨의 제물을 받은 것은 이런 이유 때문만은 아닐 것이다. 창세기 4:4은 하나님이 아벨과 그의 제물을 받았다고 말한다. 이는 하나님이 아벨 자신의 삶까지도 받았다는 의미이다. 제물보다 아벨이 먼저 언급되는 것은 아벨의 제물을 받은 이유가 바로 그의 삶 때문임을 보여준다. 즉 그의 삶 자체가 하나님 보기에 선했기 때문이다. 히브리서 11:4은 아벨이 믿음으로 하나님께 제사를 드렸다고 한다.

그렇다면 왜 가인의 제물은 받지 않았을까? 가인은 피와 기름이 없는 곡물을 바쳤기 때문일까? 그럴 가능성은 아주 낮다. 그 이유는 두 사람의 제물의 내용물은 다르지만 두 사람의 제사를 모두 소제를 의미하는 민하(מִנְחָה)를 사용하였기 때문이다.[16] '민하' (מִנְחָה)는 제의적 배경에서는 제사를 의미하지만, 그 외에서는 예물이란 뜻으로 사용된다. 이는 민하 제사가 하나님께 드리는 예물이라는 것을 보여준다. 가인과 아벨의 제사도 마찬가지이다. 이것은 하나님이 가인의 제물을 외면한 이유가 제물의 내용물에 한정된 문제가 아님을 알 수 있다. 그렇다면 왜 하나님은 가인의 제물을 열납하지 않았을까? 여기에 간과해서는 안 되는 것이 있다. 하나님은 가인의 제물뿐만 아니라, 가인을 쳐다보지도 않으셨다.[17] 아벨의 경우처럼 '가인' 이 먼저 언급되고 '그의 제물' 은 뒤따라 나온다. 이것은 하나님께서 가인의 제물을 받지 않은 이유가 제물보다는 가인 그 자신과 관련있음을 보여 주며, 7절은 이를 아주 분명하게 만들어 준다.

하나님께서 가인과 그의 제물을 거부하자, 가인은 분노하며 고개를 숙였다. 고개를 숙였다는 말은 고대 근동의 전통에서는 깊은 슬픔과 심리적인 충격을 나타내는 표현이다.[18]

---

16) 가인의 제물을 하나님이 받지 않은 이유에 대해서는 세 가지 주장으로 나뉘어 진다. 첫째는 그 원인을 하나님의 자유로운 선택권에서 찾고, 둘째는 가인의 태도에서 찾으며, 셋째는 본문이 전혀 언급하지 않기 때문에 알 수 없다는 입장이다. 이들 주장에 대해서는 Joel D. Heck, "Was Cain's Offering Rejected by God because it was not a Blood sacrifice?," *The Genesis Debate: Persistent Questions about Creation and the Flood,* ed. Ronald Youngblood (Grand Rapids: Baker, 1990), 130-147.

17) Bruce K. Waltke, "Cain and his Offering," *WTJ* 48 (1986): 363-372. Joel Litke, "The Messages of Chapter 4 in Genesis," *Jewish Bible Quarterly* 31-3 (2003): 197-199.

"As for Papsukal, the vizier of the great gods, His countenance was fallen; his face [was gloomy]. Wearing a mourning garment, and with unkempt hair Papsukal went before Sin his father, weeping."

가인은 하나님께서 자신과 제사를 거부하자 분노와 깊은 충격에 빠졌고, 아벨을 해치려는 불행한 일을 계획하게 된다.

6-7절

[6]그리고 여호와가 가인에게 말했다 왜 이것이 너를 분노케 하며 왜 너의 얼굴을 숙이고 있느냐. [7]만약 네가 선을 행하면 들지 못하겠느냐 그리고 만약 네가 선을 행하지 않으면 죄가 문 앞에 움크리고 있으면서 그 욕망을 네게로 향하고 있으니 너는 그것을 다스리라.

분노와 실망감 때문에 얼굴을 숙이고 있는 가인에게 하나님은 그와 그의 제물을 열납되게 할 방법을 알려 주면서 동시에 죄의 위협에 대한 경고를 한다.[19]

הֲלוֹא אִם־תֵּיטִיב שְׂאֵת וְאִם לֹא תֵיטִיב לַפֶּתַח חַטָּאת רֹבֵץ וְאֵלֶיךָ תְּשׁוּקָתוֹ וְאַתָּה תִּמְשָׁל־בּוֹ

하로 임-테이티브 세에트 베임 로 테이티브 라페타 하타트 로베츠

베에레이카 테수카토 베아타 팀살-보

하나님은 분노해서 얼굴을 떨구고 있는 가인에게 "네가 선을 행하면 들 수 있지 않느냐?"고 한다. '들다'는 뜻을 가진 '세에트'(שְׂאֵת)의 원형 '나사'(נָשָׂא)

---

18) ANET 108, "Descent of Ishtar to the Nether World." Mayer I. Gruber, "The Tragedy of Cain and Abel: A Case of Depression," *The Jewish Quarterly Review* 69-2 (1978): 90-91.

19) Sarna, *Genesis*, 33. 사르나에 의하면 가인이 고개를 숙인 것은 그의 슬픔과 실망감을 나타낸다.

는 가인이 고개를 떨구고 있는 모습을 표현한 동사 나팔(נָפַל)과 대조를 이루는 표현이다.

5 וְאֶל־קַיִן וְאֶל־מִנְחָתוֹ לֹא שָׁעָה וַיִּחַר לְקַיִן מְאֹד וַיִּפְּלוּ פָּנָיו

베엘-카인 베엘-민하토 로 사아

와이할 레카인 메오드 와이페루 파나브

7 הֲלוֹא אִם־תֵּיטִיב שְׂאֵת וְאִם לֹא תֵיטִיב   하로 임-테이티브 세에트 베임 로 테이티브

이 말의 의미는 네가 선을 행하면 하나님이 가인과 제물을 열납하고 결과적으로 얼굴을 들 수 있게 되지 않겠느냐는 뜻이다.[20] 하나님이 가인과 제물을 열납하지 않은 이유는 지금까지 그가 선을 행하지 않았다는 말이다. 바로 여기에 선악과를 대신하여 삶과 제의를 중심으로 선과 악에 관한 문제가 다시 언급되고 있다.

창 2:17 וּמֵעֵץ הַדַּעַת טוֹב וָרָע   우메에츠 하다아트 토브 와라

הֲלוֹא אִם־תֵּיטִיב שְׂאֵת וְאִם לֹא תֵיטִיב   하로 임-테이티브 세에트 베임 로 테이티브

if you do good = good

if you do not good = evil

'선을 행하면' 은 당연히 '선' (good)의 문제이고, '선을 행하지 않으면' 은 '악' 즉 not good=evil의 문제이며, 한마디로 말하면 '선과 악' 의 문제이다. 하나님은 가인에게 '선과 악' 에서 악을 향한 그의 경향성에 대해 경고하고 있을 뿐만 아니라 지금까지의 그의 삶이 선하지 못하고 악하며 그래서 그의 제물을 열납하지 않았음을 명확하게 판단하여 말해 주고 있다. 이에 대해 요한일서

20) Claus Westermann, *Genesis 1-11*, 299. John Sailhamer, Pentateuch as Narrative, 112-113. Kenneth Mathews, *Genesis 1-11*:26, 270.

3:12도 분명하게 밝히고 있다.

> We must not be like Cain who was from the evil one and murdered his brother. And why did he murder him? Because his own deeds were evil and his brother's righteous.

가인이 아벨을 죽인 이유는 그의 행동들이 악하고 그의 동생의 행동들은 의로웠기 때문이라고 한다. 가인의 행동은 복수로 되어 있음을 주목해야 한다. 요한일서는 가인의 행동을 아벨을 죽인 행동 하나를 말하는 것이 아니라, 가인의 모든 행동들을 두고 악하였다고 한다.

하나님은 가인에게 "선을 행하지 않으면"이라고 했는데, 가인이 누구에게 선을 행하지 않고 있다는 말인가? 아담과 하와가 포함되겠지만, 가인의 다음 반응으로 보아 아벨을 염두에 두고 있다. 이어서 하나님은 가인에게 선을 행하지 않으면 죄가 문 앞에 웅크리고 있으면서 그를 삼키려 할 것이다고 경고한다. '로베츠'(רֹבֵץ)는 '라바츠'(רָבַץ)의 분사형이며 죄가 가인을 삼키기 위해 지속적으로 반복적으로 노리고 있음을 보여 준다. 하지만 하나님은 가인에게 그 죄를 다스리라고 한다. 이 말은 창세기 3:16에서 "너는 남편을 사모하고 남편은 너를 다스릴 것이니라"는 표현과 매우 흡사하다:

> 창 3:16 וְאֶל־אִישֵׁךְ תְּשׁוּקָתֵךְ וְהוּא יִמְשָׁל־בָּךְ 베엘-이셱 테수카텍 베후 임살-박
> 창 4:7 וְאֵלֶיךָ תְּשׁוּקָתוֹ וְאַתָּה תִּמְשָׁל־בּוֹ 베에레이카 테수카토 베앝타 팀살-보

하나님은 창세기 3:16에서 하와에게 했던 표현을 그대로 사용하였다. 차이점이 있다면 대상이 아담과 하와에서 가인과 죄로 바뀌었다. 테수카(תְּשׁוּקָה)는 사자가 먹이를 삼키려하는 그런 욕망을 표현한다. 즉 죄의 욕망이 문 앞에 웅크리고 있으면서 가인을 삼키려고 하지만, 가인은 죄를 다스리고 통제해야만 한다. 그렇지 못하면 죄가 가인을 삼키게 되고 가인은 자신의 죄에 대한 책임

을 져야만 한다.

아담과는 달리 경고까지 받았음에도 불구하고 가인은 아벨을 들판에서 죽인다. 인류 최초의 살인이 하와로부터 그렇게 기대 받았던 가인에 의해 저질러진다. 불행하게도 아담과 하와는 죄에 대한 형벌을 자신의 죽음을 통해 체험하는 것이 아니라, 자식의 죽음을 통해 경험하게 된다. 하나님이 아벨과 그의 제물을 받았다는 것은 아벨이 집합적 포괄적 의미에서 여자의 후손임을 보여준다. 그런 차원에서 아벨의 죽음은 뱀의 후손에 의한 여자의 후손의 첫 번째 희생이 된다. 그리고 기대했던 장자 가인은 에덴의 동편에서 또 다시 추방된다.

8-15절

> 8그리고 가인이 그의 동생 아벨에게 말하였다. 그들이 들판에 있을 때에 가인이
> 그의 동생 아벨을 대항하여 일어나 죽였다. 9그 때에 여호와께서 가인에게 말했
> 다. 네 동생 아벨이 어디 있느냐? 그러자 그가 말했다. 나는 알지 못합니다. 내가
> 내 동생을 지키는 자입니까? 10이에 그가 말했다. 무엇을 네가 했느냐 네 동생의
> 피 소리가 땅에서부터 나에게 울부짖고 있다. 11이제 너는 그 입을 열어 네 손에서
> 네 동생의 피를 취한 땅에서 저주를 받을 것이다. 12그러므로 너는 땅을 경작할 것
> 이나 땅은 더 이상 그 힘을 네게 내지 않고 가시와 엉겅퀴가 땅에 있을 것이다

하나님의 경고에도 불구하고 가인은 죄의 유혹을 억제하고 통제하지 못하고 아벨에게 거칠게 말하고 들판에서 그를 죽이고 만다.[21] 8절은 가인이 아벨을 죽이는 행동을 "일어나 죽였다"고 표현하였다. 이것은 다분히 7절을 염두에 둔 표현이다.

---

21) Pamela Tamarkin Reis, "What Cain Said: A Note on Genesis 4.8," JSOT 27-1 (2002): 107-113.

7절 לַפֶּתַח חַטָּאת רֹבֵץ 라페타 하타트 로베츠

8절 וַיָּקָם קַיִן אֶל־הֶבֶל אָחִיו וַיַּהַרְגֵהוּ 와야캄 가인 엘–헤벨 아히브 와야할게후

7절에서는 죄가 가인을 삼키려고 문 앞에서 웅크리고 있었는데, 8절에서는 그 죄에 삼키운 가인이(웅크린 자세에서=로베츠, רֹבֵץ) 벌떡 일어나(와야캄, וַיָּקָם) 아벨을 죽이고 말았다. 이 대조되는 표현 '로베츠' / '야캄' 은 가인의 아벨 살인이 그가 죄에게 삼키워 뱀의 후손이 됨으로 일어난 일임을 보여준다.

죄 ⇒ 가인 ⇒ 아벨

웅크리다 일어나다

가인의 살인 사건 직후 하나님이 오셔서 가인에게 네 동생 아벨이 어디 있느냐고 묻는다. 이 질문과 가인의 대답은 선악과 사건과 흡사한 점이 있다. 하나님의 질문은 선악과 사건 직후 아담에게 물었던 질문과 유사하다.

창 3:9 아웨카 אַיֶּכָּה = 카 כָּה + 에이 אֵי 네가 어디 있느냐

창 4:8 헤벨 아히카 הֶבֶל אָחִיךָ + 에이 אֵי 네 동생 아벨이 어디 있느냐

이 표현은 하나님이 아벨의 죽음을 몰라서 던진 질문이 아니라, 수사학적 의문문으로서 하나님이 아담에게 어디 있느냐고 묻고 난 후 심판을 위한 질문을 이어간 것처럼 가인의 죄를 심문하기 위한 질문이다. 하나님의 질문에 가인은 먼저 모른다고 거짓말을 한 후 이어서 내 아우를 지키는 자니이까라며 하나님의 심문에 반박한다. 가인의 대답은 하나님이 창세기 2:15에서 아담을 에덴 동산을 아바드(경작하다 섬기다)하고 사말(지키다)하게 했던 것을 상기시킨다.

창세기 4:2은 가인을 땅을 아바드(עבד, 경작)하는 자로 소개하였는데, 창세기 4:9에서 가인은 땅이 아니라 아벨을 지키는(שמר, 사말) 자인지 하나님께 질문하고 있다. 가인은 이 대답을 통해 하나님의 질문에 대한 답을 회피할 뿐만

창 2:15 וַיִּקַּח יְהוָה אֱלֹהִים אֶת־הָאָדָם וַיַּנִּחֵהוּ בְגַן־עֵדֶן לְעָבְדָהּ וּלְשָׁמְרָהּ

와이카 야웨 엘로힘 에트–하아담와얀니헤후
베간–에덴 레아브다 우레삼라

창 4:2 וְקַיִן הָיָה עֹבֵד אֲדָמָה 베카인 하야 오베드 아다마

창 4:9 הֲשֹׁמֵר אָחִי אָנֹכִי 하소멜 아히 아노키

아니라 자신의 죄를 숨기려 했다. 하지만 이어지는 하나님의 질책은 가인의 질문 “내 아우를 지키는 자니이까”에 대한 대답이라고 볼 수 있다.[22] 즉 가인은 그가 땅을 아바드 하듯이 아벨을 사말 즉 돌보아야 하는 관계라고 하나님은 말하고 있다. 아담의 경우 하나님이 물었을 때 책임 전가를 시도했었다. 그러나 가인은 죄를 시인하지 않고 완고하게 하나님께 저항하는 모습을 보여준다.[23]

아벨의 피가 소리친다는 것을 미신적으로 이해해서는 안 된다. 아벨의 피 소리는 가인을 비롯한 사람에게 들리는 것이 아니라 하나님께만 들려지고 있다. ‘차악’ (צָעַק)의 분사형 ‘초아킴’ (צֹעֲקִים)은 아벨의 피 소리가 하나님께 지속적으로 들려 오고 있음을 나타낸다. 땅은 이미 아담의 죄로 인해 저주를 받았는데, 다시 그 위에 사람의 피를 흘림으로 치명적으로 더럽혀졌다. 살인한 가인에게 하나님이 벌을 내린다. 하나님이 가인에게 내린 벌과 아담과 하와에게 내린 벌을 비교해 보면 중요한 차이점이 있다. 하나님은 아담과 하와에게 벌을 내리긴 했지만 저주라는 말을 사용하지 않았다. 저주를 받은 쪽은 뱀을 가장한 사탄과 아담 때문이긴 하지만 땅이었다. 하나님이 가인에게 벌을 줄 때는 명백하게 가인이 저주를 받는다고 한다. ‘땅으로부터’ 라는 말이 붙어 있어 땅이 저주를 받는 것으로 생각할 수 있지만 그렇지 않다. 땅과 관련되기는 하지만 가인이 직접 뱀 또는 사탄처럼 저주를 받았다. 가인의 저주와 사탄의 저주를 비교해 보

22) Kristin M. Swenson, “Care and Keeping East of Eden: Gen 4:1–16 in Light of Gen 2–3,” *Interpretation* 60–4 (2006): 373–384.

23) Gordon Wenham, *Genesis 1–15*, 106–107.

면 아주 흡사하다는 것을 발견할 수 있다.

> 3:14 אָרוּר אַתָּה מִכָּל־הַבְּהֵמָה 아룰 아타 미콜-합베헤마
>
> 4:11 וְעַתָּה אָרוּר אָתָּה מִן־הָאֲדָמָה 베아타 아룰 아타 민-하아다마

둘 다 '아룰' (אָרוּר) + '아타' (אַתָּה) + 전치사 '민' (מִן)이다. 가인은 하나님의 저주를 받은 최초의 인간이 되었다. 왜 가인은 아담과 하와와 다르게 저주를 직접 받게 되는가? 그는 하나님을 신앙하는 여자의 후손이 아니라 죄에게 지배 당하는 뱀의 후손이기 때문이다.[24]

11-12절

> 11그리고 이제 네 손에서 네 동생의 피를 취하려고 그 입을 벌린 땅으로부터 너는 저주를 받으리다. 12그러므로 너는 땅을 경작할지라도 그 힘을 네게 더 이상 주지 않을 것이다. 너는 땅에서 유리하며 방황하는 자가 되리라.

하나님은 아벨을 살인한 가인을 죽이지 않고 몇 가지 벌을 내린다. 첫째 벌은 가인의 동생 아벨의 피로 적신 땅으로부터 저주를 받게 된다. 이 벌은 12절의 키(כִּי)로 이어지는 내용에 해당된다. 가인이 땅을 경작하여도 그 힘을 주지 않는다는 것이다. 이것은 농작물들을 자라게 하여 열매 맺게 하는 능력을 의미한다. 땅과 관련된 저주는 그가 경작을 하여도 땅이 정상적인 기능을 하지 않아 농작물들이 제대로 자라지 않거나 열매를 맺지 않게 되어 결과적으로 가인의 생계에 심각한 영향을 미치게 된다는 것을 의미한다. 둘째 벌은 12절 마지막 부분에 기록되어 있다.

---

24) Kenneth Mathews, *Genesis 1-11:26*, 275. Terence Fretheim, *Genesis*, 374. 프레다임은 가인의 저주를 직접적인 저주가 아니라 창세기 3:17의 저주의 강화된 형태라고 본다.

:נָע וָנָד תִּהְיֶה בָאָרֶץ 나아 와나드 티웨 바아레츠

'나아' (נָע)는 동사 '누아' (נוּעַ)의 분사형이며 지진으로 인한 땅의 진동이나 사물의 흔들림을 묘사할 때 사용되며, 종종 두려움에 떠는 사람의 심리적 상태를 묘사하기 위해 사용된다. 창세기 4:12의 경우 '누아' (נוּעַ)는 '유리하다' 또는 '떠돌아 다니다' 라는 의미로 사용되었다. 유사한 표현을 시편 109:9-10에서 찾을 수 있다.

:יִהְיוּ־בָנָיו יְתוֹמִים וְאִשְׁתּוֹ אַלְמָנָה[9] 이우 바나브 에토밈 베이쉬토 알마나

:וְנוֹעַ יָנוּעוּ בָנָיו וְשִׁאֵלוּ וְדָרְשׁוּ מֵחָרְבוֹתֵיהֶם[10] 베노아 야누우 바나브 베쉬엘루 베다라슈 메홀보테이헴

9 그 자녀들은 고아들이 되고 그의 아내는 과부가 되며

10 그 자녀는 정녕 유리하며 구걸하되 그들의 집을 떠나 빌어 먹게 하소서

'나드' (נָד)는 '누드' (נוּד)의 분사형이며 '누아' (נוּעַ)와 동의어이다. 동의어 반복을 통해 가인이 떠돌이 신세가 되어 살게 됨을 강조하고 있다. 떠돌이 신세는 결코 유목 생활을 의미하지 않으며, 도망자 또는 부랑 생활을 의미한다.[25)]

13-15절

[13]그러자 가인이 여호와께 말했다. 나의 벌이 감당하기에 너무 큽니다. [14]보소서 당신이 오늘 나를 땅의 표면에서 쫓아 내시니 나는 당신 앞에서 숨을 것입니다. 나는 땅에서 유리하는 자 그리고 방황하는 자가 될 것이며 그리고 나를 찾는 자마다 나를 죽이려 할 것입니다. [15]이에 여호와께서 그에게 말씀하시기를 가인을 죽이는 자는 일곱배의 대가를 치룰 것이다. 그리고 여호와께서 가인을 위해 징표를 두어 그를 찾는 자가 그를 죽이지 못하게 하였다.

가인이 받은 벌의 성격은 13-14절에서 더 분명하게 묘사된다. 하나님이 가인의 살인 죄에 대한 벌로 그를 죽이지 않고 유리 방황하게 하였지만, 이 벌은 사실상 아주 무서운 벌이었다.[26] 이것은 13절에서 가인이 "내 죄벌이 너무 중하여 견딜 수 없나이다"라고 하는 것처럼 죽음보다 더한 형벌이다. 흔히 이 말을 가인이 후회하고 있는 것으로 생각하는데, 그렇지 않다.[27]

창 4:13 גָּדוֹל עֲוֹנִי מִנְּשֹׂא 가돌 아오니 미네소

'아오니' (עֲוֹנִי)는 명사 '아온' (עָוֹן)과 대명사 접미사 1인칭 단수 '이' (ִי)가 합쳐져 있으며, 죄, 죄책감, 그리고 징벌이란 뜻을 가지고 있다. 11-12에서 하나님이 가인에게 이미 죄에 대한 징벌을 내렸기 때문에 '아오니' (עֲוֹנִי)를 죄라고 해석하는 것보다 가인이 받은 징벌로 해석하는 것이 옳다. 이 표현은 하나님의 징벌에 대해 가인이 참회하는 것으로 볼 수 없다.[28] 9절에서 하나님이 네 아우 아벨이 어디 있느냐고 물었을 때, 가인이 "내가 알지 못하나이다 내가 내 아우를 지키는 자니이까"라고 하면서 하나님께 범죄 행위를 부인하고 책임을 회피하려고 항의한 것을 고려하면, 창세기 4:13도 동일한 태도로 하나님의 말씀에 대응하고 있다고 보는 것이 옳다. 하나님의 징벌을 받고 난 후 창세기 4:16 이하에서 가인이 하는 행동을 고려해 보면 더더욱 가인은 회개하려는 의사가 없었음을 확인할 수 있다. 그러므로 가인의 말은 참회의 표현이라기보다는 '내 벌은 감당할 수 있는 것보다 더 무겁다' 며 징벌의 정도에 대해 항의하는 것으로 보는 것이 더 적절하다.

가인이 두려워한 것은 두 가지이다. 첫째는 15절 후반부에서 자신이 살해당할 것을 두려워하고 있다. 하나님은 이런 가인에게도 자비를 베푸셔서 사람

---

25) Gordon Wenham, *Genesis*, 108.

26) Victor Hamilton, *Genesis 1-17*, 232.

27) Sailhamer, *Pentateuch as Narrative*, 113-114. 세일하머는 가인의 행위를 후회 또는 회개라고 생각한다.

28) Kenneth A. Mathews, *Genesis 1-11:26*, 277. John Calvin, Genesis, 211-212.

들이 그에게 보복하여 죽이지 못하게 하였다. 이것은 가인에게 개인적으로 준 약속이 아니라, 두 가지 이유 때문에 당대의 공동체에게 준 보복 금지 규정으로 보아야 한다. 그 첫째 이유는 15절에서 하나님이 가인에게 대답하고 있음에도 불구하고(와요멜 로 야웨, וַיֹּאמֶר לוֹ יְהוָה) “너를 죽이는 자마다”라고 하지 않고 “가인을 죽이는 자마다”라고 한다(라켄 콜-호렉 카인 시브아타임 우캄, לָכֵן כָּל־הֹרֵג קַיִן שִׁבְעָתַיִם יֻקָּם). 이 말은 일차적으로는 가인에게 하는 말이지만, 2인칭 ‘너’가 아닌 ‘가인’이라고 했기 때문에 가인 외의 사람을 염두에 둔 말이다. 둘째 이유는 많은 경우 가인의 몸에 하나님이 특별한 사인을 준 것으로 생각하는데, 히브리어 표현은 그렇지 않다.

> וַיָּשֶׂם יְהוָה לְקַיִן אוֹת לְבִלְתִּי הַכּוֹת־אֹתוֹ כָּל־מֹצְאוֹ
> 와야셈 야웨 레카인 오트 레빌티 학코트-오토 콜-모츠오

가인의 몸에 표식을 만들었다면 히브리어 표현은 전치사 레가인(לְקַיִן)이 아니라 알가인(עַל־קַיִן)이 되어야 한다.[29] 레가인의 의미를 바르게 살려 번역하면 다음과 같다.

> 그리고 여호와께서 가인을 위해 표를 세웠다.

즉 가인의 몸에 표를 새긴 것이 아니라 가인을 보호하기 위해 다른 사람이 볼 수 있는 표를 세웠다는 말이다. 가인의 시대에는 문자가 없었기 때문에 이 표가 어떤 형식이었는지 알 수 없지만 분명한 것은 사람들이 읽고 이해하고 가인을 죽이면 대가를 치룬다는 것을 알게 해주는 표식이었을 것이며 성경에 기록된 최초의 문자일 것이다. 가인 시대에 누군가 가인을 죽이는 것은 근친간의 살인 행위이기 때문에 가인을 위한 표를 세워 공동체에 하나님은 개인적인 보

29) R. W. L. Moberly, “The Mark of Cain — Revealed at Last?,” *Harvard Theological Review* 100-1 (2007): 11-28.

복을 엄격하게 금지한 것으로 여겨진다. 구약 성경에서 생명과 죽음 그리고 심판은 하나님께 속한 것이고, 공적인 법집행을 제외하고 살인을 용납하지 않는다.[30]

우리가 종종 간과하는 또 다른 벌이 있다. 14절 전반부에 있는 벌이며, 이 벌은 죽음보다 더 무서운 벌이었다. 이를 확인하기 위해서는 12절과 비교해 볼 필요가 있다. 가인이 자기 입으로 말하고 있는 벌의 내용은 12절의 벌과 직접적으로 관련되어 있음을 히브리어 표현을 보면 알 수 있다.

> 12 כִּי תַעֲבֹד֙ אֶת־הָאֲדָמָה לֹא־תֹסֵף תֵּת־כֹּחָהּ לָךְ נָע וָנָד תִּהְיֶה בָאָרֶץ
>
> 키 타아보드 에트–하아다마 로–토셉 테트–코하 락 나아 와나드 티웨 바아레츠
>
> 14 הֵן גֵּרַשְׁתָּ אֹתִי הַיּוֹם מֵעַל֙ פְּנֵי הָאֲדָמָה וּמִפָּנֶיךָ אֶסָּתֵר וְהָיִיתִי נָע וָנָד֙ בָּאָרֶץ
>
> 헨 게라스타 오티 하욤 메알 페네 하아다마 우미파네이카 에사텔 베하이티 나아 와나드 바아레츠

14절의 가인의 말은 그가 유리 방황한다는 말의 의미를 더욱 분명하게 해 주며, 16절의 표현과 더불어 가인의 유랑자 생활의 의미를 정의하는데 아주 중요한 역할을 한다.

> 14절 – 내가 당신의 얼굴을 피해 숨을 것이며
>
> 16절 – 가인이 여호와의 앞을 떠나 나가

가인이 지면에서 쫓겨나는 것은 여호와 앞에서 쫓겨나는 것이고 두 번 다시 하나님을 만날 수 없는 전적인 추방이다. 가인은 단지 쫓겨날 뿐만 아니라, 아담과 하와가 선악과를 따먹고 하나님의 소리를 듣고 숨었든 것처럼 하나님으로부터 피해 숨어 다니게 된다.

---

30) Kenneth Mathews, *Genesis 1-11:26*, 277–278.

창 3:8 וַיִּתְחַבֵּא הָאָדָם וְאִשְׁתּוֹ מִפְּנֵי יְהוָה אֱלֹהִים 와이트하베 하아담 베이쉬토 미페네 야웨 엘로힘
창 4:14 וּמִפָּנֶיךָ אֶסָּתֵר 우미파네이카 에사텔

하나님이 아담과 하와에게는 창세기 3:15와 같은 종말론적 소망을 주었지만, 가인에게는 그런 소망을 주지 않는다. 그리고 아담과 하와는 성소인 에덴에서 추방이었지 하나님과 교제의 단절이 아니었다.[31] 하지만 가인이 하나님 앞을 떠났다는 것은 창세기 4:25-26에 있는 아담과 하와 그리고 셋을 중심으로 형성된 신앙 공동체에서 쫓겨나 방황하며 살게 됨을 함축하고 있다.

이것은 땅이 그 효력을 내지 않는다는 말과 더불어 레위기 26장의 언약의 저주의 내용들과 유사하다. 레위기 26장은 안식일과 성소와 관련된 하나님의 말씀을 순종하면 언약의 축복을 받지만, 순종하지 않으면 언약의 저주를 받게 된다고 한다. 그 언약의 저주는 세 가지 주제로 요약할 수 있다. 첫째, 번영, 둘째, 보호, 셋째, 하나님의 임재이다.

20절 너희 수고가 헛될찌라 땅은 그 산물을 내지 아니하고 땅의 나무는 그 열매를 맺지 아니하리라
33절 내가 너희를 열방 중에 흩을 것이요 내가 칼을 빼어 너희를 따르게 하리니 너희의 땅이 황무하며 너희의 성읍이 황폐하리라

가인은 땅으로부터 저주를 받았고 하나님 앞에서 도망가야만 했다. 가인이 받은 벌은 언약의 저주와 또 다른 점이 있다. 언약의 저주를 받은 이스라엘 백성들은 쫓겨난 가나안 땅으로 되돌아 오는 약속을 받지만, 가인의 경우 하나님으로부터 완전히 추방된다.

---

31) 창세기 4:1과 4:25에서 하와가 가인과 셋을 낳았을 때 하나님의 이름을 불렀던 것은 이런 사실을 뒷받침한다.

16-24절

가인이 뱀의 후손임에도 불구하고 하나님은 그에게 일반 은총의 혜택 아래 살게 해 준다. 창세기 1:28의 생육하고 번성하라는 축복이 가인에게 이루어지고 가인의 후손들이 번성하게 된다. 그리고 가인의 후손들을 통해 문명이 탄생한다. 가인의 후손들은 다양한 문화를 만드는 자의 시조가 된다. 야발은 목축의 조상, 유발은 수금과 퉁소를 만드는 예술, 그리고 두발가인은 청동과 철로 기계를 만드는 자가 된다. 진화론자들의 주장과는 달리 성경은 최초의 인류에서부터 각종 문화적인 것들이 생겨났다고 말한다. 이런 일반 은총의 수혜자들임에도 불구하고 가인의 후손들은 '뱀의 후손' 이다. 이것은 이들의 행동과 이들의 이름을 통해 분명하게 제시된다.

16-17절

> 16그리고 가인이 여호와 앞에서 나가 에덴 동편 놋 땅에 거하였더라 17그리고 가인이 그의 아내와 동침하고 그녀가 잉태하여 에녹을 낳았더라 그리고 그는 성을 만들고 그 성의 이름을 그의 아들의 이름을 따라 에녹이라 불렀더라

가인은 여호와 앞을 떠나 에덴 동편 놋에 정착하게 된다. 놋(נוֹד)은 가인이 받은 벌 '유리하다' 의 히브리어 동사 누드(נוּד)에서 파생된 말이다. 놋 땅의 위치는 분명하지 않으며, 가인이 머무는 모든 곳이 놋 땅일 수 있다. 가인의 아내는 창세기 4장에서 언급되지 않았지만 아담과 하와의 딸들 중에 한 명일 것이다. 그리고 17절은 가인이 이미 결혼했다는 것을 전제하고 있다.[32] 수메르 홍수 신

32) Derek Kidner, *Genesis*, 77. Victor Hamilton, *Genesis 1-17*, 237. Jubilees 4:9. "And Cain took his sister, Awan, as a wife, and she bore for him Enoch at the end of the fourth jubilee. And in the first year of the first week of the fifth jubilee, buildings were constructed in the land. And Cain built a city and he named it tiwh the name of his son, Enoch."

화에 의하면 홍수가 있기 전에 한 신이 인간을 파멸로부터 구원하기 위해 거주지로 돌아가서 벽돌로 집을 만들게 했다고 기록하고 있다. 수메르 홍수 설화와 성격이 다르지만, 가인도 성을 건축하였다. 집을 지은 것이 아니라, 규모를 알 수는 없지만 성을 쌓았다고 한다. 가인이 성을 쌓았다는 표현은 바벨탑과 바벨 도시를 건축하는 것과 비슷하다.

창 4:17 וַיְהִי בֹּנֶה עִיר 와여히 보네 일

창 11:4 נִבְנֶה־לָּנוּ עִיר וּמִגְדָּל 니브네-라누 일 우미그달

가인은 인류 최초로 성을 건축한 사람이 된다. 가인의 이런 행동은 하나님께 대한 심각한 저항이었다. 건물을 만드는 것이 죄가 될까? 그렇지는 않다. 하지만 가인의 경우는 다르다. 하나님이 가인에게 유리 방황하는 삶을 살도록 벌을 내렸는데, 가인은 집을 지어 정착하는 차원을 넘어 자신을 지키고 보호할 거대한 공간인 성을 쌓아 그 속으로 숨어 들었다.[33] 이를 아담과 하와가 선악과를 따먹고 했던 행동과 비교해 보면 다음과 같다.

아담	⇔	하와	⇒	나뭇잎으로 가림
아담/하와	⇔	하나님	⇒	나무 속으로 숨음
가인	⇔	하나님	⇒	성 속으로 숨음

가인은 성을 만들고 아들의 이름을 붙인다. 이것은 유한한 인간이 영원을 사모하며 자신의 이름을 항구적으로 남기고자 하는 마음에서 생겨난다. 죽음의 벌을 받게 된 인간들이 할 수 있는 최선의 방법이다. 고대 수메르의 홍수 신화에서는 홍수가 있기 이전에 왕권이 하늘에서 내려오고 다섯 개의 도시들을 건축한 후 이름을 붙여주고 종교적 중심 센터로 만든다.[34] 아카드의 창조 신화에

33) John Calvin, Genesis, 216. Gordon Wenham, *Genesis 1-15*, 111. Victor Hamilton, *Genesis 1-17*, 238.

서 마르둑을 위해 만든 도시 바벨론이 신전이라고 불리는 것을 통해 알 수 있듯이, 최초의 도시들은 신들을 위한 종교 센터의 역할을 하게 된다.[35] 가인이 만든 도시의 역할에 대해 성경은 분명하게 말하지 않는다. 하지만 이것은 바벨성과 바벨탑을 쌓고 자신들의 이름을 내려다가 하나님의 심판을 초래한 창세기 11:1-9의 사건과 비슷하다는 점을 간과해서는 안 된다. 그 사건이 하나님을 개탄하게 만든 것처럼, 가인의 행위는 하나님의 징벌을 정면으로 거스르는 행위였다.[36] 가인은 특이하게도 성을 쌓고 자신의 이름이 아니라 아들의 이름을 붙이고 또 부르고 있다. 이 성에 살거나, 이 성과 관련 있는 모든 사람들은 가인의 아들의 이름을 부르게 될 것이다. 이런 가인의 행동과 대조되는 행동을 하와와 그의 아들 셋이 하고 있다. 이들은 여호와의 이름을 불렀다.

창 4:17 וַיְהִי בֹּנֶה עִיר וַיִּקְרָא שֵׁם הָעִיר כְּשֵׁם בְּנוֹ חֲנוֹךְ

와여히 보네 일 와이크라 셈 하일 케셈 베노 하녹

창 4:26 וַיִּקְרָא אֶת־שְׁמוֹ אֱנוֹשׁ אָז הוּחַל לִקְרֹא בְּשֵׁם יְהוָה

와이크라 에트-세모 에노쉬 아즈 후할 리크로 베셈 야웨

가인과 그의 후손들은 하나님의 벌을 거부하고 하나님의 얼굴을 피해 그의 자식의 이름을 붙인 그 성에서 숨어 살면서 그 성의 보호를 받으며 그 성의 이름 곧 가인의 아들의 이름을 부르며 산다. 가인은 그의 아들에게 소망을 두고 있음이 분명하다. 아담과 하와도 아들에게 기대를 하였을 것이다. 그러나 하와와 그녀의 후손들은 자식의 이름이 아니라 여호와의 이름을 부르며 살았다.

---

34) ANET 43. ANET 265. 수메르 왕의 목록에 의하면 최초의 왕권은 에리두(Eridu)에서 시작되었다고 한다. 에녹의 아들 이라드와 수메르 최초의 도시 에리두는 발음이 유사하다. Gordon Wenham, *Genesis 1-15*, 111-112.

35) ANET 69.

36) Gunther Wittenberg, "Alienation and Emancipation from the Earth: The Earth Story in Genesis 4," eds. Norman C. Habel & Shirley Wurst (Sheffield: Sheffield Press, 2000), 105-116.

18-22절

[18]그리고 에녹에게 이랏이 태어났고, 이랏은 므후야엘을 낳았고, 므후야엘은 라
멕을 낳았더라. [19]라멕이 자신을 위해 두 아내를 취했으며 하나의 이름은 아다이
고 또 하나의 이름은 씰라였더라. [20]그리고 아다는 야발을 낳았으니 그는 장막과
가축들 가운데 거하는 자의 조상이었고, [21]그의 동생의 이름은 유발이며 그는 수
금과 퉁소 잡는 모든 자의 조상이었더라. [22]그리고 씰라도 역시 두발 가인을 낳았
고 청동과 철로 모든 날카로운 도구를 만드는 자였고 그리고 두발가인의 여동생
은 나아마이었더라

1	2	3	4	5	6	7
가인→	에녹→	이랏→	므후야엘→	므드사엘→	라멕→	야발 유발 두발가인 나아마

가인의 계보 7세대

가인의 계보가 17-22절까지 계속되며, 가인에서 시작하여 라멕과 그의 자녀까지 모두 7세대가 기록되어 있다. 창세기 1:26-28의 축복이 가인과 그의 후손에게도 작용하고 있음을 알 수 있다. 가인의 계보에서 가장 주목받는 인물은 라멕이다. 창세기 4장은 라멕의 조상들에 대해서는 아무런 언급이 없고 곧바로 라멕과 그의 자손들의 삶에 초점을 맞춘다. 라멕은 아다와 실라 두 여인을 아내로 취하여 최초로 일부다처를 행한 인물로 기록되고 있다. 자식이 없는 경우를 제외하고 일부다처를 허락하지 않는 구약 성경의 관점에서 볼 때 라멕의 행동은 부정적이다.

라멕의 아들들은 각기 고대 문명의 시조가 된다. 첫째 아들 야발은 가축을 키우며 천막 생활하는 첫 번째 인물이다. 아벨이 양치는 자였음에도 불구하고 야발을 목축과 천막 생활 하는 자의 시조로 여긴다. 아벨은 후손을 남기지 못하고 죽었기 때문에 그의 시조 자리를 야발에게 넘겨 주게 되었다. 고대 근동 사회에서는 이 같은 직업들의 시조는 모두 신들이다. 메소포타미아의 두무지

신과 엔킴두 신은 각각 목축과 농사의 신들이었다.[37] 그러나 창세기 4장은 인간의 직업을 인간에 의해 자연스럽게 발생한 것으로 여기고 있다. 물론 인간의 직업을 일반 은총의 범주에서 이해할 수 있을 것이다. 라멕의 둘째 아들 유발은 악기를 만드는 자의 조상이 되었다고 한다. 이난나와 엔키 신화에 의하면 악기가 발명되는 것은 이난나 여신의 공로이다. 이난나는 자신이 수호신으로 지배하고 있던 우룩 도시와 자신의 힘과 영향력을 증대 시키려고 수메르 문명의 기초가 되는 문화적 규범인 엠이(ME)를 술취한 엔키 신으로부터 훔쳐 우룩으로 돌아 온다. 이 엠이 목록에는 루트와 드럼 그리고 팀파니와 같은 악기가 포함되어 있다.[38] 라멕의 셋째 아들 두발 가인은 동철로 각양 농기구와 무기를 만드는 자였다고 한다. 아트라하시스에 의하면 어머니 신이 최초로 일곱 쌍의 인간을 만든 후 누군가가 곡괭이와 삽을 만들며, 이를 가지고 큰 수로를 건설하여 사람들과 신들을 먹여 살리게 했다고 한다.[39]

라멕의 자식들이 다양한 문명의 시조로 묘사되고 있지만, 전통적으로 유대인과 기독교 교부들은 이를 부정적으로 이해하였다. 폴(Paul)은 *Bereshit Rabba*에 기록된 라멕의 자손들에 대한 평가를 다음과 같이 제공하고 있다.[40]

> 야발은 텐트에서 살며 짐승을 소유한 자들의 조상으로 묘사된다. 에스겔 8:3을 인용하면서: 이전에 이들은 거룩한 자를 그들의 텐트에서 은밀하게 격분시켰지만, 지금 그들은 공공연히 그를 격분시키고 있다. … 두발 가인은 가인의 죄를 완성시켰다: 가인은 살해할 때 살인 도구가 없었지만, 두발 가인은 모든 살상 도구를 만든 자였다.

---

37) Kenneth A. Mathews, *Genesis 1-11*:26, 283-284.

38) William W. Hallo and K. Lawson Yonger, *The Context of Scripture: Canonical Compositions from the Biblical World*, vol. 1 (Leiden: Brill, 2003), 522-526.

39) Stephanie Dalley, *Myths from Mesopotamia*, 16-18.

40) Maarten J. Paul, "Genesis 4:17-24: A Case-Study in Eisegesis," *Tyndale Bulletin* 47-1 (1996): 149.

칼빈의 주장처럼, 이들의 발명은 하나님의 일반 은총의 결과일 수 있다. 하지만 이들이 자신들의 발명품을 선하게 사용했는지 악하게 사용했는지는 분명하지 않다. 하지만 그들의 이름은 시사하는 바가 많다. 라멕은 3명의 아들과 한 명의 딸을 낳고 아주 묘한 이름을 붙여 주었다. 그의 아들들은 아벨의 이름(הֶבֶל)을 모방하여 모두 발(בל)을 가지고 있다.[41] 라멕의 자식들의 이름의 뜻은 더 특이하다.

두발 가인의 이름에는 과감하게 첫 번째 살인자의 이름을 붙인다. 아벨의 향수가 풍기는 이름에 가인을 붙여 가인의 살인을 추억하고 쾌락을 즐기는 삶을 상상하게 하며 가인의 후손의 계보가 종결된다. 그리고 그의 노래에도 가인의 실명을 거론하며 살인의 냄새를 풍기고 있다. 뱀의 후손들의 진면목을 보여준다.

라멕은 두 아내를 취하여 일부다처의 시조가 되었다. 그리고 자신에게 상처를 입힌 소년을 죽인 후 두 아내에게 노래를 지어 살인을 자랑한다. 라멕이 죽

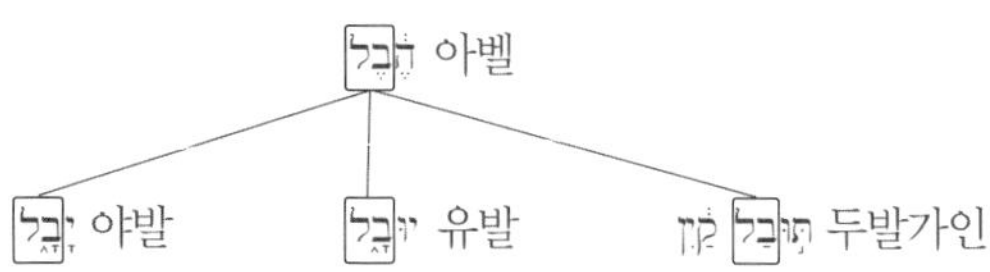

라멕의 아들들과 딸의 이름

야발	유발	두발가인	나아마
יָבָל	יוּבָל	תּוּבַל קַיִן	נַעֲמָה
인도/행동하다	행동을 당하다	가인의 행동	즐거움

인 자를 한 번은 남자란 의미의 '이쉬' (אִישׁ)라고 하고 또 한 번은 '예레드' (יֶלֶד)라고 한다. '예레드' (יֶלֶד)는 구약 성경에서 어린 아기, 소년, 젊은 어른을 호칭할 때도 사용한다. 라멕이 '이쉬' 와 '예레드' 를 죽인 것은 단순히 어른 한 명, 아이 한 명을 죽였다는 말로도 이해할 수 있지만, 그보다는 어른 아이 가리지 않고 많은 사람을 죽였다는 제유법적 표현일 가능성이 있다. 창세기 4장에서

41) Gordon Wenham, *Genesis 1-15*, 112-114.

'에레드' (יָלַד)의 동사는 아담과 가인의 후손들의 출생을 나타내기 위해 반복해서 사용되었다. 그 출생의 냄새를 담은 단어를 사용하여 라멕은 아이 죽임을 자랑한다. 라멕은 자신의 노래에서 죄에 대해 참회하지 않고 그 출생의 냄새에 반하는 범죄인 살인이란 말을 두 번이나 사용하며 자랑한다. 뿐만 아니라 하나님이 가인의 목숨을 취하는 자에게 내리겠다고 한 7배의 벌을 마치 훈장처럼 여기며 자신을 위해서는 77배라고 한다. 누가 라멕을 위해 77배의 보복을 가한다는 것인가? 살인을 자랑으로 여기고, 자신의 죄에도 불구하고 하나님께 교만한 자세를 가지며, 자신을 위해 스스로 법을 만들는 폭군 라멕을 누가 제어할 수 있을까? 이런 피비린내 나는 세상에도 희망이 있을까? 그 희망의 기운을 25-26절에서 느낄 수 있다.

25-26절

> [25]그리고 아담이 다시 그의 아내를 알았고, 그리고 그녀가 아들을 낳았고 그리고 그녀가 그의 이름을 셋이라고 불렀다. "왜냐하면 하나님이 나에게 가인이 죽인 아벨을 대신하여 다른 씨를 주었다." [26]셋 그에게도 역시 아들이 태어 났고, 그리고 그가 그의 이름을 에노스라고 불렀다. 그 때에 여호와의 이름으로 부르는 것이 시작되었다.

가인의 후손들이 세상을 장악해 나갈 때, 아벨을 대신한 새로운 희망이 싹트기 시작한다. 창세기 4:25-26에서 아담과 하와는 셋을 낳고 이 셋이 아벨을 대신한 믿음의 자식임을 고백한다. 하와가 처음으로 셋을 창세기 3:15의 용어인 '씨' 라는 말을 사용한다. 셋은 바로 창세기 3:15의 '여자의 씨' 또는 '여자의 후손' 이란 것이다. 하와가 셋을 '다른 씨' (זֶרַע אַחֵר)라고 한 것은 아벨을 한 '씨' 로 생각했기 때문이다. 또한 하와는 "가인이 죽인 아벨을 대신한"이라는 말로 다른 씨를 수식하여 셋이 가인과 그의 후손과 같은 자들이 아니라 하나님이 그 삶과 제사를 받아 들였던 아벨의 신앙을 이어갈 자라는 것을 분명하게 밝히고 있다. 하와는 무려 130년(창 5:3)만에 셋을 낳고 이 '다른 씨'를 하나님께서 주셨다고 말한다. 가인을 낳으면서 내가 사람 곧 여호와를 낳았다고 했던 말과 비교해 볼 때, 하와는 "다른 씨"에 대한 하나님의 역할에 더 포커스를 맞추고 있다. 하나님은 하와에게 셋을 줌으로 진정한 의미에서 하와를 모든 산자의 어미가 되게 하였고, 창세기 5장의 아담과 하와의 계보가 시작되게 하였다.[42]

아담과 하와 셋 그리고 그의 자손들은 가인이 자식의 이름을 붙인 것과는 대조적으로 여호와의 이름을 불렀다. 가인의 자손 라멕의 경우 여호와께서 가인을 위한 표를 준 것을 알면서도 여호와의 이름을 부르지 않았다. 그런데 하와의 후손들이 여호와의 이름을 불렀다는 사실을 왜 기록하였을까? 이 표현은 창세기 12:8; 13:4; 21:33; 26:25에서도 나오며, 한결같이 제단을 쌓고 하나님께 제사 드리면서 사용하였다. 결국 여호와의 이름을 불렀다는 것은 그들이 여호와께 예배 드리는 신앙 공동체였음을 말한다. 흥미롭게도 창세기 4장은 모든 산자의 어미인 하와가 여호와의 이름을 가인에게 붙이는 것으로 시작했다가 뱀의 후손에 지나지 않은 가인이 하나님 앞에서 떠나가고 여자의 후손인 셋을 비롯한 남은 자들이 함께 여호와의 이름을 부르는 것으로 종결된다. 원시 시대의 희망의 불꽃이 여호와의 이름 부름과 함께 숯불처럼 피어있다. 이 희망의 불꽃이 활활 타오를까 아니면 꺼져 버릴까?

---

42) Brigitte Kahl, "and she Called His Name Seth …(Gen 4:25): The Birth of Critical Knowledge and the Unread End of Eve's Story," *Union Seminary Quarterly* Review 53 (1999): 19-28.

Chapter 05 창세기 5장

창세기 5장을 읽는 독자들은 아담에서 노아에 이르는 홍수 이전 사람들의 수명을 읽으면서 입이 딱 벌어질 것이다. 현대인들보다 무려 10배나 오래 살았던 고대인들의 수명에 대해 부러워하는 마음도 있을 것이고, 또 창세기 5장에 기록된 내용의 사실 여부에 대해서도 궁금증이 일어날 것이다. 더 입이 벌어질 기록이 수메르 왕들의 목록에 있다.

알루림	28,800	알알갈	36,000	엔멘루안나	43,200
엔멘갈안나	28,800	두무지	36,000	엔시파지안나	28,800
엔멘둘안나	21,000	우발투투	18,600		

위의 한글은 수메르 왕들의 목록에 기록된 홍수 이전에 살았던 왕들의 이름이고 아라비아 숫자는 그들이 통치한 연수이다. 적게는 18,600년에서 많게는

43,200년 동안 통치하였다. 창세기 5장뿐만 아니라 수메르 왕들의 목록이 왜 존재하게 되었고, 그 목적이 무엇인지 명백하게 밝히는 것은 불가능하겠지만, 그것이 우리가 풀어야 할 과제인 것만은 틀림없다.

1-2절

> [1]이것은 아담의 계보 책이라. 하나님이 아담을 창조하시던 날에 그(하나님)가 그(아담)를 하나님의 형상으로 창조하셨느니라. [2]그가 그들을 남자와 여자로 창조하시고 그리고 그가 그들을 축복하시니라 그리고 그가 그들을 창조하던 날에 그들의 이름을 아담이라 불렀더라

5장은 창세기의 두 번째 '톨레도트'(תּוֹלְדוֹת)의 시작 부분이며, 아담의 톨레도트이다. 아담의 톨레도트에는 창세기의 다른 톨레도트에는 없는 특징이 하나 있다. 아담의 톨레도트에는 '세펠'(סֵפֶר) 즉 '기록된 문서'라는 말이 붙어있다.

창 5:1 זֶה סֵפֶר תּוֹלְדֹת אָדָם 제 세펠 톨레도트 아담

이 표현은 창세기 5:1-6:8의 내용이 이미 기록된 책이나 문서 형태로 만들어져 전해지고 있었음을 의미한다.[1)] 최소한 모세 오경이 기록되기 전에 이 부분이 이미 기록되어 믿음의 조상들에게 전해져 내려왔겠지만, 성경은 이 부분을 누가 기록했는지는 전혀 언급하지 않는다. 기록 목적은 창세기 5:1-6:8의 내용을 분석함으로 알 수 있을 것이다.

'하나님이 아담을 하나님의 형상으로 창조한 때'라는 표현이 뒤따라 오기 때문에 아담의 삶과 관련된 기록들을 담고 있으리라고 생각할 수 있을 것이다. 하지만 톨레도트로 시작하는 다른 창세기 기록들처럼 아담의 톨레도트에서 아담은 첫 단락에서 짧게 언급된다.[2)] 주요 내용은 아담의 후손들에 대한 기록으

로 구성되어 있다. 창세기 5:1-2은 창세기 1:27-28에 있는 하나님의 인간 창조와 관련된 언급과 표현들로 구성되어 있다. 이를 비교해 보면 다음과 같은 동일한 주제들을 발견할 수 있다.

창세기 1:27-28	창세기 5:1-2
27 하나님이 자기 형상 곧 하나님의 형상대로 사람을 창조하시되 남자와 여자를 창조하시고 28 하나님이 그들에게 복을 주시며 그들에게 이르시되 생육하고 번성하여 땅에 충만하라, 땅을 정복하라	1 아담 자손의 계보가 이러하니라 하나님이 사람을 창조하실 때에 하나님의 형상대로 지으시되 2 남자와 여자를 창조하셨고 그들이 창조되던 날에 하나님이 그들에게 복을 주셨고 그들의 이름을 사람이라 일컬으셨더라

창세기 5:1-2는 창세기 1:27-28로 부터 세 가지 주제를 반복한다: 첫째, 하나님의 형상, 둘째, 남자와 여자를 창조, 그리고 셋째, 복을 주심. 이 반복은 다른 톨레도트들이 이전의 중요한 주제를 반복하는 것과 같으며, 이를 통해 창

1) Kenneth A. Mathews, *Genesis 1-11:26*, 306-307. 다른 톨레도트들도 기록된 문서 형태로 존재하였을 것이다. 현재 우리에게 전해지지 않지만, 고대 이스라엘 사람들에게는 알려져 있었던 책들 중에는 "여호와의 전쟁사" (민 21:14), "야살의 책" (수 10:13, 삼하 1:18)이 있다. 칼빈은 이 부분을 성경 기록의 영감론과 관련하여 설명하기를 꺼려한다. 그러면서도 그는 이 부분은 성경의 일부가 꾸밈이 없고 사실 그대로를 기록한 강화로부터 수집되었음을 보여준다고 말한다. John Calvin, *Genesis*, 227. "And although we do not comprehend the design of the Spirit, in leaving unrecorded great and memorable events, it is, nevertheless, our business or reflect on many things which are passed over in silence. I entirely disapprove of those speculations, which every one frames for himself from light conjectures; nor will I furnish readers with the occasion of indulging themselves in this respect; yet it may, in some degree, be gathered from a naked and apparently dry narration."

2) 아담을 단순히 인류로 번역하는 학자들도 있다. 그러나 창세기 5장의 아담의 계보는 인류 전체의 계통을 보여 주려는 것이 아니라, 가인의 계보와 대조되는 아담과 셋의 후손의 삶을 보여 주려 하고 있다. 따라서 창세기 5:1의 아담은 보편적인 인류가 아니라 창세기 2-4장의 아담과 동일인으로 보아야 할 것이다.

세기 1장의 하나님의 창조의 축복이 창세기 5장 이하의 아담과 그의 후손들에게 이루어지고 있음을 보여준다.[3] 아담과 그의 후손들이 생육하고 번성하게 된다.

2절은 하나님이 남자와 여자로 창조하고 축복한 것에 더하여 남자와 여자를 창조하던 날에 하나님이 이들의 이름을 아담이라고 지어 주었음을 밝히고 있다.

창 5:2 וַיִּקְרָא אֶת־שְׁמָם אָדָם בְּיוֹם הִבָּרְאָם 와이크라 에트-쉐맘 아담 베욤 힙발암
그리고 그가(하나님) 그들을 창조한 날에
그들의 이름을 아담이라 불렀다.

하나님이 아담이라고 불렀던 대상은 '쉐맘' (שְׁמָם)의 대명사 접미사 3인칭 남성 복수를 통해 알 수 있듯이 남자와 여자 또는 아담과 하와이다. 창세기 5:1의 아담과는 달리 창세기 5:2의 아담은 개인의 이름이 아니고 남자와 여자로 된 인류를 의미한다.

3-5절

[3]아담이 130살을 살았을 때에 그의 형상과 그의 모양을 따라 아이를 낳고 그의 이름을 셋이라 불렀더라. [4]셋을 낳은 후 아담의 연수는 800년이며, 그가 아들들과 딸들을 낳았더라. [5]아담이 산 총 연수는 930년이며 그리고 그가 죽었더라.

3절의 아담은 창세기 2-4장에 등장하는 개인 아담이며, 그리고 그는 130살에 셋을 낳는다. 몇 가지 특이한 점이 있다. 우선 아담과 하와는 이미 가인과 아벨을 낳았음에도 불구하고 이들의 이름은 언급되지 않고 마치 셋을 처음 낳

3) Sarna, *Genesis*, 40.

은 것처럼 말하고 있다. 이렇게 한 이유는 아담의 계보가 가인이 아니라 셋을 통해 계승됨을 보여 주려는 것이다. 즉 가인은 아담의 후손의 반열에서 제외되었다. 창세기 4장과는 달리 창세기 5:3에는 아담의 아내 하와의 이름이 나오지 않는다. 하와가 셋의 이름을 지었음에도 불구하고 5:3에서는 아담이 셋의 이름을 짓는다. 이렇게 바뀐 이유는 4장이 가인과 아벨 그리고 셋의 출생을 하와의 신앙 고백적 관점에서 기록했던 반면에 5장은 아담의 톨레도트라는 관점에서 기록했기 때문일 것이다.

창세기 5:3-5은 1-2절의 세 가지 주제를 발전시키고 있다.

창세기 5:1-2	창세기 5:3-5
형상대로 남자와 여자를 창조	형상이 같은 아들을 낳아
복을 주시고	
이름을 사람이라	이름을 셋이라

첫째, 아담은 자기 형상을 따라 셋을 낳았다. 이는 셋이 아담을 닮았다는 사실을 지적하는 것으로 그치지 않고, 아담이 가진 하나님의 형상이 그의 자식 셋과 그의 후손들에게 계승되고 있음을 보여준다.[4] 둘째, 하나님이 아담에게 복을 주었다. 이 복은 가인의 계보와 아담과 셋의 계보를 대조시키고 있다. 하나님이 가인을 저주한데 반해 아담과 그의 후손에게는 복을 주고 있다. 이 복은 두 가지 의미를 가지고 있다. 첫째 복은 창세기 1:26 이하에서 하나님이 아담을 창조한 후에 복을 준 것처럼 생육하고 번성하는 것이다. 둘째 복은 장수하며 자손을 낳는 것일 것이다. 위의 도표를 비교해 보면 창세기 5:3-5은 창

4) Jefferey H. Tigay는 아담이 셋을 하나님의 형상을 따라 낳았다고 하지 않고 그의 형상을 따라 낳았다고 말하는 것에 착안하여, 이 표현은 단순히 아담이 자신을 닮은 아들을 낳았다는 말로 보아야 한다고 주장한다. Jeffrey H. Tigay, "He Begot a Son in His Likeness after His Image," *Tehillah le-Moshe: Biblical and Judaic Studies in Honor of Moshe Greenberg*, eds. Mordechai Cogan, Barry L. Eichler, and Jeffrey H. Tigay (Winona Lake: Eisenbrauns, 1997), 139-147.

세기 5:1-2의 주제를 반복하고 있다: 1) 형상으로 창조, 2) 이름을 지어줌. 창세기 5:3-5에서 복에 관한 직접적인 표현을 확인할 수 없다. 대신에 장수하며 자녀를 낳는 것이 기록되어 있다. 아마 장수는 창세기 5:1-2의 복의 결과일 것이다. 이것은 4장의 가인과 그의 후손들의 삶과 비교된다. 가인은 아벨을 죽이고 죽음을 두려워하였다. 그의 후손 라멕은 어른(이쉬, אִישׁ)과 아이(에레드, יֶלֶד)를 막론하고 사람의 목숨을 취했지만, 정작 그 자신은 자신의 죽음을 두려워 하여 자신을 해치는 자는 77배의 보복을 받을 것이라고 했다. 반면에 아담과 셋의 후손들은 장수하며 많은 자녀를 낳았다.

셋째, 아담은 자식을 낳고 이름을 붙여 주었다. 창세기 4장에서도 사람들이 자녀를 낳고 이름을 붙여 주었지만, 창세기 5장의 특징은 창세기 5:2에서 하나님이 먼저 인간에게 이름을 지어 주고, 이어서 하나님처럼 아담도 아들을 낳고 이름을 지어 주며 이름 짓기는 대물림 된다. 이를 통해 아담의 계보와 기원이 하나님에서 시작되었음을 보여준다.

6-23절

창세기 5장은 아담에서 노아까지 10명의 삶을 기록하고 있다. 이들 10명은 에녹을 제외하고 900년 이상, 모두 믿기 힘들 정도로 오래 살았다. 이것은 많은 생각을 하게 만든다. 이들 10명은 모두 직계 자손들인가? 정말 이렇게 장수한 사람들이 있었을까? 이렇게 장수하는 것이 가능할까? 모세는 이것을 왜 기록했을까?

많은 성도들은 창세기 5장을 11장에 기록된 장수한 사람들을 직계 자손들로 생각하고 이를 통해 인류의 기원을 계산하려 한다. 가톨릭 신부 우셔(Usher)는 창세기 5장에 근거하여 인류의 시작은 4004년 전이라고 결론내렸다.[5] 그러나 이런 결론은 문제가 있다. 창세기 5장은 인류의 시작을 계산하도록 만들어진 족보가 아니다. 그리고 창세기 5장에 등장하는 인물들 가운데 몇 명은 아버지와 아들의 관계가 아니라 조상과 후손의 관계로 보아야 한다. 아래의 표를 통해 창세기 5장에 기록된 사람들의 수명을 살펴보자.[6]

이름	출산	출산후 수명	전체수명	출생년대	사망년대
아담	130	800	930	0	930
셋	105	807	912	130	1042
에노스	90	815	905	235	1140
게난	70	840	810	325	1235
마할랄렐	65	830	895	395	1290
야렛	162	800	962	460	1422
에녹	65	300	365	622	987
므두셀라	187(167)	782(802)	969	687	1656
라멕	182	595	777	874	1651
므두셀라	500	350+100	950	1056	2006

* ( )안은 70인역에 기록된 수명.

5) Gordon Wenham, *Genesis*, 133. James Barr, "Why the World was Created in 4004 B.C.: Archbishop Ussher and Biblical Chronology," *Bulletin of the John Rylands University Library of Manchester* 67-2 (1985): 575-608.

6) 창세기 5장에 기록된 10명의 수명을 마소라 텍스트와 사마리아 오경 그리고 70인역은 각각 다르게 기록하고 있다.

첫째 출산 = X, 출산 후 나이 = Y, 전체 수명 = X+Y.

	사마리아 오경			70인역			사망연대		
	X	Y	X+Y	X	Y	X+Y	MT	SP	LXX
아담	130	800	930	230	700	930	930	930	930
셋	105	807	912	205	707	912	1042	1042	1142
에노스	90	815	905	190	715	905	1140	1140	1340
게난	70	840	910	170	740	910	1235	1235	1535
마할랄렐	65	830	895	165	730	895	1290	1290	1690
야렛	62	785	847	162	800	962	1422	1307	1922
에녹	65	300	365	165	200	365	987	887	1487
므두셀라	67	653	720	167	802	969	1656	1307	2256
라멕	53	600	653	188	565	753	1651	1307	2207
노아	500	450	950	500	450	950	2006	1657	2592

* Gordon Wenham의 창세기 주석 131 참조.

이 연대에 따르면 두 가지 문제점을 발견할 수 있다. 첫째, 노아 홍수는 노아 나이 600살에 일어났다. 전체 인류 역사로 따지면 1656년에 일어났다(출생연대 1056+600). 노아 홍수 때문에 인류와 가축은 모두 다 죽었고, 살아 남은 사람은 노아 부부와 자식들의 부부를 합쳐 모두 8명이다. 그런데 므두셀라의 사망 연대가 1656년이다. 므두셀라는 홍수가 시작되기 전에 수명이 다하여 자연사했는가 아니면 홍수 때문에 죽었는가? 구약 성경을 헬라어로 번역한 70인역에서는 므두셀라가 167년에 라멕을 낳았고 802살을 살았다고 한다. 20년 일찍 라멕을 낳고 전체 수명은 MT와 동일하다. 이 경우 노아의 출생도 20년 빨리지고, 노아의 홍수도 20년 빨라지게 된다. 즉 노아는 1036년에 출생했으며, 노아 나이 600살에 홍수가 났기 때문에 홍수의 연대는 1636년이 된다. 이렇게 되면 므두셀라는 노아 홍수 이후 20년 더 살다가 죽은 것이 된다! 므두셀라는 어떻게 노아 홍수에서 살아남을 수 있었을까?

둘째, 창세기 11장에 따르면 셈은 100살에 아르박삿을 낳고 500년을 살았다. 아르박삿의 출생에서 아브라함의 출생까지는 어느 정도의 세월이 흘렀을까?

이름	첫 출산	출산후 수명	전체수명	출생년대	사망년대
셈	100	500	600	1556	2056
아르박삿	35	403	435	1656	2091
게이난[7]					
셀라	30	403	433	1691	2124
에벨	34	430	464	1721	2185
벨렉	30	209	239	1751	1990
르우	32	207	239	1783	2022
스룩	30	200	230	1815	2045
나홀	29	119	148	1845	1993
데라	70	135	205	1874	2079
아브라함	100	75	175	1944	2119

7) 게이난은 마소라 본문에는 빠져 있지만 70인역과 누가복음 3:36의 족보에는 등장한다.

셈이 아르박삿을 낳고 아브라함의 출생까지 약 290년의 세월이 흘렀다. 노아는 그의 나이 600살에 홍수가 있었고 그 이후 350년을 더 살다가 950살에 죽었다(9:28). 셈이 100살일 때 노아 나이는 600살이다. 셈의 출산 년을 제하면 아브라함의 출생까지 290년이 지난다. 그렇다면 노아는 아브라함이 약 60살 때까지 생존하였다. 데라가 갈대아 우르에서 가나안으로 가기 위해 하란으로 출발할 때 노아는 어떻게 되었을까? 아브라함이 본토 친척 아비의 집을 떠날 때 셈과 아르박삿 셀라 그리고 에벨도 버리고 떠났을까? 셀라와 에벨은 아브라함보다 더 오래 살았고, 에벨은 아브라함보다 무려 66년을 더 살았다. 이런 문제를 가지고 있기 때문에 창세기 5장과 11장의 족보를 가지고 인류의 시작과 역사를 계산하는 것은 적절하지 않다.[8]

그렇다면 왜 창세기 5장을 기록하였을까? 창세기 5장은 뱀의 후손과 여자의 후손을 대조하기 위해 기록되었을 가능성이 매우 높다. 창세기 5장의 사람들이 4장의 가인의 후손들의 이름과 대비를 이루고 있고, 그들의 삶과 행동도 대비를 이루고 있다.

가인 계보와 아담/셋 계보의 이름의 대조

가인 계보			아담/셋 계보	
			5:3 아담	אָדָם
			5:4 셋	שֵׁת
(아담)			5:9 에노스	אֱנוֹשׁ
4:17 가인	קַיִן	→	5:12 게난	קֵינָן
4:17 에녹	חֲנוֹךְ	↘ (5:21)	5:15 마할랄렐	מַהֲלַלְאֵל
4:18 이랏	עִירָד	→	5:18 야렛	יֶרֶד
4:18 므후야엘	מְחוּיָאֵל	↗ (5:15)	5:21 에녹	חֲנוֹךְ
4:18 므두사엘	מְתוּשָׁאֵל	→	5:25 므두셀라	מְתוּשֶׁלַח
4:18 라멕	לֶמֶךְ	→	5:28 라멕	לֶמֶךְ
4:19-22 세 아들/한 딸		→	5:32 노아와 נֹחַ 세 아들	

위에서 볼 수 있는 것처럼 창세기 4장의 가인의 후손들과 창세기 5장의 아담–셋의 후손들의 이름은 서로 같거나 유사하다.[9] 이름의 뜻을 모두 알 수는 없지만, 가인의 후손들 중에 이랏의 이름은 '들 나귀' 이고, 므후야엘의 이름은 '하나님에 의해 제거됨 또는 죽임 당함' 이며, 므두사엘의 이름은 '지옥의 사람' 또는 '신의 사람' 이란 뜻으로 추정된다.[10] 아담/셋의 후손의 후손 중에 마할랄렐은 '하나님 찬양' 이란 뜻을 가지고 있다. 라멕의 자녀들의 이름의 뜻은 이미 창세기 4장에서 살펴 보았다. 가인의 후손들의 삶은 아주 부정적으로 묘사되었다. 가인은 살인자이고 거짓말쟁이였고, 하나님께서 그를 땅에서 '유리하는 자' 즉 떠돌아 다니며 사는 벌을 내렸지만, 즉시 성을 쌓아 하나님께 저항하였다. 라멕은 여러 부인을 두고 살인 그리고 교만한 말과 행동을 한 자였다. 가인과 라멕은 살인자이면서도 죽음을 두려워했고, 성을 쌓고 아들의 이름을 붙임으로 불멸을 사모했다. 그러나 가인의 후손들은 얼마나 오래 살았는지 알 수 없다. 한 가지 분명한 것은 그들은 서로 사소한 일로 죽이고 죽는 일을 반복하였다. 이에 반해 아담/셋의 자손들의 삶은 어땠을까?

아담의 후손들의 삶에서는 장수가 특별히 강조되고 있다. 창세기 5장의 아담과 셋의 후손들의 삶은 뚜렷한 틀에 따라 기록되고 있다.

- A가 X년을 살고, B를 낳다.
- A가 B를 낳은 후 Y년을 살며, 아들들과 딸들을 낳았다.
- A가 산 전체 햇수는 Z이며, 그 후에 죽었다.

---

8) Travis R. Freeman, "A New Look at the Genesis 5 and 11 Fluidity Problem," *Andrews University Seminary Studies* 42-2 (2004): 259-286.

9) Cassuto, *Genesis 1*, 265-267. 두 계보의 이름의 유사성 때문에 학자들 중에는 이 두 계보가 원래 별개의 것들이었지만 함께 모아지면서 부분적으로 섞여졌다고 주장하는 사람들이 있다. David T. Bryan, "A Reevaluation of Gen 4 and 5 in Light of Recent Studies in Genealogical Fluidity," *Zeitschrift für die alttestamentliche Wissenschaft* 99-2 (1987): 180-188.

10) 므후야엘은 '하나님이 생명을 주다' 를 의미할 수도 있고, 므두사엘은 '신의 사람' 을 뜻할 수 있다. Keil, *Genesis*, 117. Gordon Wenham, *Genesis*, 111-112.

아담에서 노아까지 모두 이 공식에 따라 기록되었고, 아담과 그의 후손들은 평균 약 900살 정도씩 살았다.[11] 그리고 에녹은 이 땅에서 365살만 살았지만, 그는 죽지 않고 하나님 곁으로 갔다. 그들의 삶도 가인의 후손들과 대조되는 삶을 살았다. 이들의 삶에 대해서는 이어지는 주석을 통해 살펴볼 것이다.

고대 근동 문헌과 창세기 5장

고대 '수메르 홍수 설화'는 창세기 5장과 노아 홍수와 유사한 기록을 가지고 있다. 이 홍수 설화는 수메르 사람들이 최초의 도시로 여기는 다섯 도시를 먼저 기록하고 있다: 에리두, 받티비라, 랄악, 십팔, 술웁팍. 이어서 인간들을 싫어하는 신들이 홍수를 계획하고, 당시의 왕이었던 지우수드라가 배를 만들어 홍수에서 살아남는다.[12] 수메르(Sumer) 시대의 왕들의 리스트에도 똑같은 다섯 도시가 기록되어 있다. 이 기록에서는 다섯 도시와 대홍수에 대한 간략한 언급뿐만 아니라, 엄청난 세월 동안 통치한 왕들의 목록도 가지고 있다.

	왕	도시	통치 년 수
1	Alulim	Eridu	28,800
2	Alalgar	Eridu	36,000
3	Enmenluanna	Badtibira	43,200
4	Enmengalanna	Badtibira	28,800
5	Dumuzi	Badtibira	36,000
6	Ensipazianna	Larak	28,800
7	Enmenduranna	Sippal	21,000
8	Ubartutu	Shuruppak	18,600
	8 왕	5 도시	241,200년

11) Donald V. Etz는 창세기 5장의 인물들의 수명은 편집가들에 의해 확대되었다고 주장한다. Donald V. Etz, "The Numbers of Genesis V 3-31: A Suggested Conversion and its Implications," *Vetus Testamentum* 43-2 (1993): 171-189.

12) ANET 42-44.

이들 8명의 왕들의 왕권은 하늘에서 내려 온 것으로 규정하며, 이들이 5개 도시를 241,200년 동안 통치한 후 땅 위에 노아 홍수와 같은 홍수가 있었다.[13)]

> Thes are five cities, eight kings ruled them for 241,000 years. (Then) the Flood swept over (the earth). … Twenty-three kings ruled it for 24,510 years, 3 months, and 3 1/2days. … Twelve kings ruled it for 2,310 years. … Four kings ruled it for 177 years. Ur was defeated in battle.

홍수 후에 왕권이 하늘에서 키쉬(Kish)에 다시 내려오며 23명의 왕들이 24,510년 3개월 3일 반을 통치했다. 이어서 수메르 왕의 목록은 왕권이 우룩(Uruk)의 에안나(Eanna)로 옮겨진 사실과 함께 다시 길가메쉬를 비롯한 12명의 왕이 2,310년을 통치했다고 기록하고 그리고 우룩(Uruk)과 우르(Ur)의 멸망을 기록하면서 끝이 난다. 수메르 왕들의 목록은 창세기 5장의 사람들과 몇 가지 유사점을 가지고 있다. 첫째, 위에서 볼 수 있는 것처럼, 우룩 이전 시대의 왕들이 모두 다 입이 벌어질 정도로 오래 살며 통치하였다. 카수토에 의하면 이것은 고대 메소포타미아의 60진법+7의 계산법에 의한 연령 계산에 따른 결과라고 한다.[14)] 이를 10진법으로 다시 계산하면 1000년 전후로 줄어든다.

왕	60진법	10진법	왕	60진법	10진법
Alulim	28,800	800	Dumuzi	36,000	1,000
Alalgar	36,000	1,000	Ensipazianna	28,800	800
Enmenluanna	43,200	1,200	Enmenduranna	21,000	600
Enmengalanna	28,800	800	Ubartutu	18,600	500

13) ANET 267-268.

14) U. Cassuto는 창세기 5장의 사람들의 수명은 모두 5의 배수이거나 5의 배수에 7을 더한 숫자들이라는 것을 밝히고 있다. U. Cassuto, *A Commentary on the Book of Genesis: Part I, From Adam to Noah* (Jerusalem: Magnes, 1961), 260. James A. Borland and Duane L. Christensen, "Did People Live to be Hundreds of Years Old before the Flood?," *The Genesis Debate: Persistent Questions about Creation and the Flood*, ed. Ronald Youngblood (Nashville: Thomas Nelson, 1986), 166-183.

그리고 이들을 모두 합산하면, 창세기 5장의 아담의 후손들 중에서 아담과 노아를 제외한 사람들의 수명의 총수(6,695)와 거의 유사한 6,700이 된다.[15)]

둘째, 홍수 이후 왕들의 통치 기간은 노아 홍수 이후의 사람들의 경우처럼 현저하게 줄어든다. 홍수 이전의 8명의 왕들이 수 만년씩 통치하였지만, 홍수 이후 키쉬의 왕들은 몇 명을 제외하고 모두 천년 미만 동안 통치한다. 그리고 우룩 시대에는 길게는 420년 짧게는 8년으로 줄어든다. 셋째, 창세기 5장의 인물들은 경건한 사람들로 구성이 되어 있다. 유사하게 위에 언급된 왕들 중에는 제사장 직임을 겸한 왕들이 있다. 뿐만 아니라 창세기 5:24의 에녹이 하늘로 승천한 것처럼, 키쉬의 에타나(Etana) 왕은 목자처럼 통치하며 나라를 견고하게 하며 1560년을 통치한 후 하늘로 승천하였다고 한다. 차이점도 존재한다. 수메르 왕의 목록의 통치 연대는 획일적으로 100단위 이하는 전혀 표시가 되지 않지만, 창세기 5장은 10단위 이하까지 기록되어 있다. 그리고 수메르 왕들의 목록은 통치 목록이지만 창세기 5장은 출산 중심의 목록이다. 수메르 왕의 목록의 자료의 진실성과 창세기 5장의 자료의 관계에 대해 어느 것도 명확한 해답을 찾을 수 없지만, 한 가지 분명한 것은 수메르의 기록에 등장하는 인물들은 모두 왕들이다.[16)] 왕들 중에서 신들도 있고 신들의 아들도 있다. 메소포타미아의 목자 신인 두무지(Dumuzi)의 경우 홍수 이전의 다섯 번째 왕으로 등장할 뿐만 아니라, 우룩(Uruk)의 네 번째 왕으로도 언급된다. 이러한 사실은 수메르 왕들의 목록이 왕의 권위를 세우기 위해 만들어졌고, 그들을 신격

---

15) John Walton, "The Antediluvian Section of the Sumerian King List and Genesis 5," *Biblical Archeologist* 44-4 (1981): 207-208. 60진법을 10진법으로 전환해 보면
28,800=8×3,600,
43,200=(1×36,000)+(2×3,600),
800=8×100,
1200=(1×1,000)+(2×100)처럼 된다.

16) 1870년대에 바벨론 홍수 설화와 수메르 왕들의 리스트가 발견된 이래로 많은 학자들이 이를 창세기 5장의 배경으로 생각하였다. 하지만 Gerhard F. Hasel은 이 둘의 명백한 차이점을 밝히면서 둘은 각각 별개의 배경 속에 형성되었다고 결론짓는다. Gerhard F. Hasel, "The Genealogies of Gen 5 and 11 and their Alleged Babylonian Background," *Andrews University Seminary Studies*, 16-2 (1978): 361-374.

화 하기 위해 수백 수 천 년을 산 것처럼 꾸몄음을 보여 준다. 이에 반해 성경은 고대인들이 열망했던 장수를 하나님의 복을 받은 아담과 하와의 후손들 중에 일부가 누렸다고 말한다.

21-24절

21에녹이 65세에 므두셀라를 낳았고 22그가 하나님과 동행하였으며 므두셀라를
낳은 후 300년 동안 아들들과 딸들을 낳았더라 23에녹은 365세를 살았더라 24에
녹이 하나님과 동행하더니 하나님이 그를 취하였기 때문에 그는 존재하지 않았
더라.

아담의 후손들은, 최소한 몇 사람은 선지자의 삶을 살았다. 에녹의 삶의 대한 기록에는 그의 조상들과 현저하게 다른 점이 있다. 즉, 그의 조상들의 경우 첫 아들을 낳은 나이를 밝히고 그 후 오랜 기간 동안 자녀들을 낳았다는 메시지로 이어간다. 반면에 에녹은 첫 아들을 65세에 낳았다는 사실을 기록한 후 바로 그가 하나님과 동행하였음을 밝히고 이어서 300년 동안 자녀들을 낳았다고 기록한다.[17] 에녹이 하나님과 동행했다는 사실은 22절뿐만 아니라 24절에도 또 기록하여 반복을 통해 강조하고 있다.

וַיִּתְהַלֵּךְ חֲנוֹךְ אֶת־הָאֱלֹהִים 와이트하렉 하녹 에트-하엘로힘

'앞에서 걷는(walking before)' 라는 표현은 일반적으로 주인 앞에서 주인을 위해 봉사하는 사람의 행위와 신뢰성을 가리킨다. 그러나 '나란히 동행하다(walking with)' 는 영적인 사귐과 교제를 의미한다. 하나님이 에덴 동산을

---

17) Cassuto, *Genesis I*, 285. Sarna, Genesis, 43.

거닐 때(미트할렉, מִתְהַלֵּךְ) 범죄한 아담과 하와는 두려워 숨었고 가인은 하나님을 피해 도망다니며 성에 숨어 살았지만, 에녹은 그 하나님과 함께 걸었다고 한다(이트할렉, יִתְהַלֵּךְ). 에녹의 삶이 어땠는지 짐작하게 하는 굉장한 표현이다. 덧붙여서 에녹을 선지자라고 불렀다. 에녹이 했던 일은 유다서 14-15절에서 다음과 같이 기록하고 있다.

> 아담의 칠세 손 에녹이 사람들에게 대하여도 예언하여 이르되 보라 주께서 그 수만의 거룩한 자와 함께 임하셨나니 이는 뭇 사람을 심판하사 모든 경건치 않은 자의 경건치 않게 행한 모든 경건치 않은 일과 또 경건치 않은 죄인의 주께 거스려 한 모든 강퍅한 말을 인하여 저희를 정죄하려 하심이라 하였느니라.
> (유 14-15)

에녹은 하나님과 동행하다가 마침내 365세를 향수한 후 땅에서 사라진다. 창세기 5:24은 이 사실을 다음과 같이 표현하고 있다.

> וְאֵינֶנּוּ כִּי־לָקַח אֹתוֹ אֱלֹהִים׃ 베에이넨누 키-라카 오토 엘로힘

'그리고 그는 거기에 없었다' 는 표현의 히브리어 베에이넨누(וְאֵינֶנּוּ)는 욥기 7:21에서 볼 수 있듯이 죽음을 완곡하게 나타내는 표현이다.

> כִּי־עַתָּה לֶעָפָר אֶשְׁכָּב וְשִׁחַרְתַּנִי וְאֵינֶנִּי׃ 키-앝타 레아팔 에쉬카브 베시할타니 베에이넨니

하지만 창세기 5장에서 아담과 셋의 후손들의 죽음을 말할 때는 일관되게 동사 무트(מוּת, 죽다)를 사용하는 반면에, 에녹에게는 예외적으로 에이넨누(וְאֵינֶנּוּ)를 쓰고 있다는 것은 그가 5장의 다른 인물들과 구별된 최후를 맞았음을 암시한다. 그리고 "하나님이 그를 데려가다"는 말은 하나님이 엘리사를 불수레에 태워 하늘로 올라간 것을 묘사할 때에 사용되었다(왕하 2:5).

창 5:24 לָקַח אֹתוֹ אֱלֹהִים 라카 오토 엘로힘 (하나님이 그를 데려갔다)

왕하 2:5 יְהוָה לֹקֵחַ אֶת־אֲדֹנֶיךָ 야웨 로케아 에트-아도네이카 (여호와가 너의 주인을 데려 가다)

이 같은 유사점은 에녹의 최후는 특별했음을 시사한다. 히브리서 11:5은 에녹은 죽음을 보지 않았고, 하나님이 그를 옮겨갔다고 못박고 있다.

히 11:5 믿음으로 에녹은 죽음을 보지 않고 옮기웠으니

아담과 셋의 자손들이 모두 선택된 하나님의 사람들임에도 불구하고 에녹에게는 하나님과 동행했음을 두 번이나 말하고 또 하나님이 그를 데려 갔다는 말을 덧붙인 이유는 그가 아담과 셋의 자손들 중에서 압도적으로 훌륭한 신앙의 소유자였기 때문일 것이다.[18]

28-31절

28 라멕이 일백 팔십 이세에 아들을 낳고 29 그의 이름을 노아라 짓고 말하기를 이
(아이)가 여호와가 저주한 땅으로부터 우리의 노동과 손의 수고로부터 안위하리
라 하였더라 30 라멕이 노아를 낳은 후 오백 구십 오년을 살며 자녀들을 낳았으며
31 그는 칠백 칠십 칠세를 살고 죽었더라

라멕의 기록도 그의 조상들의 기록과는 다른 점을 가지고 있다. 라멕의 기록에는 라멕이 노아를 낳고 그의 이름을 지어 준 것과 그의 이름의 의미를 붙여

18) Theodore Steinberg, "Enoch's Shoes," *Jewish Bible Quarterly* 26-4 (1998): 268-270.

준 사실이 기록되어 있다. 이것은 창세기 4:1과 4:25과 창세기 5:3에서 아담과 하와가 아들을 낳고 이름을 지어준 이래로 처음이다. 가인의 5대손 라멕과 동일한 이름을 가졌던 아담과 하와의 후손 라멕은 노아의 이름에 아주 특별한 의미를 붙이며 그의 소망을 담았다. 해밀턴에 의하면 라멕은 노아가 단순히 안위를 가져다 주기를 바랐지만 안타깝게도 노아 시대에 실제로 도래한 것은 대홍수였다고 하면서 라멕의 소원은 악몽으로 바뀌어 버렸다고 한다.[19] 그러나 라멕은 해밀턴의 주장과는 달리 창세기 3:17을 염두에 두고 이름을 지은 것이 확실하다.

> 창 5:29 이 (아이)가 여호와가 저주한 땅으로부터 우리의 노동과 손의 수고로부터 안위하리라
> 창 3:17 땅이 너로 인하여 저주를 받아 너는 종신토록 수고해야 먹으리라

라멕은 노아가 선악과로 인해 일어난 땅의 저주로 인한 고통으로부터 구해주고 에덴의 시절로 되돌려 주기를 소망하고 있다. 이 안위는 모든 수고와 노동으로부터 쉼을 얻는 창세기 2:2-3의 안식의 회복을 의미한다. 뿐만 아니라 라멕의 말은 단순히 노동으로부터 해방을 말하는 것이 아니라, 노아가 창세기 3:15의 여자의 후손 또는 메시아이기를 대망하고 있는 신앙의 표현이다. 라멕의 소원은 땅의 저주가 아담의 하나님께 대한 불순종 때문에 일어난 일이었던 것처럼, 당대의 사람들의 하나님께 대한 불순종으로 인한 고통도 함축하고 있다. 라멕의 소원은 노아 홍수로 인해 좌절된 것으로 생각할 수 있지만, 그의 소원은 부분적이라 하더라도 노아를 통해 이루어진다. 즉 노아가 바친 번제물의 향기를 흠향한 하나님은 다시는 사람으로 인하여 땅을 저주하지 않겠다고 한다.[20]

---

19) Victor P. Hamilton, *Genesis 1-17*, 258-259.
20) Kenneth A. Mathews, *Genesis 1-11:26*, 318.

32절

[32]노아가 오백세에 셈과 함과 야벳을 낳았더라.

노아의 기록은 그의 조상들의 기록과 비교해 볼 때 두 가지 차이점을 발견할 수 있다. 첫째, 다른 조상들의 경우 한 명의 아들 이름이 언급되었지만, 노아의 경우 세 명이 언급된다. 이들은 노아 홍수에서 살아 남을 자들이다. 둘째, 다른 조상들의 경우 첫 아들을 낳고 몇 년을 살며 자녀들을 낳았다는 기록과 개개인의 사망 시의 나이가 기록되어 있다. 반면에 노아의 경우 이 부분이 빠져 있다. 대신에 창세기 9:28-29에서 '노아가 홍수 후에 350년을 살았고 950세에 죽었다' 며 창세기 5:30에서 빠졌던 나머지 부분이 나타난다. 이를 통해 노아 홍수를 창세기 5장과 직접적으로 연결시키는 효과를 가지고 있다.

창세기 5장의 기록은 여자의 후손의 수가 매우 소수였고 시간이 지날수록 줄어들어 마침내 노아의 가족들 외에는 달리 하나님을 믿는 의인이 없음을 보여 준다. 장수와 불멸을 사모하는 자들이 이들의 장수하는 모습을 지켜 보았을 텐데도 이들과 같은 삶을 살지 않았고, 심지어 이들이 낳은 자식들 중에도 이들의 신앙을 계승하지 않고 신앙을 저버렸다. 결국 여자의 후손은 홍수 심판 때에 노아의 가족 8명을 제외하고 아무도 없게 되었다.

고대 인류들은 결코 창세기 5장의 사람들처럼 오래 살지 않았다. 그들은 현재 우리와 동일한 신체 구조를 지녔고 비슷한 생활 패턴을 가졌다는 것을 창세기 11:10-32의 첫 아이를 낳은 시기를 통해 추정할 수 있다.

Chapter 06 창세기 6장

베드로전서 2:5에서 베드로는 노아 홍수 이전 시대를 옛 세상이라고 표현하고 있다.

> 벧전 2:5 옛 세상을 용서하지 아니하시고 오직 의를 전파하는 노아와 그 일곱 식구를 보존하시고 경건하지 아니한 자들의 세상에 홍수를 내리셨으며

베드로가 말하는 용서받지 못한 옛 세상의 사람들과 구원 받은 노아의 가족은 창세기 6장에 기록되어 있다. 창세기 6장의 내용은 창세기 5장의 사람들의 장수에 못지 않게 경이롭다. 하나님의 아들들이 사람의 딸들과 결혼하여 네피림을 낳았다는 내용은 그리스 로마 신화를 연상시키며, 노아 홍수는 스릴 넘치는 공상 소설을 연상시킨다. 이런 내용이 왜 창세기에 포함되었을까? 한 마디로 말한다면, 창세기 6장은 가인의 길을 따라 산 뱀의 후손들이 세상을 장악하

게 되자 하나님이 그들의 죄악을 심판하고 여자의 후손인 노아를 통해 세상을 다시 창조하는 과정을 기록하고 있다. 이 장에서는 주석과 함께 이러한 신학적 의미들을 밝힐 것이다.

1절

[1]사람들이 땅 위에 번성하기 시작할 때 딸들이 그들에게 나니

창세기 6장은 크게 두 가지 주제로 구성되어 있다. 첫째는 노아 홍수의 원인이고(6:1-8), 둘째는 홍수에 앞서 노아 방주를 준비하는 것이다(6:9-22). 창세기 6:1-8의 내용은 창세기 5장에서 시작된 톨레도트의 결론 부분이다. 창세기 6:1-8과 창세기 5장은 같거나 유사한 단어를 반복하여 사용함으로 어의론적 유사성을 가지고 있다.[1)]

아담 אָדָם (사람)	창 5:1-3	창 6:1-7(7회)
아다마 אֲדָמָה (땅)	창 5:29	창 6:1, 5, 7
야라드 יָלַד (낳다)	창 5:3-32(28회)	창 6:1, 4
셈 שֵׁם (이름)	창 5:3, 29	창 6:4
노아	창 5:29-32	창 6:8
벤 바트 בֵּן בַּת (아들 딸)	창 5:3-32	창 6:1-4

한글 성경이 사람으로 번역한 창세기 6:1의 아담은 누구인가? 창세기 6:1의 아담은 최소한 창세기 5:1-3의 아담과 같은 의미로 사용되었다. 창세기 5:1-3의 아담은 창세기 5:1과 3의 경우처럼 아담 자신의 이름이면서 동시에 남자

1) Kenneth A. Mathews, *Genesis*, 321. Willem A. VanGemeren, "The Sons of God in Genesis 6:1-4,"

와 여자를 포함하는 일반 명사로 사용되었다. 창세기 6:1의 아담도 아담 자신을 포함한 일반 명사이다.

창 6:1 וַיְהִי כִּי־הֵחֵל הָאָדָם לָרֹב עַל־פְּנֵי הָאֲדָמָה וּבָנוֹת יֻלְּדוּ לָהֶם

와여히 키-헤헬 하아담 라로브 알-페네 하아다마 우바노트 울레두 라헴

그 이유는 6:1 마지막 부분에 있는 '우바노트 울레두 라헴' (וּבָנוֹת יֻלְּדוּ לָהֶם)이란 표현에서 '라헴' (לָהֶם)의 '헴' 은 대명사 접미사 3인칭 남성 복수이며 앞에 있는 '하아담' (הָאָדָם)을 지시하고 있다. 이것은 창세기 5:2의 '아담' (אָדָם)이 남자와 여자 모두를 가리키는 표현인 것처럼 창세기 6:1의 아담도 보편 인간들을 지칭하고 있음을 보여준다.

창세기 5장은 하나님의 형상으로 인간을 창조하고 복을 준 것을 언급한 후 5:3에서 아담이 자신의 형상을 따라 아들을 낳은 사실을 기록하고 있다. 창세기 6:1은 아담이 땅 위에서 번성하기 시작하였음을 말하고 있다. 둘 사이의 차이점은 창세기 5:3 이하에서는 아담과 그의 후손들의 아들들과 딸들의 출생을 언급하면서 아들들에 포커스를 맞추는 반면에 창세기 6:1은 아담과 그의 후손들의 딸들에게 포커스를 맞추고 있다.[2)]

창세기 6:1의 첫 표현은 아담 자신을 포함하고 있음을 보여 줄 뿐만 아니라 창세기 6:1-4에 기록된 사회 현상이 노아가 살던 시대에 국한 되는 것이 아니라 아담에서부터 노아 때까지 일어났음을 보여준다. 그 이유는 첫 표현 '와여히 키 하랄' (וַיְהִי כִּי־הֵחֵל)의 역할 때문이다. 시작하다는 의미로 사용된 '하랄' (הֵחֵל)은 인간이 창세기 1:28의 축복처럼 생육하고 번성하기 시작할 때부터 딸들이 태어났음을 나타낸다. 즉 아담 자신을 포함시킨다. 뿐만 아니라 창세기

2) Claus Westermann, *Genesis 1-11*, 369-370. "It describes mostly an action that takes its beginning in an event or process that is continuously and constantly going on." Gordon Wenham, *Genesis 1-15*, 139. Victor P. Hamilton, *Genesis Chapters 1-17*, 262. 43-2 (1981): 325-327.

6:8에서 노아를 언급하고 있는 것은 창세기 6:1-4의 사건이 발생한 시간대를 아담을 포함한 인류가 번성하기 시작하던 시기부터 노아 시대까지로 확대 시키고 있다.[3)]

2절

> [2]그리고 엘로힘의 아들들이 사람의 딸들의 아름다움을 보고 그들이 선택하는 모든 자들로부터 아내로 취하였더라.

2절에는 홍수의 원인이 되었던 인간의 죄가 기록되어 있으며, 그 내용과 의미는 성경의 최고 난제들 중에 하나이다. 특히 창세기 6:2의 주어인 '베네 엘로힘' (בְּנֵי־הָאֱלֹהִים, 엘로힘의 아들들)은 일반적으로 하나님의 아들들, 즉 신의 아들들로 번역된다. 이들이 사람의 딸들과 결혼했다는 이야기는 마치 전통 민간 설화에 나오는 나뭇군과 선녀 이야기나 그리스 신화의 신과 인간의 결혼을 연상하게 한다. 창세기 6:2-4을 문자 그대로 해석하면, 엘로힘의 아들들이 사람의 딸들과 결혼을 하고, 이들을 통해 네피림이라는 거인을 낳는다.[4)] 이로 인해 하나님은 나의 신이 더 이상 사람과 함께 하지 않는다는 선언과 함께 인간을 멸망시키려 한다. 그렇다면 엘로힘의 아들들과 사람의 딸들은 누구일까?

베네 엘로힘의 정체에 대한 세 가지 견해

	1	2	3
하나님의 아들들	타락한 천사들	셋의 경건한 후손들	지배자들
사람의 딸들	인간의 딸	가인 후손의 딸	피지배층의 딸
결혼의 의미	천사와 사람의 결혼	신/불신 결혼	일부다처

3) Gordon Wenham, *Genesis 1-15*, 138-139.

4) 70인역의 번역 때문에(*οἱ δὲ γίγαντες ἦσαν ἐπὶ τῆς γῆς*) 네피림을 거인이라고 일반적으로 받아들인다. 그러나 그 의미는 분명하지 않다. D. L. Petersen, "Genesis 6:1-4, Yahweh and the

이들의 정체와 관련하여 대략 세 가지 견해가 있다.

첫째 주장: 엘로힘의 아들들 — 타락한 천사들

첫째 주장은 엘로힘의 아들들은 타락한 천사들이고 사람의 딸들은 인간의 딸이며, 천사와 인간의 딸이 결혼하여 네피림을 낳았다는 것이다.[5] 이 주장은 가장 오래되었으며, 유대인들의 외경 에녹 1서 6-11에 나올 뿐만 아니라 초대 교부들 중에서도 찾을 수 있다.[6] 이 주장을 선호하는 사람들은 다음과 같은 근거를 제시한다. 욥기 1:6과 38:7에서 볼 수 있는 것처럼, 엘로힘의 아들들은 구약 성경에서 종종 천사들을 지칭하기 위해 사용된다.[7]

> 욥 1:6 하루는 하나님의 아들들이 와서 여호와 앞에 섰고 사단도 그들 가운데 왔는지라.
> 욥 38:7 새벽 별들이 함께 노래하며 하나님의 아들들이 다 기쁘게 소리 하였었느니라.

대부분의 영어 성경들은 욥기 1:6의 "하나님의 아들들"을 천사들로 번역하고 있다. 전후 문맥에 비추어 볼 때 이 표현을 천사들로 이해하는 것이 적절하

Organization of the Cosmos," *JSOT* 13 (1979): 47-64. L. E. Siverns, "Is there a Jinni in Genesis?, *Theological Review* 8-2 (1987): 48-54.

5) 길가메쉬 서사시에서 이쉬타 여신은 길가메쉬에게 청혼하지만 길가메쉬는 이를 거절한다. ANET 83-84. F. B. Huey, Jr. and John H. Walton, "Are the Sons of God in Genesis 6 Angels?," *The Genesis Debate*, 184-209.

6) 에녹 1서 6:1-2 In those days, when the children of man had multiplied, it happened that there were born unto them handsome and beautiful daughters. And the angels, the children of heaven, saw them and desired them; and they said to one another, "come, let us choose wives for ourselves from among the daughters of man and beget us children." Irenaeus, *Against Heresies* 4.36.4. Augustine, *City of God* 15.23.

7) Cassuto, *Genesis I*, 292. Sarna, *Genesis*, 45.

다. 욥기 38:7은 하나님이 천지를 창조할 때의 일을 두고 새벽 별들과 "하나님의 아들들"이 함께 기뻐하며 노래하는 장면이다. 그러므로 여기서도 엘로힘의 아들들은 인간이 아니라 천사들을 의미하는 것으로 판단된다.

또 다른 근거는 유다서 1:6-7이 이 사건을 지칭할 가능성이 있다는 것이다.

> [6]또 자기 지위를 지키지 아니하고 자기 처소를 떠난 천사들을 큰 날의 심판까지 영원한 결박으로 흑암에 가두셨으며, [7]소돔과 고모라와 그 이웃 도시들도 저희와 같은 모양으로 간음을 행하며 다른 색을 따라 가다가 영원한 불의 형벌을 받음으로 거울이 되었느니라. 저희와 같은 모양으로 간음을 행하며,

이 주장을 옹호하는 사람들은 자기 처소를 떠난 천사들이 소돔과 고모라 사람들처럼 간음을 행하며 다른 색을 따라 간 부패한 모습을 그리고 있다고 생각한다. 즉 마치 천사들과 인간의 성적인 관계를 증거하는 것으로 생각한다.

천사와 인간의 결혼을 주장하는 사람들이 가장 자신 있어 하는 것은 그들의 주장이 문자적인 해석이고, 창세기 6:2에서 둘은, 하나님의 아들들과 사람의 딸들, 서로 대조를 이루는 존재들이라는 것이다.

이런 근거들에도 불구하고 이 주장은 여러 가지 문제점을 가지고 있다. 첫째, 신화적인 색채가 너무 강하다.[8] 고대 근동의 창조와 홍수 기사들은 신들간의 전쟁을 비롯한 신화적인 내용들을 담고 있다. 반면에 구약 성경의 창조 및 홍수 기사에는 하나님이 창조하였고, 하나님이 홍수를 보냈다는 것을 제외하고 다른 신들의 개입을 전혀 인정하지 않는다. 그런 구약 성경이 창세기 6:1에

---

8) 창세기 6:1-4을 고대 근동의 신화로 여기는 학자들도 많이 있다. Hermann Gunkel, *Genesis*, 56-57. David J. A. Clines, "The Significance of the Sons of God Episode (Genesis 6:1-4) in the Context of the Primeval History (Genesis 1-11)," *JSOT* 13 (1979): 33-46. David L. Petersen, "Genesis 6:1-4, YAHWEH and the Organization of the Cosmos," *JSOT* 13 (1979): 47-64. Ronald S. Hendel, "Of Demigods and the Deluge: Toward an Interpretation of Genesis 6:1-4," *JBL* 106-1 (1987): 13-26. Helge S. Kvanvig, "Gen 6,1-4 as an Antediluvian Event," *Scandinavian Journal of the Old Testament* 16-1 (2002): 79-112.

서 홍수로 인한 인류 멸망을 이유로 신화적인 내용을 제시한다고 보는 것은 적절하지 못하다. 심지어 아트라하시스와 길가메쉬 서사시를 비롯한 고대 근동의 홍수 설화에서 홍수의 원인은 신적인 존재들과 인간의 성적인 타락이 아니다. 고대 근동의 전통에서 홍수의 원인은 항상 인간이 너무 시끄럽게 함으로 신들을 괴롭게 하였다는 것이다.[9]

둘째, 엘로힘의 아들들(베네 엘로힘, בְּנֵי־הָאֱלֹהִים)이 천사들이라면 천사들의 죄악 때문에 왜 대홍수라는 끔찍한 징벌을 사람이 받아야 하는가? 창세기 6-8장뿐만 아니라 성경 어디에도 홍수의 책임이 천사들에게 있다는 말이 없다. 혹시 천사의 유혹을 사람들이 뿌리치지 못하고 응했기 때문에 책임이 있다고 말할 수도 있다. 그렇다면 천사들의 유혹에 넘어간 것은 여자들인데 왜 남자들도 함께 책임을 지고 멸망 당해야 하는가? 여성들에게는 미안하지만, 그 당시 남성들이 억울하게 죽었다는 생각이 든다.

셋째, 신약의 지지가 의문스럽다. 유다서 6-7절의 그 이웃 도시들도 천사들에게 성적인 범죄를 저지르려고 시도했는가? 창세기 19장에서 소돔과 고모라 사람들은 천사의 정체를 알고 성범죄를 범하려고 했는가? 아니면 단지 너무 잘생겨서 남자인지 여자인지, 천사인지 사람인지 구분 못하고 덤벼 들었나? 그리고 유다서 6절에서 자기 지위를 지키지 아니하고 자기 처소를 떠났다는 것은 하나님을 거짓말쟁이로 몰아가며 아담과 하와를 유혹하려고 자신의 위치와 역할을 저버린 사단을 말하는 것이 아닐까? 권위를 업신여기고 영광을 훼방하는 것은 에덴 사건과 훨씬 더 가깝다. 그리고 7절의 "저희와 같은 모양으로"에서 저희는 지시 대명사 '투토이스' (*τούτοις*)이며 "이들과 같은 모양으로"로 번역해야 적절하며, '이들은' 천사들이 아니라, 유다서 1:4에서 거론된 '가만히 들어온 사람' 들을 지시하는 것으로 봐야 한다.[10]

---

9) Stephanie Dalley, *Myths from Mesopotamia: Creation, the Flood, Gilgamesh, and Others* (Oxford: Oxford University Press, 1991), 20.

10) 유다서 8절에서도 4절의 '가만히 들어온 자들' 을 지시대명사 후토이(*οὗτοι*)를 사용하여 지시하고 있다.

"이는 가만히 들어온 사람 몇이 있음이라. 저희는 옛적부터 이 판결을 받기로 미리 기록된 자니, 경건치 아니하여 우리 하나님의 은혜를 도리어 색욕거리로 바꾸고, 홀로 하나이신 주재 곧 우리 주 예수 그리스도를 부인하는 자니라."

넷째, 마태복음 22:23-33에서 사두개인들이 일곱 형제가 한 여자를 아내로 취한 사건을 두고 질문하였을 때 예수님께서 천국에서는 사람들이 결혼하지 않고 천사들처럼 산다고 했다. 이 말은 천사들처럼 결혼만 하지 않는 것이 아니라 천사들의 성적인 행위의 가능성을 배제하고 있다. 그러므로 예수님의 말씀은 창세기 6:2-4의 천사들과 인간의 결혼 가능성을 근원부터 흔들어 버린다.

다섯째, 전통적인 유대인들의 견해는 두 가지로 나뉘어진다. 첫째는 엘로힘의 아들들을 천사들로 보는 견해이다. 요세푸스와 필로가 이 견해를 가졌으며, 그 외에도 에녹 1서와 쥬빌리 그리고 바룩 2서에서도 엘로힘의 아들들을 천사로 여긴다.[11] 둘째 전통은 정통 랍비들에게서 찾을 수 있다. 이들은 엘로힘의 아들들을 천사로 보지 않고 지배자나 권력자들의 아들들로 생각했다. 탈굼이나 랍비 시대의 문헌들은 엘로힘의 아들들을 왕족으로 생각했다. 탈굼 온켈로스와 탈굼 슈도 조나단은 창세기 6:2과 6:4의 엘로힘의 아들들을 이렇게 생각했으며, 미드라쉬 랍바와 탈굼 네오피티는 사사들의 아들들이라고 했다. 심마쿠스도 창세기 6:2를 지배자들의 아들들이라고 번역하고 있다. 필로는 엘로힘의 아들들을 천사로 여기면서도 다른 책에서는 이들을 훌륭하고 탁월한 사람들이라고 불렀다(Q. Gen. 1.92).

둘째 주장: 엘로힘의 아들—셋의 경건한 후손들

둘째 주장은 하나님의 아들들을 셋의 경건한 후손들로, 그리고 사람의 딸들

11) Josephus, Ant. 1:73; Philo, On the Giants 6; Q. Gen. 1:92; CD 2:18; 1 Enoch 6:2,6; 106. 13-14; Jubilees 5:1; 10:1-6; 2 Baruch 56:12-15.

을 가인의 후손의 딸로 생각하며, 이들의 결혼은 신자와 불신자의 결혼이기 때문에 심판의 원인이 되었다고 주장한다. 이 주장은 줄리어스 아프리카누스(Julius Africanus)가 제창하여 A.D. 2-3세기 이후 초대 교회 교부들에 의해 자리잡게 되었으며, 칼빈을 비롯한 종교 개혁가들을 거쳐 현재까지 지배적인 주장으로 자리잡게 되었다.[12] 이 주장은 '하나님의 아들들'이 천사를 표현하기도 하지만, 경건한 사람들을 하나님의 아들들로 표현하기도 한다는 점에서 착안하였다. 예를 들면, 시편 2:7에서 하나님은 다윗의 후손 메시아 왕을 "너는 내 아들이라 오늘날 내가 너를 낳았도다"라고 한다. 출애굽기 4:22에서 하나님은 이스라엘을 "내 아들 내 장자"라고 표현한다. 신명기 14:1에서 모세는 이스라엘 백성들을 "너희는 여호와의 자녀니"라고 한다. 그리고 호세아 11:1과 이사야 43:6도 마찬가지이다.

> 호 11:1 이스라엘의 어렸을 때에 내가 사랑하여 내 아들을 애굽에서 불러 내었거늘,
> 사 43:6 내가 북방에게 이르기를 놓으라. 남방에게 이르기를 구류하지 말라. 내 아들들을 원방에서 이끌며 내 딸들을 땅 끝에서 오게 하라.

호세아 11:1에서는 출애굽할 때의 이스라엘 백성을 내 아들이라고 호칭하고 있고, 이사야 43:6에서는 종말론적 구원을 이스라엘에게 베풀 것을 약속하며 "내 아들들과 내 딸들"이라고 부르고 있다.

이 주장도 여러 가지 문제점들을 가지고 있다. 첫째, 구약 성경에는 이스라엘 백성을 하나님의 자녀들로 여기지만, 이스라엘 백성들을 하나님의 아들로 직접적으로 표현하지는 않는다. 뿐만 아니라, 이 개념을 출애굽 이후의 이스

---

12) John H. Walton, *Genesis*, 291. Calvin, *Genesis*, 238. "It was, therefore, base ingratitude in the posterity of Seth, to mingle themselves with the children of Cain, and with other profane races; because they voluntarily deprived themselves of the inestimable grace of God."

라엘 민족들에게는 적용할 수 있지만, 이를 노아 홍수 이전 사람들에게도 적용 가능한지 의문의 여지가 있다.

둘째, 창세기 5장의 아담과 셋의 후손 10명은 경건하고 의로운 자들이었다. 이들의 가정 생활을 명확하게 알 수는 없지만, 최소한 아담과 노아 그리고 노아의 아들들은 모두 한 여자와 결혼했다. 그렇다면 좋아하는 모든 여자를 아내로 취한 소위 '하나님의 아들들'은 누구인가? 창세기 5–6장의 아담과 셋의 후손들 중에는 분명히 존재하지 않는다.

셋째, 창세기 6:1에서 "딸들이 사람에게 났다"는 말이나 6:2의 "사람의 딸들"은 같은 개념이다. 그런데 창세기 6:2의 사람의 딸들을 가인의 딸들로 규정하고 한정하는 것은 모순이다.

셋째 주장: 엘로힘의 아들들 — 지배자들

고대 근동 사회에서 신의 아들이란 호칭은 권력과 힘을 가진 왕들이나 도시의 지배자들에게 붙여졌다.[13] 출애굽기 21:6; 22:8–9, 28; 시편 82:6에는 그 흔적을 찾을 수 있다. 창세기 1–5장에 왕의 존재에 대한 언급이 없지만, 클라인(M. Kline)이 제시하는 것처럼 창세기 4장의 가인의 후손들은 일종의 권력자였을 가능성이 있다.[14] 가인과 라멕이 휘두른 폭력과 라멕이 복수의 아내를 취한 것과 그의 후손들이 금속과 악기와 목축을 하게 되는 것이 당대의 권력자들의 모습을 반영한다. 그리고 창세기 4:17에서 가인이 성을 건축한 것은 가인의 의도와 목적을 엿볼 수 있게 해 준다. 가인이 건축한 것은 전원 주택 한 채를 지었다는 것이 아니라 말 그대로 성벽을 갖춘 작은 도시를 건축하였고, 그 도시의 이름에 자식의 이름을 붙였다. 가인이 그 도시의 소유자라는 말이고,

---

13) Stephen Hre Kio, "Revisiting the Sons of God in Genesis 6.1–4," *The Bible Translator* 52–2 (2001): 234–239.

14) Meredith G. Kline, *Kingdom Prologue* (S. Hamilton, MA: Gordon–Conwell Theological Seminary, 1993), 112–114.

이는 가인을 일종의 왕이나 작은 영토의 지배자로 볼 수 있게 한다. 권력자들이 사람의 딸 또는 하나님의 백성의 딸들을 취하는 장면은 창세기 12:10-20; 20:1-11; 26:6-11에서도 볼 수 있다. 아브라함과 이삭이 자기 아내를 누이라고 한 것이 발단이긴 하였지만, 공교롭게도 이집트 왕이 셈의 후손인 아브라함과 이삭의 아내의 아름다움을 보고 아내로 취하여 갔다. 엘로힘의 아들들은 가인의 후손들로서 자신들의 힘과 권력을 이용하여 사람의 딸들을 마음대로 데려다가 아내로 삼았을 것이다.

이상에서 언급한 세 가지 전통적인 견해들은 나름대로 근거를 가지고 있으면서도 문제점들을 가지고 있다. 이 견해들이 공통적으로 가지고 있는 가장 큰 문제점은 창세기 6:2의 엘로힘의 아들들을 문자적 해석 그 자체에 집착하면서 창세기 1-6장이라는 배경 속에서 이해하려는 노력을 충분히 기울이지 않았다는 것이다. 본문의 배경을 고려할 때 엘로힘의 아들들은 뱀의 후손 또는 가인의 후손이고 사람의 딸들은 아담과 셋의 후손일 가능성이 매우 높다.[15] 엘로힘의 아들들의 정체를 가려내기 위해서는 창세기 6:2-4만 제한적으로 읽고 이해해서는 안되고 창세기 1-6장과 노아 홍수와 관련된 다른 성경들의 도움을 받아야 한다. 우선 창세기 6:1-8의 구조부터 살펴보자. 창세기 6:1-8은 다음과 같이 대조를 이루고 있다.

A. 아담 후손, 번성 6:1

  B. 엘로힘의 아들들의 범죄 6:2

    C. 여호와의 심판, 독백 6:3

  B'. 엘로힘의 아들들의 범죄 6:4

    C'. 여호와의 심판, 독백 6:5-7

A'. 아담 후손, 노아의 의 6:8

---

15) Meredith G. Kline, "Divine Kingship and Genesis 6:1-4," *Westminster Theological Journal* 24-2 (1962): 187-204.

위에서 볼 수 있는 것처럼, B와 B' 은 범죄 사실을 기록하고 C와 C' 는 범죄에 대한 여호와의 심판 결심을 기록하여 대구 구조를 형성하고 있다. B와 B' 는 범죄 행위자를 엘로힘의 아들들이라고 표현한 반면에 C와 C' 는 심판 대상을 각각 사람으로 표현한다. C와 C' 의 여호와의 독백에서 "엘로힘의 아들들"이라는 표현이 전혀 없으며 하나님을 여호와로만 표현하고 엘로힘이란 표현을 전혀 사용하지 않는다. B와 B' 의 범죄 행위자와 C와 C' 의 심판 대상의 관계는 무엇일까? 동일한 대상으로 보는 것이 가장 합리적이다. 동일한 대상이 아니라면 6:2에서 사람의 딸들을 빼앗은 자들은 엘로힘의 아들들인데 이들 때문에 사람이 비난 받고 심판 받을 이유가 없다.

창세기 6:2과 4의 '엘로힘의 아들들' 에서 엘로힘의 의미는 '엘로힘의 아들들' 의 정체를 확인하는데 핵심 역할을 한다. 일반적으로 엘로힘은 '엘' (אֵל) 또는 '엘로아흐' (אֱלוֹהַּ)의 복수로서 신들 또는 천사들을 의미하지만, 장엄복수로 사용되었을 경우 하나님으로 해석된다. 창세기 6:2과 4절에서는 구문 자체의 모호함 때문에 단순 복수인지 장엄 복수인지 확인하는 것이 불가능하다.[16] 그러므로 엘로힘의 의미를 파악하기 위해서는 엘로힘을 창세기 1-6장의 배경에서 살펴보아야 한다.

창세기 1-6장에서 엘로힘은 대부분 하나님을 표현하는 장엄복수이지만, 천사들을 의미하는 말로도 사용되었다. 바로 사탄이 하와에게 했던 창세기 3:5에서 천사들을 의미하는 표현으로 사용되었다.

כִּי יֹדֵעַ אֱלֹהִים כִּי בְּיוֹם אֲכָלְכֶם מִמֶּנּוּ וְנִפְקְחוּ עֵינֵיכֶם וִהְיִיתֶם כֵּאלֹהִים יֹדְעֵי טוֹב וָרָע׃

16) 히브리어 성경을 헬라어로 번역하면서 철저한 직역을 선호한 Aquila는 '베네 엘로힘' (בני אלהים)을 '호이 휘오이 톤 데온' (*οἱ υἱοὶ τῶν θεῶν*)으로 번역하여, 엘로힘은 하나님이 아니라 신들로 보고 있다. 그러나 대부분의 헬라어 역본들은 엘로힘을 단수로 보았다. P. S. Alexander, "The Targumim and Early Exegesis of Sons of God in Genesis 6," *Journal of Jewish Studies* 23-1 (1972): 60-71. Meredith Kline은 '베네 엘로힘' 을 "sons of gods"로 여긴다. Meredith G. Kline, *Kingdom Prologue* (S. Hamilton, MA: Gordon-Conwell Theological Seminary, 1993), 111-117.

키 요데아 엘로힘 키 베욤 아칼켐 밈멘누 베니프케후 에이네이켐
비이템 케로힘 요드에이 토브 와 라아

창세기 3:5의 주석에서 이미 밝힌 것처럼 첫 번째 '엘로힘'(אֱלֹהִים)은 동사 '요데아'(יֹדֵעַ)가 단수이기 때문에 장엄복수로서 하나님을 가리키지만, 두 번째 엘로힘은 동사 '요데에'(יֹדְעֵי)가 복수이기 때문에 장엄복수의 하나님이 아니라 단순 복수의 신들 또는 천사들을 가리킨다. 에스겔 28:16은 이 천사들 중에 교만하여 타락한 천사인 사탄이 포함되어 있고, 창세기 3:15의 뱀이 바로 이 타락한 천사이다. 이런 점을 고려할 때 창세기 3:15의 뱀의 후손을 엘로힘의 후손이라고 표현해도 좋을 것이다. 그렇다면 창세기 6:2과 6:4의 베네 엘로힘을 하나님의 아들들로 해석할 수도 있지만, 창세기 3장의 엘로힘의 후손 또는 뱀의 후손에 대한 표현으로 여길 수 있는 가능성이 생겨난다. 둘 중의 누구를 지칭하는지 확인하기 위해서 엘로힘의 아들들의 행동을 살펴봐야 한다.

창세기 6:5의 엘로힘의 아들들의 행동을 살펴보면 이들의 행동이 창세기 3:6에서 타락한 천사의 유혹에 이끌려 선악과를 따먹은 하와의 모습과 매우 유사하다.

창 3:6 וַתֵּרֶא הָאִשָּׁה כִּי טוֹב הָעֵץ 와테레 하이사 키 토브 하에츠
창 6:2 וַיִּרְאוּ בְנֵי־הָאֱלֹהִים אֶת־בְּנוֹת הָאָדָם כִּי טֹבֹת הֵנָּה 와일우 베네-하엘로힘 에-베노트 하아담 키 토보트 헤나
창 6:5 וַיַּרְא יְהוָה כִּי רַבָּה רָעַת הָאָדָם 와얄 야웨 키 랍바 라아트 하아담

창세기 3:6에서 하와가 선악과를 보며 했던 표현(וַתֵּרֶא … כִּי טוֹב הָעֵץ)과 동일하게 6:2에서 '엘로힘의 아들들이 사람의 딸들을 보니, 보기에 좋았더라'고(וַיִּרְאוּ … כִּי טֹבֹת הֵנָּה) 한다. 하와가 보기에 좋았던 것이(טוֹב), 하나님께는 악(רָעַת)했던 것처럼, 엘로힘의 아들들이 자기 눈에 보기에 좋았던(טוֹב, 창 6:2) 것들이 하나님의 보시기에 심히 악했다(רָעַת, 창 6:5). 에덴 사건 이후의 인간들

중에서 하나님 보시기에 악을 행한 자들은 가인과 그의 후손들이다. 창세기 6:2-4에서 엘로힘의 아들들은 사람의 딸들을 임의로 빼앗아 여러 명의 아내들을 거느리고 있다. 이것은 창세기 1-6장에서 가인의 후손 라멕에게서만 볼 수 있다.[17]

신약 성경의 유다서와 베드로전서 2:5는 창세기 6:1-4의 엘로힘의 아들들의 행위가 가인의 삶의 길과 관련되었음을 보여준다. 우선 유다서를 살펴보자.

> [11]화 있을찐저 이 사람들이여, 가인의 길에 행하였으며 삯을 위하여 발람의 어그러진 길로 몰려 갔으며 고라의 패역을 좇아 멸망을 받았도다 … [14]아담의 칠세 손 에녹이 사람들에게 대하여도 예언하여 이르되, 보라 주께서 그 수만의 거룩한 자와 함께 임하셨나니, [15]이는 뭇사람을 심판하사 모든 경건치 않은 자의 경건치 않게 행한 모든 경건치 않은 일과 또 경건치 않은 죄인의 주께 거스려 한 모든 강퍅한 말을 인하여 저희를 정죄하려 하심이라 하였느니라 … [19]이 사람들은 당을 짓는 자며 육에 속한 자며 성령은 없는 자니라.

유다서 1:19는 당시의 이단들을 두고 하는 말이지만 분명히 노아 홍수 때에 살았던 사람들의 삶과 비교하고 있다. 유다서 1:19은 창세기 6:3과 아주 흡사하다.

> 유 1:19 육에 속한 자며 성령은 없는 자니라
> 창 6:3 여호와께서 가라사대 나의 신이 영원히 사람과 함께 하지 아니하리니 이는 그들이 육체가 됨이라

그리고 유다서 1:15에서 "뭇사람을 심판하사"는 노아 홍수 심판를 가리키며, 그들의 죄목과 유사한 표현을 베드로전서 2:5의 노아와 관련된 말에서 볼

17) Keil and Delitzsch, *First Book of Moses*, 131.

수 있다.

> 옛 세상을 용서치 아니하시고, 오직 의를 전파하는 노아와 그 일곱 식구를 보존하시고, 경건치 아니한 자들의 세상에 홍수를 내리셨으며,

노아 시대의 홍수 심판을 받을 사람들에 대해 유다서 15(ἀσεβεῖς)와 베드로전서 2:5(ἀσεβῶν)은 공통적으로 "경건치 아니한 자들"이라고 부른다. 이것은 이들이 동일한 행위를 한 자들이며, 이런 자들이 최소한 에녹 시대 때부터 노아 시대 때까지 존재하다가 노아 홍수를 통해 심판 받았다고 볼 수 있다. 역으로 말하면 유다서에서 에녹이 예언한 이 경건치 아니한 자들은 베드로전서 2:5의 노아 시대의 경건치 않은 자들과 동일하며 이들은 모두 창세기 6:1-4에 있는 엘로힘의 아들들이다. 그렇다면 유다서에서 말하는 "모든 경건치 않은 일"은 6:2의 "자기의 보기에 좋은 모든 자들"을 아내로 삼는 것일 것이다. 그렇다면 "모든 강팍한 말"은 무엇일까? 혹시 자칭 '엘로힘의 아들'이라고 불렀던 것은 아닐까? 이들의 정체에 대해 유다서 1:11은 결정적인 말을 하고 있다.

> "[11]화 있을찐저 이 사람들이여, 가인의 길에 행하였으며 삯을 위하여 발람의 어그러진 길로 몰려 갔으며 고라의 패역을 좇아 멸망을 받았도다."

유다는 그의 시대의 이단들을 "가인의 길에 행하였으며"라고 말한다. 유다가 이들을 에녹 시대의 경건치 않은 자들과 비교하고 있다는 점을 고려한다면, 가인의 길에 행한 자는 유다서 시대의 사람들에게만 한정되는 것이 아니라 에녹 시대의 경건치 않은 자들도 포함된다. 즉 유다서 1:11은 에녹과 노아 시대의 경건치 않은 자들은 가인의 길에 행하는 자들이었고 뱀의 후손들이었다고 증언하고 있다.

3절

> [3]그래서 여호와께서 가라사대 나의 신이 영원히 사람과 함께 하지 아니하리니 그들은 역시 육체이기 때문이다. 그러므로 그들의 날은 일백 이 십 년이 되리라.

창세기 6:3은 인간에 대한 하나님의 후회를 표현하고 있다. 그러나 그 의미를 이해하는 것은 쉽지 않다. 창세기 6:3은 두 가지 이슈를 가지고 있다. 첫째는 동사 '야돈'(יָדוֹן)의 의미이다. 이에 대한 영어 성경의 해석은 NIV와 NRS에서 볼 수 있는 것처럼 둘로 나뉘어 진다.

> וַיֹּאמֶר יְהוָה לֹא־יָדוֹן רוּחִי בָאָדָם לְעֹלָם בְּשַׁגַּם הוּא בָשָׂר
>
> 와요멜 야웨 로-야돈 루히 바아담 레올람 베삭감 후 바살
>
> NIV My Spirit will not contend with man forever, for he is mortal.
>
> NRS My spirit shall not abide in mortals forever, for they are flesh.

NIV성경은 '야돈'(יָדוֹן)의 원형을 '딘'(דִּין, 재판하다)으로 보고 있는 반면에, NRS는 70인역처럼 '둔'(דּוּן, 머무르다)을 원형으로 간주하고 번역 하였다.[18] 둘 중에 어느 것이 정확한 의미인지 확증하기 어렵다. '딘'(דִּין)이 동사의 원형이라면, 그 의미는 하나님의 신이 더 이상 인간을 법적으로 배려하지 않는다는 뜻이다. 아벨을 죽인 가인을 배려하여 가인을 죽인 자에게는 7배의 벌을 받게 된다고 하며 보복 금지 같은 하나님의 배려가 더 이상 인간에게 적용되지 않는다는 말로 이해할 수 있다. '둔'(דּוּן)이 원형이라면, 창세기 2장의 인간 창조에서 인간을 생령이 되게 하고 인간을 인간되게 하는 핵심 요인이었던 하나님의 성령이 더 이상 인간과 함께 하지 않는다는 말이다.[19] 창세기 1-6장의 배경에서 둘 다 가능한 해석이다. 하지만 창세기 8:1에서 하나님의 영이 다시 물

---

18) Kenneth A. Mathews, *Genesis 1-11:26*, 333.

19) Sarna, *Genesis*, 46. 사르나는 나의 신을 창세기 2:7의 생령으로 생각한다.

로 뒤 덮인 지구 위에 강림하는 것으로 보아 70인역 번역 전통을 따라 '머무르다' 로 번역하는 것이 더 적절한 것으로 판단된다.

그렇다면 왜 하나님은 더 이상 인간들 가운데 거하지 않는가? 그 이유를 '베삭감 후 바살' (בְּשַׁגַּם הוּא בָשָׂר)이라는 말로 나타내고 있다. '그들은 역시 육체이다' 란 표현은 단순히 육체를 가진 존재라는 의미가 아니라, 그들은 타락한 존재라는 뜻이다. 앞서 살펴 보았던 것처럼, 3절이 5-7절과 대비를 이루고 2절은 4절과 대비를 이루는 점을 고려하면 '바살' (בָּשָׂר)은 심판의 원인인 도덕적 타락을 나타낸다. 이것을 신적이고 영적인 존재가 인간적 육체적 존재가 된 것으로 생각하는 것은 적절하지 않다. 이 표현을 사용한 이유는 인간의 도덕적 타락과 더불어 하나님의 심판으로 죽게 될 인간의 육체의 나약함을 상기시키기 위함일 것이다.[20] 개역성경은 이 부분을 "이는 그들이 육체가 됨이라"고 번역하였다. 하지만 이 번역은 '베삭감 후 바살' (בְּשַׁגַּם הוּא בָשָׂר)의 의미를 충실하게 반영하지 못했다. '후' (הוּא)는 지시대명사 3인칭 남성 단수로서 선행하는 문장의 남성 명사 '아담' 을 지시한다. 이 '아담' 은 인간들을 나타내는 집합 명사로 사용되었기 때문에 '후' (הוּא)를 그들로 번역해도 된다. 문제는 '베삭감' (בְּשַׁגַּם)이다. '베삭감' (בְּשַׁגַּם)은 세 단어가 합쳐져 있다: 전치사 '베' (בְּ)+접속사 '사' (שׁ)+부사 '감' (גַּם) 이다.[21] 한글 성경은 부사 감의 의미를 제대로 살리지 못했다. 유대인들의 구약 성경 타낙(Tanakh)이 "since he too is flesh"라고 번역하는 것처럼 '감' (גַּם)은 '역시' (too)라는 의미를 가지며, 이를 반영하여 번역하면 "이는 그들도 역시 육체이기 때문이다"이다. '감' (גַּם)이란 표현은 이 표현을 가진 문장의 내용이 선행하는 문장의 사건이나 행동 또는 생각과 논리적으

20) Cassuto, *Genesis 1-6*, 296-297. Cassuto는 이를 천사와 사람의 딸 사이에 태어난 존재가 신적 존재가 아니라 육적 존재에 지나지 않는다는 선포 정도로 이해한다. 그러나 아담이 범죄했을 때 그의 존재를 흙으로 만들었다는 것을 강조한 것과 같은 차원에서 이 표현을 생각하면 육체라는 표현을 통해 인간의 죄악과 생명의 한계를 동시에 함축하려 한 의도를 충분히 이해할 수 있을 것이다.

21) Cassuto, *Genesis 1-6*, 296-297. Marc Vervenne, "All They Need is Love: Once More Genesis 6:1-4," *Words Remembered, Texts Renewed*, ed. David J. A. Clines (Sheffield: Sheffield Academic Press, 1995), 27-30.

로 동일하거나 유사한 내용을 말할 때 사용된다. 이 점을 감안하고 '역시'를 붙여 해석하면 이 문장의 의미에 큰 변화가 생긴다. '그들도 역시'이기 때문에 '그들'(아담=사람)보다 앞서 부패하고 악한 존재가 있으며, 그 존재들처럼 사람도 부패하고 타락했다는 말이다. 그 타락한 존재는 바로 6:2의 '엘로힘의 아들들'이다. 창세기 6:3은 엘로힘의 아들들처럼 사람도 타락 범죄하였기 때문에, 또는 사람이 엘로힘의 아들들의 타락한 길을 따라가 버렸기 때문에 하나님의 영이 더 이상 사람과 함께 하지 않는다는 말이다. 창세기 6:5-7은 창세기 6:3의 내용을 더 구체적으로 설명하고 있다. 창세기 6:5-7에 따르면, 사람의 죄악은 땅에 가득하였고 마음에 생각하는 것이 항상 악하기만 하였다.

둘째 논쟁점은 창세기 6:3의 마지막 문장에서 하나님께서 사람(아담)의 날을 120년이 되리라고 한 말의 의미이다. 120년의 의미에 대해 두 가지 견해가 있다. 첫 번째 견해는 이를 인간의 수명으로 여긴다. 창세기 5장에는 사람들이 평균 900살을 살며 장수한다. 그러나 마음에 항상 악한 일만 생각하는 인간의 수명을 하나님께서 치명적으로 단축시켰다고 이 견해는 주장한다. 이 견해의 약점은 노아 홍수 이후에 노아를 비롯한 그의 자녀들이 수백 년씩 장수하며 살고 있다는 것이다. 아브라함과 이삭과 야곱도 120년을 훌쩍 넘기고 있다. 이런 약점에도 불구하고 평균 900년을 살던 인간이 노아 홍수 이후 수명이 급격하게 줄어 들게 되었기 때문에 이 표현이 인간 수명과 관련 있을 가능성을 전적으로 배제할 수는 없다.

두 번째 견해는 120년을 노아 홍수 심판까지 남은 시간으로 여기는 것이다. 이 견해의 약점은 창세기 5:31에서 노아의 나이가 500살이었음을 밝힌 후 6:1-4의 메시지가 나왔기 때문에 노아의 나이 500+120은 620년이 되는데 반해 노아 홍수는 노아 나이 600살에 발생했다고 한다는 것이다. 하지만 창세기 6:1-4의 메시지가 반드시 노아 나이 500살에 주어졌다고 볼 필요는 없다. 창세기 6:5-7은 둘째 견해를 뒷받침하고 있다. 6:5-7은 6:3의 내용과 대비된다. 6:3에서 하나님은 자신의 영이 더 이상 사람과 함께 하지 않을 것이라고 말할 정도로 인간과 그들의 죄악에 대해 부정적이다. 6:5-7도 역시 하나님이 인간의 죄악 때문에 그들을 창조한 것 자체를 후회한다. 6:3에서 인간의 날을 120년이라고 했는데, 6:7에서 하나님은 인간을 땅에서 제거하되 짐승과 기는 것과 새들까지 모두 제거하겠다고 한다. 그렇기 때문에 창세기 6:3의 120년은 홍수 때까지 남은 기간을 의미하는 것으로 보는 것이 적절하다.

4절

> [4]그 날에 네피림이 땅에 있었고, 그리고 그 후에도 엘로힘의 아들들이 사람의 딸들에게 들어가 자식을 낳았으니. 그들은 용사들이며 고대로부터 유명한 사람들이었더라.[22]

창세기 6:2-4의 엘로힘의 아들들과 '네피림'(נְפִלִים)이라는 말은 냉소적인 의미로 사용되었을 수 있다. 네피림은 엘로힘의 아들들이 사람의 딸들 사이에 태어난 존재들이다. 네피림의 히브리어 נְפִלִים은 수동태 형태의 형용사로서 명사적 용법으로 사용되었고, 그 의미는 타락한 자들 또는 떨어진 자들이란 뜻이다.[23] 네피림의 정체에 대해서 많은 추측들이 있었다. 70인역은 이를 거인들로 여겼고, 민수기 13:33의 아낙 자손 네피림을 이들을 지칭하는 것으로 번역했다. 에스겔 32:20-27에도 네피림이라는 말이 거듭 등장하며, 이 역시 네피림을 거인으로 여기는 근거가 되어 왔다. 그러나 이런 근거들은 문제가 많다. 만약 민수기 13:33의 네피림이 창세기 6:4의 네피림의 후손으로 여긴다면, 이들은 노아 홍수에서 살아 남은 자들이라고 볼 수밖에 없다. 도대체 이들이 얼마나 거대한 거인이었으면 노아 홍수에서 살아 남을 수 있을까! 게다가 70인역의

22) 창세기 4-5장에서는 자녀 출산을 위한 부부의 동침을 동사 '야다'(ידע 알다, 상관하다)를 사용했는데, 창세기 6:4에서는 동사 '보'(בוא 들어가다)를 사용하였다.

23) Victor P. Hamilton, *The Book of Genesis: Chapters 1-17* (Grand Rapids: Eerdmans, 1990), 270.

민수기 13:33에는 히브리어 성경에 있는 '베네 아낙 민-하네피림' (מִן־הַנְּפִלִים בְּנֵי עֲנָק)에 해당되는 부분이 없기 때문에 히브리어 표현을 후대의 첨가로 생각할 수도 있다.[24] 그러므로 민수기 13:33의 네피림을 골리앗 같은 거인으로 여길 수는 있지만 노아 홍수 때의 그 네피림으로 볼 수 없다.[25] 그렇다면 네피림은 무슨 의미를 가졌을까? 네피림은 신체가 건장한 용사를 지칭하는 표현이었을 가능성이 매우 높다. 에스겔 32:27의 네피림이 적절한 예가 될 수 있을 것이다. 에스겔 32:27의 네피림은 나팔 동사의 분사 복수형인 '노페림' 이며 그 의미는 '넘어진' 또는 '쓰러진' 의 의미를 가진다.

> וְלֹא יִשְׁכְּבוּ אֶת־גִּבּוֹרִים נֹפְלִים מֵעֲרֵלִים ··· כִּי־חִתִּית גִּבּוֹרִים בְּאֶרֶץ חַיִּים
>
> 베로 이스케부 에트-깁보림 노페림 메아레림…키-힛티트 깁보림 베에레츠 하임
>
> And they do not lie with the fallen uncircumcised warriors, … for the terror of the warriors was upon the land of the living. (TNK)

'노페림' (נֹפְלִים)은 앞에 있는 '깁보림' (גִּבּוֹרִים)을 수식하며, '깁보림 노페림' (גִּבּוֹרִים נֹפְלִים)은 '넘어진 용사들' 이란 뜻이다. 에스겔 32:27의 70인역은 '노페림' 과 '깁보림' 이 함께 사용된 것을 보고 창세기 6:3을 연상하면서 '깁보림' 을 거인으로 번역하고 '할례 받지 않은' 이라는 뜻을 가진 '아레림' (עֲרֵלִים)을 영원이라는 뜻을 가진 '아이오노스' (*αἰῶνος*)로 번역한 것으로 여겨진다.[26]

---

24) 민수기 13:33 *καὶ ἐκεῖ ἑωράκαμεν τοὺς γίγαντας καὶ ἦμεν ἐνώπιον αὐτῶν ὡσεὶ ἀκρίδες ἀλλὰ καὶ οὕτως ἦμεν ἐνώπιον αὐτῶν.*

25) 신명기 2:10-11에도 아낙 자손이란 말이 나온다. 아낙 자손은 모압에 살았던 엠 사람을 비교하기 위해 사용되고 있다. 엠 사람은 아낙 자손처럼 키가 컸다고 한다. 그래서 그들을 아낙 자손들과 함께 르바임이라고 불렀다고 한다. 신명기 3:11에 의하면 바산 왕 옥은 르바임 족속의 마지막 사람이라고 한다.

26) 에스겔 32:27의 MT와 LXX를 비교해 보라.

וְלֹא יִשְׁכְּבוּ אֶת־גִּבֹּרִים נֹפְלִים מֵעֲרֵלִים אֲשֶׁר יָרְדוּ־שְׁאוֹל בִּכְלֵי־מִלְחַמְתָּם וַיִּתְּנוּ אֶת־חַרְבוֹתָם תַּחַת רָאשֵׁיהֶם וַתְּהִי עֲוֺנֹתָם עַל־עַצְמוֹתָם כִּי־חִתִּית גִּבּוֹרִים בְּאֶרֶץ חַיִּים׃

καὶ ἐκοιμήθησαν μετὰ τῶν γιγάντων τῶν πεπτωκότων ἀπὸ αἰῶνος οἳ κατέβησαν εἰς ᾅδου ἐν ὅπλοις πολεμικοῖς καὶ ἔθηκαν τὰς μαχαίρας αὐτῶν ὑπὸ τὰς κεφαλὰς αὐτῶν καὶ ἐγενήθησαν καὶ ἐκοιμήθησαν μετὰ τῶν γιγάντων τῶν πεπτωκότων ἀπὸ αἰῶνος … ὅτι ἐξεφόβησαν γίγαντας ἐν γῆς ζωῆς

카이 에코이메세산 메타 톤 기간톤 톤 페프토코톤 아포 아이오노스 …

호티 엑세포베산 기간타스 엔 게이 조에스

And they are laid with the giants that fell of old

그리고 70인역은 '깁보림' 과 '노페림' 을 동일한 표현으로 취급하여 둘째 깁보림을 거인들로 번역하였다. 히브리어 깁보림은 용사라는 뜻을 가졌을 뿐이다. 이것은 창세기 6:4에서도 마찬가지이다.

창세기 6:4은 네피림의 정체에 대해 몇 가지 중요한 정보를 담고 있다.

הַנְּפִלִים הָיוּ בָאָרֶץ בַּיָּמִים הָהֵם וְגַם אַחֲרֵי־כֵן אֲשֶׁר יָבֹאוּ בְּנֵי הָאֱלֹהִים אֶל־בְּנוֹת הָאָדָם

하네피림 하우 바아레츠 바야밈 하헴 베감 아하레이-켄 아셀 야보우 베네 하엘로힘 엘-베노트 하아담

וְיָלְדוּ לָהֶם הֵמָּה הַגִּבֹּרִים אֲשֶׁר מֵעוֹלָם אַנְשֵׁי הַשֵּׁם

베야레두 라헴 헴마 하깁보림 아셀 메올람 안세이 하셈

첫째는 네피림이 존재했던 시기이다. 시간을 나타내는 전치사구와 부사절을 통해 두 시기가 제시되고 있다. '그 날에' 라는 의미를 지닌 '바야밈 하헴' (בַּיָּמִים הָהֵם)은 홍수 이전 시기를 가리키며 좀 더 구체적으로 말하면 '베감 아하레이 켄' (… וְגַם אַחֲרֵי־כֵן)의 부사절이 표시하는 시기 이전에 이미 존재하였다는 것이다. '베감 아하레이 켄' (… וְגַם אַחֲרֵי־כֵן)은 홍수 이전에 엘로힘의 아들들이 사람의 딸들에게 들어가서 아이를 낳은 이후이며, 이는 노아 홍수 때까지를 가리키는 표현이다. 결국 '바야밈 하헴 베감 아하레이 켄' (בַּיָּמִים הָהֵם וְגַם אַחֲרֵי־כֵן)은 네피림이 엘로힘의 아들들과 사람의 딸들과의 결혼 이전에도 존재했음을

αἱ ἀνομίαι αὐτῶν ἐπὶ τῶν ὀστῶν αὐτῶν ὅτι ἐξεφόβησαν γίγαντας ἐν γῇ ζωῆς.

보여 준다.[27] 또 다른 중요한 정보는 그 다음에 나오는 '헤마' (הֵמָּה)로 시작되는 문장이다.

הַנְּפִלִים הָיוּ בָאָרֶץ בַּיָּמִים הָהֵם … הֵמָּה הַגִּבֹּרִים אֲשֶׁר מֵעוֹלָם אַנְשֵׁי הַשֵּׁם

하네피림 하우 바아레츠 바야밈 하헴…헴마 하깁보림 아셀 메올람 안세이 하셈

'헤마' (הֵמָּה)는 지시 대명사 3인칭 남성 단수로서 네피림을 지시한다.[28] '헤마 하깁보림' (הֵמָּה הַגִּבֹּרִים)은 '그들은(네피림) 용사들이었다' 는 뜻이다. 셋째 중요한 정보는 그들이 고대로부터 유명한 사람들(메올람 안세이 하셈, הַשֵּׁם מֵעוֹלָם אַנְשֵׁי)이라는 표현이다. 이들은 '안세이' (אַנְשֵׁי)란 표현이 말해 주듯이 사람들에 지나지 않고 단지 유명한 전사들이었다는 것이다. 유명한이라는 말의 히브리어 표현은 '하셈' (הַשֵּׁם)이다. 직역은 '이름의 사람들' 이며, 이 표현은 다분히 바벨탑을 쌓으면서 자기 이름을 드러내려 한 자들과(창 11장), 성을 쌓고 자기 아들의 이름을 붙여 주었던 가인의 행위를 생각하게 만든다(창 4:17). 당대의 아담과 셋의 후손들은 여호와의 이름을 불렀지만, 가인과 바벨탑을 쌓던 사람들은 자신들의 이름을 알리려고 하였다. 마찬가지로 이들은 명성이 화려한 전사와 용사들이다.

네피림은 일반적으로 동사 '나팔' (נפל)과 관련되어 있으며, 그 의미는 '떨어지다,' '넘어지다' 또는 '숙이다' 이다. 이에 근거하여 타락한 자들, 즉 하늘에서 추방되어 땅에 떨어진 타락한 천사들을 의미하는 것으로 해석하려는 전통

27) Keil and Delitzsch, *First Book of Moses*, 137. Derek Kidner, *Genesis*, 85. Kenneth A. Mathews, *Genesis 1-11*:26, 337-338. Marc Vervenne, "All They Need is Love: Once More Genesis 6:1-4," *Words Remembered, Texts Renewed*, 34.

28) John Skinner, *Genesis*, 147. Gordon J. Wenham, *Genesis 1-15*, 143. Marc Vervenne, "All They Need is Love: Once More Genesis 6:1-4," *Words Remembered, Texts Renewed*, , 34-35. Cf. Victor P. Hamilton, *Book of Genesis: Chapters 1-17*, 270. 해밀턴은 '헴마' (הֵמָּה)가 네피림보다는 '베아레두 라헴' (וְיָלְדוּ לָהֶם)을 지시한다고 한다. 하지만 '베아레두 라헴' 에는 지시 대명사 '헴마' 의 선행사가 될 만한 명사가 존재하지 않는다.

이 있었다.[29] 그러나 이 같은 생각은 후대의 신학적인 해석이지 창세기 자체에는 아주 생소한 내용이다. 창세기 6장 이전 배경에서 '나팔'(נפל)과 관련된 중요한 사건이 하나 있다. 바로 창세기 4장의 가인 사건이다. 창세기 4:6에 의하면 하나님이 가인과 그의 제물을 열납하지 않았을 때, 그는 얼굴을 떨어뜨렸다(나팔, נפל).[30] 창세기 4:6-7에서 하나님은 가인이 얼굴을 아래로 떨구고 있는(나팔, נפל) 모습을 지적하면서, 그가 선을 행하면 그의 얼굴을 들 수 있다(나사, נשא)고 했다. 여기에서 하나님은 '나팔'(נפל)과 반대되는 표현 '나사'(נשא)를 사용하여 가인의 선을 행하지 않음을, 또는 그의 악을 지적하였다. 가인은 하나님이 그와 그의 제물을 죄 때문에 받아 주지 않음으로 얼굴을 떨어뜨린 일종의 네피림이었다.

엘로힘의 아들들과 네피림은 냉소적인 표현일 가능성이 높다.[31] 예를 들면, 함의 후손 니므롯은 여호와 앞에 기이한 사냥꾼이라고 불렸고, 당대의 용사라고 불렸다. '여호와 앞에' 라는 표현 때문에 긍정적으로 생각할 수 있지만, 사무엘을 찾은 사울이 예언한 것을 두고 "사울도 선지자에 속하느냐"는 속담이 된 것처럼 이 표현도 부정적으로 사용된 것으로 여겨진다.

니므롯	세상에 첫 용사 הוּא הֵחֵל לִהְיוֹת גִּבֹּר בָּאָרֶץ	창 10:8
	여호와 앞에 사냥꾼 עַל־כֵּן יֵאָמַר כְּנִמְרֹד גִּבּוֹר צַיִד לִפְנֵי יְהוָה	창 10:9
엘로힘의 아들들 네피림	용사들, 고대의 유명한 자들 הַגִּבֹּרִים אֲשֶׁר מֵעוֹלָם אַנְשֵׁי הַשֵּׁם	창 6:4

29) Sarna, *Genesis*, 46. Kenneth A. Mathews, *Genesis 1-11:26*, 336.

30) Victor P. Hamilton, *Book of Genesis: Chapters 1-17*, 270. 해밀턴은 네피림을 능동 분사 '노페림'(נֹפְלִים, the falling ones)으로 스스로 떨어뜨리는 자나 자연스럽게 떨어져서 죽은 자를 가리킨다고 말한다.

31) Meredith G. Kline, *Kingdom Prologue* (S. Hamilton, MA: Gordon-Conwell Theological Seminary, 1993), 116.32 Kenneth A. Mathews, *Genesis 1-11:26*, 339.

네피림에 대한 묘사는 니므롯과 아주 유사하다. 네피림이 용사들이었던 것처럼 니므롯도 용사이다(창 10:8). 네피림이 고대의 유명한 자들이었는데, 니므롯도 '니므롯처럼 여호와 앞에 사냥꾼' 이란 속담의 주인공이 되었다. 니므롯에게 붙여진 여호와의 이름이 긍정적인 의도가 아니라 냉소적인 것처럼, 엘로힘의 아들들에 붙여진 엘로힘 호칭도 긍정적인 의도가 아닐 수 있다.

창세기 6:4에 의하면 네피림이라고 불렸던 고대의 영웅이란 말은 '깁보림' (גִּבֹּרִים) 즉 용사란 의미이며, 이들은 유명한 사람이었다고 한다. 유명한 사람의 히브리어는 '안세이 하솀' (אַנְשֵׁי הַשֵּׁם)이다. 이름을 남기는 행위는 가인이 성을 쌓고 그의 아들의 이름을 남긴 것처럼, 가인 계보의 사람들의 관심사이며, 창세기 11:4처럼 바벨탑을 쌓는 사람들의 관심사이다. 무엇보다 중요한 것은 하와는 가인을 낳고 한 때 YHWH와 관련 지어 말한 적이 있다. 아담과 셋의 후손들도 이름을 중요하게 생각했다. 아담과 하와는 셋을 낳고 여호와의 이름을 불렀고, 노아는 첫 아들을 셈(이름)이라 불렀고, 셈의 후손 아브라함의 이름을 창대하게 하겠다고 여호와께서 말하였다.[32)]

5절

> [5]여호와께서 보신즉 사람들의 죄악이 땅 위에 가득하고 그 마음의 생각하는 모든 계획이 항상 악할 뿐이었더라

창세기 6:2에서 엘로힘의 아들들이 자신들의 눈에 보기에 좋은 여자들을 아내로 삼았는데 반해 창세기 6:5은 하나님이 보시기에 그들의 행동이 악하였다고 한다. 선악과와 가인 사건에 이어 다시 선과 악의 문제가 대두되었다.

---

32) Kenneth A. Mathews, *Genesis 1-11*:26, 339.

선악과　　　　창 2:9 עֵץ הַדַּעַת טוֹב וָרָע

에츠 하다아트 토브 와라아

가인사건　　　창 4:7 אִם־תֵּיטִיב שְׂאֵת וְאִם לֹא תֵיטִיב

임-테이티브 세에트 베임 로 테이티브

엘로힘의 아들들　창 6:2 וַיִּרְאוּ בְנֵי־הָאֱלֹהִים אֶת־בְּנוֹת הָאָדָם כִּי טֹבֹת הֵנָּה

와일우 베네-하엘로힘 에트-베노트 하아담 키 토보트

창 6:5 וַיַּרְא יְהוָה כִּי רַבָּה רָעַת הָאָדָם בָּאָרֶץ

와얄 야웨 키 랍바 라아트 하아담 바아레츠

창세기 1:31에서 하나님이 인간을 창조하고 보시기에 아주 좋았더라고 평가했던 것과는 달리 창세기 6:5에서 하나님이 보기에 인간은 심히 악하여 그들의 악이 땅에 가득하였다. 이것은 가인이 흘린 아벨의 피로 땅이 더럽혀진 것을 연상시킨다.[33] 인간의 마음의 생각하는 모든 계획이 악하였다는 말에서 '계획'의 히브리어 '에첼'(יֵצֶר)은 창세기 2장에서 동사 형태로 하나님이 아담과 동물을 창조할 때 사용되었다(창 2:7-8, 19).[34] 6절에서 하나님이 땅 위에 인간을 만든 것을 후회하는 것을 고려하면, 이 표현은 의도적으로 사용된 듯하다. 하나님은 인간을 선하게(טוֹב) 만들었지만(יָצַר), 인간이 마음 속에 만드는 계획은(יֵצֶר) 항상 악하였다(רַע). 에첼(יֵצֶר)은 마음속에 일시적으로 생겨나는 생각이 아니라, 그 생각을 구체화 시킨 계획을 의미한다. 6:5은 6:3의 메시지를 좀 더 분명하게 해준다. 이 둘을 비교해 보면 다음과 같은 대조를 발견할 수 있다.

---

33) *Ibid.*, 340. Gordon Wenham, *Genesis 1-15*, 144.

34) Victor P. Hamilton, *Genesis: Chapters 1-17*, 273.

와요멜 야웨 로야돈 루히 바아담 레올람 베삭감 후 바살

[3] וַיֹּאמֶר יְהוָה לֹא־יָדוֹן רוּחִי בָאָדָם לְעֹלָם בְּשַׁגַּם הוּא בָשָׂר

D C B A

[5] וַיַּרְא יְהוָה כִּי רַבָּה רָעַת הָאָדָם בָּאָרֶץ וְכָל־יֵצֶר מַחְשְׁבֹת לִבּוֹ רַק רַע כָּל־הַיּוֹם׃

c b d a

와얄 야웨 키 랍바 라아트 하아담 바아레츠 베콜-에첼 마흐세보트 립보 락 라아 콜-하욤

3절 A에서 여호와는 말씀하고, 5절 a에서 여호와는 주목하고 있다. 3절 B에서 하나님의 영이 사람 가운데 머물지 않는 대신에 5절 b에서 사람의 마음의 생각하는 모든 것이 악하다. 3절 C는 영원히 여호와의 영이 사람 가운데 머물지 않을 것을 말하고, 5절 c는 항상 사람의 생각이 악하다고 한다. 3절 D는 사람이 타락한 육체라고 밝히고 5절 D는 사람의 죄악이 땅에 가득하다고 말한다. 2절과 4절은 반복해서 엘로힘의 아들들을 언급하지만, 3절과 5절은 엘로힘의 아들들에 대해서는 전혀 언급하지 않고 사람의 죄악만 언급하고 있다.

בְנֵי־הָאֱלֹהִים 2 베네-엘로힘 → הָאָדָם 3 하아담

בְנֵי־הָאֱלֹהִים 4 베네-엘로힘 → הָאָדָם 5-7 하아담

2:3과 4:5-7의 구조는 모든 인간들이 엘로힘의 아들들의 죄악 된 삶의 영향력 아래 놓여 있음을 보여준다. 2-3절은 결혼과 관련하여 엘로힘의 아들들이 죄를 범했지만, 4-5절은 인간들의 모든 생각이 악한 상태로 발전한다. 모든 인간들은 적극적으로 엘로힘의 아들들의 죄악을 따라갔고, 사탄의 강력한 유혹에 지배당하고 있다(4:7). 엘로힘의 아들들이 가인의 후손들이지만, 하나님이 인간을 비롯한 모든 것을 심판하기로 한 것은 셋의 후손들도 대부분 가인의 후손들과 조금도 다를 바가 없게 되었기 때문이다. 여호와의 이름을 부르던 아

담과 셋의 후손들은 노아 시대에 이르러서는 노아를 제외하고 모두 가인의 길을 쫓아 갔다. 결국 가인의 길을 쫓는 뱀의 후손들은 땅에 가득하게 되고, 반면에 여자의 후손은 간신히 명맥만 유지하게 되었다. 바로 이 때 하나님은 가인의 길을 쫓는 모든 뱀의 후손들을 심판하기로 작정한다.

6-8절

> [6]그래서 여호와께서 땅 위에 사람을 만드신 것을 한탄하사 마음에 근심하였더라. [7]그리고 여호와께서 가라사대 내가 창조한 사람을 내가 땅 위에서 쓸어 버리되, 사람으로부터 가축과 기는 것과 하늘의 새까지 그리하리라. 이는 내가 그들을 만든 것을 한탄함이니라. [8]하지만 노아는 하나님의 은혜를 얻었더라.

인간들의 죄악이 세상을 뒤덮고, 그들의 모든 생각이 악했기 때문에 하나님은 땅 위에 인간을 만든 것에 대해 후회하셨다(וַיִּנָּחֶם יְהוָה). 후회라는 표현은 인간들에 대해 느끼는 하나님의 깊은 슬픔을 나타낸다.[35] 그리고 인간의 마음에 가득한 악한 생각이 하나님의 마음에 고통을 안겨 주었다고 하면서 하나님의 마음과 인간의 마음을 대비시키고 있다.[36]

> וְכָל־יֵצֶר מַחְשְׁבֹת לִבּוֹ 베콜-에첼 마흐세보트 립보
>
> וַיִּתְעַצֵּב אֶל־לִבּוֹ 와이트아첩 엘-립보

동사 '아찹' (עָצַב)은 아담과 하와가 선악과를 따먹고 겪게 되었던 산고의 고통(에쳽, עֶצֶב)과 노동의 고통(이차본, עִצָּבוֹן)과 같은 표현이다.[37] 6절에서 하나

35) Keil, *First Book of Moses*, 140. Keil은 '후회' 를 하나님의 인간에 대한 사랑에 깊은 상처를 입은 것을 나타내 보여주는 인간적인 표현이라고 한다.

36) Terence E. Fretheim, *The Book of Genesis*, 389.

님의 속마음을 표현하면서 저자는 창세기 5:29에서 라멕이 노아에게 이름 지어주면서 했던 말과 어의론적으로는 다르지만 아주 유사한 표현을 사용한다.

예나하메누 밈마아세누 우메이츠본 야데누 민-하아다마

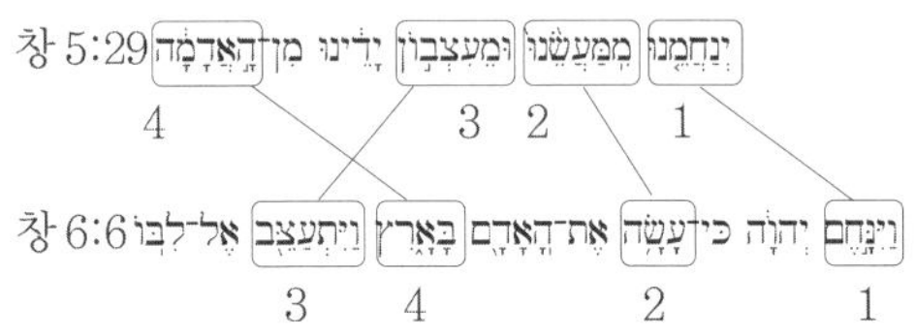

와인나헴 야웨 키-아사 에트-하아담 바아레츠 와이트아첩 엘-립보

	1	2	3	4
창5:29	동사 나함 נחם의 피엘 → 안위하다	마아세 מַעֲשֶׂה 아사 עשה의 명사형 → 일	이차본 עִצָּבוֹן 아찹 עצב의 명사형 → 고통	아다마 אֲדָמָה 명사 → 땅
창6:6	동사 나함 נחם의 닢알 → 후회하다	동사 아사 עשה의 → 일하다	동사 아참 עצב → 고통을 주다	에레츠 אֶרֶץ 명사 → 땅

땅에 내린 저주로 인해 노동의 고통 가운데 있던 라멕이 노아가 안위해 주기를 소망했던 것처럼, 인간의 죄악 때문에 마음에 고통을 느낀 하나님도 그 눈을 노아에게 향하고 있다: 그러나 노아는 여호와께 은혜를 입었더라(헨 베에이네 야웨, חֵן בְּעֵינֵי יְהוָה).[38] 창세기 6:6-8 자체는 대구 구조로 구성되어 있다.

37) Richar M. Davidson, "The Genesis Flood Narrative: Crucial Issues in the Current Debate," *Andrews University Seminary Studies* 42-1 (2004): 75.

38) Derek Kidner, *Genesis*, 86.

A 6 וַיִּנָּחֶם יְהוָה כִּֽי־עָשָׂה אֶת־הָֽאָדָם בָּאָרֶץ 와인나헴 야웨 키-아사 에트-하아담 바아레츠

B וַיִּתְעַצֵּב אֶל־לִבּֽוֹ 와이트아첩 엘-립보

C 7 וַיֹּאמֶר יְהוָה אֶמְחֶה אֶת־הָאָדָם אֲשֶׁר־בָּרָאתִי מֵעַל פְּנֵי

와요멜 야웨 엠헤 에트-하아담 아셀 바라티 메알 페네

הָֽאֲדָמָה מֵאָדָם עַד־בְּהֵמָה עַד־רֶמֶשׂ וְעַד־עוֹף הַשָּׁמָיִם

하아다마 메아담 아드-베헤마 아드-레메쉬 베아드-옵

A' כִּי נִחַמְתִּי כִּי עֲשִׂיתִֽם׃ 키 니함티 키 아시템

B' 8 וְנֹחַ מָצָא חֵן בְּעֵינֵי יְהוָֽה׃ 베노아 마차 헨 베에이네 야웨

A에 해당되는 창세기 6:6a에서 하나님은 땅 위에 사람 만든 것을 한탄하고 있고, A' 에 해당되는 창세기 6:7d에서 하나님은 사람뿐만 아니라 짐승들을 만든 것을 한탄하고 있다. B에 해당되는 창세기 6:6b에서 하나님은 사람 때문에 마음에 근심하고 있는 반면에 B' 에 해당되는 창세기 6:8에서 노아는 하나님의 마음을 얻어 은혜를 입고 있다. C에서 하나님은 사람과 모든 살아있는 피조물을 제거하겠다고 결심하고 있다. 7절의 '와요멜' (וַיֹּאמֶר)의 '아말' (אָמַר)은 '말하다' 는 의미를 가지고 있지만, 대화의 상대가 없을 경우 화자가 속으로 생각하는 것을 나타낸다.

인간의 악은 하나님의 심판을 초래한다. 7절에서 하나님은 사람과 가축과 기는 것과 공중의 새를 모두 땅에서 쓸어 버리겠다고 한다. 사실상 창세기 1장의 5-6일에 창조된 생명체를 언급하고 있다. 물고기를 언급하지 않은 것은 하나님의 심판의 방식인 물을 염두에 둔 듯하다. 그리고 창세기 6:7은 창세기 6:3에서 인간의 날이 120년이라고 했던 말과 상호 관련이 있다. 고대 근동의 전통에서는 한결같이 급격하게 늘어난 인간들 만들어 낸 소음 때문에 분노한 신들이 홍수를 통해 멸망시키려 했다고 한다. 그러나 창세기에서 하나님이 세상을 심판하시려는 의도는 지극히 도덕적이고 영적이며, 분노하기 보다는 오히려 한탄하고 마음에 근심하였다. 그들의 죄악 때문에 하나님은 더 이상 그들과 교제할 수 없었다. 이러한 때에 하나님과 영적 교제를 나누며 (하나님과 동

행) 의롭고 완전한 자가 노아였다.

9-10절

[9]이는 노아의 사적이라. 노아는 의로운 사람이라. 그는 그의 당대에 완전한 자였고, 노아는 하나님과 동행하였더라. [10]그리고 노아는 세 아들을 낳았으니, 셈과 함과 야벳이라.

9절은 노아의 톨레도트이다.[39] 일반적으로 톨레도트는 거론된 사람 사물의 이야기 보다는 그들의 후손들이나 후속으로 일어난 일들을 주로 기록하고 있다. 하지만 노아의 톨레도트는 예외적이다. 10-11장에서 노아의 후손들의 기록이 담겨 있지만, 노아의 톨레도트는 노아와 노아의 홍수가 주를 이루고 있다. 특이한 것은 노아의 톨레도트는 창세기 5장의 노아의 조상들의 기록 패러다임을 둘로 나누어 시작과 끝을 장식하고 있다. 즉 창세기 5장의 노아의 조상들의 삶은 다음과 같은 패러다임으로 되어 있다.

a) A가 X년을 살고, B를 낳다.

b) A가 B를 낳은 후 Y년을 살며, 아들들과 딸들을 낳았다.

c) A가 산 전체 햇수는 Z이며, 그 후에 죽었다.

이 중에 a)에 해당하는 노아의 기록은 창세기 5:31에 기록되어 있다. 그리고 창세기 6:10에서 이를 변형시켜 다시 표현한다. 그리고 b)와 c)에 해당하는 부

---

39) Kevin Hall은 노아의 톨레도트가 창세기 1-11장에 있는 다섯 개의 톨레도트 중에 셋째라는 점에 근거하여 다섯 톨레도트의 중심이 된다고 주장한다. Kevin Hall, "The Theology of Genesis 1-11," *Southwestern Journal of Theology* 44 (2001): 57-58.

40) Gordon Wenham, *Genesis 1-15*, 203-204.

분은 노아 톨레도트의 마지막 부분인 창세기 9:28-29에 기록되어 있다.[40)]

> 창 6:10 그가 세 아들을 낳았으니 셈과 함과 야벳이라
> 창 9:28-29 홍수 후에 노아가 삼백 오십 년을 지내었고 향년 구백 오십 세에 죽었더라

차이점이 있다면 홍수 후에 노아가 350년을 살면서 아들들과 딸들을 낳았다는 말이 없다는 점이다. 그 이유는 노아의 세 아들을 통해 인류가 다시 번성하게 되었음을 보여주려 했기 때문일 것이다. 창세기 6:9-10은 창세기 5장을 연상시키는 두 가지 표현을 가지고 있다: 첫째, 노아의 세 아들 셈과 함과 야벳을 언급하고 있으며, 둘째, 에녹처럼 하나님과 동행하였다. 이런 요소들을 통해 창세기의 저자는 창세기 5장의 아담의 톨레도트와 창세기 6:1-9:29의 노아의 톨레도트를 밀접하게 연결시키고 있다. 즉 창세기 6:1-9:27을 창세기 5장에 있는 아담부터 노아까지 10명의 패러다임 중에서 노아의 패러다임 속에 두어 둘을 연결시켜 놓고 있다. 이를 통해 저자는 노아 홍수를 창세기 5장의 아담과 셋의 계보와 연속선 상에서 또는 창세기 3:15에서 시작된 구속사적 역사관을 가지고 이해하도록 만들고 있다.[41)]

노아의 톨레도트는 창세기 전반부에서 천지 창조와 함께 가장 큰 주목을 받는 부분이다. 노아 톨레도트는 노아의 경건한 삶을 묘사하는 것으로 시작한다(9절). 노아의 경건은 세 가지로 묘사되었다. 노아는 의인이었으며, 당세의 완전한 자였으며, 그리고 에녹처럼 하나님과 동행하였다. 노아의 경건을 묘사하는 첫째 표현인 히브리어 형용사 '체덱'(צַדִּיק, 의로운)은 구약 성경에서 여기에서 처음 사용되었다. 노아의 의는 사람들을 향하여 적극적으로 표출되었다.[42)] 이와 관련하여 베드로후서 2:5은 다음과 같이 말한다.

---

41) Kenneth A. Mathews, *Genesis 1-11*:26, 350-351.
42) Derek Kidner, *Genesis*, 87.

옛 세상을 용서치 아니하시고 오직 의를 전파하는 노아와 그 일곱 식구를 보존하시고 경건치 아니한 자들의 세상에 홍수를 내리셨으며

베드로후서 2:5은 노아를 의를 전파한 사람이라고 말한다. 노아의 의는 그 악한 시대의 사람들의 경건하지 않은 삶에 대해 경고하고 의롭게 살도록 권면하는 모습으로 구체화되었다.

노아의 경건에 대한 둘째 표현은 당세의 완전한 자이다. '완전한' 의 히브리어 '타밈' (תָּמִים)은 주로 하나님께 바치는 제물의 흠 없고 완전한 상태를 나타내는 말이지만 그 밖에도 사물의 완전한 상태나 사람의 정신 건강 그리고 도덕적 종교적 완전한 상태를 나타내기도 한다. 창세기 6:9에서 '타밈' 은 9절에서 '의인' 과 '하나님과 동행' 이라는 표현들과 함께 사용된 점을 감안하면 노아의 삶이 종교적 도덕적 차원에서 완전하였음을 나타낸다.[43] 노아의 완전함은 노아에 대한 개인적인 평가로만 제시되지 않고, '당세의' 라는 수식어를 통해 그 시대의 사람들 중에 노아만 종교적 도덕적으로 완전하였음을 보여준다. 노아 시대의 사람들은 외면적인 행동에서 육체에 속한 자의 모습을 유감없이 보여주었고 내면적으로 마음의 모든 계획이 항상 악했다. 노아 시대 사람들은 전인격적으로 흠집 투성이였지만 노아는 흠 없고 완전하였다. 창세기 3:15에서 여자의 후손과 뱀의 후손이 대비되었던 것처럼, 창세기 6:9에서는 노아와 당대의 사람들이 대비되고 있다.

노아의 경건에 대한 셋째 묘사는 노아가 하나님과 동행하였다는 것이다. 이것은 에녹에 대한 표현과 동일하다.[44] 에녹의 경우 그가 하나님과 동행하였음을 두 차례에 걸쳐 반복하여 표현함으로 강조되었다. 노아도 에녹처럼 하나님과 함께 동행하였으며, 이를 강조하기 위해 도치법을 통해 목적어 '에트 하엘로힘' (אֶת־הָאֱלֹהִים, 하나님과)을 문장의 앞에 배치시키고 있다.

---

43) Terence E. Fretheim, *The Book of Genesis*, 390.

44) Jack M. Sasson, "Word-Play in Gen 6:8-9," *The Catholic Biblical Quarterly* 37-2 (1975): 36-37.

창 5:24 וַיִּתְהַלֵּךְ חֲנוֹךְ אֶת־הָאֱלֹהִים 에녹은 하나님과 동행하였다

창 6:9 אֶת־הָאֱלֹהִים הִתְהַלֶּךְ־נֹחַ 하나님과 노아는 동행하였다

뿐만 아니라 노아의 경건에 대한 표현은 노아의 이름을 반복함으로 강조하고 있다.[45)]

노아 이쉬 차딕 타밈 하야 베도로타브 에트-하엘로힘 히트하렉-노아

6:9 נֹחַ אִישׁ צַדִּיק תָּמִים הָיָה בְּדֹרֹתָיו אֶת־הָאֱלֹהִים הִתְהַלֶּךְ־נֹחַ

즉 노아의 이름을 문장 시작과 끝부분에 각각 배치하여 노아에게 포커스를 맞춤으로 그의 경건함을 강조하고 있다. 노아의 경건한 삶은 당대의 문화와 가치관과 큰 차이가 있다. 모두가 아름다운 여인 몇 명을 아내로 데리고 사는 것을 자랑하고 있을 때, 노아는 한 여자만 아내로 삼고 있었다. 뿐만 아니라 11절에는 "때에 온 땅이 하나님 앞에 패괴하여 강포가 땅에 충만한지라"고 한다. 도덕적인 죄악으로 땅이 더럽혀 졌고, 그리고 폭력이 난무하였다는 것이다. 이런 생활 풍습 속에서 바른 가치관을 가지고 사는 것이 가능할까? 노아는 의롭고 완전한 삶을 살아 냈다. 하지만 노아조차도 인간이기 때문에 스스로 세상을 구원하거나 심지어 자기 자신을 구원할 수 있는 존재가 아니다. 그렇기 때문에 8절에서 말하는 것처럼 노아도 여호와의 은혜가 필요했다.

11-12절

11그리고 땅이 하나님 앞에 더럽혀졌으며, 그리고 땅은 강포로 충만하였더라. 12

45) Victor P. Hamilton, *Genesis: Chapters 1-17*, 277. 해밀턴은 노아의 경건에 관한 문장이 10개의 단어로 구성된 것을 두고 노아가 아담에서부터 열 번째 세대로 제시된 것을 염두에 둔 일종의 언어유희라고 여긴다.

그리고 하나님이 땅을 보신즉, 보라! 그것이 더럽혀졌으니, 이는 모든 육체가 땅 위에서 자신의 길을 더럽혔음이라.

11–12절은 6:3과 6:5–7의 주제를 다시 반복하고 있다.

창세기 6:3, 5–7	창세기 6:11–12
בְּשַׁגַּם הוּא בָשָׂר [3]	כִּי־הִשְׁחִית כָּל־בָּשָׂר [12]
육체가 됨이라	모든 혈육있는 자
וַיַּרְא יְהוָה כִּי רַבָּה רָעַת הָאָדָם בָּאָרֶץ [5]	וַתִּמָּלֵא הָאָרֶץ חָמָס [11]
사람의 죄악이 세상에 관영함을 보고	강포가 땅에 충만한지라

창세기 6:11–12과 6:3의 차이점도 있다. 창세기 6:3과 6:11–12의 차이점에 근거하여 전통적인 비평학자들은 이들이 각각 다른 전통에 속했다고 주장한다. 하지만 이 둘은 당대의 상황을 다른 각도에서 묘사하며 상호 보완적인 성격을 가지고 있다. 창세기 6:3에서 인간의 죄악은 엘로힘의 아들들 같았고, 여러 명의 아내를 거느리는 성적인 범죄이다. 반면에 11–12절의 범죄는 '하마스' (חָמָס, 폭력)이다. '하마스' (חָמָס)는 사람을 거칠게 다루거나, 무기 등을 이용하여 상처를 입히고 죽이는 것을 나타내는 말이다. 이로 미루어 보건대 홍수 이전 인간들에게 만연하였던 죄악은 일부다처를 비롯한 성적인 범죄와 폭행이다. 이 같은 행위는 두 아내를 취하고 사소한 이유로 노소를 막론하고 살인을 저지른 가인의 후손 라멕을 연상시킨다. 창세기 1:28에서 하나님이 사람에게 땅 위에서 생육하고 번성하고 충만하라고 했지만, 인간은 그 땅 위에 폭력으로 충만하게 하였다. 아담과 하와의 범죄로 저주 아래 놓여졌던 땅은 인간의 폭력으로 인해 심각하게 더럽혀졌다. 아담의 후손들은 하나같이 가인의 길을 따라 하나님 앞에 범죄하는 삶을 살았다.[46]

창세기 6:11–12은 13절과 함께 '땅'을 특별히 강조하고 있다. 이 세 구절에

46) Gordon Wenham, *Genesis 1–15*, 171. "In this context, Gen 4 well illustrates the meaning of violence, although the word itself is not used here."

서 '땅'은 무려 6번이나 등장한다. 창세기 1장에서는 땅과 땅에 속한 모든 것들이 하나님 보시기에 좋았지만, 창세기 6:11은 땅이 하나님 앞에서 더럽혀져 있다고 한다.[47] 구약 성경에서 '더럽히다'는 동사는 주로 '타메'(טָמֵא)를 사용한다. 이 경우 종교적 도덕적 차원에서 사물의 더럽힘을 의미한다. 창세기 6:9의 동사 '사하트'(שחת)도 종교적이고 도덕적인 더럽힘의 의미가 있지만, 물리적인 폭력과 파괴로 더럽혀진다는 의미도 있다. 창세기 6:9의 땅이 더럽혀진 이유는 6:9 후반부에서 제시하는 것처럼 땅이 하마스 또는 폭력으로 가득했기 때문이다. '하나님 앞에서'는 땅이 더럽혀졌다고 판단하는 자는 인간이 아니라 하나님 자신임을 보여 준다. 12절은 11절의 하마스가 누구에 의한 하마스인지 밝히며, 인간들 스스로 파멸의 길을 걸어가고 있음을 히브리어 성경은 강조하고 있다.

> 11 וַתִּשָּׁחֵת הָאָרֶץ לִפְנֵי הָאֱלֹהִים וַתִּמָּלֵא הָאָרֶץ חָמָס׃
> 와티사헤트 하아레츠 리프네 하엘로힘 와팀마레 하아레츠 하마스
> 12 וַיַּרְא אֱלֹהִים אֶת־הָאָרֶץ וְהִנֵּה נִשְׁחָתָה כִּי־הִשְׁחִית כָּל־בָּשָׂר אֶת־דַּרְכּוֹ עַל־הָאָרֶץ׃
> 와야 엘로힘 에트-하아레츠 베힌네 니스하타 키-히스히트 콜-바살 에트-달코 알-하아레츠

첫째, 12절 둘째 문장은 11절의 첫째 동사 '사하트'(שחת)를 반복하며 땅이 심각하게 손상되어 있음을 밝힌다. 그리고 이를 강조하기 위해 감탄사 '힌네'(הִנֵּה, 보라!)를 문장의 서두에 두었다. 둘째, 땅이 손상된 이유는 전적으로 인간들의 죄악 때문이다. 12절 후반부에는 11절의 '하마스'(חָמָס)를 사용하는 대신에 11절의 '사하트'(שחת)를 다시 사용하여 땅의 손상이 인간의 행위 때문임을 밝힌다. 즉 12절 후반부는 모든 육체가 땅 위에서 자신의 삶의 길을 또는 인생을 망치고 있었기 때문이라고 한다. 이것은 노아의 삶과 근본적으로 달랐다.

---

47) Anne Gardner, "Ecojustice: A Study of Genesis 6:11-13," *The Earth Story in Genesis*, 117-129.

창 6:9 נֹחַ אִישׁ צַדִּיק תָּמִים הָיָה בְּדֹרֹתָיו אֶת־הָאֱלֹהִים הִתְהַלֶּךְ־נֹחַ

노아 이쉬 차딕 타밈 하야 베도로타브 에트-하엘로힘 히트할렉-노아

창 6:12 כִּי־הִשְׁחִית כָּל־בָּשָׂר אֶת־דַּרְכּוֹ עַל־הָאָרֶץ

키-히스히트 콜-바살 에트-달코 알-하아레츠

창세기 6:9과 6:12은 각각 '걸어 다니다'의 의미를 가진 동사 '하락'(הָלַךְ)과 길의 의미를 가진 명사 '데렉'(דֶּרֶךְ)을 사용하여 노아와 그 시대의 사람들의 삶을 묘사하고 있다.[48] 노아는 하나님과 동행하는 삶의 길을 걸었지만, 노아 시대의 사람들은 스스로 그들의 삶의 길을 파멸로 몰아 넣었다. 그들은 성적인 범죄와 폭력으로 자신들의 삶을 파멸로 몰아 갔던 것이다. 레위기 18:24-30에 의하면 인간의 죄(성적인 범죄나 폭력뿐만 아니라 우상 숭배를 포함한 모든 죄악)는 그 사람만 더럽히는 것이 아니라 땅을 더럽히며, 더럽혀진 땅은 사람을 토해내어 멸망시킨다. 그러므로 13절에서 노아 시대의 사람들의 죄악은 하나님의 심판을 초래할 수밖에 없다.

13-22절

13-22절은 다섯 부분으로 나눌 수 있으며, 대구 구조로 배열되어 있다. 첫 부분에서 하나님은 심판을 선포하고 둘째 부분에서 방주를 만들 것과 만드는 방법을 알려 준다. 셋째 부분에서는 다시 심판을 선포하고, 넷째 부분에서는 방주에 들어갈 대상을 알려 준다. 그리고 다섯째 부분에서 노아는 이에 순종한다.

---

48) John H. Sailhamer, *The Pentateuch as Narrative*, 125.

A 심판 선포 13

B 방주 건설 방법 14-16

A' 심판 선포 17

B' 방주에 들어갈 대상 18-21

C 노아의 순종 22

13절

[13]하나님이 노아에게 이르시기를 모든 육체의 끝이 내 앞에 이르렀나니 이는 땅이 그들 앞에서 강포로 가득하게 되었음이라 그러므로 보라 내가 땅을 멸하리라.

13절에서 하나님은 노아에게 땅과 함께 사람들을 멸망시킬 계획을 알려 준다. 13절은 11절의 폭력과 관련된 범죄를 언급하며 대비를 형성하고 있다.

와티사헤트 하아레츠 리프네 하엘로힘 와팀마레 하아레츠 하마스

11 וַתִּשָּׁחֵת הָאָרֶץ לִפְנֵי הָאֱלֹהִים וַתִּמָּלֵא הָאָרֶץ חָמָס

B A

13 כִּי־מָלְאָה הָאָרֶץ חָמָס מִפְּנֵיהֶם וְהִנְנִי מַשְׁחִיתָם אֶת־הָאָרֶץ׃

A' B'

키-말아 하아레츠 하마스 미프네이헴 베힌니 마스히탐 에트-하아레츠

A에서는 땅이 하나님 앞에서 더럽혀져 있는데, A' 에서는 하나님이 A의 이유 때문에 땅을 파멸시키려 하고 있다. A에서 땅의 더럽혀진 상태를 묘사하기 위해 사용된 그 동사를 A' 에서 다시 사용하여 하나님은 땅을 멸망시키겠다고 강조한다. 그리고 B에서는 땅이 폭력으로 가득해 있는데, B' 에서는 사람들 앞에서 폭력으로 가득하다. 그리고 A에서는 '하나님 앞에서' 가 강조되고 있는 반면에 B' 에서는 '사람들 앞으로부터' (또는 사람들에 의해)가 강조되고 있다.

11절　　　לִפְנֵי הָאֱלֹהִים 리프네 하엘로힘

13절　　　מִפְּנֵיהֶם 미프네이헴

하나님이 땅과 인간들을 멸망시키기에 앞서 인간들의 죄악으로 인해 이미 땅이 파괴되어 있었고, 인간들은 스스로 파멸의 길을 가고 있었다. 하나님은 인간이 스스로 파괴시킨 그 땅과 그들 자신들을 다른 피조물들과 함께 파멸시킨다.[49] 하나님이 인간을 비롯한 땅 위의 모든 피조물을 멸망시키는 이유가 고대 근동 지역의 전통과는 판이하게 다르다.

고대 근동 지역에서는 노아 홍수와 유사한 형태의 설화가 다양한 형태로 존재했었다. 고대 수메르의 홍수 설화에서는 고대 메소포타미아의 다섯 개의 도시 건축과 통치자 이름을 언급한 후 그 지역에 대홍수가 있었음을 기록하고 있다. 수메르 시대 때부터 존재했었던 아트라하시스에는 홍수의 원인을 인간의 번성과 소음 때문이라고 한다.[50] 인간 창조에 관한 이야기를 기록한 후 아트라하시스는 불특정 시점으로부터 600년의 세월이 지난 후 사람이 너무 많아져서 나라 전체가 소떼들이 우는 것처럼 시끄러워졌다. 신들이 인간들의 소음 때문에 쉬거나 잠을 잘 수 없게 되자 엘릴(Ellil) 신은 인간의 소음을 줄이기 위해 다양한 전염병을 보냈다. 그 때 아트라하시스가 엔키 신에게 기도해서 질병을 물러가게 만든다. 다시 600년이 지난 후 여전한 인간들의 번성과 소음 때문에 신들은 쉬거나 잠을 잘 수 없었고, 엘릴 신은 가뭄을 보내어 식량부족 사태를 일으켜 인간을 없애고 소란을 줄이려고 한다. 이 재난은 아트라하시스의 기도에 아닷(Adad) 신이 비를 내림으로 역시 실패하고 만다. 인간들의 소음을 줄이기 위한 다양한 노력들이 무산되자 엘릴은 마침내 인간들을 멸종시키기 위해 대홍수 재앙을 내리게 된다. 고대 근동의 홍수 설화에서는 한결같이 인간의 소음

49) Richar M. Davidson, "The Genesis Flood Narrative: Crucial Issues in the Current Debate," 75.

50) Stephanie Dalley, *Myths From Mesopotamia* (Oxford: Oxford University Press, 1989), 18-29.

때문에 신들이 대홍수를 보내게 된다. 창세기 6-8장에서 노아 홍수의 원인은 고대 근동의 홍수 설화와 유사점이 하나 있다. 고대 근동 홍수 설화에서 홍수의 원인 중에 하나가 인간의 번성이었다. 창세기 6:1에도 인간의 번성과 함께 문제가 시작되고 있다. 하지만 창세기 6-7장에는 인간의 소음을 대홍수의 원인으로 결코 제시하지 않는다. 인간의 도덕적인 타락, 성적인 범죄와 폭력 때문에 하나님은 대홍수를 일으킨다. 대홍수의 이유는 인간의 악이고, 대홍수의 목적은 악으로 파괴된 세상을 다시 창조하는 것이었다.

14-17절

> [14]너는 너를 위하여 잣나무로 방주를 만들되, 칸들을 방주에 만들고, 안과 밖을
> 역청으로 칠하라. [15]이것은 네가 만들 규모이니라. 길이가 삼백 규빗, 넓이가 오
> 십 규빗 높이가 삼십 규빗이라. [16]방주에 창을 만들되 위로부터 일 규빗 지점에
> 두라. 방주의 문을 측면에 설치하고 1, 2, 3층으로 만들라. [17]보라 나는 무릇 하
> 늘 아래 생령을 가진 모든 육체를 멸하기 위해 땅 위에 홍수를 초래하리니, 땅에
> 있는 모든 것들이 죽으리라.

노아가 홍수를 대비하여 만든 배의 히브리어 이름은 테바(תֵּבָה)이다. 이 말은 창세기 6-9장과 출애굽기 2:3의 모세의 갈대 상자에서만 사용되었다. 둘의 규모가 너무 차이 나고, 공통점도 찾기 어렵다. 하지만 눈에 띄는 유사점은 둘 다 위가 막힌 상자형태이고 또 사람이 항해를 위해 운전을 하지 않는다는 점이다.[51] 둘 다 항해를 전적으로 강과 물의 흐름에 맡겨졌으며, 노아의 경우에는 이에 더해 항해를 하나님께 맡겼다. 노아의 방주는 잣나무와 역청으로 길이 약 135m(300 규빗), 넓이 약 23m(50 규빗), 높이 약 14m(30 규빗)의 3층짜리 초대형 건축물이었다. 방주의 길이와 넓이는 성막 뜰의 3배였다: 300×50 ↔

51) Kenneth A. Mathews, *Genesis 1-11*:26, 364-365.

100×50.[52] 배의 내부는 간들을 막았고, 나무에 물이 스며들지 않도록 역청으로 안팎을 칠하였다. 그리고 배 입구를 만들었으며, 창문 하나를 배 위에서부터 약 45cm 떨어진 곳에 만들었다. 고대 근동의 설화에서는 대홍수를 앞두고 신들 사이에 다툼이 일어난다. 전쟁 신 엘릴은 비밀리에 대홍수의 재앙을 내려 보내려 하고, 인간 탄생에 주도적인 역할을 했던 엔키는 꿈을 통해 아트라하시스에게 대홍수의 재앙을 은밀히 알려주고 배를 만들게 한다. 고대 근동 신화에 등장하는 대홍수의 배들은 한결같이 갈대로 만들었다. 아트라하시스에 의하면 갈대 배의 재료를 메소포타미아 전통 갈대 집을 헐어서 공급한다. 갑판을 둘로 만들었고 석청을 발라 갈대 배를 튼튼하게 만든다. 그리고 지붕을 만들어 태양이 내부를 들여다 볼 수 없게 한다. 길가메쉬 서사시에서는 에아(Ea) 신이 우트나피쉬팀에게 갈대 집을 부수어 갈대 배를 만들라고 시킨다. 이에 우트나피쉬팀은 인부를 동원하여 갈대 배를 만들고 역청과 아스팔트를 부어 물이 스며들지 않게 만든다. 갈대 배는 6일만에 완성된다.[53]

하나님은 방주 만드는 방법을 노아에게 알렸으며, 노아는 이 사실을 그 시대의 사람들에게 알렸을 가능성도 있다. 의를 전파했다는 베드로후서 2:5은 그 가능성을 보여준다. 창세기 6-7장에서는 방주를 만드는 과정이 전혀 기록되어 있지 않다. 방주를 만들기 위해 들어간 시간은 얼마나 되는지, 방주 건설에 동원된 인력은 어느 정도인지 전혀 알 수 없다. 초대형 배를 건축하기 위해서는 오랜 세월이 흘렀을 것이다. 만약 노아의 가족만 건설에 참여하였다면 그 기간은 훨씬 더 길었을 것이다. 초대형 배를 만드는데 당대의 사람들은 틀림없이 경이롭게 생각하며 이들을 지켜봤을 텐데 이들은 어떤 반응을 일으켰는지 아무것도 기록해 놓지 않았다. 예수님은 노아 시대에 사람들이 먹고 마시고 혼인하였다고 말한다.

아트라하시스와 길가메쉬 서사시에는 갈대 배를 만들기 위해 목공과 갈대 수공업자, 그리고 젊은 사람들과 어린이들이 동원되어 역청을 날랐고, 가난한

---

52) Gordon J. Wenham, *Genesis 1-15*, 173.

53) ANET, 93.

사람들도 작업에 동원되었다고 한다. 길가메쉬 서사시에 의하면, 갑작스러운 배 건설을 두고 궁금해 하는 사람들을 따돌리고 홍수로부터 살아남기 위해 우트나피스팀는 에아(Ea) 신의 아이디어를 빌어 사람들에게 거짓말을 한다.[54)]

> 엘릴이 나를 싫어하기 때문에 나는 너희 도시에서 머물 수가 없고 엘릴의 땅을 다시 밟을 수 없다. 나는 앞수(Apsu 바다 또는 깊은 물)에 내려 가서 나의 주 에아와 함께 머물러야 된다. 그러면 그가 너희에게 부를 쏟아 부어 줄 것이다.

대홍수 자체가 도덕적인 문제가 아니었기 때문에 대홍수에서 살아남은 영웅과 그의 신은 아주 자연스럽게 거짓말을 하고 있다. 배를 건설하는 동안 우트나피스팀은 매일 황소를 잡아 제사를 드렸고, 일꾼들에게 술을 제공할 뿐만 아니라 배가 완공되었었을 때는 새 해 축제처럼 잔치를 베풀었다.

아트라하시스는 새와 가축과 그리고 들짐승들을 선별하여 배에 태운다. 그리고 사람들을 초대하여 잔치를 벌인 후 가족을 배에 태워 작별을 고한다. 이 과정에서 아트라하시스는 마음이 너무 아파서 구토를 하기까지 한다. 길가메쉬 서사시도 유사한 내용을 담고 있다. 우트나피스팀은 식물의 씨를 싣고, 일가 친척들을 태웠다. 이어서 그는 가축과 들짐승들을 태우고 모든 종류의 기술자들을 배에 태웠다. 그러나 우트나피스팀이 갈대 배에 실은 첫째 물건은 은과 금이다.

18-20절

> 18그러나 내가 나의 언약을 너와 세우리니, 너와 네 아들들과 네 아내와 네 며느
> 리들은 너와 함께 방주에 들어갈지라. 19모든 육체를 가진 생물들로부터 둘씩 생
> 명을 너와 함께 보존하기 위해 데려올지니, 둘은 수컷과 암컷이어야 하리라. 20
> 새들로부터 각각 그 종류대로 그리고 짐승들을 각각 그 종류대로 땅의 기는 것을

---

54) Stephanie Dalley, *Myths From Mesopotamia*, 110-111.

각각 그 종류대로 이 모두로부터 둘씩 네게로 데려와 생존하게 하라.

18-20절에는 방주에 들어간 사람과 피조물들을 기록하고 있다. 노아와 그의 아내 그리고 그의 세 아들과 세 며느리 모두 8명이 방주에 들어갔다. 다른 피조물들은 물고기를 제외한 새와 육축과 땅에 기는 것들로서 각각 암수 한 쌍씩이다. 방주에 타게 되는 피조물들의 목록과 함께 희망의 메시지가 처음으로 등장한다. 이어서 다른 피조물들을 방주에 태워 생존하게 하는데, 그 목록에 기록된 피조물의 배치 순서가 아주 눈에 익숙하다. 바로 창세기 1장에 기록된 다섯째 여섯째 날 피조 순서와 일치한다.

창세기 1장 5-6일	창세기 6:20
물고기와 새를 그 종류대로	새가 그 종류대로
육축을 그 종류대로	육축이 그 종류대로
땅에 기는 것을 그 종류대로	땅에 기는 모든 것이 그 종류대로

하나님이 노아에게 부여하는 역할도 아담의 역할과 비교할 만 하다. 창세기 2장에서 하나님은 각종 짐승을 만들어 아담에게 데려와 그들의 이름을 짓게 하였다. 그 때 아담은 짐승들의 생령을 불러 주었다. 노아는 그 생령이 있는 생명체들을 보전한다. 고대 근동 홍수 설화에서는 영웅들이 깨끗하고 살진 짐승들을 골라 갈대 배에 태웠다. 노아의 경우는 이와 다르다. 방주에 태울 짐승들을 노아가 데려온 것이 아니라 하나님 자신이었음을 20절은 암시한다.

새가 그 종류대로 육축이 그 종류대로 땅에 기는 모든 것이 그 종류대로 각기 둘씩 네게로 나아오리니 그 생명을 보존케 하라

창 6:20 שְׁנַיִם מִכֹּל יָבֹאוּ אֵלֶיךָ לְהַחֲיוֹת 세나임 미콜 야보우 엘레이카 레하하요트

창 2:19 וַיָּבֵא אֶל־הָאָדָם לִרְאוֹת מַה־יִּקְרָא־לוֹ וְכֹל אֲשֶׁר יִקְרָא־לוֹ הָאָדָם נֶפֶשׁ חַיָּה הוּא שְׁמוֹ

와야베 엘-하아담 릴오트 마-이크라-로 베콜 아셀 이크라-로 하아담 네페쉬 하야 후 세모

그리고 그 짐승들을 노아는 생존하게 하는 역할을 부여 받았다. 이러한 것들은 창세기 9:1 이하에서 하나님이 노아와 맺게 될 언약의 성격이 무엇인지 짐작하게 하는 대목이다. 그 언약은 재창조와 관련된 것임을 보여 준다.

21-22절

> [21]그리고 너는 먹을 모든 식물로부터 너를 위해 취하여 저축하라. 그것이 너와 그것들을 위한 식물이 되리라. [22]그리고 노아가 하나님이 그에게 명령한 모든 것 대로 행하였고, 그렇게 그는 준행하였더라.

하나님은 노아에게 양식을 준비하게 한다. 방주를 만드는 것 뿐만 아니라 방주에 탈 모든 생명체의 생존에 필요한 양식을 준비하는 것도 노아의 몫이다. 사람과 짐승들이 무려 일년 동안 먹고 살 양식들을 준비하라고 명령했을 때 노아는 그 모든 것을 다 행하였다. 22절은 노아의 순종을 강조하기 위해 반복법을 사용하며 수미쌍관(inclusio)을 형성하고 있다.

와야아쉬 노아 케콜 아셀 치와 오토 엘로힘 켄 아사

וַיַּעַשׂ נֹחַ כְּכֹל אֲשֶׁר צִוָּה אֹתוֹ אֱלֹהִים כֵּן עָשָׂה

노아의 순종은 의인이며 당세의 완전한 자라고 불릴만한 모습이다. 하나님과 전적으로 동행하는 삶을 살았기에 믿고 순종할 수 있었을 것이다.

Chapter 07 창세기 7장

기원전 1000-3000년대에 고대 메소포타미아 사회에서 가장 중요한 관심사 중에 하나가 대홍수였다. 고대 홍수와 관련된 자료가 무려 4,000여 개나 출토되었다. 그 중에 7개의 대홍수 전통을 Brian B. Schmidt가 창세기 6-8장의 노아 홍수와 비교하여 아래와 같은 도표를 만들었다.[1)]

고대 메소포타미아의 홍수 이야기 비교

	아트라 하시스	에리두	길가메쉬	수메르 왕 목록	라가쉬 왕 목록	에라와 에숨	바벨론	창세기
원인	소란	본문 상실	소란			소란		폭력, 성범죄
계시	불분명	없음	꿈				꿈	하나님 말씀
영웅	아트라 하시스	지우수 드라	우트나 피스팀				지우수 드라	노아

	아트라하시스	에리두	길가메쉬	수메르 왕 목록	라가쉬 왕 목록	에라와 에숨	바벨론	창세기
생존자	Yes		Yes				Yes	Yes
영웅의 거짓말	Yes		Yes				Yes	
홍수 형태	비	비	비와 샘물(?)	비	비	비와 샘물		비와 샘물
홍수 기간	7일	7일	7일				3일	40일 /150일
배	갈대 배	Yes	갈대 배				Yes	잣나무
새들	본문 상실		비둘기, 제비, 까마귀				3종류의 새	까마귀, 비둘기
착륙 장소	본문 상실		니무쉬=니느웨				아르메니아	아라랏
제사	Yes	Yes	Yes				Yes	Yes
영웅의 보상	장수	사후 생명	사후 생명				사후 생명	생육과 번성
생존자들	동물들	왕권 갱신	동물, 기술자들	왕권 갱신	왕권/ 농사 시작	인구 번성	동물, 친구, 왕권	동물/ 농사 시작

유사점을 곳곳에서 확인할 수 있다. 신의 계시에 의해 대홍수를 대비하는 것과, 홍수 이후에 새를 통해 물의 감소 여부를 확인하는 것, 그리고 홍수 이후에 제사를 드리는 것 등등 곳곳에서 유사점을 확인할 수 있다. 차이점도 당연히 있다. 고대 메소포타미아에서 홍수의 원인은 사람들의 소란이지만, 노아 홍수에서는 사람의 폭력과 성범죄이다. 홍수 기간도 턱없이 차이가 나고, 배도 노아 홍수에서는 홍수를 버틸만한 재료로 배를 만든 반면에 메소포타미아의 배는 갈대로 만들었다. 무엇보다도 메소포타미아의 대홍수에서는 생존자가 한결같이 왕권을 부여 받고 장수나 영생을 선물로 받는 반면에, 노아 홍수에서는 이런 현상을 찾아 볼 수 없다. 메소포타미아 대홍수 기사의 최종 목적은 바로

1) Brian B. Schmidt, "Flood Narratives of Ancient Western Asia," 2,346-2,347, *Civilization of Ancient Near East*, ed. by Jack M Sasson. New York: Charles Scibner's Sons, 1995.

왕권 갱신과 불로장생이었다고 보면 틀림없다. 이에 반해 노아 홍수는 과거 피조 세계를 제거하고 다시 창조하는 것이다. 창세기 7장은 새로운 창조를 준비하기 위해 과거 피조 세계를 철저하게 제거하는 과정을 기록하고 있다.

1-5절

> 1여호와께서 노아에게 이르시되 너와 네 집의 모든 자들은 방주로 들어가라 이는
> 네가 이 세대 중에서 내 앞에서 의로움을 내가 보았음이라 2모든 정한 짐승들로
> 부터 너는 각각 일곱 쌍씩 취하며 정결하지 못한 짐승으로부터 두 쌍씩 (취하라) 3
> 공중의 새들로부터 역시 암수 일곱을 취하여 그 씨를 땅 위에 생존케 하라 4이는
> 땅을 쓸어버릴 날이 7일 남았음이라 내가 40일 주야로 비를 내려 내가 지은 모든
> 생명들을 땅 위에서부터 멸할 것이라 5노아가 여호와께서 명령한 모든 것을 행하
> 였더라

창세기 7:1-5은 사실상 창세기 6:9-22의 내용의 반복이다.[2] 이를 비교해 보면 다음과 같다.

7:1 노아의 의와 방주	↔	6:9, 14, 18
7:2-3 방주에 들어갈 짐승	↔	6:19-20
7:4 피조물의 멸망	↔	6:17
7:5 노아의 순종	↔	6:22

창세기 7:1-5과 6:9-22이 이처럼 유사하지만, 약간의 차이점이 있다. 노아의 의에 관한 창세기 7:1의 언급이 이전에 언급된 내용과 약간의 차이가 있

2) John H. Sailhamer, *The Pentateuch as Narrative*, 125.

다. 창세기 6:9에서 노아는 그의 완전함과 관련하여 그의 세대들과 비교된 것에 반해, 창세기 7:1에서는 그의 의와 관련하여 비교되고 있다. 창세기 6:8과 7:1도 비교되는 표현이다.

창 6:8 וְנֹחַ מָצָא חֵן בְּעֵינֵי יְהוָה 베노아 마차 헨 베에이네 야웨

창 7:1 כִּי־אֹתְךָ רָאִיתִי צַדִּיק לְפָנַי בַּדּוֹר הַזֶּה 키-오트카라이티 차딕 리파나 바돌 하제

창세기 6:8에서 노아는 하나님의 눈에 자비가 가득한 것을 발견하였는데, 창세기 7:1에서 하나님의 눈으로 노아를 본즉 의로웠다. 이것은 노아의 도덕성을 판단하는 것이 인간의 잣대가 아니라 하나님이라는 것을 보여준다. 하나님은 노아를 의롭다고 평가하였고 은혜를 베풀어 방주 안으로 들어가게 한다.

창세기 7:2-5과 창세기 6:19-20에 기록된 방주에 들어간 짐승의 숫자에 차이가 있다. 창세기 6:19-20에서 방주에 들어간 짐승의 숫자가 각각 암수 한 쌍이다. 창세기 7:9와 7:15에서도 이것은 마찬가지이다. 그런데 창세기 7:2에서는 부정한 짐승은 앞서 말한 본문에서처럼 암수 한 쌍인데, 정결한 짐승은 암수 일곱씩이다. 공교롭게도 암수 한 쌍을 언급한 본문과 창세기 7:1-5에 사용된 하나님의 이름이 다르다. 전자에는 엘로힘이, 후자에는 야웨가 사용되었다. 왜 이런 차이가 생겼을까? 이런 현상 때문에 많은 학자들이 창세기 7:1-5를 J문서에 속하고 나머지는 P 또는 E문서에 속하는 것으로 간주하였다.[3] 그렇다면 다른 가능성은 없을까? 가능성을 찾기 위해서 7:2에 있는 짐승들의 숫자에만 연연하지 말고, 숫자에 못지 않게 중요한 표현인 "정결한 짐승"과 "부정한 짐승"에 주목해야 한다. 이 표현은 레위기에서 흔히 볼 수 있으며, 짐승을 두 가지 용도로 구분할 때 사용된다.[4] 즉 이스라엘 백성이 먹을 수 있는 짐

3) J. A. Emerton, "An Examination of Some Attempts to Defend the Unity of the Flood Narrative in Genesis," *Vetus Testamentum* 37-4 (1987): 401-420. John Van Seters, *Prologue to History: The Yahwist as Historian in Genesis* (Louisville: Westminster/ John Knox Press, 1992), 160-165.

승인지를 구분할 때 그리고 하나님께 바치기에 적절한 제물인지 여부를 구분할 때 사용하는 표현이다. 이러한 점들을 고려하고 노아 홍수 기사들을 살펴보면, 창세기 7:2 외에서도 이와 직접적으로 그리고 간접적으로 관련된 표현을 여기저기에서 확인할 수 있다. 창세기 7:8에는 '정결한 짐승'과 '부정한 짐승'이라는 표현을 가지고 있고 이어서 7:9에서는 암수 둘씩 방주에 들어갔다고 한다. 창세기 8:20에서 방주에서 나온 노아가 여호와께 단을 쌓고 정결한 짐승과 새를 취하여 번제를 드린다. 간접적으로 관련된 표현도 있다. 창세기 6:21에서 하나님은 노아에게 먹을 양식을 준비하라고 한다. 이것들은 틀림없이 홍수 기간 중에 방주에 머무는 동안에 먹을 뿐만 아니라, 방주에서 내린 후에 경작하고 추수할 때까지 먹어야 할 것들이다. 굳이 홍수 전에 짐승을 양식으로 먹었는지에 관한 논쟁을 하지 않더라도, 홍수 직후 방주에서 내리자마자 하나님은 창세기 9:3에서 짐승을 식용으로 주고 있다. 이 짐승들은 정결한 짐승들임을 의심할 필요가 없다. 그렇지 않다면 창세기 7:2, 8, 그리고 8:20에서 이 표현을 쓸 이유가 없다. 그렇다면 창세기 6:19-21에는 암 수 둘 외에도 양식용이 있었다고 보아야 하지 않을까?[5] 그렇지 않고 한 쌍뿐이었다면 노아의 가족이 한 마리라도 잡아 먹는 날에는 그 종을 보존할 수 없을 것이다. 노아가 제사로 드린 짐승들도 마찬가지이다. 이런 관점에서 본다면 사실상 방주에 들어갈 짐승들에 관한 기록에 암수 한쌍 플러스 알파의 동물을 대부분 언급하였다고 보아야 한다.

창 6:19	짐승 한 쌍 + 창 6:21 양식(곡물+정결한 짐승?)
창 7:2	부정한 짐승 한 쌍 + 창 7:2 정결한 짐승 7쌍
창 7:8	부정한 짐승 + 창 7:8 정결한 짐승

4) 정결한 짐승과 부정한 짐승의 구별이 레위기에서 구체적으로 되어 있지만, 최초의 구분이 노아 방주에 들어갈 짐승에게서 일어나고 있음을 기억해야 한다. Gordon J. Wenham, *Genesis 1-15*, 176-177.

5) Gordon J. Wenham, *Genesis 1-15*, 176-177. Duane Garrett, *Rethinking Genesis: The Sources and Authorship of the First Book of the Pentateuch* (Grand Rapids: Baker, 1991), 25.

창세기 7:1-5과 다른 표현들 사이에 차이점이 있다면 정결한 짐승의 구체적인 숫자 7쌍을 기록하였거나 기록하지 않았다는 것이다.

레위기 11:1-47은 정결한 짐승과 부정한 짐승을 구분하고 먹지 못하게 할 뿐만 아니라 만지지도 못하게 한다. 이를 어겼을 경우에는 성물을 먹을 수 없게 한다. 창세기 7:2-4에서도 이 같은 구분을 하고 부정한 짐승의 경우 '부정한' 을 의미하는 형용사 타메(טָמֵא)를 사용하지 않는 세밀함을 보여 준다. 그럼에도 불구하고 하나님은 부정한 짐승도 방주를 통해 그 후손을 보존하게 한다.[6)]

2-3절에서 짐승들을 종류대로 방주에 태우게 할 때, 그 목적을 "레하요트 제라 알 페네 콜 하아레츠(לְחַיּוֹת זֶרַע עַל־פְּנֵי כָל־הָאָרֶץ)"라고 한다. 이 중에서 "제라(זֶרַע)"는 창세기 1:11-12, 29에서 집중적으로 사용된 표현이며, 이 표현을 통해 하나님께서 짐승들을 방주에 태운 의도가 단순히 몇몇 짐승들의 생명을 살려주는 것이 아니라, 그 종족을 다시 번성하게 하는 재창조임을 보여준다. 짐승들의 생육과 번성을 통한 재창조에 초점을 맞추기 위해 2절은 짐승들의 암수를 아주 독특하게 표현하였다.

מִכֹּל הַבְּהֵמָה הַטְּהוֹרָה תִּקַּח־לְךָ שִׁבְעָה שִׁבְעָה אִישׁ וְאִשְׁתּוֹ

미콜 합브헤마 하트테호라 티크카-레카 십아 십아 이쉬 베이쉬토

וּמִן־הַבְּהֵמָה אֲשֶׁר לֹא טְהֹרָה הִוא שְׁנַיִם אִישׁ וְאִשְׁתּוֹ

우민-하브헤마 아셀 로 테호라 히 세나임 이쉬 베이쉬토

3절에서 새들에 대해서는 암수(자칼 우네케바, זָכָר וּנְקֵבָה)라고 했지만, 2절에서 각종 짐승들의 암수를 표현할 때에는 가족의 개념을 강하게 풍기는 이쉬

6) Victor P. Hamilton, *The Book of Genesis: Chapters 1-17*, 287-288.

베이쉐토(אִישׁ וְאִשְׁתּוֹ), 남편과 그 아내라는 말을 두 번 사용하였다.

노아에 대한 묘사에는 한 가지 특이한 점이 있다. 하나님은 종종 노아에게 말씀하시지만, 노아는 홍수 상황이 완전히 종결될 때까지 단 한번도 말하지 않는다. 아트라하시스와 길가메쉬 서사시의 영웅들이 그들의 신에게 기도한 것처럼 노아도 기도하며 하나님과 홍수에 대해 대화를 나누었을 것 같은데 아무 말도 없다. 뿐만 아니라 방주를 짓고 짐승들을 모으는 일들을 하느라 엄청난 수고를 하였을 것 같은데 무슨 일을 어떻게 했는지 전혀 언급이 없다. 창세기 6:22과 7:5 그리고 7:9은 노아가 하나님의 명령에 순종하였다는 단 한 마디의 말만 남기고 있다. 이러한 것은 노아의 순종을 강렬하게 보여줄 뿐만 아니라, 홍수의 주인공은 노아가 아니라 하나님이심을 보여준다.

6-12절

> 6노아가 600살이 되던 해에 홍수가 땅 위에 있었더라. 7노아와 그의 아들들과 그
> 의 아내와 며느리들이 홍수 전에 방주에 들어 갔고, 8정결한 짐승과 정결하지 않
> 은 짐승과 새와 땅 위에 기는 모든 것으로부터 9둘씩 둘씩 노아에게 나아왔고 여
> 호와께서 모세에게 명령한 것처럼 암컷과 수컷이 방주에 들어갔더라 10일곱째 날
> 에 땅 위에 홍수가 있었고 11노아가 육백살 되던 해의 이월 십 칠일에 곧 이 날에
> 큰 깊음의 샘들이 모두 터졌고 하늘의 창들이 열렸더라 12그리고 비가 땅 위에 사
> 십일 낮과 사십일 밤 동안 내렸더라

노아 홍수가 마침내 시작된다. 창세기 7:6-12의 메시지는 창세기 6:9-7:5에서 이미 언급된 메시지로 구성되어 있다. 노아 홍수 기사는 이처럼 앞서 언급된 메시지를 반복하면서 메시지 사이 사이에 진전된 내용을 담아 사건을 발전시켜 나가는 특징을 가지고 있다. 이런 특징은 결코 비평학자들이 말하는 것처럼 J문서나 E문서를 서툴게 혼합하면서 생겨난 현상이 아니라 에뉴마 엘리

쉬 같은 고대 메소포타미아의 창조 신화의 이야기 전개 방식과 유사하며, 이런 스타일의 내용 전개는 기원전 2000년 이전 고대 수메르와 아카드 시대의 일반적인 서풍이었던 것으로 생각된다.

6절

창세기 7:6과 7:11은 홍수가 노아가 600살 되던 해 2월 17일에 시작되었다고 기록하고 있다. 흥미롭게도 아트라하시스에서도 유사한 기록이 있다.[7]

> 600 years, less than 600, passed. And the country became too wide, the people too numerous. The country was as noisy as a bellowing bull. The god grew restless at their racket, Ellil had to listen to their noise

현존하는 아트라하시스 사본에는 이 표현을 세 번 반복해서 사용하여 대홍수 이전에 있었던 신들에 의한 재앙의 원인으로 제시하고 있다. 하지만 대홍수 재앙에서는 600년이라는 표현이 없다. 원래 이 표현이 없었을 수도 있지만, 대홍수 시작 부분 여러 곳의 토판이 파손되거나 상실되었기 때문에 이 표현의 유무에 대해 단정할 수 없다. 아트라하시스의 반복되는 600년 표현이 노아 나이 600살과 어떤 관계가 있는지 명확하게 알 수 없다.

9절

창세기 7:2에서 하나님은 노아에게 각종 짐승들을 취하여 방주에 태우라고

---

7) Spephanie Dalley, *Myths From Mesopotamia*, 35. 현존하는 아트라하시스는 기원전 1702-1682년에 바벨론을 통치했던 암미-사두카 왕 때에 '눌-아야'라는 사람이 길가메쉬 서사시처럼 이전에 존재하던 자료를 복사한 것이다. "Hand of Nur-Aya, junior scribe. Month Ayyar, Year Ammi-saduqa was king."

했다. 이것을 노아가 곳곳을 다니며 짐승들을 끌어 모아 들이는 것으로 생각할 수 있다. 하지만 창세기 7:9에 의하면 짐승들이 한 쌍씩 스스로 노아에게 나오며, 그리고 노아는 그 짐승들을 방주로 들여 놓는다. 하나님이 짐승들을 노아에게 데려 왔다는 것을 보여준다. 이것은 에덴 동산에서 하나님이 각종 짐승을 만들어 아담에게 나아오게 했던 것과 유사하다.

> 와야베 엘-하아담 릴오트 마-이크라-로 베콜 아셀 이크라-로 하아담 네페쉬 하야 후 세모
>
> 창 2:21 וַיָּבֵא אֶל־הָאָדָם לִרְאוֹת מַה־יִּקְרָא־לוֹ וְכֹל אֲשֶׁר יִקְרָא־לוֹ הָאָדָם נֶפֶשׁ חַיָּה הוּא שְׁמוֹ
>
> 창 7:15 וַיָּבֹאוּ אֶל־נֹחַ אֶל־הַתֵּבָה שְׁנַיִם שְׁנַיִם מִכָּל־הַבָּשָׂר אֲשֶׁר־בּוֹ רוּחַ חַיִּים
>
> 와야보우 엘-노아 엘-하테바 세나임 세나임 미콜-하바살 아셀-보 루아흐 하임

하나님이 데려온 짐승들에게 아담은 이름을 지어주면서 짐승들의 '네페쉬 하야'(נֶפֶשׁ חַיָּה, 생령)를 불렀고, 노아는 생령있는(루아흐 하임, רוּחַ חַיִּים) 것들의 생명을 보존하는 역할을 맡았다.

10-12절

10절은 홍수 시작을 알리는 일반적인 서론에 해당하며 11-12절은 구체적인 상황을 묘사한다. 10절은 하나님이 창세기 7:4에서 모세에게 7일 후에 있게 된다고 했던 그 홍수가 시작되는 것을 보여준다.[8)]

8) 케네스 매튜는 7일에 대한 유대인들의 미드라쉬를 다음과 같이 소개하고 있다. 탈굼 - 7일은 홍수가 있던 해에 죽은 므두셀라의 죽음에 대한 애도 기간이었다. 창세기 랍바 32:7 - 7일을 세상에 대한 하나님의 애통하는 기간이었다. 탈굼 슈도 조나단 - 7일은 회개를 위한 마지막 기회였다. Kenneth A. Mathews, *Genesis 1-11*:26, 374.

10절 ┌── A 칠일 후에
│ ┌── B 홍수가 땅에 덮이니
11절 └─┼── A 노아 육백세 되던 해 이월 곧 그 달 십칠일이라
  └── B 큰 깊음의 샘들이 터지며 하늘의 창들이 열려

11절은 그 7일 후가 구체적으로 노아가 600살 되던 해의 제2월 17일이었음을 아주 구체적으로 밝힌다. 열왕기상하에서 이스라엘 왕들의 재임 기간 중에 일어났던 사건들의 일자를 밝히는 것처럼 노아 홍수의 연월일을 제시하는 것은 노아 홍수가 구체적인 역사적 사건이라는 의도가 담겨있다.[9] 11절은 또한 홍수가 깊은 지하수와 하늘의 창이 열리면서 물이 쏟아져 나왔다고 밝힌다. 그리고 12절은 그 물이 40일 주야로 지속되었음을 밝힌다. 11절의 깊음은 창세기 1:2에서 물에 덮여있는 지구의 상태를 묘사하기 위해 사용되었던 '테홈'(תְּהוֹם)이다. 바다 또는 깊은 물의 의미를 가진 '테홈'을 나누어 하나님은 하늘의 궁창과 땅과 바다를 나누어 생명체가 살 수 있는 터전을 만들었다. 창세기 7:11에서는 바로 이 '테홈'의 샘들이 터져 나오고 궁창의 물이 쏟아져 내리면서 창세기 1장의 둘째 날 셋째 날 창조를 무위로 되돌리면서 지구를 창세기 1:2의 상태로 돌이켜 버린다. 창세기 1장이 '테홈'을 나누면서 창조(creation)를 시작하였다면, 창세기 7:11에서 그 '테홈'의 물과 궁창의 물이 땅 위에 다시 합치면서 창조 세계의 파괴(de-creation)가 시작된다.[10] 길가메쉬 서사시에도 홍수는 배를 만들라고 에아가 우트나피쉬팀에게 말한 지 7일째 되는 날에 홍수가 시작되었다고 한다. 길가메쉬에 의하면 대홍수에서 비를 내리는 역할을 폭풍과 비와 관련된 신들이 일제히 참여한다. 아닷(Adad)은 구름 속에서 천둥 소리를 내고 니눌타(Ninurta)는 물이 둑을 넘치게 만들고 에라칼(Erakal)은 댐의 기둥을 뽑아 버린다.[11]

9) Gordon J. Wenham, *Genesis 1-15*, 179.

10) Nahum M. Sarna, *Genesis*, 55. Terence E. Fretheim, *Genesis*, 392. Kenneth A. Mathews, *Genesis 1-11:26*, 376. Derek Kidner, *Genesis*, 91.

13-15절

13곧 이 날에 노아와 그의 아들 셈과 함과 야벳과 노아의 아내와 그의 세 자부들이
함께 방주에 들어갔더라 14그들과 모든 생명체들을 그 종류대로, 즉 모든 짐승들
이 그 종류대로 땅에 기는 모든 것이 그 종류대로 모든 새들 곧 날개로 나는 모든
새를 그 종류대로 15그 속에 생령이 있는 모든 육체가 둘씩 노아에게 나아와 방주
에 들어 갔으니

13-15절은 각종 피조물이 방주에 들어간 사실을 반복하고 있다. 이 중에서 15절의 "그 속에 생령이 있는"(아셸-보 루아흐 하임, אֲשֶׁר־בּוֹ רוּחַ חַיִּים)을 주목할 필요가 있다. 이 표현은 창세기 6:17에서도 사용되었는데, 창세기 6-8장에서는 루아흐(רוּחַ)를 각종 피조물들의 멸망을 관련하여 의미심장하게 사용하고 있다. 길가메쉬 서사시는 홍수로 인한 인류의 멸망을 모든 인류가 진흙으로 돌아갔다는 말로 대신한다.[12] 이에 반해 창세기 7장은 창세기 2장에서 하나님이 인간에게 불어 넣었던 생령의 제거에 중점을 두고 있다.

하나님의 신 (6:3) → 심판의 출발점

생명의 기식 있는 육체 (6:17) → 심판 임박

무릇 기식이 있는 육체 (7:15) → 노아에게

생명의 기식으로 호흡하는 것 (7:22) → 죽음

하나님의 바람 (8:1) → 회복의 출발점

---

11) ANET 94.

12) Spephanie Dalley, *Myths From Mesopotamia*, 113.

창세기 6:3에서 하나님은 "나의 신이 영원히 사람과 함께 하지 아니하리라"고 하였는데, 창세기 7:22(cf. 6:17)에서 코로 생기(רוּחַ חַיִּים)를 호흡하는 모든 피조물들을 다 죽인다. 그러나 창세기 7:15에서 하나님은 생기를 호흡하는 모든 종류의 피조물을 한 쌍씩 노아에게 보내어 살리고 보존하는 은혜를 베푼다. 그리고 8:1의 하나님의 신 또는 바람은 홍수 이후 피조 세계 재창조의 출발점이 된다.

16절

> 16들어간 것들은 모든 육축의 암수이니 하나님이 그에게 명한대로 들어가매 여호와께서 그를 위하여 닫았더라

창세기 7:16에서 방주의 문을 닫은 자가 노아가 아니라 여호와 하나님이 노아를 위하여 문을 닫아 주고 있다. 방주라는 구원의 방편에 하나님이 직접 화룡정점을 찍고 있다. 이것은 노아가 구원받는 것이 하나님의 은혜의 결과임을 보여 주며, 하나님이 방주 속에 있는 노아와 그와 함께한 생명들을 지키고 보호하려는 의도를 보여 준다.[13)]

아트라하시스 서사시에서 아트라하시스는 대홍수가 시작되자 역청을 가져다가 갈대배의 문에 발라 물이 새지 않게 하고, 배의 문을 직접 닫고 있다.[14)]

> While he was closing up his door, Adad kept bellowing from the clouds.

길가메쉬에서는 홍수가 시작되기 전에 먼저 갈대 배를 물에 띄운다. 배를 진수 시키기 어려워 통나무를 이용하여 간신히 물 속으로 밀어 넣는다.[15)] 갈대 배

13) Derek Kidner, *Genesis*, 91. Victor P. Hamilton, *Genesis 1-17*, 294.
14) Stephanie Dalley, *Myths From Mesopotamia*, 31.
15) ANET, 94.

의 문을 닫은 후 홍수는 7일 동안 계속된다.

17절

[17]홍수가 40일 동안 땅에 있었는지라 물이 많아져 방주를 떠오르게 하였고 방주는 땅 위로 떠 올랐더라

17절에 따르면 비가 40일 동안 땅에 내렸다. 24절에서는 그물이 150일 동안 땅에 창일하였다고 한다. 이 같은 기간은 아래에서 볼 수 있는 것처럼 일정한 틀에 따라 반복되고 있다.

A. 7일 (창 7:4, 10)
　B. 40일 (창 7:4, 12, 17)
　　　C. 150일 (창 7:24, 8:3)
　B' 40일 (창 8:6)
A' 7일 (창 8:10, 12)

노아가 방주 안으로 들어가고 7일이 지난 후에 홍수가 시작된다. 40일 동안 비가 내리고 물이 150일 동안 지면을 덮은 후에 다시 150일 동안 물이 감소한다. 노아 방주가 아라랏 산에 도달한 후 40일이 지나 까마귀를 내어 보내고, 다시 7일이 지난 후에 비둘기를 반복해서 내어 보내어 지면의 상태를 알아 본다.

18-20절

[18]빗줄기가 강렬하였고 그리고 땅 위에 급속도로 불어났으며 [19]빗물이 땅 위에 더

더욱 강렬하게 내려 전체 하늘 아래 있는 모든 높은 산들을 덮었더라 [20]빗물이 산들 위로 15규빗 높이로 차올라 덮었더라

18 וַיִּגְבְּרוּ הַמַּיִם וַיִּרְבּוּ מְאֹד עַל־הָאָרֶץ וַתֵּלֶךְ הַתֵּבָה עַל־פְּנֵי הַמָּיִם׃

19 וְהַמַּיִם גָּבְרוּ מְאֹד מְאֹד עַל־הָאָרֶץ וַיְכֻסּוּ כָּל־הֶהָרִים הַגְּבֹהִים אֲשֶׁר־תַּחַת כָּל־הַשָּׁמָיִם׃

20 חֲמֵשׁ עֶשְׂרֵה אַמָּה מִלְמַעְלָה גָּבְרוּ הַמָּיִם וַיְכֻסּוּ הֶהָרִים׃

18-20절은 폭우가 쏟아져 물이 땅을 뒤덮는 광경을 강렬하게 묘사하기 위해 반복법을 거듭 사용하고 있다.

'가베루 하마임' גָּבְרוּ הַמָּיִם(빗물이 강렬하였다)—3번
'메오드' מְאֹד(매우) —3번
'알 하아레츠' עַל־הָאָרֶץ(땅 위에) —2번
'와예쿠수 헤하림' וַיְכֻסּוּ הֶהָרִים(산들을 덮었다) —2번

이 중에서 동사 '가발'(גבר)은 아주 인상적이다. 창세기 6:4에서 엘로힘의 아들들과 사람의 딸들 사이에 태어난 네피림을 '기보림'(גִּבֹּרִים, 용사)이라고 했다. 창세기 7:18-20에서는 물이 급격하게 불어나는 상황을 묘사하기 위해 명사 '기보림'(גִּבֹּרִים)의 동사인 '가발'(גבר, 강하다)을 세 번이나 반복하여 사용하며, 24절에서 한 번 더 사용되었다. 이를 통해 홍수가 엘로힘의 아들들의 범죄를 겨냥하고 있음을 보여주고 있다.[16] 19절의 "전체 하늘 아래에 있는 모든 높은 산들"이란 표현은 홍수로 인해 지구 전역의 산을 물로 뒤덮였음을 보여준다. 구약 성경에서 '전체 하늘 아래'라는 표현은 모두 6번 사용되었으며, 한결같이 지구 전체를 가리키기 위해 사용되었다.[17] '콜-하샤마임'(כָּל־הַשָּׁמָיִם)

16) Kenneth A. Mathews, *Genesis 1-11:26*, 379.
17) 신명기 2:25; 4:19; 욥기 28:24; 37:3; 41:11; 다니엘 9:12. Richard M. Davidson, "The Genesis Flood Narrative: Crucial Issues in the Current Debate," *Andrews University Seminary Studies* 42-1 (2004): 49-77.

도 전체성을 나타내는 표현이며, '모든 높은 산들' 도 홍수의 범위가 지엽적인 것이 아니라 지구 전역이라는 것을 보여준다. '모든 높은 산들' 은 20절의 15 규빗과 함께 홍수의 규모를 나타낸다. 즉 빗물이 모든 산을 뒤덮고 산봉우리보다 약 6m 75cm 더 높이 차 올라, 지구 전역이 깊은 물로 뒤덮였고, 호흡하는 어떤 생명체도 생존할 수 없는 환경이 되었다.[18]

21-24절

[21]땅 위에 움직이는 모든 생물 곧 새와 육축과 들짐승과 땅 위에 기는 모든 것들과 그리고 모든 사람이 다 죽었더라 [22]땅 위에 있는 것들 중에 그 코로 생령의 호흡을 하는 모든 것들이 다 죽었더라 [23]땅 위에 있는 모든 생명체들 곧 사람으로부터 짐승과 기는 것과 하늘의 새들까지 쓸어버렸으니 땅에서 쓸어버림을 당하였고 오직 노아와 방주에 그와 함께 있는 것들만 남았더라 [24]물이 땅 위에 150일 동안 맹위를 떨쳤더라

21-23절은 지구의 모든 생물이 다 죽었음을 강조하고 있으며 그 와중에 노아와 방주에 남은 자들만 살아 남았다고 하며 서로 대조시키고 있다. 이 대조를 위해 둘 다 동사 닢알 수동태(וַיִּמַּח, 와이마트; וַיִּשָּׁאֶר 와이사엘)를 사용하고 있다. 이 두 수동태 동사는 각각 모든 피조물이 하나님에 의해 심판 받았음을 보여주며 방주에 탄 자들은 하나님의 은혜로 살아 남았음을 보여준다. 창세기에서 남은 자는 위험과 환난에서 벗어난 자들을 표현하기 위해 사용된다. 구약

18) 노아 홍수의 시기와 정도에 대한 논쟁은 지엽적인 홍수와 지구 전역에 걸친 홍수로 크게 두 가지로 나뉘어진다. 지엽적인 홍수는 성경의 기록과 모순되며, 지구 전역에 걸친 홍수는 고고학적인 증거를 제대로 확보하지 못하고 있다. 이런 문제점 때문에 Paul H. Seely는 고대 메소포타미아에 일어난 대홍수에 창세기 저자가 신학적인 의미를 부여한 것으로 이해하자고 제시한다. Paul H. Seely, "Noah's Flood: its Date, Extent, and Divine Accommodation," *WTJ* 66 (2004): 291-311.

성경 전체에서 남은 자는 하나님이 미래에 구원의 은총을 베풀어 하나님의 나라를 회복하는데 직접적으로 참여할 자들을 나타내는 말로 사용되며, 표현 그 자체가 종말론적 희망과 소망을 담고 있다. 23절의 '남은 자' 도 이같은 의도를 담고 있다.[19] 노아가 만든 방주는 너무 거대하였기 때문에 노아의 가족들이 방주를 운전할 수 없었다. 즉 방주 뿐만 아니라 방주를 탄 모든 피조물의 운명을 전적으로 하나님께 맡겨야 했다. 방주의 규모 뿐만 아니라 엄청난 빗속에서 방주를 항해하는 것도 불가능했다. 전통적으로 알려진 아라랏 산의 높이는 5,100m이고, 40일 동안 비가 내리고 총 150일 동안 지면을 뒤덮은 물 때문에 방주는 그 산에 도달하였다.[20] 아라랏 산의 높이에 근거하여 40일 동안 내린 하루 평균 강수량을 산출하면 127.5m이다. 시간당 5.3m의 비가 40일 동안 내렸다. 히말라야 산을 기준으로 산출하면 더 많은 비가 내렸을 것이다. 이런 비에 방주는 온전할 수 있었을까? 하나님의 은혜가 아니면 불가능 했을 것이다. 창세기 6:22, 7:5, 9, 16은 노아가 하나님이 명령한 대로 행동하였음을 거듭 언급하고 있다. 하나님은 자신의 명령에 순종하는 의인 노아에게 은혜를 베풀어 그 생명을 구원하였다.

---

19) Kenneth A. Mathews, *Genesis 1-11:26*, 381.

20) 창세기 7:12에서 40일 동안 비가 내렸다고 한 후 7:24에서 다시 150일 동안 물이 땅을 덮었다고 한 것을 두고 비평가들은 둘 또는 세 개의 다른 자료들(J와 P문서)을 합치면서 생긴 현상이라고 주장한다. Niels Peter Lemche, "The Chronology in the Story of the Flood," *JSOT* 18 (1980): 52-62.

Chapter 08 창세기 8장

대홍수를 통해 지구의 모든 생명체들이 멸망당했다는 것은 엄청난 사건이다. 아트라하시스에 의하면 대홍수를 통한 인류의 멸망을 바라보던 신들은 대홍수를 초래한 엘릴 신을 원망했다. 인간 탄생을 주도한 산파 신인 마미는 다음과 같이 엘릴을 원망했다.[1)]

> Ellil was strong enough to give a wicked order. Like Tiruru he ought to have cancelled that wicked order …. As for me, how am I to live in a house of bereavement?

울고 있는 여신들과 함께 많은 신들이 홍수로 멸망한 사람들 때문에 깊은 슬픔의 눈물을 흘린다. 길가메쉬에서 신들은 대홍수의 위력 앞에 담장 구석에 움크리고 있는 개처럼 앉아 두려워 떨었고, 여신들은 출산하는 여인처럼 비명을

질렀다.[2]

> The gods were frightened by the deluge, and shrinking back, they ascended to the heaven of Anu. The gods cowered like dogs, crouched against the outer wall. Ishtar cried out like a woman in travail, the sweet-voiced mistress of the gods moans aloud: 'the olden days are alas turned to clay.'

그리고 인간들이 사라지자 신들에게 찾아 온 것은 굶주림이었다. 그리고 신들은 홍수를 초래한 신들을 비난하였고, 홍수를 보낸 신들은 인간을 살아남게 만든 신들을 비난하였다. 그렇다면 하나님은 대홍수를 어떻게 결말지었을까?

1절

> [1]하나님이 노아와 모든 생명체들 즉 노아와 함께 방주에 있는 모든 짐승들을 기억하였고, 하나님이 바람을 지구 위에 지나게 하였더라. 그러자 물이 감하였더라.

창세기 8장에는 고대 근동의 홍수 설화와는 달리 홍수의 결과를 놓고 신들 간에 서로 논쟁하는 모습은 찾아 볼 수 없다. 천사들도 전혀 언급되지 않는다. 하나님은 멸망 당한 피조 세계에 대하여 침묵을 지키고 있다. 대신에 창세기 8:1에 의하면 하나님은 살아 남은 자들에게 관심을 가졌다. 고대 근동의 신화들이 동물들에게 무관심한 것과는 달리 하나님은 노아의 가족들뿐만 아니라 방주에 탄 모든 동물들을 기억하고 권념하였다. 창세기 8:1에서 하나님이 노아와 동물들을 권념하는 것은 노아 홍수 이야기 전개에 있어서 전환점 역할을

---

1) Stephanie Dalley, *Myths From Mesopotamia*, 32.

2) ANET, 94.

한다. 앤더슨(B. W. Anderson)은 창세기 6:9-9:19의 홍수 기사를 분석하고 교차 대구법으로 구성되어 있음을 밝혔는데, 그는 창세기 8:1이 교차 대구법적 내용 전개의 전환점이라는 것을 잘 보여주고 있다.[3)]

창세기 6:9-9:19 내용에 따른 홍수 기사 분해

A. Transitional introduction (6:9-10)

B. Violence in creation (6:11-12)

C. First divine speech: resolve to destroy (6:13-22)

D. Second divine speech: "enter ark" (7:1-10)

E. Beginning of flood (7:11-16)

F. The rising flood (7:17-24)

G. God remembers Noah (8:1)

F' The receding flood (8:1-5)

E' Drying of the earth (8:6-14)

D' Third divine speech: "leave ark" (8:15-19)

C' God's resolve to preserve order (8:20-22)

B' Fourth divine speech: covenant (9:1-17) 〈-〉 6:18

A' Transitional conclusion (9:18-19)

위에서 볼 수 있는 것처럼 홍수 기사의 정점은 8:1이다. 8:1에서 하나님은 노아와 그와 함께 방주에 탄 모든 짐승들을 기억하였다. '자칼' (זָכַר, 기억하다)은 잊고 있던 것을 갑자기 생각해 내는 것을 의미하는 것이 아니다. '자칼'은 종종 하나님이 자신이 한 언약과 약속에 신실함을 묘사하기 위해 사용된다.

---

3) B. W. Anderson, "From Analysis to Synthesis: The Interpretation of Genesis 1-11," *JBL* 97 (1978): 28. Gordon J. Wenham도 역시 창세기 6-9장의 홍수 기사가 놀라울 정도로 통일성과 일관성을 가진 기록임을 입증하고 있다. Gordon J. Wenham, "The Coherence of the Flood Narrative," *Vetus Testamentum* 28-3 (1978): 336-348.

출애굽기 6:4에서 하나님은 이집트 땅에서 노예 생활하며 고통을 겪고 있는 이스라엘에게 아브라함과 맺은 언약을 기억하였다고 한다.[4] 이 말씀과 함께 하나님은 모세를 통해 이스라엘 민족을 출애굽시키는 은총을 베풀기 시작한다. 마찬가지로 창세기 8:1의 '자칼' 은 하나님이 창세기 6:18-20에서 한 약속을 신실하게 실천하는 것을 나타낸다.[5]

놀랍게도 하나님은 땅에 '루아흐' (רוּחַ)를 보내는데, 이는 영 또는 바람으로 해석할 수 있다. 길가메쉬와 아트라하시스에서도 남풍이 등장한다. 남풍이 강렬하게 불자 산들이 물에 잠기게 되고 폭풍이 몰아친다. 제7일에 남풍이 수그러들자, 바다는 잠잠해 지고 홍수는 멈추게 된다.[6] 고대 메소포타미아의 홍수에서 바람은 자연 현상이다. 그렇다면 성경의 '루아흐' 는 단순한 바람일까 아니면 다른 의미로 사용되었을까? 하나님이 보낸 바람을 일반적인 자연 현상으로 이해한다면 한 가지 문제가 있다. 이 바람 때문에 폭풍이 일어나고 지구를 덮고 있는 물은 광란의 춤을 추어야 한다.[7] 그러나 하나님이 보낸 '루아흐' 는 메소포타미아 홍수 설화에 있는 그런 자연 현상을 일으키지 않고, 물이 감소하게 만들었다. 이를 나타내는 히브리어 '사칵' (שָׁכַךְ)은 '줄어들다' 라는 의미도 있지만, '잠잠해지다' 라는 의미도 가지고 있다. 물이 감소하는 것은 그 자체로 하나님이 방주에 있는 피조물들에게 그들의 생명을 보존하리라고 한 약속을 지키는 것이다. 하나님의 기억함과 물의 감소는 노아의 방주를 아라랏 산에 도착하는 것으로 귀결된다. 이렇듯 창세기 8:1의 하나님의 기억함과 하나님의 바람 또는 신은 파멸과 재앙의 수단이 아닌 살아남은 피조물의 회복의 출발점이며, 약속에 신실하신 하나님의 모습을 나타낸다.

---

4) 창세기 19:29에서 하나님은 아브라함을 기억하고 롯을 소돔과 고모라의 멸망으로부터 구해 주며, 창세기 30:22에서는 라헬을 기억하고 요셉을 잉태하게 해 준다.

5) Victor P. Hamilton, *Genesis 1-17*, 299. Kenneth A. Mathews, *Genesis 1-11*:26, 382-383.

6) ANET, 94.

7) 수메르 홍수 설화에서 영웅 지우수드라가 탄 배는 폭풍에 의해 이리저리 떠밀려 다니고 있다 (ANET 44).

흥미롭게도 창세기 8:1은 창세기 1:2의 지구의 상태를 연상시킨다. 창세기 1:2에서 지구가 혼돈하고 공허하며 깊음이 그 위에 있고, 그리고 하나님의 신(루아흐, רוּחַ)이 수면 위에 운행하였다. 마찬가지로 창세기 8:1의 지구는 대홍수로 인하여 혼돈한 상태이며 방주를 제외하고 아무 것도 없는 공허한 상태이며, 그리고 그 깊이를 헤아릴 수 없는 물이 지구를 뒤덮고 있다. 그리고 그 위에 하나님이 '루아흐'(רוּחַ)를 보낸다. 창세기 1장의 둘째 날 창조에서 하나님의 신이 운행하고 있던 물이 한 곳에 모여 뭍이 드러났던 것처럼, 창세기 8:1에서는 하나님이 루아흐를 보내자 물이 감소하여 산봉우리들이 드러나게 만든다. 이러듯, 창세기 8:1의 '루아흐'는 하나님의 신 또는 성령인지 명확하게 말할 수는 없지만, 창세기 1:2의 하나님의 신처럼 새 창조를 위한 하나님의 능력의 표출임에는 틀림이 없다.[8]

2-3절

> [2]깊음의 샘들과 하늘의 창들이 닫히고, 하늘에서 내리던 비가 그치자, [3]물이 땅 위에서부터 물러가고 점점 물러가서 물이 150일 후에 감하였더라.

창세기 7:11에서 홍수 시작의 핵심 도구였던 깊음의 샘들과 하늘의 창들이 창세기 8:2에서 마침내 닫힌다. '닫다'의 히브리어 '와이사케루'(וַיִּסָּכְרוּ)는 동사 '사칼'(סָכַר)의 닢알 수동형이다. 창세기 7:11에서 깊음의 샘이 터지고(닙케우, נִבְקְעוּ) 하늘의 창이 열리는(닢타후, נִפְתָּחוּ) 것을 묘사하는 동사들도 닢알 수동형으로 사용되었다. 홍수의 시작과 종료에서 모두 수동형 동사를 사용하여, 홍수의 시작과 끝이 하나님의 통제 아래 있음을 보여준다.[9] 창세기 8:3은 창세기 7:24를 이어가고 있다. 물이 150일 동안 땅에 창일한 후 마침내 물이

---

8) Kenneth A. Mathews, *Genesis 1-11:26*, 384.
9) Victor P. Hamilton, *Genesis 1-17*, 300.

감소하기 시작한다.

4-5절

> 4칠월 곧 그 달 십칠일에 방주가 아라랏 산에 안착하였으며, 5물이 점점 물러나
> 감소하여 시월 곧 그 달 일 일에 산들의 봉우리가 보였더라.

창세기 8:4은 물이 감소하기 시작하자 방주가 아라랏 산에 도착한 것으로 기록하고 있다. 방주가 아라랏 산에 도착한 7월 17일은 홍수가 시작되었던 2월 17일(창 7:11)로부터 정확하게 5개월 후의 일이다. 아라랏 산은 고대 앗시리아 문헌에서 우라르투(Urartu=Ararat)로 기록되어 있다.[10] 길가메쉬 서사시에서는 우트나피스팀이 인류의 멸망을 슬퍼하는 동안 갈대배가 니느웨에 있는 니무쉬 산에 도착하였다. 일반적으로 우라르투 산은 터키와 러시아 이란 3개국의 접경에 위치해 있는 빅 아리 다(Byk Ari Da) 산으로 본다. 이 산은 높이가 약 5,185m이며,[11] 티그리스 유프라테스 강의 발원지에 인접해 있다.[12] 하지만 이 산을 아라랏 산이라고 단정지을 수는 없다. 성경은 방주가 도착한 곳을 아라랏의 산들(하레 아라랏, הָרֵי אֲרָרָט)이라고 한다. 성경은 방주가 도착한 곳을 아라랏 지역에 있는 산들이라고 아주 포괄적인 지역을 언급하고 있기 때문에 정확한 위치를 확인하는 것은 어렵다.[13]

'안착하다'의 히브리어 '와타나흐'(וַתָּנַח)는 동사 '누아흐'의 칼 능동형이며, 안식일 규정에서 '쉬다'의 의미로 주로 사용된다. 창세기 8:4에서는 방주가

---

10) Kenneth A. Mathews, *Genesis 1-11:26*, 385-386.

11) 아라랏 산은 열왕기하 19:37, 이사야 37:38, 예레미야 51:27에서도 언급되며, 토비야 1:21도 열왕기하 19:37처럼 산헤립의 자식들이 아버지를 살해한 후 도망간 장소로 언급되고 있다.

12) Sarna, *Genesis*, 57.

13) Jubilees 5:27은 방주가 도착한 산을 아라랏의 산들 중에 하나인 루발 산 꼭대기에 도착했다고 한다.

홍수의 격랑으로부터 아라랏 산에 안전하게 정박하였음을 의미하며, 동시에 안식을 염두에 둔 듯하다. 그 이유는 방주가 아라랏 산에 도착한 600년 7월 17일은 쥬빌리 달력에 따르면 금요일이다.[14] 금요일 저녁부터 안식일이 시작되는 것을 고려할 때 동사 누아흐의 사용은 우연이 아닌 듯하다. 동사 누아흐(נוח)는 노아(נֹחַ)의 이름를 직접적으로 연상시킨다.

6-12절

6사십일이 지나서 노아가 방주에 지은 창을 열고, 7까마귀를 내어 보내니 땅 위에
물이 마를 때까지 왕래하였더라. 8그가 땅 위에 물이 감한 여부를 알아 보기 위해
비둘기를 내어 보냈더니, 9비둘기가 발로 접족하여 쉴 장소를 찾지 못하여 방주
로 그에게 돌아 왔으니, 이는 물이 온 지면에 있었기 때문이더라. 그가 손을 내밀
어 비둘기를 취하여 방주 속 자기에게로 받아 들이니라. 10칠일 후에 그가 다시 비
둘기를 방주로부터 내어 보내었더니, 11비둘기가 저녁 때에 그에게 돌아 왔는데,
보라! 그 입에 감람 새 잎사귀가 있더라! 이에 노아가 땅 위에 물이 감한 줄 알았더
라. 12칠일을 기다린 후에 그가 비둘기를 내어 보내니 다시 돌아 오지 않았더라.

길가메쉬 서사시에서 우트나피스팀은 갈대 배가 물 위에 떠 다니는 동안 배의 문을 열고 땅을 뒤덮고 있는 물을 바라보며 통곡한다. 이에 반해 노아가 방주의 창을 연 것은 아라랏 산에 도착한 후 땅에 물이 감한 여부를 알아 보기 위해서였다. 노아가 멸망 당한 세상에 대해 어떤 감정을 가졌는지 그들을 위해 울었는지에 대해 성경은 전혀 언급하지 않는다. 노아는 방주가 아라랏 산에 도

14) 쥬빌리 카렌다는 안식일을 고정시키기 위해 일년을 7×52로 계산하여 일년을 52주 364일로 만든 달력이다. 쥬빌리 달력은 매 7년마다 추가로 한 주를 더하여 그레고리안 달력의 365을 기준으로 볼 때 부족한 하루를 7년마다 해소시켰다. S. Najm and Ph. Guillanume, "Jubilee Calendar Rescued from the Flood Narrative," *Journal of Hebrew Scriptures* 5-1 (2004): 1-11. Gordon J. Wenham, Genesis 1-15, 184.

착하였음에도 불구하고 쉽사리 방주를 떠나지 않는다. 땅의 형편을 확인하기 위해 까마귀와 비둘기를 내어 보내는 아주 신중한 모습을 보여준다. 노아는 자신과 가족들 뿐만 아니라 모든 피조물의 생명이 달려있는 만큼 책임감 있게 행동하고 있다.[15] 노아는 먼저 까마귀를 내어 보냈다. 방주를 떠난 까마귀는 물이 마를 때까지 반복적으로 왕래하였지만 노아와 방주에 탄 모든 피조물들이 기다리던 기쁜 소식을 가져다 주지 않는다.[16] 결국 노아는 까마귀를 통해서는 물의 감소 여부를 파악할 수 없었기 때문에 비둘기를 세 번 내어 보낸다. 첫 외출에서 비둘기는 접족하여 쉴 장소를 발견하지 못하고 되돌아 온다. 이를 묘사하기 위해 히브리어 성경은 신소리(wordplay)를 도입하고 있다. 비둘기는 쉴 장소 '마노아' (מָנוֹחַ)를 찾지 못해 이름에 쉼의 뜻을 가진 노아(נֹחַ)에게 돌아 온다. 비둘기는 방주의 창을 통해 스스로 날아 들어 올 수 있었을 것인데, 노아가 내민 손에 앉아 방주 안으로 들어 온다. 쉴 자리를 찾지 못한 비둘기를 맞아 들이는 노아의 모습은 인간과 피조물 사이에 있어야 할 아름답고 이상적인 그림이다.[17] 희고 정결한 새인 비둘기와는 달리 검고 부정한 새인 까마귀는 물이 마를 때까지 왕래하였지만 방주에 들어 왔는지 분명하지 않다. 창세기 8:6-12은 까마귀와 비둘기를 서로 대조시키려는 의도를 가지고 있다.[18]

칠일 후 둘째 외출에서 비둘기는 저녁 때에 돌아 온다. 이것은 비둘기가 쉴 만한 장소를 발견했다는 것이고, 결과적으로 방주로부터 제법 멀리까지 날아 다녔음을 보여준다.[19] 그리고 비둘기는 돌아 올 때 감람 새 잎사귀를 입에 물고 온다.

---

15) Victor P. Hamilton, *Genesis 1-17*, 302-303.

16) 까마귀가 돌아 오지 않은 이유에 대해 초대 교부들과 랍비들은 다양한 의견을 제시하였다. Philo는 노아가 까마귀의 마음에 있는 어둠의 찌꺼기를 보고 쫓아 냈다고 말한다. C. D. Yonge, *The Works of Philo* (Peabody, Mass: Hendrickson, 1993), 825. Augustin은 까마귀와 비둘기를 영해하고 있다. 그에 의하면 까마귀는 자신의 것을 찾는 자이고 비둘기는 그리스도의 것을 찾는 자이다. Philip Schaff, *Nicene and Post-Nicene Fathers of the Christian Church*, vol. 7 (Grand Rapids: Eerdmans, 1991), 40.

17) 잠언 12:10 "의인은 그 육축의 생명을 돌아보나 악인의 긍휼은 잔인이니라."

18) Gordon J. Wenham, *Genesis 1-15*, 186. Cf. 레위기 11:15, 신명기 14:14.

19) Sarna, *Genesis*, 58.

길가메쉬 서사시에서 우트나피스팀은 니무쉬 산에서 7일을 지낸 후 비둘기, 참새 그리고 까마귀 순으로 배 밖으로 내어 보내어 땅의 형편을 확인한다. 비둘기와 참새는 갈대 배로 돌아 왔지만, 마지막으로 내어 보낸 까마귀는 물이 감해지는 것을 보고 먹이를 먹으며 배회하다가 우트나피스팀에게 돌아오지 않는다. 이에 우트나피스팀은 배에 있는 모든 짐승들을 사방으로 내어 보낸다.[20]

길가메쉬 서사시에서는 우트나피스팀이 보낸 새들이 지구에 생명체가 다시 나타났다는 희소식을 가져 오지 않는다. 반면에 노아 홍수에서 비둘기는 감람 새 잎사귀를 입에 물고 온다. 감람나무 새 잎사귀는 그 자체로 새로운 시작의 징조였다. 뿐만 아니라 감람나무는 사시사철 크고 푸른 잎 때문에 미와 풍요를 상징하였다.[21] 이에 더해 감람나무에서 감람 기름을 생산하였고, 이 기름은 성전의 일곱 등대를 밝혔으며, 성직을 임명할 때 사용하기도 하였다. 이런 감람나무 새 잎사귀를 비둘기가 물고 온 것은 방주에 탄 모든 사람과 동물들에게 새 시대 새 창조에 대한 밝은 희망을 품게 만들고, 기쁨의 함성으로 방주를 가득하게 만들었을 것이다. 그래서 창세기 8:11은 '감람나무 새 잎사귀' 라는 표현 앞에 감탄사 '힌네' (הִנֵּה, 보라)를 두었다. 홍수로 완전히 파괴된 땅에 하나님의 '루아흐' (영, 바람)가 다시 임하고(8:1), 부정한 새의 범주에 속하는 까마귀는 떠나고(8:7), 감람나무 새 잎사귀를 문 비둘기가 방주 안으로 들어 오는 것은 새 시대가 열리고 있음을 보여주는 희망찬 그림이다.

다시 칠일 후에 비둘기를 내어 보내자 비둘기는 돌아 오지 않았다. 이것은 땅 위의 물이 다 걷혀 비둘기가 살아갈 수 있는 환경이 되었음을 보여준다. 길가메쉬 서사시에서 우트나피스팀이 까마귀가 떠나가자 즉시 모든 짐승들을 떠나 보내고 자신도 갈대 배에서 나온다. 하지만 노아는 까마귀를 한 차례 그리고 비둘기를 세 차례나 내어 보내 땅의 상태를 신중하게 확인하였지만 방주에서 즉시 나오지 않았다. 오랜 방주 생활에 땅이 그리웠겠지만 노아는 방주가 아라랏 산에 도착한 후 225일을 더 방주 안에 계속 머물며 하나님의 지시를 기

---

20) Stephanie Dalley, *Myths From Mesopotamia*, 114.

21) Sarna, *Genesis*, 58. John H. Walton, *Genesis,* 314-315.

다렸다.

13-19절

[13]육백 일년 정월 곧 그 달 일일에 물이 땅에서 마른지라, 노아가 방주의 뚜껑을
열고 보니, 보라! 지면이 말랐더라! [14]이월 이십칠일 땅이 말랐더라. [15]그리고 하
나님이 노아에게 말하여 가로되, [16]너와 네 아내와 네 아들들과 네 자부들은 너와
함께 방주에서 나오라. [17]너와 함께한 모든 생명들 곧 새와 짐승과 땅 위에 기는
모든 것들도 너와 함께 나오게 하라. 그것들이 땅에 가득 차고 땅 위에서 생육하
고 번성하리라. [18]노아가 그의 아들과 그의 아내와 그의 자부들과 함께 나왔고, [19]
모든 생명들 곧 모든 기는 것과 모든 새들과 땅 위에 기는 모든 것들이 그 종류대
로 방주로부터 나왔더라.

601년 1월 1일에 11개월 동안 굳게 닫혔던 방주의 뚜껑을 노아는 마침내 열었다. 방주의 밖을 내려다 보면서 땅에 물이 걷힌 것을 보고 노아는 감격하였다. 13절에서 노아는 감탄사 '힌네'(הִנֵּה)를 사용하면서 "보라! 땅에 물이 걷혔다"고 외쳤다. 이 날이 1월 1일이라고 밝힌 것은 새 날이 시작되었고, 새로운 시작을 위한 문이 활짝 열리고 있음을 나타내려 하였을 것이다. 그러나 노아는 즉각 방주에서 내리지 않고 2월 27일까지 기다린다(창 8:14).[22] 창세기 8:15-17에서 하나님께서 노아에게 방주에서 나오라고 말씀하자 그제서야 노아는

---

22) 노아가 601년 2월 17일에 나온 것을 두고 고든 웬함은 쥬빌리 카렌다를 통해 유추한다. 쥬빌리 카렌다에 따르면 이 날은 수요일이며 하늘의 해와 달과 별들이 만들어진 날이다. 수메르 홍수 설화에 의하면 홍수가 끝나고 갈대 배에서 나올 때 태양신 우투(Utu)가 구름 사이로 나와 땅에 빛을 비춘다(ANET 44). 이에 수메르 홍수 설화의 주인공인 지우수드라(Ziusudra)는 우투에게 경배하며 제사를 드린다. 카수토는 2월 17일은 태양력으로 365일을 맞추기 위해 제시된 날짜라고 한다. 월력으로 일년은 354일이며 11일을 더해야 365일이 된다는 것이다. Gordon J. Wenham, *Genesis 1-15*, 187. Victor P. Hamilton, *Genesis 1-17*, 305.

가족들과 짐승들을 이끌고 방주 밖으로 나와 땅을 밟는다. 노아 홍수가 시작된 때로부터 정확하게 일년 십일만의 일이다. 홍수의 시작과 홍수의 끝이 하나님의 계획 속에 이루어졌고, 노아는 이에 전적으로 순종하는 모습을 보여 주고 있다.

다시 시작하는 노아에게 주어진 상황과 환경이 어떠했을까? 홍수 후 방주의 뚜껑을 열고 바라본 바깥 세상은 어떠했을까? 노아에게 펼쳐진 새 세상을 마치 에덴 동산처럼 착각해서는 안 된다. 비둘기가 감람 새 잎사귀를 가지고 온 것을 미루어 보아 새싹들이 나기 시작했겠지만 산과 들판은 그 엄청났던 홍수로 인해 황폐화 되어 있었을 것이다. 나무는 뿌리 채 뽑혀 반쯤 흙 속에 파묻혀 있고, 노아가 보낸 까마귀가 즐겁게 바깥 세상을 왕래했던 것처럼 짐승의 시체들이 나딩굴며 썩어가고 있고, 그리고 그 사이에 사람들의 시체가, 어른들의 시체뿐만 아니라 아이들의 시체까지, 뒤섞여 있는 그런 상황이었을 것이다. 홍수가 시작되기 전에 그가 보았던 세상, 비록 인간 사회는 죄악으로 가득했지만, 자연 환경으로 따지면 더 없이 좋았던 그 세상은 사라지고 없고 폐허가 된 땅, 견디기 힘든 아라랏 산의 겨울 바람만 휭하니 부는 그런 상황이었을 것이다. 그렇게 변해버린 환경이었지만, 하나님께서 노아에게 "너는 네 아내와 네 아들들과 네 자부들로 더불어 방주에서 나오라"고 했을 때 노아는 단 한마디도 하지 않고 지금까지 그들의 요람 역할을 하였던 방주에서 나와 버렸다. 창세기 6:22, 7:5에서 하나님이 명령하는 대로 준행하였던 것처럼, 창세기 7:9에서 하나님의 명령에 따라 순종하며 방주에 들어가면서 단 한마디의 말도 내뱉지 않았던 것처럼, 방주에서 나올 때도 그는 순종하며 방주 밖으로 나왔다.

16-17절에서 하나님이 노아에게 방주 밖으로 나오게 하면서 한 마디 덧붙였다. 방주 밖으로 나온 노아의 가족과 모든 짐승들은 땅에서 생육하고 땅에서 번성하는 것이다. 노아 홍수로 죽은 자들에 대해서는 침묵을 지켰지만, 노아 방주를 통해 살아 남은 자들에게 하나님은 생육하고 번성하리라고 축복하였다. 이것은 고대 근동의 전통과는 크게 다르다. 아트라하시스에 의하면 대홍수 재앙을 통해 인류 멸망을 주도했던 전쟁 신 엘릴은 홍수에서 살아 남은 자

가 있다는 사실에 대해 격분하면서 인간을 도운 신들과 살아남은 자들에게 다음과 같은 말을 한다.[23)]

> In addition let there be one-third of the people. Among the people the woman who gives birth yet does not give birth (successfully). Let there be the pasittu-demon among the people, to snatch the baby from its mother's lap. Establish ugbabtu, entu, egisitu-women: They shall be taboo, and thus control childbirth.

아트라하시스에서 대홍수의 결론은 신들이 인류의 수적인 번영을 차단하기 위한 또 다른 수단으로 유산과 유아 사망을 야기시키며, 악마를 시켜 엄마의 무릎에서 아기를 빼앗아 가게 하는 구조적인 재앙을 도입한다. 이에 반해 하나님은 방주를 통해 살아남은 모든 피조물들 바로 그들이 생육하고 번성하고 땅에 충만하게 되라고 선언하고 있다. 창세기 1:22에서 물고기와 새 그리고 인간에게 했던 축복을 창세기 8장에서는 물고기를 제외한 모든 새와 짐승들 그리고 인간에게 주어진다. 이것은 노아 방주에서 나온 피조물을 통해 하나님이 제2의 천지창조를 이룰 것이라는 것을 보여준다. 그렇기 때문에 매튜(Kenneth A. Mathews)가 지적하는 것처럼 창세기 8:17뿐만 아니라 창세기 8장 전체에는 창세기 1장의 천지창조를 상기시키는 메시지로 가득하다.[24)]

23) Stephanie Dalley, *Myths From Mesopotamia*, 35.
24) Kenneth A. Mathews, *Genesis 1:11-26*, 383.

창조 6일	성경구절	관련된 용어
	1:2	מַיִם רוּחַ תְּהוֹם אֶרֶץ
	8:1b-2a	מַיִם רוּחַ תְּהוֹם אֶרֶץ
둘째날	1:7-8	הַמַּיִם מִתַּחַת לָרָקִיעַ הַמַּיִם מֵעַל לָרָקִיעַ
	8:2b	מַעְיְנֹת תְּהוֹם וַאֲרֻבֹּת הַשָּׁמָיִם
셋째날	1:9	הַמַּיִם וְתֵרָאֶה הַיַּבָּשָׁה
	8:3-5	וְהַמַּיִם נִרְאוּ רָאשֵׁי הֶהָרִים
다섯째날	1:20	עוֹף עַל־הָאָרֶץ עַל־פְּנֵי רְקִיעַ הַשָּׁמָיִם
	8:7-8	עֹרֵב יוֹנָה מֵעַל הָאָרֶץ מֵעַל פְּנֵי הָאֲדָמָה
여섯째날	1:24	נֶפֶשׁ חַיָּה בְּהֵמָה רֶמֶשׂ לְמִינָהּ
	8:17	כָּל־בָּשָׂר בְּהֵמָה רֶמֶשׂ לְמִשְׁפְּחֹתֵיהֶם
	1:26	אָדָם בְּצַלְמֵנוּ
	9:6	אָדָם צֶלֶם
	1:22, 28	פְּרוּ וּרְבוּ וּמִלְאוּ אֶת־הָאָרֶץ
	8:17, 9:1	פְּרוּ וּרְבוּ וּמִלְאוּ אֶת־הָאָרֶץ

왜 이와 같이 창세기 1장에서 천지창조에서 사용된 용어를 홍수 이후 세대의 피조물들에 대한 축복에서 사용하였을까? 그 이유는 홍수 이후의 피조물의 번식은 새로운 창조 또는 제2의 천지창조의 차원에서 이해하게 만들기 위해서이다. 천지 창조의 피조물들이 하나님의 말씀에 따라 땅 위에 생겨났던 것처럼, 노아를 비롯한 모든 피조물들은 "생육하고 번성하여 땅에 번성하리라"는 하나님의 말씀에 따라 방주에서 나와 땅 위에서 생존을 시작하게 된다.

20-22절

[20]노아가 여호와께 제단을 쌓고 정결한 모든 짐승들과 정결한 모든 새들로부터 취하여 그 제단 위에서 번제를 드렸더라. [21]여호와께서 그 향기로운 냄새를 흠향하시고 심중에 이르시기를, 내가 다시는 사람으로 인하여 땅을 저주하지 아니하

리라. 왜냐하면 사람의 마음의 계획이 어릴 때부터 악하기 때문이라. 그리고 내가 다시는 내가 행한 것처럼 모든 생물을 멸하지 아니하리라. [22]땅이 있을 동안에 씨 뿌림과 추수 그리고 추위와 더위 그리고 여름과 가을 그리고 낮과 밤이 멈추지 아니하리라.

20절

길가메쉬와 아트라하시스에서도 홍수 후에 신들에게 제사를 드린 내용이 기록되어 있다. 갈대 배에서 내린 우트나피스팀은 산 정상에서 술킨누(surqinnu) 제사를 드린다. 일곱 항아리에 갈대와 소나무 그리고 향료를 부어 넣자 인간의 멸망으로 며칠째 굶주려 있던 신들이 그 향 냄새를 맡고 파리처럼 제물 주변으로 모여든다. 그때 인간을 만들었던 어머니 신 마미가 신들에게 분노하며 다른 신들은 제물을 먹더라도 대홍수를 일으킨 엘릴은 제물에 접근해서는 안 된다고 한다. 제물의 냄새를 맡고 온 전쟁 신 엘릴이 보트와 우트나피스팀의 생존 사실을 알고는 분노하자, 에아 신이 엘릴에게 그의 지나친 행위를 꾸짖는다. 인간에게 벌을 내리더라도 인구를 줄이기 위해 질병을 보내던지 사자나 늑대를 보내든지 아니면 가뭄을 보내면 될 일을 무책임하고 잔인하게 대홍수를 보내어 모든 인간을 죽게 만들었다고 질책한다. 그러자 엘릴은 자신의 행위를 뉘우치며 우트나피스팀에게 가서 축복하며 신들처럼 영원히 살도록 만들어 강 입구에서 살게 한다.[25]

20-22절은 새로운 세상에서 인간은 전혀 새로워지지 않고 이전처럼 마음의 계획하는 바가 어려서부터 악한 모습을 하고 있음을 밝히고 있다. 하지만 하나님은 인간의 태생적 죄악성에도 불구하고 다시는 물로 세상의 모든 생물을 멸망시키는 일을 행하지 않겠다며 은혜의 선포를 한다. 새로운 세상도 하나님의 은혜가 아니면 절대로 유지될 수가 없다. 하나님이 은혜를 베푸는 데에 노아가

---

25) Stephanie Dalley, *Myths From Mesopotamia*, 115-116.

결정적인 역할을 하였다. 노아는 제단을 쌓고 자원하는 번제물을 통해 하나님을 감동시키는 것이다.

창세기 6-9장에서 일어나는 여러 가지 사건들에서 지엽적인 일들 한 두 가지를 제외하고 항상 '하나님께서 노아에게 무엇을 하라' 고 명령하시고 노아는 '하나님이 명하신대로 다 준행하였더라' 로 끝을 내고 다음 사건이나 행동이 이어진다. 그리고 창세기 6-9장에서는 주로 하나님께서 노아와 그의 가족들을 위하여 행동하시지 노아가 하나님을 위하여 행동하지 않는다. 그러나 창세기 8:20에서 노아는 하나님께서 명령했기 때문이 아니라, 자원하여 제단을 쌓고 모든 정결한 짐승 중에서 하나님께 번제를 드린다. 창세기 8:20의 제단은 성경에서 처음 언급되었으며 번제도 마찬가지이다. 뿐만 아니라 노아가 방주에서 나온 후 처음 행한 것이 제단을 쌓고 번제를 드림으로 하나님께 예배 드리는 것이었다. 창세기 4장에서 에덴 동산에서 나온 인간의 첫 활동이 가인과 아벨의 제사였던 것을 연상시킨다. 하지만 가인과 아벨의 제사가 갈등을 초래한 것과는 달리, 노아의 제사는 하나님과 사람 사이에 중보하는 효과를 가져온다. 노아가 바친 제물은 21절에서 "여호와께서 그 향기를 흠향하시고 … 사람으로 인하여 땅을 저주하지 아니하리니"라는 표현에서 알 수 있듯이 하나님의 진노를 풀기 위한 속죄의 용도로 번제를 드린 것이다. 노아는 자기 죄 때문에 속죄 제물 드린 것이 아니다. 마치 그리스도가 했던 것처럼 노아는 하나님께 모든 인류를 대표하여 자발적으로 그리고 자원하여 제사장의 역할을 취하여 하나님께 속죄 제물을 드렸다.

노아가 바친 제물의 성격은 큰 논쟁거리이다. 전통적으로 노아의 제물은 속죄의 성격을 지닌다고 여겼다. 하지만 카슈토는 노아의 제물은 감사제의 성격을 지닌다고 주장한다.[26] 그에 의하면, 노아 홍수는 인간의 죄악을 다 제거해 버렸기 때문에 속죄제가 필요 없다는 것이다. 심지어 어떤 학자들은 노아의 제물은 고대 근동의 종교들처럼 신들을 마음대로 조종하는 마술적 성격을 지녔

---

26) U. Cassuto, *Genesis II: From Noah to Abraham* (Jerusalem: Magnes Press, 1997), 117.

다고 주장한다.[27] 인간이 마술로 하나님을 조정하여 더 이상 진노하지 않게 만들었다고 한다. 그러나 마술적으로 보기에는 창세기 8:22의 하나님의 말씀이 인간의 힘으로 어떻게 할 수 없는 항구적인 자연 법칙과 관련된 내용으로 구성되어 있다. 노아의 제물에서 감사제의 성격을 완전히 배제하지는 못할 것이다. 하지만 창세기 8:21에 있는 피조 세계를 징벌하지 않겠다는 하나님의 말씀은 노아의 제물이 속죄의 성격을 가지고 있음을 보여주고도 남는다.

21-22절

노아가 바친 제사를 받은 하나님은 더 이상 사람의 죄 때문에 세상을 저주하고 모든 생물을 멸하지 않겠다는 마음의 의지를 밝힌다. 하나님이 독백을 통해 그 속마음을 드러내는 것은 아주 드문 일이다. 세상을 저주하지 않는 이유는 타락한 인간의 마음의 계획하는 것들이 어릴 때부터 악하기 때문이다. 이 같은 하나님의 속 마음은 창세기 8:22에서 시로 표현되며, 영원히 반복되는 자연 법칙을 언급함으로 확언된다. 하나님의 시적 표현은 반복법과 대조법으로 되어 있다.

> 심음과 거둠　추위와 더위
> 여름과 가을　낮과 밤

인간의 죄악에도 불구하고 오래 참으시고 인내하시는 하나님의 자비와 일반 은총은 영원토록 반복될 것임을 보여준다.

창세기 8:21의 "내가 다시는 사람으로 인하여 땅을 저주하지 아니하리니"라고 한 하나님의 말씀을 두고 학자들 사이에 논쟁이 분분하다. 학자들의 주장은 크게 두 가지로 나눌 수 있다: 첫째, 홍수 재앙이 더 이상 없다, 둘째, 창세기

27) Victor P. Hamilton, *Genesis 1-17*, 309.

3:17의 저주의 폐기. 피터센(D. L. Petersen)에 의하면, 하나님은 홍수 심판을 실수로 인정하고 있다고 한다. 즉 하나님은 홍수를 통해 인간을 멸망시키기만 했지 악한 인간의 심성을 바꾸지 못했고, 하나님은 이를 실수로 생각하고 다시는 홍수를 내려 보내지 않겠다고 결심하고 있다.[28] 렌돌프(R. Rendtorff)는 하나님은 인간을 더 이상 죄 아래 있는 것으로 여기지 않으며, 창세기 3:17의 저주를 말소시켜 버렸다.[29]

창세기 8:21을 창세기 3:17의 저주와 연결시키는 것은 몇 가지 이유 때문에 적절하지 않다. 창세기 8:21에서 '저주하다' 의 히브리어 표현은 '카랄' (קָלַל)이다. 이 표현은 창세기 3:17에서 사용된 '아랄' (אָרַר)과 동의어이지만, 상대적으로 약한 표현이다. 이에 더해 '다시' 라는 의미로 '아삽' (אָסַף)이라는 동사가 사용되었지만, 그 의미를 분명하기 위해 사용된 부사 '오드' (עוֹד, 다시)는 '아삽' (אָסַף) 다음에 사용되지 않고 '레카렐' (לְקַלֵּל, 저주하다) 다음에 사용되었다.[30] 이것은 저주 자체를 다시 하지 않겠다는 의미라기 보다는 땅을 멸망시키는 형태의 저주를 다시 하지 않겠다는 의미로 보아야 한다. 이것은 창세기 8:21 후반부의 '베로 오셉 오드 레하크코드 에트-콜-하이' (לְהַכּוֹת אֶת־כָּל־חַי וְלֹא־אֹסִף עוֹד)와 비교해 보면 알 수 있다. '오드' (עוֹד)는 '아솝' (אָסַף)과 '레하코트' (לְהַכּוֹת) 사이에 위치하여 '다시 멸하지 아니하리라' 는 의미를 가진다. 또 다른 이유는 저주하지 않는 이유로 제시된 "이는 사람의 마음의 계획하는 바가 어려서부터 악함이라"는 분명히 창세기 6:5을 염두에 두고 있다. 둘을 비교해 보면 표현상의 유사성이 뚜렷이 나타난다.

28) D. L. Petersen, "The Yahwist on the Flood," *VT* 26 (1976) 438-446.
29) R. Rendtorff, "Genesis 8:21 und die Urgeschichte des Jahwisten," *KD* 7 (1961) 69-78.
U. Cassuto, *Genesis II: From Noah to Abraham*, 119.
30) Gordon J. Wenham, *Genesis 1-15*, 190.

키 에첼 렙 하아담 라아 민우라브

창 8:21 כִּי יֵצֶר לֵב הָאָדָם רַע מִנְּעֻרָיו

창 6:5 וְכָל־יֵצֶר מַחְשְׁבֹת לִבּוֹ רַק רַע כָּל־הַיּוֹם

베콜-에첼 마흐세보트 립보 라크 라아 콜-하욤

사실상 가장 큰 차이점은 창세기 6:5에는 '항상'이란 뜻의 '콜-하욤'(כָּל־הַיּוֹם)이 사용되었지만, 창세기 8:21에는 '어려서부터'의 의미를 가진 '민네우라브'(מִנְּעֻרָיו)가 사용되었다는 것이다. 그렇기 때문에 창세기 8:21의 메시지를 창세기 3:17의 폐지로 보아서는 안되고, 인간의 죄로 인해 노아 홍수와 같은 차원의 대재앙을 내려 땅을 저주하지 않는다는 의미로 보아야 한다. 그럼에도 불구하고 하나님의 말씀은 노아의 아버지 라멕의 말과 관련하여 의미심장하다(창 5:29).

"여호와께서 땅을 저주하시므로 수고로이 일하는 우리를 이 아들이 안위하리라"

노아는 방주에 탄 자들을 대홍수를 통한 땅의 저주로부터 구했고, 그의 제사를 통해 미래의 인류를 또 다른 대홍수를 방지함으로 저주로부터 구했다. 하지만 그의 아버지 라멕이 기대했던 바 하나님이 창세기 3:17에서 저주한(아랄, אָרַר) 땅에서의 수고와 고통으로부터 안위하지 못했다. 그 점에서 창세기 8:22 전반부는 시사하는 바가 있다. 창세기 8:22은 창세기 1:14에서 광명들이 절기들과 일자와 연한을 항구적으로 다스린 것처럼 계절과 밤낮의 지속적인 존재를 언급하며, 이를 통해 하나님의 자비와 은총이 지속될 것임을 나타낸다. 하지만 창세기 8:22은 창세기 1:14에서 볼 수 없는 표현들을 전반부에 담고 있다.

땅이 있는 동안 씨 뿌림과 거둠이 (끊이지 않을 것이다).

비록 창세기 8:22은 땅의 지속적인 존재 상태와 자연 질서를 언급함으로 땅을 저주하지 않겠다는 하나님의 약속의 보증이지만, 땅이 있을 동안에 반복해야 할 심음과 거둠은 땅에서의 수고와 고통이 지속될 것임을 보여준다. 하나님의 마지막 표현 '로 이쉬보투' (לֹא יִשְׁבֹּתוּ, 쉬지 아니하리라)는 여름과 겨울 그리고 낮과 밤에만 해당되는 것이 아니라 심음과 거둠에도 적용된다.[31]

31) William D. Reyburn and Euan McG. Fry, *A Handbook on genesis* (New York: United Bible Societies, 1997), 200. 윌리암 레이번은 '쉬지 않을 것이다' 가 22절의 네 표현들을 주어로 취하는 동사라고 바르게 지적한다.

Chapter 09 창세기 9장

노아 홍수는 인류에 대한 심판이지만, 이 심판이 지니는 의미는 피조 세계의 파괴(De-creation)를 통한 재창조(Re-creation)이다. 새로 창조된 세계는 첫 창조와 차이점을 가지고 있다. 선악과 사건으로 인해 땅이 저주 받은 이래로 최대의 관심사는 누가 이 땅의 저주로부터 해방시켜줄 메시아인가라는 문제였다. 창세기 5:29에서 라멕은 노아에게 그 같은 기대를 표시하였다. 노아가 그런 인물일까? 창세기 8:21에서 노아의 번제를 흠향한 하나님은 인간의 죄로 인해 더 이상 땅을 저주하지 않겠다고 놀라운 선포를 하였다. 하지만 노아는 포도주에 취하여 자신의 벌거벗음을 드러내는 실수를 한다. 그의 실수는 결과적으로 하나님의 구속사적 은총을 셈을 통해 이어가게 하고, 땅을 저주하지 않겠다던 하나님은 가나안을 저주함으로 하나님의 구속사에 있어서 뱀의 후손의 등장을 알리고 또 그가 누구를 통하여 이어지는지 보여준다. 이러한 구속사적 과정을 염두에 두며 창세기 9장을 살펴보자.

창세기 9:1-7은 피조 세계에 새로운 질서가 부여된다. 1절에서는 창세기 1장의 사람의 번식에 대한 축복이 반복되며, 2절에서는 인간의 주권이 세워지고 3절에서는 동물을 양식으로 주며, 4-6절은 피를 흘려서는 안 되는 규정을 말하며, 7절은 다시 창세기 1장의 축복을 언급한다.

1절

> [1]하나님이 노아와 그의 아들들을 축복하여, 그들에게 가라사대 생육하고 번성하여 땅에 충만하라.

노아의 방주에서 살아남은 피조물들을 통해 새 창조의 장을 열겠다는 하나님의 의지를 확인할 수 있다. 이 같은 하나님의 의지는 고대 근동 신화와 비교할 때 놀랍기 짝이 없다. 고대 근동 신화에서는 인구가 늘어나는 것에 대해 매우 부정적이다. 신들은 인간이 만든 소음 때문에 인류에게 가뭄과 전염병을 보내고 마침내 홍수를 보내어 멸망시키려 하였다. 홍수 이후에도 홍수를 보낸 신은 인간이 살아남은 것을 알고 분노하는 가운데, 다른 신들과 타협하여 인류의 번성을 차단하는 장치를 마련하는 것으로 땅 위의 인간이 살 수 있도록 허락한다.[1)]

> Instead of your imposing a flood, let a lion come up and diminish the people. … Until now Ut-napishtim was mortal, but henceforth Ut-

1) Stephanie Dalley, *Myths From Mesopotamia*, 115-116. 35절에 있는 아트라하시스 서사시에서는 닌투와 엔키 신이 엔릴의 분노를 가라 앉히기 위해 불임과 유산으로 아이를 갖지 못하게 악마를 만든다.
In addition let there be one-third of the people, Among the people the woman who gives birth yet does not give birth (successfully); Let ther be the pasittu-demon among the people, to snatch the baby form its mother's lap. Establish ugbabtu, entu, egisitu-women. They shall be taboo, and thus control childbirth.

napishtim and his woman shall be as we gods are. Ut-napishtim shall dwell far off at the mouth of the rivers.

신들은 인간의 수적 증가를 억제하는 대신에 홍수의 영웅인 우트-나피쉬팀에게는 영생을 선물로 주고 강의 입구로 표현된 낙원에 신들처럼 살게 해준다. 그러나 노아 홍수가 끝나자 하나님은 고대 근동의 신화와 근본적으로 다른 방향으로 피조물들을 대하고 있다. 창세기 9:1은 하나님이 첫 창조에서 즉 창세기 1:22, 28에서 피조물들에게 베푼 축복을 반복하고 있다. 창세기 9:1의 메시지는 창세기 8:17에서도 나오지만, 둘 사이에는 차이점이 있다. 창세기 8:17은 피조물 전체를 대상으로 하고 있지만, 창세기 9:1은 인간에게 그 대상을 한정시키고 있다. 창세기 8:17에는 축복이란 말이 없지만, 창세기 9:1은 생육과 번성이 하나님의 축복의 결과이다. 창세기 9:1의 표현은 노아가 아담의 후손이면서 동시에 제2의 아담으로서 우주적 차원의 언약의 대표 역할을 하고 있음을 보여준다. 창세기 1-9:1에서 '축복하다'는 최소한 창세기 2:3을 제외하고 모두 "생육하고 번성하여 땅에 충만하라"를 동반한다. 하지만 창세기 9:1은 창세기 1:28의 인간에게 준 축복과도 약간의 차이가 있다. 창세기 1:28은 남자와 여자가 축복의 대상이지만, 창세기 9:1은 노아와 그의 아들에게 축복하고 있다. 이것은 여자가 없으면 생육하고 번성하는 것 자체가 불가능하기 때문에 남자에게만 축복한 것처럼 오해해서는 안된다. 창세기 9:1의 의도는 노아의 아들들을 통해 재창조를 이루어 나간다는 것이다.[2] 특이하게도 노아 홍수 이후 노아는 350년을 더 살지만, 창세기 5장에 나오는 그의 조상들과는 달리 지속적으로 자녀를 낳았다는 언급을 하지 않는다. 대신에 노아의 아들들을 통해 새 생명이 태어나고 번성하게 된다는 사실을 창세기 10장은 보여준다. 특히 창세기 11:10에 의하면 셈은 홍수 후 이년에 아르박삿을 낳는다.

---

2) W. J. Dumbrell, *Covenant & Creation: A Theology of the Old Testament Covenants* (Grand Rapids: Baker, 1984), 27. 스킨너는 이 축복에서 여자와 동물이 배제되어 있는 것으로 생각한다. John Skinner, *Genesis* (Edinburgh: T. & T. Clark, 1976), 169.

이러한 점을 감안하면 창세기 9:1은 방주 이후 노아의 후손들을 통한 재창조의 축복이다. 창세기 9:1의 내용은 9:7에서 반복하면서 9:1-7의 시작과 끝을 알리는 인클루지오(inclusion)를 형성할 뿐만 아니라 재창조의 축복을 강조하고 있다.[3)]

2절

> [2]네게 대한 두려움과 무서움이 땅의 모든 짐승과 공중의 모든 새와 땅에 기는 모든 것과 바다의 모든 고기 위에 있을 것이며, 그것들은 네 손에 주어질 것이다.

노아 홍수 이후에 피조 세계와 인간 사이에 새로운 변화가 일어났다. 창세기 9:2의 메시지는 사실상 창세기 1:28에서 첫 인류에게 땅 위의 모든 생물을 다스리게 한 것과 같은 메시지이다. 피조물들에 대한 인간의 다스림이 어떤 형태였는지 분명하게 알 수 없지만, 창세기 2장은 아담이 피조물들에게 이름을 붙여줌으로 다스림의 한 형태를 보여 준다. 아담과 다른 피조물의 관계는 창세기 2:20에서 하나님이 아담에게 그 피조물들 속에서 자신의 조력자를 찾게 해 볼 정도의 관계였다. 선악과 사건을 통해 인간과 피조물들의 관계에 어떤 변화가 일어났는지 알 수 없지만, 창세기 9:2에서 피조물들은 항상 노아와 그의 아들들로 대표되는 모든 인류를 두려워하며 무서워하게 된다.[4)] 동사 '하야' (היה)의 미완료형 '이예' (יִהְיֶה)가 사용된 것은 미래에 일어날 것을 말하기 위한 것이 아니라, 피조물들이 인간을 두려워하는 일이 지속된다는 것을 나타내기 위해서이다. 창세기 9:1의 축복은 아담에게 한 축복과 동일한데, 9:2의 인간의 주권은 단순히 다스림으로 끝나지 않고, 모든 피조물이 인간을 무서워하고 또 사람

---

3) Meredith G. Kline, *Kingdom Prologue* (S. Hamilton, MA: Gordon-Conwell, 1993), 154.

4) Keil은 짐승들의 인간에 대한 두려움은 타락의 결과라고 생각한다. Keil, *The First Book of Moses*, 152.

의 손에 붙여 지는 것으로 확대된다. 한 마디로 짐승들의 생명과 죽음이 인간의 손에 달렸다는 것이다. 이로써 인간과 짐승의 관계는 심각하게 파괴되고 서로 적대적 관계를 형성하게 된다.

3-4절

> 3살아 있는 모든 움직이는 것들은 너희에게 양식이 되리라 푸른 채소처럼 모든
> 것을 내가 너희에게 주리라 4그러나 고기를 그 생명인 피와 함께 먹지 말라

3절의 '산 동물' 의 히브리어 표현은 '콜-레메쉬 아셀 후 하이' (כָּל־רֶמֶשׂ אֲשֶׁר הוּא־חַי)이다. '레메쉬' (רֶמֶשׂ, 기다, 움직이다)는 창세기 1-9장에서 주로 땅에 기는 생명체들을 일컫는 말로 사용되었다. 하지만 창세기 7:21만큼은 '레메쉬' (רֶמֶשׂ)가 땅 위의 움직이는 모든 피조물을 나타내는 말로 사용되었다. 창세기 9:3도 역시 모든 짐승을 뜻하는 것으로 보아야 할 것이다. 3절은 하나님이 짐승들을 사람의 양식으로 주었다는 공식적인 언급이다. 이미 죽은 짐승이 아니라 살아 있는 짐승을 죽여 양식을 삼게 하였다. 노아 홍수 이전에도 인간이 육식을 하였는지 알 수 없지만, 아벨과 야발이 목축한 것을 감안하면 육식의 가능성을 배제할 수 없다.[5] 그렇다면 노아 홍수 이전에도 육식을 하였을 가능성이 있음에도 불구하고 왜 창세기 9:3은 노아 홍수 이후에나 육식이 시작된 것으로 말할까? 육식 자체도 중요한 이슈이지만 육식의 시작을 왜 창세기 9:3에서 언급하였는지를 주목해야 한다. 그 이유는 노아 홍수 이후의 재창조를 창세기 1장의 천지 창조와 균형을 맞추기 위해서 일 것이다.

---

5) Kenneth A. Mathews, *Genesis 1-11*:26, 403. Derek Kidner, *Genesis*, 101. John H. Walton, Genesis, 343. 왈턴은 고대 사회에서 짐승은 주로 우유와 털 그리고 가죽을 얻는 수단이었다고 주장한다.

창 1:26-28　생육하고 땅에 충만 — 다스림 — 식물 양식

창 9:1-7　　생육하고 땅에 충만 — 다스림 — 동물 양식

창세기 1:28-29에서 하나님이 생육하고 번성하는 축복을 한 후 식물을 양식으로 준 것에 대비하여 창세기 9:1-3에서 하나님은 인간에게 짐승을 또 다른 양식으로 줌으로 새로운 창조의 시대에 인간의 새로운 삶의 스타일을 제시하고 있다.

하나님이 짐승을 인간의 식용으로 주었다고 해서 사람이 짐승의 생명을 경시해도 된다는 말일까? 그렇지 않다. 하나님은 짐승의 생사를 무작정 사람의 손에 붙여버린 것이 아니다. 식물을 식용으로 주었을 때와는 달리 짐승을 식용으로 허락하면서 중요한 제약이 뒤따른다. 하나님은 짐승의 피를 먹지 않으므로 짐승의 생명을 존중하라고 한다.[6] 왜냐하면 하나님은 피가 생명을 대표하며, 동물의 생명을 하나님의 소유로 여기고 있기 때문이다. 그렇기 때문에 성도의 죄를 대속하기 위해 죽인 짐승의 피도 반드시 하나님 앞에 모두 쏟아 붇도록 시켰다. '피채 먹지말라' 는 창세기 2:17의 선악과를 먹지 말라는 명령과 함께 창세기 1-11장에 있는 유일한 금지 명령이다. "피채 먹지 말라"에서 '먹지 말라' 는 선악과를 '먹지 말라' 는 말과 같은 말이다.

창 2:17 וּמֵעֵץ הַדַּעַת טוֹב וָרָע לֹא תֹאכַל מִמֶּנּוּ

우메에츠 하다아트 토브 와라아 로토칼 밈멘누

창 9:4 אַךְ־בָּשָׂר בְּנַפְשׁוֹ דָמוֹ לֹא תֹאכֵלוּ 아크-바살 베나프소 다모 로 토켈루

---

6) 레위기 17:10-16, 신명기 12:23-28. Sarna, *Genesis*, 61. 피조물의 생명에 대한 관심은 출애굽기 23:10-13에서도 확인할 수 있다. 하나님이 하나님의 백성들에게 안식일을 지키게 하면서 소와 나귀도 쉬게 하라고 하며, 안식년 동안 거두지 않은 곡식과 열매를 들짐승들이 먹게 하라고 하였다. 짐승들을 식용으로 주었지만, 하나님은 여전히 짐승들의 생명까지도 기억하시고 생각하시고 배려하고 있다. 참새 한 마리도 하나님의 허락 없이는 떨어지지 않는다(마 10:29). John Olley, "Mixed Blessings for Animals: The Contrasts of Genesis 9," *The Earth Story in Genesis*, 130-139.

5-6절에서 볼 수 있는 것처럼 이 규정을 어겼을 때 주어지는 형벌도 선악과 규정을 어긴 경우처럼 생명으로 대신해야 된다고 한다.

5-6절

> [5]너희 생명의 피를 내가 반드시 찾으리니 내가 모든 짐승의 손으로부터 찾을 것
> 이며 각 사람의 손으로부터 내가 사람의 생명을 찾을 것이니라 [6]사람의 피를 흘
> 린 자는 사람에 의해 그의 피를 흘리게 되리니 이는 하나님의 형상으로 그가 사
> 람을 만들었음이라

4절의 짐승의 피에 이어 5절에서 사람의 피에 대한 메시지가 이어진다. 5절의 생명의 피는 짐승의 피가 아니라 사람의 피이다. "너희 생명의 피를"에서 '너희'는 사람이라는 것을 간과해서는 안 된다. 노아 홍수로 인해 대량 살상을 목격한 인간이 생명을 경시하는 것을 차단하기 위해 하나님은 사람의 생명과 피를 매우 각별하게 취급하셨을 것이다.[7] 사람이 사람을 죽이면 죽인 사람에게서 피살자의 생명에 대한 대가로 살인자의 생명을 취하겠다고 한다. 창세기 4장에서 가인이 아벨을 살인하였을 때 하나님은 그를 죽이지 않고 땅으로부터 저주를 받아 하나님으로부터 추방되어 떠돌이가 되게 하셨고, 가인에게 보복하는 자는 일곱 배나 벌을 받게 된다고 하셨다. 반면에 5절에서 하나님은 1인칭 '내가'와 2인칭 '너희'를 사용하여 살인자에게 피살자의 생명에 대한 책임을 직접 묻겠다고 하신다. '내가 찾을 것이다'의 의미를 지닌 히브리어 동사 '에드로쉬'(אֶדְרֹשׁ)를 세 번 반복 사용하여 이 점을 강조하고 있다.[8] 짐승과는 달리 사람을 말할 때는 아담이라고 하지 않고 형제라고 하였다. 이것은 가인과

---

7) Sarna, *Genesis*, 61.

8) Lloyd M. Barre, "The Poetic Structure of Genesis 9:5," *Zeitschrift für die alttestamentliche Wissenschaft* 96-1 (1984): 101-104.

아벨처럼 친 형제나 친척에 의한 살인을 정죄하기 위한 표현이 아니라, 인간 자체를 짐승과 대비하여 형제라고 가깝고 친근하게 표현한 것이다. 형제나 다름없는 인간이 인간을 죽이면 하나님이 반드시 그 책임을 물으신다. 심지어 짐승이 사람을 죽인 경우에도 하나님은 반드시 그 짐승을 죽이겠다고 하신다.[9] 비록 사리 판단이 되지 않는 짐승이라 할지라도 하나님의 형상대로 지음 받은 인간을 해치면 하나님은 용서하지 않으신다. 그렇기 때문에 출애굽기 21:28-32에서는 짐승이 사람을 죽게 하면, 그 짐승을 돌로 쳐 죽이게 하였다.

노아 홍수 기사에는 시적 표현이 세 번 등장한다: 창세기 8:22, 9:6, 9:26. 첫째 시에서는 홍수 재앙을 더 이상 내리지 않는다는 약속으로 밤낮과 사계절의 지속적인 반복을 제시하기 위해 사용되었다. 창세기 9:26에서는 함에 대한 저주와 셈과 야벳에 대한 약속을 시로 표현하였다. 그리고 창세기 9:6은 사람의 피를 흘린 대가를 지불해야 하는 이유를 시로 제시하고 있다. 6절 전반부는 두 개의 콜론으로 되어 있으며 각 콜론은 동일한 단어를 사용하며 교차 대구 구조를 이루고 있다.

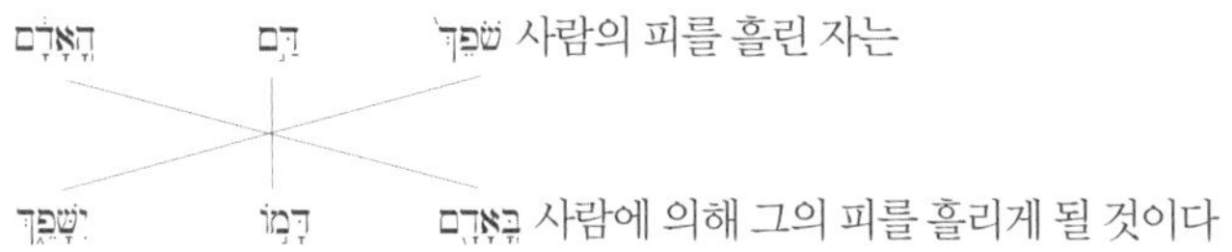

창세기 9:6에서 사람의 피의 문제를 다루면서 사팍(שָׁפַךְ, 흘리다, 쏟다)이라는 동사를 사용하였다. 이 동사가 피와 관련하여 사용된 경우는 두 가지이다: 첫째, 제사로 드린 짐승의 피를 번제단 옆에 쏟아 버리는 것, 둘째, 짐승을 양식으로 취할 때 피를 먹지 않고 땅에 쏟아 버리는 것(신 12:16, 15:23). 둘 사이의 공통점은 짐승의 생명을 취하더라도 그 피는 땅에 쏟아 버려야 한다. 이를 6절과 비교해 보면 한 가지 중요한 점을 발견할 수 있다. 짐승의 생명을 존

9) Terence E. Fretheim, *The Book of Genesis*, 399. Victor Hamilton, *The Book of Genesis 1-17*, 314. Kenneth A. Mathews, *Genesis 1-11:26*, 402-404.

중하여 피를 땅에 흘려 버렸는데 반하여 인간의 피는 땅에 흘려서도 안 된다. 무죄한 자의 피를 흘리면 가인의 경우에서 볼 수 있는 것처럼 땅을 더럽히게 된다고 한다.

> 무죄한 피 곧 저희 자녀의 피를 흘려 가나안 우상에게 제사하므로 그 땅이 피에 더러웠도다(시 106:38).

사람의 피를 흘린 사람이 피 흘림으로 대가를 지불해야 하는 이유는 하나님이 사람을 하나님의 형상으로 지었기 때문이다. 이것은 의심의 여지 없이 창세기 1:26의 하나님의 형상과 모양을 염두에 두고 있다. 창세기 1:26에서 하나님의 형상은 인간이 피조물을 다스리는 자가 되는 결과를 가져 왔다. 반면 창세기 9:6에서 하나님의 형상은 인간의 피를 흘려서는 안 되는 유일한 이유로 제시되고 있다. 형상은 그 소유자를 대신하는 역할을 하였음을 감안하면, 창세기 9:6은 하나님이 인간의 피 흘림을 하나님께 직접적으로 짓는 심각한 죄로 여기고 있음을 보여 준다. 그러므로 재판관은 하나님의 대리자로서 살인한 자를 공적으로 징벌해야 한다. '바아담' (בָּאָדָם)을 개인을 이해하여 개인적인 보복이 허용된 것으로 이해해서는 안 된다.[10)]

10) Kenneth A. Mathews, *Genesis 1-11:26*, 404-406. Johan Lust는 인간이 하나님의 형상으로 만들어졌기 때문에 살인해서는 안 된다고 말한 후 사람에 의해 살인자를 죽임으로 또 다른 하나님의 형상을 지닌 자를 죽이는 것은 모순이라고 한다. 그는 이 모순을 해결하고 사형제도 폐지를 옹호하기 위해 '베아담' (בָּאָדָם)의 전치사 '베' (בְּ)를 by(-에 의해서)가 아니라 because of(-때문에)로 해석할 것을 제안한다: "누구든지 사람의 피를 흘리는 자는 사람이기 때문에 그의 피를 흘리게 될 것이다." Johan Lust, "For Man shall his Blood be Shed" Gen 9:6 in Hebrew and in Greek," *Tradition of the Text: Studies offered to Dominique Barthelemy in Celebration of his 70th Birthday*, eds. Gerard J. Norton and Stephen Pisano (Fribourg, Switzerland: Universitätsverlag, 1991), 91-102.

7절

[7]그리고 너는 생육하고 번성하여 땅에 가득하며 그 위에 번성하라

창세기 9:7은 창세기 9:1을 다시 한 번 반복하고 있다. 1절에서처럼 7절에서도 축복의 대상이 노아와 그의 아들들임을 강조하기 위해 문장 첫 부분에 '아템' (אַתֶּם, 너)을 두었다. 창세기 9:7은 동사 '사라츠' (שִׁרְצוּ, 가득하다)를 제외하고 창세기 1:28과 동일하다. 7절은 '레부' (רְבוּ, 번성하다)를 두 번 반복하는 독특한 현상을 보여주고 있다. 창세기 1:28에는 '레부' (רְבוּ, 번성하다)와 유사한 표현 '레두' (רְדוּ, 다스리다)가 있다.

베아템 페루 우레부 실추 바아레츠 우레부-바

창 9:7 וְאַתֶּם פְּרוּ וּרְבוּ שִׁרְצוּ בָאָרֶץ וּרְבוּ־בָהּ

창 1:28 פְּרוּ וּרְבוּ וּמִלְאוּ אֶת־הָאָרֶץ וְכִבְשֻׁהָ וּרְדוּ בִּדְגַת הַיָּם

페루 와레부 우밀우 에트-하아레츠 베키브수하 우레두 비드하트 하얌

히브리어 성경 BHS(Biblia Hebraica Stuttgartensia)의 편집자는 이에 근거하여 창세기 9:7의 '우레부' (וּרְבוּ)가 '우레두' (וּרְדוּ)의 오류일 가능성을 제기하고 있다. 창세기 1:28과 창세기 9:1-6의 배경에서 생각할 때, 그리고 짐승을 식용으로 주었음을 고려하면 '우레두' (וּרְדוּ, 다스리라)로 읽는 것도 가능하다. 그리고 70인역 바티칸 사본(codex Vaticanus)도 '카타큐리유사테 아우테스' (*κατακυριεύσατε αὐτῆς*, 그것을 다스리라)라고 번역하여 이를 뒷받침하고 있다.[11] 이 경우 창세기 9:7은 하나님이 사람에게 피조물에 대한 주권을 다시 세워 주는 것으로 볼 수 있다. 하지만 히브리어 성경이 정확한 본문일 경우,

11) Claus Westermann, *Genesis 1-11* (Minneapolis: Augsburg, 1984), 469. U. Cassuto, *Genesis Part Two: From Noah to Abraham* (Jerusalem: Magnes, 1997), 128-129. 카슈토는 MT가 정확한 독경이라고 주장한다.

'우레부' (וּרְבוּ)는 '번성하라' 는 축복을 재차 강조하기 위해 반복 사용되었다고 볼 수도 있다.[12)]

8-17절

하나님은 창세기 6:18에서 노아에게 방주를 만들게 할 때 노아와 언약을 세우겠다고 한다. 홍수가 끝나자 하나님은 그 언약을 노아와 세우고 있다. 이 언약은 하나님이 창조 때에 맺은 언약의 갱신이며, 노아는 제2의 아담으로 모든 인류를 대표하여 언약에 참여하게 된다. 창세기 9:1-17의 내용 전체가 노아 언약에 해당되지만, 구체적으로 언약이란 말이 등장하는 것은 창세기 9:8-17이다. 창세기 9:8-17의 언약은 세 부분으로 구성되어 있다. 8-10절에서는 언약의 대상을 나열하고, 11절은 언약의 내용을 기록하고 있다. 12-17절에는 언약의 증거가 길게 기록되어 있다.

8-10절

> [8]하나님이 노아와 그와 함께 한 그의 아들에게 말하여 가라사대 [9]보라 내가 너희들과 너희 후손들과 내 언약을 세우리니 [10]너희와 함께 한 모든 생명들과 곧 새와 짐승과 너희와 함께 한 땅의 모든 생명들과 즉 방주에서 나온 모든 것 곧 땅의 모든 짐승들과 세우리라.

노아의 언약은 두 가지 특징이 있다. 첫째는 하나님이 언약을 '나의 언약' (בְּרִיתִי. 브리티)이라고 한다. 창세기 17장의 나의 언약이 15장에서 이미 체결한 언약을 가리키는 것처럼, 창세기 9:8의 '나의 언약' 도 같은 차원의 표현으

12) Bezalel Porten and Uriel Rappaport, "Poetic Structure in Genesis IX 7," *Vetus Testamentum* 21-3 (1971): 363-369.

로 볼 수 있다. 이 표현은 역사서와 선지서에서 사용될 때도 마찬가지로서 주로 시내산에서 체결한 언약을 가리킨다. 둘째는 사용된 동사가 '쿰' (קוּם, 세우다)이다. 언약 체결을 나타내는 동사는 주로 카라트(כָּרַת, 자르다, 언약을 체결하다)인데, 창세기 9:9에 사용된 동사는 쿰(קוּם)이다. 둠브렐(W. J. Dumbrell)에 의하면 언약을 처음 체결할 때 사용하는 용어는 카라트(כרַת)이며, 쿰(קוּם)은 이미 세워진 언약을 다시 세울 때 쓰는 용어이다.[13] 이것은 창세기 17:7과 비교해 보면 알 수 있다.

창 9:9 וַאֲנִי הִנְנִי מֵקִים אֶת־בְּרִיתִי אִתְּכֶם וְאֶת־זַרְעֲכֶם אַחֲרֵיכֶם

창 17:7 וַהֲקִמֹתִי אֶת־בְּרִיתִי בֵּינִי וּבֵינֶךָ וּבֵין זַרְעֲךָ אַחֲרֶיךָ

창세기 9:9과 17:7은 공통적인 요소를 많이 가지고 있으며 동사도 둘 다 '나의 언약' (בְּרִיתִי)과 쿰(קוּם)을 사용하고 있다.[14] 그렇다면 노아 언약은 이미 체결된 언약의 갱신이라고 볼 수 있다. 하나님이 노아를 통해 갱신하려는 원래 언약은 무엇일까? 둠브렐에 의하면 창세기 9:8-17의 언약의 원래 언약은 창세기 1-2장의 창조 언약이며, 노아 언약은 이 언약의 갱신이다. 호세아 6:7은 창세기 1-2장에 있는 아담의 창조 과정에 일어난 모든 일들을 일종의 언약으로 이해했음을 보여 준다.[15] 호세아 6:7은 이스라엘의 언약 파기를 아담이 언약을 어긴 것에 비교하고 있다. 창세기 1-3장에서 언약에 대한 언급이 전혀

13) W. J. Dumbrell, *Covenant and Creation* (Grand Rapids: Baker, 1984), 20-33.

14) Gordon Wenham, *Genesis 1-15*, 194. Cf. 출애굽기 6:4, 레위기 26:9, 신명기 8:18, 열왕기하 23:3, 예레미야 34:18. 둘 사이의 가장 뚜렷한 차이점은 창세기 9:9에서는 대명사 접미사가 복수형 '켐' (כֶם, 너희)이 사용된 반면에 창세기 17:7에서는 단수형 '카' (ךָ, 너)가 사용되었다는 것이다. Victor Hamilton, *The Book of Genesis 1-17*, 316. 해밀턴은 다시 세우는 언약의 원형은 창세기 6:18에서 노아에게 먼저 말했던 언약에 대한 약속이라고 주장한다.

15) W. J. Dumbrell, "The Covenant with Noah," *The Reformed Theological Review* 38-1 (1979): 1-9. 이사야 24:5 "땅이 또한 그 거민 아래서 더럽게 되었으니 이는 그들이 율법을 범하며 율례를 어기며 영원한 언약을 파하였음이라." 예레미야 33:20, 25 "나 여호와가 이같이 말하

없음에도 불구하고 호세아는 하나님과 아담 사이에 언약 체결이 있었음을 시사하고 있다. 창세기 9장이 창세기 1장을 거듭 반복하는 점을 고려하면 노아 언약을 창조 언약의 갱신으로 보는 것은 충분히 가능하다. 창세기 1:26-28과 창세기 9장을 비교해 보면 최소한 다음의 유사성을 발견할 수 있다.

아담 창조	노아 언약
하나님의 형상 1:26	하나님의 형상 9:6
짐승들을 다스림 1:26	짐승들을 사람 손에 붙임 9:2
생육하고 번성 1:28	생육하고 번성 9:1
식물을 양식으로 줌 1:29	짐승을 양식으로 줌 9:3
짐승들의 등장 1:30	짐승들의 등장 9:10
선악과를 먹지 말 것 2:17	피를 먹지 말 것 9:4-5

이를 고려하면, 하나님은 창세기 1:26-28에서 언약이란 말을 언급하지 않았지만 아담의 창조와 함께 언약을 맺었고, 창세기 9장에서 하나님은 그 언약을 노아와 함께 갱신하는 것으로 이해할 수 있다.

노아 언약에서 노아와 그의 아들들은 모든 인간과 피조물의 대표로 언약을 체결한다. 창세기 9:9에서 언약 체결의 대상은 노아와 그의 아들과 그리고 그들의 후손들이다. 그리고 10절에서는 방주에서 나온 모든 피조물들을 언약 체결의 대상으로 열거되고 있다. 하나님은 짐승들을 인간의 양식으로 주었지만 이들을 노아 언약의 대상으로 포함시키고 있다. 하지만 창세기 6:18에서 하나님은 언약 체결의 당사자로 노아를 지목하며 노아를 이 언약의 대표로 세우고 있다. 이를 통해 하나님은 노아를 모든 피조물을 대표한 제2의 아담으로 하나님 앞에 세우고 있다.

노라 너희가 능히 낮에 대한 나의 약정과 밤에 대한 나의 약정을 파하여 주야로 그 때를 잃게 할 수 있을찐대." Meredith G. Kline, *Kingdom Prologue* (South Hamilton, MA: Gordon-Conwell, 1993), 10.

11-17절

[11]내가 나의 언약을 너희와 세우리니 모든 육체가 다시는 홍수로 멸망 당하지 아
니할 것이며 땅을 파멸시킬 홍수가 다시 있지 아니하리라 [12]하나님이 가라사대
이것이 내가 나와 너희와 너희와 함께한 모든 생명들 사이에 세우는 영원히 대대
손손에 이를 언약의 사인이니 [13]나의 무지개를 내가 구름 속에 두리니 그것이 나
와 세상 사이의 언약의 사인이 되리라 [14]땅 위에 구름이 있을 때에 무지개가 구름
속에 보이면 [15]내가 나와 너희와 육체를 가진 모든 생명체들 사이에 세운 내 언약
을 기억하리니 모든 육체를 파멸시킬 홍수가 다시 있지 아니하리라 [16]무지개가
구름 속에 있으면 내가 그것을 보고 하나님과 모든 생명체 사이에 곧 땅 위에 있
는 모든 육체들과 세운 영원한 언약을 기억하리라 [17]그리고 하나님이 노아에게
가라사대 이것은 내가 나와 땅 위의 모든 육체들과 세운 언약의 사인이니라

11절은 피조물을 홍수로 멸하지 않는다는 언약의 내용을 밝히고 있다. 이것은 9:1과 9:7에서 말한 생육하고 번성하는 것과 유사한 명제이며, 창세기 1:22과 28의 축복을 땅이 존재하는 동안 지속시키겠다는 것이다. 이 언약의 내용은 15절에서 다시 반복하며 강조하고 있다. 12절에서 이 언약의 내용은 대대손손 영원에 이를 것이며, 16절에서는 언약 자체를 영원한 언약이라고 한다. 결국 하나님은 창세기 1장에서 피조물에게 한 약속을 노아 방주를 통해 살아남은 피조물들을 통해 지속적으로 이어가겠다는 약속을 하고 있다.

13절에서 하나님은 노아와 그와 함께 한 피조물들에게 이 언약의 내용을 반드시 지키겠다는 약속의 증거로 무지개를 구름 속에 두고 있다. 무지개의 히브리어 '케셋' (קֶשֶׁת)은 일반적으로 사냥꾼이나 군인들이 사용하는 활을 나타내는 표현이며, 생김새 때문에 무지개를 상징적으로 의미하기도 한다.[16] 창세기

16) Paul J. Kissling, "The Rainbow in Genesis 9:12-17: A Triple Entendre?," *Stone-Campbell Journal* 4 (2001): 249-261. Laurence A. Turner, "The Rainbow as the Sign of the Covenant in Genesis IX 11-13," *Vetus Testamentum* 43-1 (1993): 119-122.

9:13에서 하나님이 '케셋' (קֶשֶׁת)을 구름 속에 둔다고 한 것을 유념하면 '케셋' (קֶשֶׁת)은 활이 아닌 무지개로 보아야만 한다. 고대 아카드의 창조 신화를 담고 있는 에뉴마 엘리쉬에는 길가메쉬 서사시에서 홍수로 인간을 멸망시키려 했던 엔릴 신이 활을 하늘에 고정시키는 장면이 나온다. 마르둑이 티아메트와 킹구를 죽이고 바벨론 신전을 만든 후 엔릴은 자신의 무기인 활을 높이 들어 하늘에 고정시키자, 신들이 그것을 보며 그 정교한 모양에 감탄한다. 이어서 엔릴은 활에 키스를 하고 자신의 딸이라고 하며 다음과 같이 말한다.[17]

> Longwood is the first, the second is Accurate, its third name is Bow-Star, in heaven I have made it shine.

이를 두고 노아 언약의 증거인 무지개를 둘러싼 내용이 에뉴마 엘리쉬에서 유래했다고 말할 수 있지만, 사실상 배경과 내용이 전혀 다르다. 창세기 9장에서 '케셋' (קֶשֶׁת)은 비 온 후에 볼 수 있는 무지개를 뜻하지만, 에뉴마 엘리쉬에서 '케셋' (קֶשֶׁת)은 하늘의 별자리이다. 에뉴마 엘리쉬에서 티아매트가 바다의 신이기는 하지만 신화 속에 홍수 기사와 관련된 내용이 존재하지 않는다. 창세기 9장의 무지개는 신적인 능력을 가진 존재가 아니라, 무지개가 구름 사이에 있는 것에서 볼 수 있듯이 단순히 자연 현상에 지나지 않는다(9:13, 14, 16). 하지만, 할례가 하나님과 아브라함 사이의 언약의 증거가 되었던 것처럼 무지개는 노아 언약의 증거였다. 무지개가 언약의 증거가 된다는 것을 강조하기 위해 '언약의 증거' 라는 말을 창세기 9:12, 13, 17에서 세 차례 반복하고 있다.

15절에서 하나님은 이 무지개가 구름 사이에 나타날 때 노아 언약을 기억하겠다고 한다. 무지개를 보고 언약을 기억하는 주체가 사람이 아니라 하나님이다. 히브리어 동사 '자칼' (זָכַר, 기억하다)이 사람과 관련하여 사용될 때는 과거 사실에 대한 기억력을 주로 나타낸다. 하지만 출애굽기 6:5에서 볼 수 있는

17) ANET, 69.

것처럼, 하나님이 '기억한다' 고 할 때는 과거 사실에 근거하여 현재의 일을 수행하는 것을 나타낸다. 창세기 8:1에서 노아를 '기억하고' 홍수로부터 노아와 그의 방주에 탄 모든 피조물들을 홍수로부터 구원하신 하나님이 창세기 9:5에서도 '기억하리니' 라는 표현을 통해 노아의 언약에 근거하여 세상을 파멸시키는 홍수를 내리지 않겠다고 한다. 무지개가 없어도 자신의 언약을 지키시는 하나님이시지만, 무지개를 인간에게 보여 줌으로 하나님은 자신의 신실하심과 심판 받아 마땅한 피조물들에게 베푸는 자비를 나타내고 있다.[18]

창세기 9장의 노아 언약을 의무와 규제가 없는 은혜 언약으로 생각했다. 하지만 이렇게 단정하는 것은 무리가 있다. 비록 창세기 9:9에서 언약이란 말이 나오기 시작하지만, 사실상 창세기 9:1-7도 언약의 범주 안에 들어가는 것으로 보아야 한다. 예를 들면, 창세기 15장은 아브라함의 언약이고, 18절에서야 하나님은 아브람과 언약을 체결하며 가나안 땅을 그의 후손에게 주겠다고 한다. 이것 때문에 어느 누구도 아브라함의 언약의 내용을 가나안 땅에 대한 약속에 한정 시키지 않는다. 아브라함의 언약의 내용에는 15:5에 있는 자손을 하늘의 별과 같이 되게 하겠다는 메시지도 언약의 내용에 포함시킨다. 마찬가지로 창세기 9:1-7도 노아 언약 범주에 포함시켜야 한다. 쥬빌리는 창세기 8:21-9:17을 모두 노아 언약으로 이해하고 있다.[19]

> 6:4 And the Lord smelled the sweet aroma, and he made a covenant with him so that there might not be floodwaters which would destroy the earth … 10 And Noah and his sons swore that they would not eat any

---

18) U. Cassuto, *Genesis II*, 139. Graham B. Walker Jr., "Noah and the Season of Violence: Theological Reflections on Genesis 6:5-9:17 and the Work of Rene Girard," *Review and Expositor* 103 (2006): 371-390.

19) Charlesworth, *The Old Testament Pseudepigrapha II* (Garden City, New York: Doubleday & Company, 1985), 66-67. William K. Gilders, "Blood and Covenant: Interpretive Elaboration on Genesis 9.4-6 in the Book of Jubilles," *Journal for the Study of the Pseudepigrapha* 15-2 (2006): 83-118.

blood which was in any flesh. And he made a covenant before the Lord God forever in all of the generations of the earth in that month.

쥬빌리의 견해를 따른다면 자연스럽게 노아 언약에는 '피를 먹지 말라' 와 '살인하지 말라' 는 언약 규정에 포함 된다. 뿐만 아니라 식물과 더불어 짐승을 양식으로 삼는 것과 생육하고 번성하는 축복도 주어졌으며, 사람의 피를 흘리면 죽음이 따른다는 징벌 또는 저주도 5-6절에서 확인할 수 있다.

18-19절

18방주에서 나온 노아의 아들들은 셈과 함과 야벳이었고 함은 가나안의 아버지였
더라 19이 셋이 노아의 아들들이며 이들로부터 세상의 모든 이들이 퍼지니라

노아의 아들들의 이름은 창세기 5:32에서 소개되어 창세기 6:10과 7:13에서 이름이 거론되지만 단 한 차례도 말과 행동의 주어로 언급되지 않는다. 이제 창세기 9:18 이하에서 이들은 제대로 무대에 등장하여 주인공 역할을 한다. 창세기 9:18의 문장의 주어는 노아의 세 아들들이다. 19절은 이들로부터 세상의 모든 민족이 형성되었다고 말하며, 이것은 창세기 9:18 이하의 내용이 노아의 세 아들 시대에 기록되지 않고 그들의 후손들이 세상에 퍼진 후에 기록되었음을 보여 준다. 창세기 9:18의 둘째 문장은 노아의 세 아들 중에서 함을 주어로 내세워 그에게 초점을 맞추며 그가 가나안의 아버지라는 사실을 제일 먼저 밝힌다. 이것은 이어지는 기사의 주인공이 함이란 사실을 보여 줄 뿐만 아니라 이후의 창세기의 내용 전개와 이스라엘 역사에 대해 중요한 암시를 제공한다. 19절은 또한 창세기 9:1, 7에 있는 하나님의 축복이 노아의 후손들을 통해 이루어졌음을 보여준다.[20)]

20) Victor Hamilton, The Book of Genesis 1-17, 320.

20-27절

[20]노아가 농사를 시작했으며 포도 나무를 심었더라 21그나 포도주를 마시고 취하여 장막 안에서 벌거벗었더라 [22]함 곧 가나안의 아비가 그의 아비의 벌거벗음을 보고 밖에 있는 그의 두 형제에게 알렸더라 [23]이에 셈과 야벳이 옷을 취하여 그 둘의 어깨 위에 메고 뒷걸음으로 가서 그들의 아비의 벌거벗음을 덮었으며 그들의 얼굴을 뒤로하여 아비의 벌거벗음을 보지 않았더라

20-23절: 노아와 세 아들

노아 홍수 이후 자손들이 번창하기 시작하였고, 노아는 농부가 되어(이쉬 하아다마 אִישׁ הָאֲדָמָה 창 2:5-6, 3:23, 4:2) 포도밭을 경작하기 시작한다. '이쉬 하아다마' (אִישׁ הָאֲדָמָה)는 창세기 1-11장에서 아주 중요한 표현이다. 창세기 2:5에서는 땅에 풀이 자라지 않은 이유 중에 하나가 땅을 경작할 사람이 없었기 때문이었다. 창세기 3:17에서는 아담과 하와의 죄 때문에 땅이 저주를 받는다. 그리고 창세기 3:23에서 하나님은 아담과 하와를 에덴에서 추방하여 땅을 경작하게 한다. 창세기 4:2에서 가인은 처음으로 땅을 경작한 사람으로 등장하지만, 그는 아벨을 살해한 죄로 인해 땅으로부터 저주를 받아 떠돌아 다니는 신세가 되며, 땅은 그에게 가시와 엉겅퀴를 내게 된다. 창세기 5:29에서 라멕은 노아를 낳고 그가 하나님이 저주한 땅에서의 수고와 고통으로부터 안위하여 주기를 소망하였는데, 노아는 홍수 이후에 마침내 '이쉬 하아다마' (אִישׁ הָאֲדָמָה, 농부)가 되어 포도원을 경작한다.[21] 이처럼 노아가 농부가 된 것은 아주 의미심장한 일이지만, 이를 긍정적으로 또는 부정적으로 보아야 할 지에 대해서는 판단하기 쉽지 않다. 하지만 카슈토는 노아를 '오베드 하아다마' (עֹבֵד הָאֲדָמָה, 땅을 경작하는 자)라고 하지 않고 이쉬 하아다마(אִישׁ הָאֲדָמָה)라고

21) Kenneth A. Mathews, *Genesis 1-11:26*, 415-416.

한 것은 노아를 땅의 주(master)로 여기는 것이고, 창세기 5:29의 라멕의 기대의 성취로 보아야 한다고 주장한다.[22)]

마태복음 24:38에서 예수님이 말한 것처럼 노아 홍수 이전에도 포도주를 마셨겠지만, 포도주에 대한 직접적인 언급은 창세기 9:21이 처음이다. 이 포도주와 관련하여 노아는 중요한 실수를 범하였다. 그의 실수는 포도주를 마시고 장막에 벌거벗은 몸을 드러낸 것이다. 노아가 포도주를 마신 것만 두고 노아의 잘못을 논해서는 안되고 창세기 9:21의 내용 전체와 관련하여 그의 실수를 살펴야 한다. 그 이유는 구약 성경은 포도주에 취하는 것에 대해 매우 비판적이지만, 포도주 자체에 대해서는 긍정적이기 때문이다(사 25:6).[23)] 하지만 노아가 자식들이 들어오고 나가는 것을 모를 정도로 취해 있었던 것은 전혀 긍정적이지 못하다. 고대 근동의 종교에서는 술을 마시고 취하는 것이 종교 행사의 일부였다.[24)] 그러나 레위기 10장에 의하면 제사장은 술을 마시고 성막에서 활동하는 것을 허락하지 않는다.[25)] 그 이유는 성막에서 거룩하고 속된 것과 옳고 그른 것을 분별하지 못하는 것을 방지하기 위해서이다. 제사장은 성전에 들어갈 때 긴 옷을 입어야 했다. 하체가 다른 사람에게 노출되지 않도록 하는 것이었는데, 이를 심각한 일로 여겼다.[26)] 노아를 제사장들과 동일시 하는 것에는 한계가 있지만, 그는 하나님께 제사드리는 자였고(창 8:20), 장막과 성막은 동일한 단어이다. 후대의 레위기의 제사장 규정에 비추어 평가한다면 노아의 행동은 심각한 실수라고 할 수 있다.

---

22) U. Cassuto, *Genesis II*, 159-160.

23) 시편 104:15 "사람의 마음을 기쁘게 하는 포도주와 사람의 얼굴을 윤택케 하는 기름과 사람의 마음을 힘있게 하는 양식을 주셨도다."

24) C. H. Gordon, "El, Father of Snm," *JNES* 35 (1976): 261. 우가릿의 최고신 엘이 술에 취해 다른 신에 부축 받는 내용도 있다.
"El sits in his *mrzh*-shrine, drinks wine to satiety, liquor to drunkenness. El goes to his house, proceeds to his court. Tkmn and Snm carry him."

25) 레위기 10:9 "너나 네 자손들이 회막에 들어갈 때에는 포도주나 독주를 마시지 말아서 너희 사망을 면하라 이는 너희 대대로 영영한 규례라 그리하여야 너희가 거룩하고 속된 것을 분별하며 부정하고 정한 것을 분별하고 또 여호와가 모세로 명한 모든 규례를 이스라엘 자손에게 가르치리라."

26) 출애굽기 20:26 "너는 층계로 내 단에 오르지 말라 네 하체가 그 위에서 드러날까 함이니라."

제2의 아담이었던 노아와 세 아들은 아담과 하와와 대조된다.[27] 아담과 하와는 세 명의 아들이 있고, 그 중에 한 명을 통해 3:15의 약속이 이어지고 한 명은 저주 받았던 것처럼, 노아도 세 아들이 있고 그 중 한 명인 셈을 통해 약속이 이어지고 한 명은 저주를 받는다. 노아의 실수는 아담의 죄와 대비를 이룬다. 아담과 하와가 에덴 동산에 벗은 채 있었던 것처럼, 노아는 장막 안에 벗은 채 누워 있었다. 의로웠던 아담이 죄를 지었던 것처럼, 의로웠던 노아도 중요한 실수를 저지른다. 아담이 선악과를 따먹었던 것처럼, 노아는 포도로 만든 포도주를 먹고 장막 안에서 벌거벗은 채 누워 잔다. 아담과 하와는 선악과를 따먹은 후에 서로서로 벌거벗었다는 것을 깨닫고 이를 감추려고 하였다. 반면에 함은 노아의 벌거벗은 것을 보고 형제들에게 알린다. 함의 행동은 단순히 아버지의 벗은 몸을 희롱하는 것이 아니다.[28] 아담의 경우와 비교해 보면 단번에 알 수 있다. 선악과를 먹게 하여 아담과 하와의 벗은 것을 알게 만든 일등 공신이 누구인가? 뱀 또는 사탄이다. 그렇다면 노아의 벗은 것을 알리는 함의 행동을 어떻게 여겨야 할까? 뱀과 사탄의 행동을 하고 있는 것으로 볼 수 없을까?[29] 아

27) Kenneth A. Mathews, *Genesis 1-11*:26, 414-415.

28) 고대로부터 주석가들은 함이 노아에게 한 행동의 성격에 대해 관음증, 거세, 또는 성관계였을 것으로 생각했다. 관음증으로 주장한 학자들은 Umberto Cassuto, Gordon P. Wenham, Victor P. Hamilton, Kenneth A. Matthews 등등이 있다. 거세에 대한 주장은 b. Sanh. 70a, Gen. Rab. 36.7 등등에 나타난다. Stephen Gero, "The Legend of the Fourth Son of Noah," *Harvard Theological Review* 73 (1980): 321-330. Stephen Gero에 의하면 노아는 홍수 후에 넷째 아들을 얻고 싶었지만 함이 가나안을 시켜 노아를 거세시켰고, 이로 인해 노아가 가나안을 저주하였다는 전통이 A.D. 4세기경부터 유대인들 중에 있었다고 한다. 성관계로 보는 견해는 Robert Gagnon, Anthony Phillips 등등이 있다. O. Palmer Robertson, "Current Critical Questions Concerning the Curse of Ham(Gen 9:20-27)," *JETS* 41-2 (1998): 177-188. 반면에 Frederick W. Bassett과 John Sietze Bergsma는 다른 사람의 '하체를 보다'는 성관계를 나타내고, 다른 사람의 아내나 딸과 성관계를 가지는 것을 그 사람의 하체를 범하였다는 표현으로 관용어적으로 사용되는 것에 근거하여(렘 20:17) 함이 노아의 하체를 본 것은 노아의 아내, 즉 함이 자기의 어머니와 성관계를 가졌고, 가나안은 그 결과로 태어난 것으로 볼 수 있다는 주장을 한다. Frederick W. Bassett, "Noah's Nakedness and the Curse of Canaan: A Case of Incest?," *Vetus Testamentum* 21-2 (1971): 232-237. John Sietze Bergsma, "Noah's Nakedness and the Curse on Canaan (Genesis 9:20-27)," *Journal of Biblical Literature* 124-1 (2005): 25-40.

담과 하와가 벗은 것을 앎으로 부부의 관계와 하나님과의 관계가 파괴되어 서로 가리고 나무 밑에 숨어야 했던 것처럼, 함은 아버지의 벗은 것을 알림으로 아버지와 아들의 관계를 파괴한다.[30] 그리고 창세기 3:14에서 아담과 하와의 벌거벗은 것을 알게 만든 뱀과 뱀의 후손이 저주를 받고 여자의 후손과 원수가 된다. 마찬가지로 노아의 벌거벗은 것을 알게 만든 함과 함의 후손은 저주를 받고 셈의 종이 되는 저주를 받는다. 홍수 이전에 저주를 받은 것은 뱀과 가인이었으며, 홍수 이후에는 가나안이 저주를 받았다. 함이 뱀의 행동을 하였다면 가나안은 함과 뱀의 행동을 따르는 뱀의 후손의 계통을 잇고 있다.[31]

셈은 야벳과 함께 노아의 벗은 몸을 보지 않기 위해 뒷걸음질 쳐서 들어가 노아를 옷으로 덮어 주고 있다. 이와 비슷한 일이 에덴 동산에서 일어났었다. 하나님은 벌거벗은 몸을 나뭇잎으로 가리고 에덴에서 쫓겨나던 아담의 몸을 가죽 옷을 만들어 직접 입혀 주었다(창 3:21). 유사하게 셈과 야벳은 노아의 벌거벗은 몸을 옷으로 가리워 주고 있다. 그렇다면 셈과 야벳의 행동을 어떻게 이해해야 할까? 셈과 야벳은 옷으로 노아를 덮어 그의 수치를 가리워줌으로 하나님을 닮은 행동을 한 사람들이고, 뱀의 행동과 대조되는 행동을 하였다. 셈에게 주어진 축복에서 알 수 있듯이 뱀의 후손과 싸우게 될 여자의 후손의 계보가 셈을 통해 이어지게 된다.

---

29) Anthony J. Tomasino, "History Repeats itself: The Fall and Noah's Drunkenness," *Vetus Testamentum* 42-1 (1992): 128-130. 하박국 2:15 "이웃에게 술을 마시우되 자기의 분노를 더하여 그로 취케 하고 그 하체를 드러내려 하는 자에게 화 있을찐저 네게 영광이 아니요 수치가 가득한즉 너도 마시고 너의 할례 아니한 것을 드러내라 여호와의 오른손의 잔이 네게로 돌아올 것이라 더러운 욕이 네 영광을 가리우리라."

30) Derek Kidner, *Genesis*, 103-104.

31) Victor Hamilton, *Genesis 1-17*, 324. 해밀턴은 가나안의 저주에 대한 전통적인 설명을 잘 정리하고 있다. 첫째, 본문은 원래 함이었지만 여호수아의 가나안 정복 이후 가나안으로 읽게 되었다. 둘째, 원래 두 종류의 본문 전통이 있었다. 하나는 노아의 아들이 셈과 함과 야벳이고 다른 하나에서 노아의 아들은 셈과 가나안과 야벳이다. 편집자가 편집 과정에서 실수를 저질렀다. 셋째, 가나안이 실제적인 범죄자이거나 공범이었을 것이다. 넷째, 아버지가 받을 형벌을 자식에게 가하는 고대 근동식 눈에는 눈 이에는 이의 방식이다(lex talion).

24-27절

24노아가 술이 깨어 그의 작은 아들이 그에게 행한 것을 알았고 25그가 가로되
가나안은 저주를 받아 그의 형제들의 가장 천한 종이 되리라
26그리고 가로되
여호와 곧 셈의 하나님을 찬양하리로다 가나안은 그의 종이 되리라 27하나님이
야벳을 위해 넓히시고 그리고 셈의 장막에 거하시리라 가나안은 그의 종이 되리라

노아가 자식들의 행동을 알고 축복과 저주를 하고 있다. 노아가 가나안을 저주한 것은 자신의 실수를 망각하고 책임을 함과 그의 아들에게 돌리는 행동이 결코 아니다. 노아는 함이 했던 행동의 의미가 무엇인지 앞서 말한 것처럼 이해하였고 그에 근거하여 함의 아들 가나안에게 저주를 하였다.

25절과 26-27절의 시로 된 노아의 예언에서 가나안이 종이 되는 저주가 세 번이나 반복된다. 첫 번째 저주는 그의 형제들의 종이 되는 것이다. 한글 성경의 "종들의 종"이라고 번역하였는데, 히브리어 표현 에벧 아바딤(עֶבֶד עֲבָדִים)은 가장 천한 종으로 번역하는 것이 더 적절하다. 가나안이 종이 되는 대상은 이후 좀 더 구체화되어 셈의 종이 된다고 말한다. 노아의 시는 대구법, 교차 대구법, 반복법, 대조와 같은 다양한 시적 기교를 가지고 있다.

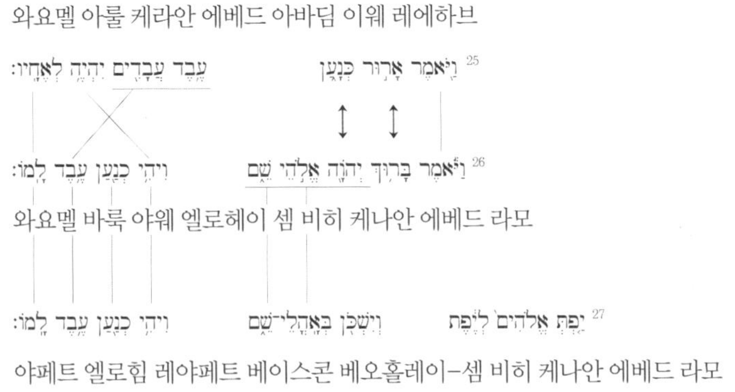

노아의 시에서 야벳은 사실상 이차적이고 하나님과 셈과 가나안이 실제적인 시의 주인공들이다. 25절 첫째 콜론과 26절의 첫째 콜론은 서로 대구를 이루면서 내용은 대조를 이루고 있다. 가나안은 저주를 받고 하나님은 찬양을 받고 있다. 이것은 노아의 축복과 저주가 단순히 자식들의 미래의 삶에 한정되는 것이 아니라 하나님과 그의 원수의 종말론적 미래를 염두에 두고 있음을 보여 준다. 하나님은 찬양과 영광을 받으실 것이지만 그의 원수들은 저주 받아 낮아지고 종이 되고 멸망 당할 것이다. 찬양 받는 하나님은 셈의 하나님으로 한정되고 있다. 25절의 둘째 콜론과 26절의 둘째 콜론은 교차 대구를 형성하고 있다. 25절 둘째 콜론에서 가나안은 형제들의 비천한 종이 된다고 하였는데 반해 26절 둘째 콜론에서 가나안은 형제들 중에서 셈의 종이 된다고 함으로 그 대상이 좀 더 축소 구체화되고 있다. 27절 셋째 콜론은 26절 둘째 콜론을 단순 반복하고 있으며, 반복을 통해 가나안이 셈의 종이 된다는 것을 강조시키고 있다. 27절 첫째 콜론에서 노아는 하나님이 야벳을 창대하게 하기를 노래한다.

오랫동안 27절 둘째 콜론의 동사의 주어가 누구인지에 대한 논쟁이 이어져 왔다. 둘째 콜론의 동사는 3인칭 남성 단수인데, 안타깝게도 문장 안에는 그 주어가 구체적으로 누구인지 단정할 수 없다. 많은 경우 동사를 저시브(Jussive)로 보고 야벳이 셈의 장막에 거하게 하라는 간접 명령으로 이해한다. 이 해석이 옳을 가능성도 있지만, 시의 특징을 제대로 이해하지 못한 해석일 가능성이 더 높다. 우선 동사의 형태는 엄밀한 의미에서 저시브가 아니다. 그리고 25-27절에서 25절 둘째 콜론과 27절 둘째 콜론을 제외하고 계속 문장의 주어가 바뀌며 이 때에는 다음 페이지의 밑줄에서 볼 수 있는 것처럼 새로운 주어가 누구인지 항상 명확하게 밝히고 있다.

25 וַיֹּאמֶר אָרוּר כְּנָעַן עֶבֶד עֲבָדִים יִהְיֶה לְאֶחָיו׃

와요멜 아룰 케나안 에베드 아바딤 이웨 레에하브

26 וַיֹּאמֶר בָּרוּךְ יְהוָה אֱלֹהֵי שֵׁם וִיהִי כְנַעַן עֶבֶד לָמוֹ׃

와요멜 바룩 야웨 엘로헤이 셈 비히 케나안 에베드 라모

27 יַפְתְּ אֱלֹהִים לְיֶפֶת וְיִשְׁכֹּן בְּאָהֳלֵי־שֵׁם וִיהִי כְנַעַן עֶבֶד לָמוֹ׃

야페트 엘로힘 레야페트 베이스콘 베오호레이-셈 비히 케나안 에베드 라모

25절 둘째 콜론의 주어는 첫째 콜론의 문장의 주어와 동일한 '가나안'이며, 따라서 둘째 콜론은 '가나안'을 반복하지 않고 주어를 동사 속에 포함시키는 것으로 끝낸다. 그렇다면 27절의 둘째 콜론은 어떠한가? 27절 둘째 콜론은 25절 둘째 콜론처럼 문장의 주어가 별도로 표현되어 있지 않고 동사에 포함되어 있다. 25-27절의 시 문장의 특징상 이것은 동사의 주어가 선행하는 문장인 27절의 첫째 콜론과 동일하다는 표시이다. 그렇다면 주어는 '하나님'이다. 뿐만 아니라, 노아의 시가 반복과 대구를 통해 서로 면밀하게 이어가고 있는 점을 고려한다면 27절 둘째 콜론은 26절 첫째 콜론과 관련하여 생각해야 한다. 26절 첫째 콜론과 26절 둘째 콜론에 셈이 반복하여 등장하고, 26절의 '엘로헤이'(אֱלֹהֵי)와 27절의 '오호레이'(אָהֳלֵי)는 어음상 서로 유사하다는 점을 간과해서는 안 된다. 26절 첫째 콜론에서 하나님이 찬양을 받고 그 하나님은 셈의 하나님이었는데 27절 둘째 콜론에서 하나님은 천막 또는 회막에 좌정하시는데, 그 천막의 소유자는 셈이다.[32] 가나안이 저주 받는 동안 셈은 축복을 받는데, 축복의 내용은 찬양 받으실 하나님이 셈의 장막에 거주하고 가나안은 그의 종이 되는 것이다. 따라서 셈의 장막에 거하는 이는 야벳이 아니라 하나님이라고 결론 지을 수 있다.

노아의 축복과 저주에서 가장 강조가 되고 있는 것은 가나안이 셈의 종이 된

32) 탈굼(יַפְתֵּי יוי לְיֶפֶת וְיַשְׁרֵי שְׁכִינְתֵיהּ בְּמַשְׁכְּנֵי שֵׁם)과 쥬빌리 7:12는 셈의 장막에 머무는 주체를 하나님으로 이해하고 있다. W. Kaiser, Jr., *Toward an Old Testament Theology* (Grand Rapids:

다는 것이다. 종의 히브리어는 '에베드'(עֶבֶד)이며, 동사는 '아바드'(עָבַד)이다. '아바드'는 창세기 2-4장에서 아주 제한적으로 사용되었다. 창세기 2:5에서 땅의 식물이 자라지 않는 이유를 경작할 사람이 없었다고 할 때 '경작할'의 히브리어가 '아바드'이다. 그러나 이어서 3장에서는 선악과을 따먹은 결과로 징벌을 받은 인간이 그 결과로 땅을 '아바드'(עָבַד)하게 된다. 그리고 땅을 경작(עָבַד)하던 가인이 아벨을 죽이고 저주를 받은 가인에게 땅을 경작(עָבַד)해도 더 이상 땅의 힘을 발휘하지 않는다. 이렇게 제한적으로 사용되던 '에베드'와 '아바드'가 창세기 9:25-27에서 집중적으로 사용되면서 가나안은 셈의 '에베드'(עֶבֶד,종)가 된다고 한다. '종이 된다'는 것은 말 그대로 주종 관계를 의미할 수도 있지만, 그보다는 정복과 지배의 개념으로 이해해야 한다. 신명기 28:47-48에 의하면 이스라엘 백성이 언약의 말씀에 불순종하여 우상을 섬기게 되면 하나님은 이스라엘에게 언약의 저주를 내려 대적에게 정복당하고 그 결과로 노예로 섬기게 한다(cf. 예레미야 27장). 창세기 9:25-27도 가나안이 저주를 받고 종이 되는 것으로 보아 이 같은 차원에서 정복당하고 노예가 되는 것을 예고하고 있다. 이런 관점에서 볼 때, 창세기 9:25-27의 축복과 저주는 창세기 3:15과 밀접한 관계를 가지고 있는 것으로 여겨진다. 창세기 3:15에서 뱀이 여자의 후손의 발꿈치를 상하게 하지만, 여자의 후손은 뱀의 머리를 상하게 한다. 여자의 후손이 뱀을 공격하여 그 머리를 발아래 두고 있는 것처럼, 셈은 가나안을 정복하고 그 발 아래에 두어 지배하게 된다. 둘 사이의 뚜렷한 차이점도 있다. 창세기 3:15에서는 뱀의 후손과 여자의 후손의 정체가 명확하지 않지만, 창세기 9:25-27은 셈과 가나안의 이름을 밝힘으로 둘의 정체를 좀 더 분명하게 하고 있다.

Zondervan, 1978), 37-39. Gordon Wenham, *Genesis 1-15*, 202-203. 고든 웬함은 세 가지 이유 때문에 주어를 야벳으로 이해해야 한다고 주장한다: 첫째, 하나님이 셈의 장막에 거하는 것을 야벳에 대한 축복으로 보기 어렵다. 둘째, 셈의 장막이 복수라는 것은 다수의 사람이 셈과 함께 거한다는 의미로 보아야 한다. 셋째, 하나님이 셈의 장막에 머문다면 26절에서 하나님의 이름 야웨가 사용되어야 할 것이다.

28-29절

> [28]노아는 홍수 이후 350년을 살았고 [29]노아의 모든 향년이 950년이었으며 그리고 그가 죽었더라

이미 밝힌 것처럼, 창세기 5장에 있는 아담과 셋의 후손들의 계보는 하나의 패턴을 일관되게 따르고 있다.

> A. a가 x년에 b를 낳고,
> B. b를 낳은 후 y년 동안 자녀를 낳았으며
> C. z년을 향수하고 죽었다

노아의 경우 창세기 5:32에서 A에 해당되는 500세에 셈과 함과 야벳을 낳았다는 말이 언급된 후 나머지 B와 C는 전혀 언급되지 않고 홍수 기사가 대신 이어진다. 그러다가 창세기 9:28-29에서 마침내 B와 C에 해당되는 "홍수 이후 350년 살았고 향년 950세에 죽었더라"는 표현이 나온다. 노아의 패턴은 한 가지 중요한 역할을 한다. A를 창세기 5:32에 두고 B와 C를 창세기 9:28-29에 둠으로 홍수 기사 전체를 아담과 셋의 후손들의 계보 속으로 흡수 소화시켜 버렸다.[33]

A	노아 홍수	B, C

노아의 패턴

창세기 9:8-29의 노아의 패턴이 창세기 5장의 족보의 패턴과 명확하게 구분되는 것이 하나 있다. 창세기 5장의 사람들에게는 한결같이 'y년을 지내며

33) Kenneth Mathews, *Genesis 1-11:26*, 425.

자녀를 낳았다' 는 표현이 있는데 반해 노아는 '홍수 후에 350년을 지내었고' 고 끝나 버린다. 즉 노아가 자녀를 낳았다는 말이 없다. 결국 노아의 자녀는 셈과 함과 야벳 뿐이며, 이들을 통하여 세상의 모든 민족이 생겨난다.

29절에서 노아는 950살을 살고 죽었다고 한다. 노아는 홍수 이전의 장수의 축복인 900살 이상을 산 마지막 사람이다. 노아를 끝으로 홍수 이후를 살아간 사람은 더 이상 이렇게 오래 살지 못하며, 인간의 수명은 급격하게 줄어든다. 이제 인간은 메시아 시대에 있을 영생을 통하지 않고는 결코 이런 형태의 장수를 꿈꿀 수 없게 되었다.

Chapter 10 창세기 10장

많은 성도들이 창세기 10장의 족보를 읽으면서 당혹감을 느낀다. 도대체 이 족보를 기록한 목적이 무엇일까? 고대 근동 지역에 살았던 인류의 족보와 그들의 영토 정보를 제공하려는 것일까? 아니면 다른 목적이 또 있을까? 단순 족보에 지나지 않아 보이는 창세기 10장에 담긴 신학적 의미를 찾아 나가는 것은 또 다른 즐거움을 제공할 것이다. 이 장에서는 창세기 10장이 창세기 1-9장의 내용과 어떤 관련이 있는지 살펴 볼 것이고, 또한 창세기 9:1-7의 하나님의 언약의 축복의 결과가 어떻게 실현되었는지를 살펴 볼 것이다. 그리고 노아의 축복과 저주가 어떻게 현실화되는지도 살펴 보겠다.[1]

홍수 이전 세계는 홍수와 함께 종결되고, 홍수 이후의 세계가 제2의 아담인 노아와 그의 아들들과 더불어 시작되어 아브라함의 등장으로 이어진다. 창세

1) Kenneth A. Mathews, *Genesis 1-11:26*, 427-431.

기 10장에 이르면 노아의 세 아들의 족보가 기록되어 있다. 창세기 10-11장은 창세기 4:16-5:32과 유사하다.[2)]

4:1-15 가인과 하나님의 징벌	10:1-32 노아의 후손들
4:16-24 가인의 후손들	11:1-9 바벨탑과 하나님의 징벌
4:25-5:32 아담과 셋의 후손들	11:10-26 셈의 후손들

창세기 4:1-15에 가인의 범죄와 그에 대한 하나님의 징벌이 기록되어 있는 것처럼 11:1-9에는 바벨탑을 쌓는 인간들에 대한 하나님의 징벌이 기록되어 있으며, 창세기 4:16-24에 가인의 후손들과 그들의 활동이 기록되어 있는 것처럼 10:1-32에는 노아의 후손들의 활동이 기록되어 있다. 그리고 4:25-5:32에 아담과 셋의 후손들이 기록되어 있는 것처럼 11:10-26에는 셈의 후손들의 족보가 기록되어 있다. 이런 유사점은 창세기 10-11장 주석에 중요한 영향을 끼치게 된다.

창세기 10장은 크게 세 부분으로 나눌 수 있다. 1절은 서론적 역할을 하며, 노아의 아들들이 이전처럼 순서대로 셈과 함과 야벳의 순서로 소개되고 있다(창 5:32, 6:10, 9:18). 하지만 10장에 실제로 기록된 순서는 야벳과 함과 셈이며, 세 명의 후손들의 명단이 기록된 후 이어서 그들이 살고 있는 지역의 경계를 기록하고 있다. 기록 순서가 뒤바뀌어 셈이 제일 나중에 기록된 것은 셈에게 메시지의 초점을 맞추기 위해서이다. 이런 현상은 창세기 25:12-18에서 이스마엘의 계보를 언급한 후 이어서 강화의 흐름이 이삭에게 집중되는 것이나, 창세기 36장에서 에서의 족보가 언급된 후 야곱에게 강화의 초점이 맞추어지는 것과 같다.[3)] 세 족보의 시작과 끝은 각각 다음의 공통된 표현들을 가지고 있다.

2) *Ibid.*, 431.

3) Sarna, *Genesis*, 69.

시작 부분	끝 부분
2 야벳의 아들은	5 방언과 종족과 나라대로
6 함의 아들은	20 족속과 방언과 지방과 나라대로
22 셈에게도 태어났으니	31 족속과 벙언과 지방과 나라대로

이를 근거로 10장은 다음과 같이 구분할 수 있다.

서론	1절
A. 야벳의 족보	2-5절
B. 함의 족보	6-20절
C. 셋의 족보	21-31절
결론	32절

1절

[1]노아의 아들 셈과 함과 야벳의 계보라 홍수 후에 그들에게 아들들이 태어났으니

창세기 10:1은 창세기의 넷째 톨레도트 곧 노아의 아들 셈과 함과 야벳 이름으로 된 톨레도트로 시작한다. 이전의 톨레도트들처럼, 이들은 이름 뿐이고 이들의 후손이 넷째 톨레도트의 실제적인 주인공이다. 이들에게 자손들이 태어나며 창세기 11:10에서 말하는 것처럼 셈은 홍수 후 2년째에 아들을 낳았고 함과 야벳도 비슷한 시기에 낳았을 것이다. 이들의 후손들의 출생은 1절에서 홍수 후에라는 표현에서 말하는 것처럼 모두 홍수 이후의 일이다. 수메르 왕들의 목록에서 홍수는 시대를 구분하는 중요한 전환점 역할을 한다.[4)]

4) ANET 265.

"These are five cities, eight kings ruled them for 241,000 years. (Then) the flood swept over (the earth). After the Flood had swept over (the earth) (and) when kingship was lowered (again) from heaven, kingship was (first) in Kish."

홍수 이후 노아는 더 이상 출산하지 않고 그의 아들들만 자녀를 낳아 새 시대를 열게 된다. 하지만, 창세기 11장에서 볼 수 있는 것처럼 이들은 어둠의 길을 택하며 하나님께 반역의 길을 걷게 된다. 창세기 10장에 기록된 노아의 세 아들의 후손들의 이름은 모두 70명이다. 야벳의 후손의 이름은 14명이 기록되었고, 함의 후손의 이름은 30명 그리고 셈의 후손의 이름은 26명이다. 굳이 70명의 이름을 언급한 이유는 숫자 70이 의미하는 완전성을 통해 땅에 살았던 모든 민족이 하나님의 섭리에 의해 형성되었음을 보여 주려는 것으로 보인다.[5)]

2-5절

넷째 톨레도트는 야벳의 후손들로 시작된다. 하지만 야벳의 후손들은 아주 간략하게 언급되고 지나간다. 그 이유는 이들은 넷째 톨레도트의 주요 관심사가 아니기 때문이다. 창세기 4장에서 가인의 후손들이 거론될 때에는 그들의 업적을 주로 기록하였는데 반해, 창세기 10장에서는 업적은 거론되지 않고 셈과 함과 야벳의 후손들이 분포하여 살았던 지역만 거론된다. 야벳의 후손들의 거주 지역은 5절에서 "바닷가의 땅"이라고 하며, 이는 소아시아와 유럽을 가리키는 것으로 생각된다.

---

5) Cassuto, *Genesis II: From Noah to Abraham*, 177-180. Allen P. Ross, "Studies in the Book of Genesis Part 2: The Table of Nations in Genesis 10 - Its Structure," *Bibliotheca Sacra* 137 (1980): 340-353. 유대인들은 초막절 기간 동안 바쳤던 70마리의 소를 땅 위의 모든 민족을 나타낸다고 생각했다. Babylonian Talmud, *Tract Succah*. 5.89; Zohar, Sukkot, 826-827.

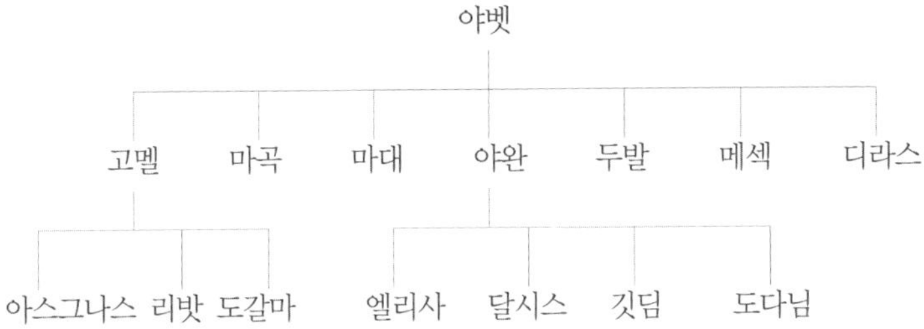

야벳의 후손들 중에 고멜과 야완의 직계 자녀들에 대해서 기록하지만 나머지에 대해서는 침묵하고 있다. 야벳의 아들들은 모두 일곱 명이며 그의 두 아들 고멜과 야완을 통해 태어난 일곱 명의 아들들의 이름을 언급하여, 모두 열네 명(2×7)의 이름이 기록되어 있다. 족보에 언급된 이름들 중에 상당수는 다른 성경에서도 언급되지만, 그 중에 에스겔 38:2-6에서 고멜과 마곡 메섹과 두발이 미래에 이스라엘을 공격할 북방의 강한 군대로 묘사되고 있다. 마대는 사 13:17과 21:2에서 바벨론을 공격할 민족으로 언급되며, 페르시아 제국의 한 축을 형성했다. 이들은 티그리스 강 북쪽과 카스피해 인근에 살았다. 다시스는 요나가 달아난 곳이며(욘 1:3), 솔로몬의 상선이 왕래했던 항구이기도 하다(왕상 10:22). 깃딤은 이사야 23:1과 에스겔 27:6 그리고 예레미야 2:10에서 언급되며, 민수기 24:24에서는 발람이 깃딤 해변에서 배들이 와서 앗수를 학대하고 스스로도 망할 것이라고 한다. 도다님은 역대상 1:7에서 로다님으로 기록되어 있고, 70인역도 로다님으로 읽고 있다.[6] 이 같은 차이는 필사자가 히브리어 알파벳 '다렛' (ㄱ) 과 '레쉬' (ㄱ)의 유사성으로 인한 혼란에서 초래되었다.

6-20절

함에게는 네 아들이 태어났다. 이 중에 구스는 북동 아프리카 지역을 말하

6) Zvi Ron, "Dodanim/Rodanim: Three Approaches," *Jewish Bible Quarterly* 34-2 (2006): 122-125.

며, 미스라임은 이집트이다. 붓도 에스겔 38:5에서 붓을 구스와 나란히 언급하는 것을 감안하면 아프리카의 한 지역이었을 가능성이 높다. 가나안은 이스라엘 민족이 들어가 살게 될 땅이며, 그의 후손들의 상당수가 창세기 15:19-21에 있는 아브라함의 후손에게 준 가나안 땅에 살고 있는 민족으로 거명되고 있다. 함의 족보는 야벳과 비교가 되지 않을 정도로 자세하게 기록되어 있다. 함의 네 아들 중에 세 명의 후손들의 다음 세대까지 자세히 기록하고 있다. 그리고 함의 족보에는 그의 후손들 중에 니므롯 한 사람의 삶을 비교적 자세하게 기록하고 있다.

함의 족보에서 가장 눈에 띄는 것은 니므롯이다. 창세기 10장은 에벨과 더불어 유일하게 니므롯의 삶 속에서 일어난 사건을 기록하고 있다. 니므롯은 구스의 아들이고, 니므롯을 강조하기 위해 구스의 다섯 아들을 언급한 후 별도로 구스가 니므롯을 낳았다고 말한다.[7] 앞서 보았던 수메르 왕들의 목록에 의하면 홍수 후에 왕권이 기쉬 또는 구스에서 다시 시작되었다고 한다.[8] 이 구스의

7) 구스가 아프리카 북동부의 구스인지 아니면 메소포타미아 남부의 카사이트인지 판단하기 쉽지 않지만, 전통적으로 에티오피아와 동일시 해 왔다. Eugene H. Merrill, "The Peoples of the Old Testament According to Genesis 10," *Bibliotheca Sacra* 154 (1997): 3-22.

아들 니므롯은 홍수 이후 처음으로 국가를 세운다. 니므롯의 이름의 뜻은 '우리가 반역하다' 라는 뜻이다(drmn). 하가다(Haggadah)는 니므롯을 바벨탑을 쌓고 사람들이 하나님께 반역하도록 이끌었던 자로 묘사하고 있다.[9] 니므롯의 삶과 업적은 창세기 10:8-12까지 이어지며, 두 가지 업적이 기록되어 있다. 첫째, 니므롯은 세상에 처음 영걸이라고 하며(8절), 여호와 앞에서 특이한 사냥꾼이고(9절), 둘째, 그는 시날 땅에 국가를 건국하였고(10절), 마침내 앗시리아에 이르는 제국을 형성하였다(11-12절).[10] 니므롯의 삶과 업적은 놀랍게도 홍수 이전 시대의 두 부류의 인물을 매우 닮았다.

용사
- 창 10:9 כְּנִמְרֹד גִּבּוֹר צַיִד לִפְנֵי יְהוָה׃
  케니므로드 깁볼 차이드 리프네이 야웨
- 창 6:4 הַנְּפִלִים הָיוּ בָאָרֶץ … הֵמָּה הַגִּבֹּרִים אֲשֶׁר
  한네필림 하우 바아레츠…헴마 학깁보림

성 건축
- 10:11 וַיִּבֶן אֶת־נִינְוֵה וְאֶת־רְחֹבֹת עִיר וְאֶת־כָּלַח׃
  와이벤 에트-니느베 베에트-레호보트 일
- 창 4:17 וַיֵּדַע קַיִן אֶת־אִשְׁתּוֹ … וַיְהִי בֹּנֶה עִיר
  와에다 카인 에트-이쉬토… 와이히 보네 일

니므롯의 삶과 업적은 가인의 성 건축과 네피림의 삶을 합쳐 놓았다. 즉 니므롯은 홍수 이전의 전형적인 뱀의 후손 또는 사탄의 후손인 가인과 네피림처럼 살았던 자였다. 그의 삶과 업적을 좀더 구체적으로 살펴보자.

---

8) ANET 265. '기쉬의 왕' 이란 타이틀은 오랫동안 수메르와 아카드 정권을 상징하는 용어로 사용되었을 가능성이 높다. Sarna, *Genesis*, 73.

9) Haggadah. 13a; Pes. 94b. Victor P. Hamilton, *Genesis 1-17*, 338.

10) 니므롯은 바벨론의 신 마르둑이나 전쟁신 니눌타 또는 고대 왕들 중에서 길가메쉬, 나람-신, 사르곤, 그리고 함무라비 같은 인물들 중에 하나와 관련되어 있는 것으로 생각하는 학자들이 많이 있다. Cf. Victor Hamilton, *Genesis 1-11:26*, 449. John Walton, *Genesis*, 370-371. Yigal Levin, "Nimrod the Mighty, King of Kish, King of Sumer and Akkad," *Vetus Testamentum* 52-3 (2002): 350-366.

8-9절

[8]구스는 니므롯을 낳았으니 그는 땅에서 용사로 살기 시작하였다. [9]그는 여호와 앞에서 사냥의 용사라 그러므로 말하기를 니므롯처럼 여호와 앞에 사냥의 용사라

니므롯은 용사였다고 한다. 용사의 히브리어는 '기볼' (גִּבֹּר)이며, 창세기 1-10장의 배경에서 '기볼' (גִּבֹּר)은 심상치 않은 표현이다. 그 이유는 '기볼' (גִּבֹּר)은 창세기 6:4에서 네피림에 대한 또 다른 표현이기 때문이다.[11]

הֵמָּה הַגִּבֹּרִים אֲשֶׁר מֵעוֹלָם אַנְשֵׁי הַשֵּׁם 헤마 학깁보림 아셀 메올람 안세 하셈

창세기 6:4에서 엘로힘의 아들들과 사람의 딸들 사이에 태어났던 네피림을 '기볼' (גִּבֹּר) 즉 용사라고 했는데, 그 용사가 함의 장자 구스를 통해 태어났다. 니므롯은 노아 홍수 이후의 첫 '기볼' (גִּבֹּר)이고 히브리어 동사 '하랄' (חלל, 시작하다)은 그 이후에 지속적으로 '기볼' (גִּבֹּר)이 생겨났음을 보여 준다. 이 말은 니므롯이 노아 홍수 이전에 피조 세계의 종말을 초래하였던 자들의 삶의 방식을 다시 따르기 시작한 시조임을 보여 준다.

9절은 니므롯을 좀 더 자세하게 표현하지만 내용은 매우 난해하다. 니므롯을 사냥의 용사라고 한 이유가 무엇일까? 그리고 왜 하필이면 여호와 앞에서라고 했을까? 니므롯은 단순히 짐승을 사냥하는 그런 사냥꾼으로 의미한 것은 아닌 듯 하다. 그 이유는 첫째 사냥꾼을 의미하는 히브리어 '차야드' (צַיָּד)를 사용하지 않고 '기볼 차이드' (גִּבֹּר־צַיִד) 즉 사냥의 용사라고 하였다. 이 표현을 사용한 이유는 니므롯의 삶과 행동을 8절의 '기볼' (גִּבֹּר)과 연결시켜 의미를 좀 더 발전시키거나 명확하게 만들려는 의도 때문일 것이다. 앞서 8절에서 지적한 것처럼 '기볼' (גִּבֹּר)은 창세기 6:4에서 네피림에 대한 또 다른 호칭이었고

11) Keil, *Genesis*, 165. Euan McG. Fry, *Genesis* (New York: UBS, 1997), 235. Mathews, *Genesis 1-11:26*, 450.

창세기 6:11에 의하면 폭력을 일삼고 파괴하는 자들이었음을 감안한다면, 9절에서 니므롯은 단순히 야생 동물만 사냥한 것이 아니라 사람을 사냥하듯 폭력을 행사하고 죽였을 가능성이 높다.[12)]

니므롯을 왜 "여호와 앞에서" 사냥의 용사라고 했을까?[13)] 이 표현은 긍정적이기 보다는 부정적인 의미를 가졌을 가능성이 더 높다. 이와 유사한 표현인 '하나님 앞에서' 가 창세기 6:11에 사용되었으며, 여기에서는 인간의 타락과 부패를 '온 땅이 *하나님 앞에* 패괴하여' 라고 하였다.[14)] 이것은 땅의 패괴한 상태가 최악임을 나타내기 위해 사용되었으며, 모두 다 용사로 불린 네피림과 이들처럼 살았던 사람들 때문에 이렇게 되었다. 6:12의 "모든 혈육 있는 자"(콜 바살, כָּל־בָּשָׂר)와 6:3의 "육체"(바살, בָשָׂר)는 같은 말이며, 이는 6:11-12의 행위가 6:1-4의 네피림 용사의 행위라는 것을 확인할 수 있다. 그렇다면 유사한 표현인 '여호와 앞에서 사냥의 용사' 는 니므롯이 네피림 용사들처럼 수많은 사람을 죽인 최악의 용사였음을 나타내는 표현일 것이다. '여호와 앞에서' 살인하는 행위는 가인을 연상시킨다. 가인은 창세기 4:8에서 하나님이 죄의 욕망을 다스리고 선을 행할 것을 요청했음에도 불구하고 가인은 그 하나님의 말씀과 임재를 앞에 두고 아벨을 살인하였다. 마찬가지로 니므롯은 하나님 앞에서 살인과 전쟁을 일삼는 폭군이었을 가능성이 매우 높다. 가인의 후손 라멕이 가인의 행동을 답습하여 사람을 살해하고 교만하게 "가인을 위하여는 벌이 칠 배 일찐대 라멕을 위하여는 벌이 칠십 칠 배이리로다"라는 말을 유포시켰던 것처럼, 홍수 이후에 니므롯과 사람들은 니므롯처럼 폭력을 일삼는 자들을 여호와 앞에 사냥의 용사라는 속담을 유행시켰을 것이다.

---

12) 고대 근동의 왕과 용사들이 사자를 사냥하는 벽화를 종종 발견할 수 있다. 사자의 사냥을 통해 이들은 자신의 용맹을 과시하였다. Mathews, *Genesis 1-11:26*, 450. Cf. 렘 16:16.

13) 니므롯을 '여호와 앞에서 특이한 사냥꾼' 이라고 불렀다. 고대 메소포타미아의 왕들은 사자를 사냥하는 것으로 자신의 용맹과 힘을 과시하였다. 이 속담은 사무엘상 19:24의 사울이 예언할 때 사울도 선지자에 속하느냐는 표현과 같은 차원에서 부정적으로 이해해야 한다.

14) U. Cassuto, *Genesis II*, 201.

10-12절

10-12절은 니므롯의 업적을 기록하고 있다. 니므롯은 성을 건축한 사람이다. 11절에 의하면 그는 앗시리아 지역에 니느웨와 르호보딜과 갈라와 레센 성을 건축하였다. 니므롯의 성 건축은 가인의 성 건축과 같다. 창세기 4:17에 의하면 가인은 땅의 저주를 받아 유리하는 자가 된다는 하나님의 징벌에도 불구하고 성을 쌓는다.

창 4:17 וַיֵּדַע קַיִן אֶת־אִשְׁתּוֹ … וַיְהִי בֹּנֶה עִיר וַיִּקְרָא שֵׁם הָעִיר כְּשֵׁם בְּנוֹ חֲנוֹךְ

창 10:11 מִן־הָאָרֶץ הַהִוא יָצָא אַשּׁוּר וַיִּבֶן אֶת־נִינְוֵה וְאֶת־רְחֹבֹת עִיר וְאֶת־כָּלַח׃

니므롯도 가인처럼 성을 건축하였다.[15] 창세기 11:1-4의 바벨성과 탑의 건축 책임자가 니므롯이라면, 그는 가인처럼 흩어짐을 피하고자 성을 건축하였다. 네피림이 고대의 유명한 자들이었던 것처럼(창 6:4), 니므롯의 바벨성과 탑의 건축 목적 중에 하나는 이름을 남기는 것 즉 유명해지는 것이었다(창 11:4). 가인도 물론 성을 쌓고 그의 아들의 이름을 붙였다(창 4:17). 그러나 니므롯은 가인보다 한 걸음 더 나아가서 많은 성들을 건축하고 제국을 건설하였다. 10절에 의하면 니므롯은 시날에 바벨을 비롯하여 에렉과 악갓과 갈레를 세우고 11절에 의하면 앗시리아 지역으로 영토를 확장시켰다.[16] 10절에서 니므롯의 나라에 시날 평지의 바벨이 포함되어 있는 것은 시사하는 바가 크다. 창세기 11장에서 시날 땅의 바벨은 그 성과 탑을 쌓는 일 때문에 하나님의 징벌이 임한 곳이다. 10절은 니므롯이 그 성을 쌓는 일을 주도했다는 것이 된다. 니므롯이 함의 후손임에도 불구하고 바벨론과 앗시리아에 도시 국가를 건설한

---

15) Mathews, *Genesis 1-11:26*, 451.

16) 니므롯은 바벨론을 비롯한 메소포타미아 남부 지역에 국가를 건설하고 나아가서는 앗수르 지역에도 니느웨를 비롯한 큰 성을 건축하였다고 말한다. 니므롯이 세운 국가의 규모는 바벨론과 앗시리아를 잇는 대제국이다. 현재까지 알려진 역사에 따르면 이것은 다분히 문제가 있다. 메소포타미아를 통일한 왕국은 기원전 2300년경 사르곤 제국이 처음이다.

것은 당시에 노아의 후손들이 한 지역에 모여 살았음을 보여 준다. 뿐만 아니라 함족 출신이면서 셈족 지역에서 제왕이 되어 통치하고 있는 것은 정말 놀랍다. 창세기 9:25-27에 있는 노아의 축복과 저주를 생각한다면 이렇게 뒤바뀐 결과는 그 이유에 대해 고민하지 않을 수 없게 한다.[17] 축복의 자손이 저주의 자손에게 지배 당하는 것은 창세기 3:15의 예언에도 불구하고 창세기 4장에서 가인이 아벨을 압도한 것과 엘로힘의 아들들이 사람의 딸들을 빼앗아 아내로 삼은 것에서도 볼 수 있다.

13-14절

미스라임에게 일곱 명의 아들이 태어난 것으로 기록하고 있다. 일반적으로 가슬루힘과 갑도림은 그리스 반도 지역에 있는 지명인데, 창세기 10:13-14는 이들이 이집트와 같은 민족적인 배경을 가지고 있다고 기록하고 있다. 개리 렌즈버그(Gary A. Rendsburg)는 그레데 문화가 이집트 문화에 심하게 의존하고 있음을 보여주는 고고학적 자료에 근거하여 그레데 지역의 갑도림은 원래 이집트 출신이었을 것이라고 주장한다.[18]

15-20절

가나안의 후손은 시리아 팔레스타인 지역에 정착하여 살았던 것으로 기록하고 있다. 가나안의 후손들이 살았던 지역은 가장 자세하게 묘사되었다. 가나안의 후손들의 이름은 이후에 부분적으로 창세기 15장, 여호수아 3장 등등에서 다시 등장한다. 가나안의 후손들의 이름은 창세기 10장에서 에벨의 아들 욕단 다음으로 많이 기록되어 있다. 창세기 9:1-7의 하나님의 축복을 보여주

17) John Walton, *Genesis*, 369.

18) Gary A. Rendsburg, "Gen 10:13-14: An Authentic Hebrew Tradition Concerning the Origin of the Philistines," *Journal of Northwest Semitic Languages* 13 (1987): 89-96.

려는 것인지, 아니면 이스라엘 민족들과의 관계 때문에 자세하게 기록된 것인지 분명하지 않다.

21-31절

21-31절에는 셈의 후손들의 족보가 기록되어 있다. 셈의 족보가 마지막에 기록되어 있지만, 구약 성경의 특징인 선택 받지 못한 사람이나 민족 먼저, 선택 받은 사람이나 민족 나중이란 규칙을 따르고 있다.[19] 셈의 족보에는 세 가지 특징이 있다. 우선 야벳과 함의 족보에는 2세대(야벳) 그리고 3세대(함)만 기록되어 있는 반면에 셈의 족보는 6세대가 기록되어 있다. 셈의 후손에 대한 관심이 야벳과 함과는 다르다는 것을 보여준다.

둘째는 21절에 있는 셈의 정체를 밝히는 두 가지 내용이다. 우선 21절은 셈을 야벳의 형이라고 밝히면서도 함과의 관계에 대해서는 전혀 언급하지 않는다. 이것은 틀림없이 노아의 축복과 저주를 염두에 두고 있으며, 셈의 계보를 노아의 축복과 연결 짓고 있다.[20] 그리고 셈을 에벨 온 자손의 조상이라고 먼저 밝히고 이어서 야벳의 형이라고 했는데, 이는 노아의 축복을 에벨의 후손에게

19) Mathews, *Genesis 1-11:26*, 459.

20) U. Cassuto, *Genesis II*, 217. John Sailhamer, *The Pentateuch as Narrative*, 133.

연결시키려는 의도를 가지고 있다. 22절에 의하면 셈에게는 다섯 명의 아들이 있다: 엘람, 앗수르, 아르박삿, 룻, 그리고 아람. 에벨은 이들 다섯 아들 중에 한 명이 아니라 아르박삿의 아들이고 셈의 손자이다. 셈이 자신의 아들들의 조상이라고 불리지 않고 3대 손자인 에벨의 조상이라고 불렸다. 창세기 9:22에서 함을 가나안의 아비라고 불렀던 것은 함의 저주가 가나안에게로 이어졌던지, 아니면 가나안의 행실이 아비 함의 행실과 너무 닮았기 때문에 그렇게 불렀을 것이다. 유사한 의도가 셈을 에벨 온 자손의 조상이란 말 속에 함축되어 있을 것이다. 더 나아가 셈은 단순히 에벨의 조상이 아니라 에벨의 모든 후손들의 조상이라고 한다. 셈을 에벨 온 자손의 조상이라고 불렀던 것은 (히브리인) 셈의 축복이 에벨과 그의 후손들을 통하여 이어졌든지 아니면, 에벨과 그의 후손들의 행동과 성품이 셈을 닮았기 때문일 것이다. 아마 에벨과 그의 후손들이 둘 다, 즉 축복과 신앙의 성품과 행동 모두를 셈으로부터 이어받아 가고 있었을 것이다.

셋째 특징은 셈의 족보에는 함의 족보에 니므롯의 삶과 행동이 기록되어 있는 것처럼 에벨에 관한 내용이 매우 간단하지만 기록되어 있다.

> 에벨에게 두 아들이 낳으니 하나의 이름은 벨렉이니 이는 그의 시대에 땅이 나뉘어 졌음이며 그 형제의 이름은 욕단이었더라

에벨은 첫 아들을 낳고 이름을 나누다라는 의미를 가진 벨렉이라고 지었다. 그 이유는 그 때에 세상이 나뉘었음을 증거하기 위해서이다. 땅이 나뉘었다는 것은 무슨 뜻일까? 지구의 대륙이 나뉘어 진 것을 말할까? 아니면 한 지역에 살던 사람들이 뿔뿔이 나뉘어 흩어지게 된 것을 말할까? 창세기 10장의 기록 목적이 32절에서 말하는 것처럼 노아의 세 아들로부터 땅의 열국 백성이 나뉘어졌음을 밝히는 것이다. 에벨이 아들에게 벨렉이라고 이름 지어준 것도 이와 관련되었음이 틀림없다. 그런데 창세기 11:1-9에 의하면 인류의 나뉘어지고 흩어진 것은 바벨탑 사건 때문에 본격적으로 일어났다. 그렇다면 에벨이 아들

을 벨렉이라 부른 것은 바벨탑 사건과 관련되었을 가능성이 높으며, 하나님께서 인류를 흩어지게 한 일을 증거하기 위해 아들의 이름을 벨렉이라고 지었을 것이다. 벨렉이란 이름은 에벨의 신앙의 증거이다. 이 신앙을 이어간 모든 사람들을 에벨(עֵבֶר)의 후손 또는 히브리(עִבְרִי) 사람이라고 불렀을 것이다.[21] 결국 셈은 에벨 모든 자손들 또는 히브리 사람의 조상인 셈이다.

셈의 후손의 네째 특징은 이 족보의 마지막 세대가 에벨의 아들 욕단의 자식들이지만, 이들은 노아의 약속을 기업으로 잇고 있지 않다는 것이다. 에벨은 벨렉을 낳고 세상이 나뉘었음을 증거하였다. 나뉜 것은 세상만이 아니고 에벨의 두 아들도 나뉘게 된다. 창세기 10:21-31의 셈의 족보에서는 에벨의 두 아들 중에 욕단의 자식들을 기록하는 것으로 종결되고, 벨렉의 아들들의 족보는 창세기 11:10-26에서 나온다. 셈(שֵׁם)과 에벨의 두 자식의 족보가 나뉘어진 것이다. 욕단의 자식들의 계보가 끝나고 나면 자신의 이름(셈, שֵׁם)을 내려고 쌓은 바벨 성과 탑 사건으로 이어지고, 벨렉의 자식들의 족보가 끝나는 곳에서는 하나님이 그 이름(셈, שֵׁם)을 창대케 해 줄 아브라함의 강화로 이어진다.[22]

에벨의 아들 욕단이 하나님의 일반 은총의 축복을 받은 것을 부인할 수 없다. 욕단의 자식들은 13명이나 되며, 창세기 10장에 기록된 사람들 중에 가장 많은 자식을 낳았다. 창세기 9장의 축복이 넘치고 있음을 엿볼 수 있다. 하지만 노아의 약속과 축복을 이어가는 후손은 벨렉이며, 그의 계보는 창세기 11:10 이하에 이어지고 있다. 에벨의 아들 벨렉이 약속을 이어가는 후손임을 어떻게 알 수 있을까? 벨렉의 후손들은 셈에서 시작하면서 창세기 5장의 아담과 셋의 후손들의 족보와 흡사한 방법으로 족보를 기록하고 있다. 이 부분에 대해서는 창세기 11:10-26의 주석에서 살펴보기로 하자.

창세기 10장의 족보를 기록한 목적이 무엇일까? 이것은 창세기 3장에서 11

---

21) U. Cassuto, *Genesis II*, 217-218. Sarna, Genesis, 78. Derek Kidner, Genesis, 109. Wenham, *Genesis 1-15*, 228. Mathews, *Genesis 1-11:26*, 460. '히브리' 를 '건너다' 의 의미를 가진 아발(עבר)과 관련 있다고 생각하는 학자들도 있고, 또 '히브리' 를 고대 메소포타미아의 소외계층을 일컫는 표현으로 생각하는 학자들도 있다.

22) John Sailhamer, *The Pentateuch as Narrative*, 133.

장에 이어지는 전체 구조 속에서 살펴보아야 한다. 창세기 3장에서 홍수까지는 에덴과 추방, 뱀의 후손의 이야기, 뱀의 후손의 족보, 여자의 후손의 족보 그리고 홍수로 이어진다. 홍수 다음 사건은 노아의 역할이 아담과 대비되고 있으며, 기록들도 노아 언약, 뱀의 후손의 족보, 뱀의 후손의 이야기, 여자의 후손의 족보로 이어진다. 즉 홍수 이후의 역사 기록들은 홍수 이전의 역사 기록과 대조를 이루고 있다. 아래의 도표는 창세기의 저자가 홍수 이전과 홍수 이후의 역사를 서로 대비시키고 있음을 확인할 수 있다.

창세기 3:8-12:4의 구조

A. Promise and Banishment out of Eden	3:8-24
B. Narrative of the Seed of Serpent	4:1-15
C. Genealogy of the Seed of Serpent	4:16-24
D. Calling the Name of the Lord	4:25-26
E. Genealogy of Seed of Woman	5:1-32
F. Flood-Promise	6-9장[23]
E' Genealogy of Nations	10:1-32
D' For Their Name, Constructing Babel	11:1-9
C' Genealogy of the Seed of Shem	11:10-26
B' Narrative of the Seed of Woman	11:27-32
A' Promise and Departure toward Canaan	12:1-4

창세기 10장은 32절에서 언급하는 것처럼 홍수 후에 인류가 땅 위에 번성하여 퍼져 나가는 것을 보여 주려는 의도를 가졌음이 분명하다. 하지만 위의 대비 구조는 이런 의도만 가진 것이 아니라, 창세기 10장에 거론된 민족들의 후예들이 여호와의 신앙을 이어가는 언약 백성들이 아니라는 것을 보여주려는

23) 5:32에 있는 노아의 genealogy formula가 9장 마지막에서 끝나므로, 6-9장 전체를 하나로 묶을 수 있다.

의도도 가지고 있었다. 니므롯처럼 가인의 길을 걸으며 뱀의 후손의 면모를 유감없이 보여주었을 것이다. 바벨탑 사건은 이런 삶에 대한 결과로 하나님의 진노가 열방들에게 임하였음을 보여 주고 있다.

Chapter 11 창세기 11장

메소포타미아 최초의 국가인 수메르의 도시들은 성벽을 쌓아 도시 안팎을 구분하였다. 도시 성벽 안에는 두 가지 중요한 건축물이 있었다. 그것은 신전과 왕궁이었다. 신전은 지구랏으로 불리는 건축물이며, 가장 큰 지구랏은 가로 세로가 약 200m이고 높이는 약 90m였다.[1] 피라미드보다 낮지만 고대 세계에서는 경이로운 건축물이었다. 고대 그리스 역사가 헤르도투스에 의하면 메소포타미아 사람들은 이를 하늘과 땅을 연결하는 장소이고 신들이 거주하는 곳으로 이해했다.[2] 이 바벨 성과 탑과 유사한 건축물에 관한 기록이 창세기 11:1-9에 기록되어 있다. 창세기 11:1-9의 내용이 고대 메소포타미아의 지구랏과 어떤 관계가 있는지 분명하게 말할 수 없다. 창세기 11

1) H.W.F. Saggs, *Civilization Before Greece and Rome* (New Haven: Yale University Press, 1989), 55-61.

2) Herodotus, *The Histories*, 1.181-183.

장은 창세기 10장과 밀접한 관계를 가지고 있다. 창세기 11:1-9은 창세기 10:8-12의 니므롯의 업적들 중에 특히 10:10의 바벨과 관련이 있다. 그리고 창세기 11:10-26은 창세기 10:21-31의 셈의 족보와 밀접한 관계를 가지고 있다.[3] 창세기 10:25은 이 둘을 근본적으로 이어주는 역할을 한다.

1) 에벨의 두 아들 욕단과 벨렉으로 나뉘어짐
→ 욕단의 후손들 10:26-29
→ 벨렉의 후손들 11:18-26
2) 그 때에 세상이 나뉘었음이요
→ 온 땅의 언어를 혼잡케 하셨음이라 11:9
→ 그들을 온 지면에 흩으셨더라

욕단의 후손들의 목록 다음에는 바벨론 성 건축으로 이어지고, 벨렉의 후손들의 목록 다음에는 약속의 땅 가나안으로 이동하는 내용이 기록되어 있다.[4] 이런 관계를 고려한다면, 창세기 11:1-26은 에벨(창 10:25)과 니므롯(창 10:10) 시대에 일어난 사건의 구체적인 내용, 즉 세상이 나뉘어지게 된 이유를 밝히고 셈의 축복이 에벨의 자손을 통해 계승된다는 것을 보여주려고 기록되었다. 이러한 구조를 취하게 된 이유는 창세기 9:1-7의 하나님의 축복의 긍정적인 결과를 창세기 10장에서 먼저 보여주고, 이어서 노아 홍수 이후의 인간의 죄악(창 8:21)과 그 결과를 보여주고, 이런 상황 속에서 하나님의 언약의 축복이 이어지는 계보를 보여주기 위해서이다.

3) 창세기 10장은 종족과 나라가 나뉘어졌음을 밝히고 있다(10:5, 20, 31). 그리고 '바벨' 이란 이름도 이미 10:10에서 사용되었다. Terence E. Fretheim, *The Book of Genesis*, NIB 1 (Nashville: Abingdon, 1994), 410.

4) John Sailhamer, *The Pentateuch as Narrative*, 134.

1절

[1]온 땅에 말이 하나이고 언어가 하나이었더라

창세기 11:1은 홍수 이후의 인류가 한 언어를 사용하였음을 먼저 밝히고 있다. 고대 메소포타미아에도 유사한 내용의 기록을 가지고 있다. 기원전 2500년경에 만들어진 수메르의 신화 Enmerkar and the Lord of Aratta에는 인류가 한 언어를 사용한 적이 있음을 보여주는 내용이 있다.[5]

In those days, there being no snakes,
there being no scorpions …
Sumer … the region Uri … the country Mardu …
could address Enlil, verily, in but a single tongue.
In those days, having lordly bouts…
Enki … the leader of the gods, lord of Eridu
estrange the tongues in their mouths
as many as were put there,
The tongues of men which were one. … …
That day the words of the lord …
were difficult, their meaning not to fathom, …
the envoy was unable to render them. …
The lord of Kullab smoothed clay with the hand and
set down the words on it in the manner of a tablet.
While up to then there had been
no one setting down words on clay

5) Thorkild Jacobsen, "Enmerkar and the Lord of Aratta," *The Context of Scripture: Canonical Compositions from the Biblical World*, vol. 1, ed. William W. Hallo (Leiden: Brill, 2003), 547-548.

> Now, on that day, … the lord of Kullab set down words on clay,
> thus it verily came to be!

이 신화에 의하면 수메르가 있던 시날 지역에 살던 사람들은 하나의 언어를 사용하며 살았지만, 엔키 신이 언어를 혼잡하게 만들어 버렸다. 의사소통이 불가능해진 사람들은 다른 사람의 말을 알아 들을 수 없었고, 이 언어 불소통 문제를 해결하기 위해 토판에 글을 새겨 표현하는 방법을 찾게 되었다고 한다. 창세기 10:5, 20, 그리고 31에서 언어의 분화를 말하고 있음에도 불구하고 11:1에서 말과 언어가 하나였다고 한다. 이것은 창세기 11:6에서 "이 무리가 한 족속이요 언어도 하나이므로"가 말하는 것처럼 바벨 사건이 일어난 시기에는 하나의 공동체였고, 아직 민족의 분화가 일어나지 않았음을 의미한다.[6] 창세기 11:1은 바벨 성 사건이 노아의 세 아들 셈과 함과 야벳의 후손들이 하나의 민족 공동체로 존재하던 시기에 일어났음을 보여준다.

2-4절

> [2]그들이 동방으로부터 옮기다가 시날 땅에서 평지를 발견하고 거기에 거하였더라 [3]그들이 서로 말하되 자 우리가 벽돌을 만들어 견고히 굽자 그들은 돌을 대신하여 벽돌을 가졌고 진흙을 대신하여 역청을 가졌더라 [4]그리고 그들이 말하기를 자 우리가 우리를 위하여 성과 그 꼭대기가 하늘에 닿는 탑을 만들고 우리를 위하여 이름을 내자 그래서 온 지면에 흩어짐을 면하자 하였더라

2절의 첫 히브리어 문장 '와여히 베나스암' (וַיְהִי בְּנָסְעָם)은 시간을 도입하는 '와여히' (וַיְהִי)와 시간을 나타내는 전치사 '베' (בְּ) + 동사 '나사' (נָסַע) + 대명사

6) Terence E. Fretheim, *The Book of Genesis*, 411.

접미사 '멤' (ם, 3인칭 남성 복수)으로 구성되어 있다. 뜻은 "그들이 옮기다가" 이다. '베나스암' (בְּנָסְעָם)의 대명사 접미사 '멤' (ם)을 받을 수 있는 의미상의 주어는 창세기 10장에 있는 민족들이다. 이들이 동방에서부터 이동하다가 시날 땅에 있는 평야를 찾게 되고 그곳에서 벽돌을 만들어 성과 탑을 쌓게 된다. 2-4절의 건축물은 거대한 탑을 갖춘 성이며, 이것은 신전인 지구랏을 중심으로 성을 건축한 고대 메소포타미아 도시들의 특징을 그대로 보여 준다. 고대 메소포타미아의 창조 신화인 에뉴마 엘리쉬에는 바벨성을 건축하게 된 이유를 다음과 같이 기록하고 있다.[7]

> When Marduk heard this, brightly glowed his features, like the day: "Construct Babylon, whose building you have requested, let its brickwork be fashioned. You shall name it 'the Sanctuary.'" The Anunnaki applied the implement; For one whole year they molded bricks. When the second year arrived, they raised high the head of Esagila equaling Apsu. Having built a stage-tower as high as Apsu. They set up in it an abode for Marduk, Enlil, Ea.

아눈나키 신의 제안에 따라 마르둑은 악의 신 티아매트와 킹구를 죽이고 우주를 만든 후 자신의 신전으로 바벨론을 건축하게 한다. 흙 벽돌로 만든 바벨론의 신전의 높이가 앞수 신의 거주지인 하늘에까지 이르렀다고 진술하는 것은 창세기 11장의 바벨론 건축을 연상시킨다. 하지만 창세기 11:2-4에서 이 일을 주도한 것은 신이 아니고 사람이며, 그가 누구인지 전혀 제시되지 않지만, 9절에서 이곳의 지명을 바벨이라고 한 점을 고려하면 니므롯이 주도자이

7) ANET, 68-69. Allen P. Ross, "Studies in the Book of Genesis Par 4: The Dispersion of the Nations in Genesis 11:1-9," *Bibliotheca Sacra* 138 (1981): 122-128. Dale S. DeWitt는 창세기 11:1-9의 배경을 바벨론이 아니라 우르로 생각한다. Dale S. DeWitt, "The Historical Background of Genesis 11:1-9: Babel or Ur?," *Journal of the Evangelical Theological Society* 22-1 (1979): 15-26.

었을 것이다. 그리고 에뉴마 엘리쉬의 바벨론 건축에서는 창세기 11장의 바벨론 건축의 대의였던 이름을 내는 것이나 흩어짐을 면하고자 하는 의사가 전혀 없다. 에뉴마 엘리쉬에서 바벨론은 마르둑과 다른 신들의 안식처로 건축되었을 따름이다.

2-4절에서 한 언어를 사용하던 사람들이 성을 건축하고 탑을 무려 하늘에 닿을 정도로 높이 쌓는 대단한 일을 이루어 낸다. 그 때 하나님은 이들의 작업을 무산시키기 위해 서로서로 말을 알아듣지 못하게 한다. 하나님은 왜 이 일을 막았을까? 바벨론 건축에서 하나님은 인간들이 자신의 힘과 능력를 과시하려는 과욕을 보았기 때문이다. 특히 하늘에 닿는 탑을 가진 성은 비유적 표현으로 난공불락의 요새로서 하나님의 권능이 아니면 공략이 불가능한 도시로 표현된다.[8] 이런 성과 탑을 쌓고자 시도하는 바벨론 건축자들은 하나님께 대한 신앙이 아니라 자신의 힘과 능력을 과시하고자 하는 욕망에 사로잡혔던 것이다. 뿐만 아니라 바벨론 건축은 창세기 1-11장에서 발생한 중요한 사건들의 재현이기도 하다. 창세기 11:1-9의 내용과 창세기 1-10장의 주제들을 비교하면, 다음과 같은 결과를 얻을 수 있다.[9]

창세기 11장	창세기 1-10장
2 시날 평지	에덴, 티그리스 유프라데스 강 2:10-14 가인이 … 에덴 동편 놋 땅에 4:16
4 성과 대를 쌓아	가인이 성을 쌓고 4:17, 니므롯이 성을 쌓고 10:10-11
4 꼭대기를 하늘에 닿게	엘로힘처럼 3:5
4 이름을 내고	가인이 성을 이름하여 에녹이라 4:17 고대에 유명한 사람 6:4

8) 신명기 1:28 "우리가 어디로 갈꼬 우리의 형제들이 우리로 낙심케 하여 말하기를 그 백성은 우리보다 장대하며 그 성읍은 크고 *성곽은 하늘에 닿았으며* 우리가 또 거기서 아낙 자손을 보았노라 하는도다 하기로." cf. 신명기 9:1-3. Ellen van Wolde, "The Earth Story as presented by the Tower of Babel Narrative," *The Earth Story in Genesis*, 149-150.

9) Mathews, *Genesis 1-11:26*, 466-468. 매튜는 창세기 1-10장과 11장에서 공통적으로 발견할 수 있는 단어와 주제들을 아주 포괄적으로 제시하고 있다.

4 흩어짐을 면하자	생육하고 번성하여 땅에 충만하라 1:28; 9:1, 7

홍수 이후의 사람들은 동방으로 옮기다가 시날 평지에 도착하게 된다. '동방으로부터' 의 의미를 가진 히브리어 전치사구 '미케뎀' (מִקֶּדֶם)은 동쪽으로부터 서쪽으로 옮겼다는 의미보다는 아라랏 인근 지역에서 창세기 1-10장에서 '동방으로' 여기는 곳으로 옮겼다는 의미이다. 이들이 도착한 시날 평지는 티그리스 강과 유프라테스 강 사이에 위치해 있다. 창세기 2:10-14에 의하면 에덴 동산에서 발원한 강이 티그리스 강과 유프라테스 강으로 이어지고 있다. 시날 평지와 에덴 동산이 같은 장소는 아니지만, 둘은 포괄적인 차원에서 밀접한 관계가 있으며, 하나님의 징벌의 결과로 아담과 하와가 쫓겨 났던 곳이 에덴의 '동편' (미케뎀, מִקֶּדֶם, 창 3:24)이다. 창세기 4:16에 의하면 가인이 처음 성을 건축한 놋 땅이 에덴의 동편이며, 이도 역시 시날 땅과 포괄적인 차원에서 밀접한 장소이며 하나님의 징벌과 관련 있다.[10] 바벨론 건축을 일반적으로 높은 탑만 쌓은 것으로 생각하지만, 실제로는 성과 탑을 쌓았다. 그리고 하나님이 쌓기를 중단시킨 것도 바벨론 성과 탑이다(8절).

창 4:17 וַיֵּדַע קַיִן אֶת־אִשְׁתּוֹ וַתַּהַר וַתֵּלֶד אֶת־חֲנוֹךְ וַיְהִי בֹּנֶה עִיר

와이예다 카인 에트-이쉬토 와타할 와테레드 에트-하녹 와여히 보네 일

창 10:10-11 וַתְּהִי רֵאשִׁית מַמְלַכְתּוֹ בָּבֶל … וַיִּבֶן אֶת־נִינְוֵה וְאֶת־רְחֹבֹת עִיר

와테히 레쉬트 맘락토 바벨 와이벤 에트-니느베 베에트-르호보트 일

창 11:4 נִבְנֶה־לָּנוּ עִיר וּמִגְדָּל וְרֹאשׁוֹ בַשָּׁמַיִם וְנַעֲשֶׂה־לָּנוּ שֵׁם פֶּן־נָפוּץ עַל־פְּנֵי כָל־הָאָרֶץ

니브네-라누 일 우믹돌 베로소 바사마임 베나아쉐-라누 쉠 펜-나프츠 알-페네 콜-하아레츠

바벨론 성은 건축한 것은 가인과 니므롯의 중요한 업적이었다. 가인의 성 건

10) John Sailhamer, *The Pentateuch as Narrative*, 134.

11) Mathews, *Genesis 1-11:26*, 478-479.

축과 바벨론 성 건축은 중요한 유사점을 가지고 있다.[11] 바벨 성과 탑을 쌓은 목적은 이름을 내고 흩어짐을 면하는 것이다. 하나님은 노아 홍수 직후 피조물들에게 생육하고 번성하여 땅에 충만하게 되는 재창조의 축복을 주었다. 땅에 충만하려면 당연히 곳곳으로 흩어져야만 된다. 그렇다면 홍수 이후 사람들은 왜 흩어지지 않으려 했을까? 홍수 이후 사람들은 이 재창조의 축복을 재앙으로 이해했을까? 그래서 이들은 흩어짐을 면하려고 하였을까? 축복을 저주로 오해했다기 보다는, 이들은 가인의 냄새를 물씬 풍기는 사고방식을 가지고 있었기 때문이다. 이들이 성을 쌓는 목적은 창세기 4장에서 가인이 성을 쌓는 것과 아주 흡사하다. 창세기 4:12에서 가인은 하나님으로부터 "땅에서 피하며 유리하는" 자가 되는 저주를 받았다. 그럼에도 불구하고 창세기 4:17에서 가인은 에덴 동편 즉 메소포타미아 또는 시날 지역에 성을 쌓고 그 성에 자기 아들의 이름을 붙여 에녹이라고 하였다. 이것은 바벨 성을 쌓은 사람들의 대의와 아주 유사하다.

가인		바벨성	
4:17	성을 쌓음	11:3	성과 탑을 쌓음
4:17	아들의 이름을 붙임	11:4	우리 이름을 내고
4:12,14	땅에서 피하며 유리하는 자	11:4	온 지면에 흩어짐을 면하자

홍수 이후의 사람들이 흩어지는 것은 벌이 아니라, '생육하고 번성하여 땅에 충만하라' 는 하나님의 재창조의 축복에 따른 결과이다. 하지만, 이들은 가인의 사고방식을 가지고 있었기 때문에 흩어져 땅에 충만하라는 재창조 명령을 거부하고 니므롯의 이름의 의미처럼 하나님께 반역하려 한 것이다.

바벨 성과 탑을 쌓은 사람들이 이름을 내려 한 것은 노아 홍수 이전의 가인과 네피림의 행위와 비교할 수 있다. 노아 홍수를 초래한 네피림들이 추구했던 것 중에 하나도 이름이었다. 창세기 6:4은 그들은 가리켜 고대의 유명한 자, 또는 고대로부터 이름의 사람들(메올람 안세이 하셈, מֵעוֹלָם אַנְשֵׁי הַשֵּׁם׃)이라고 했다. 가인과 네피림처럼 홍수 이후 사람들은 탑을 쌓고 자신의 이름을 내려 하였다. 이들이 굳이 탑의 꼭대기를 하늘에 닿도록 쌓으려 했던 것은 단순히 자신의 업적을 과시하려는 것이 아니라 하나님을 염두에 둔 행동이었다. 마치 에덴 동산에서 뱀의 유혹을 받아 엘로힘처럼 선악을 아는 위치에 오르려는 욕심에 사로잡혔던 것처럼 이들은 바벨 탑의 꼭대기를 하늘에 닿게 하려고 하였던 것이다.[12] 그래서 자신들의 이름을 하나님의 이름과 나란히 세우려는 의도를 가졌던 것이다. 이런 행동은 창세기 4:26에서 여호와의 이름을 불렀던 셋과 그의 후손들의 행동과 정반대되는 것으로 하나님께 반역하는 행위였다. 이처럼 바벨 성과 탑을 쌓는 사람들은 에덴의 뱀과 가인과 네피림과 그리고 니므롯과 같은 부류의 사람이었고 이들과 같은 생각과 가치관을 가진 사람들이었다. 즉 이들은 가인의 길을 걷는 뱀의 후손들이었다.

5-9절

[5]여호와께서 사람의 아들들이 짓는 그 성과 그 탑을 보기 위해 강림하였더라 [6]여
호와께서 가라사대 그들이 한 민족이고 그들 모두에게 한 언어만 있으니 이것이
그들로 하여금 실행하게 하였으니 그러므로 이제부터 그들이 실행하려고 계획
하는 모든 일을 금할 수 없으리라 [7]자 우리가 내려가서 우리가 거기서 그들의 언
어를 혼잡하게 하여 서로가 말을 알아 듣지 못하게 하자 [8]그리고 하나님이 그들
을 거기서부터 온 지면에 흩으심으로 그들이 그 성 쌓기를 멈추었더라 [9]그러므로
그 이름을 바벨이라 불렀으니 이는 여호와께서 거기서 땅의 모든 언어를 혼잡하
게 하였고 그리고 거기서 여호와께서 그들을 온 지면 위에 흩었더라.

---

12) Gordon Wenham, *Genesis 1-15*, 239-240. Mathews, *Genesis 1-11:26*, 481-482. 고대 지구랏은 신전이었을 뿐만 아니라, 하늘과 땅을 연결시키는 상징적인 역할을 하였다. 이런 상징적인 역할은 메소포타미아 지역에서 발견된 지구랏의 이름들에서도 확인할 수 있다. 'Temple of the Foundation of Heaven and Earth' (Babylon), 'Temple of the Wielder of the 7 Decrees of Heaven and Earth' (Borsippa), 'Temple of the Stairway to Pure Heaven' (Sippar), 'Temple of the Foundation of Heaven and Earth' (Dilbat), 'Temple which Links Heaven and Earth' (Larsa). John H. Walton, "The Mesopotamian Background of the Tower of Babel Account and its Implications," Bulletin for Biblical Research 5 (1995): 155-175.

6절에서 하나님은 인간들이 성과 탑을 쌓아 이름을 내고 흩어짐을 면하려는 행동을 하게 된 이유를 한 민족이고 한 언어를 사용하기 때문이라고 말한다. 이것은 11:1에서 바벨 성 사건의 도입부로 사용되었지만, 이제 범죄의 원인으로 제시되었다. 그리고 7절에서 하나님은 그들의 언어를 혼잡하게 함으로 문제를 해결한다. 바벨 성과 탑을 쌓은 사람들은 이 일을 추진하는데 확고한 의지를 가졌었다. 그래서 성과 탑을 쌓자는 말을 할 때마다 '하바' (הָבָה, 오라!)는 수사적 표현을 사용한다. 이들의 행동을 저지하려는 하나님의 의지도 확고하였으며, 하나님은 그들이 사용한 수사적 표현을 동일하게 사용한다.

서로 말하되 자 וַיֹּאמְרוּ אִישׁ אֶל־רֵעֵהוּ הָבָה נִלְבְּנָה לְבֵנִים 3

그들이 말하되 자 וַיֹּאמְרוּ הָבָה נִבְנֶה־לָּנוּ עִיר 4

자 우리가 내려가서 …הָבָה נֵרְדָה וְנָבְלָה שָׁם שְׂפָתָם 7

하나님이 이처럼 확고한 의지를 가진 이유는 바벨 성과 탑을 쌓는 행위가 하나님의 뜻을 거역하는 반역과 죄이기 때문이었지만, 또 하나는 하나님은 이들의 행동이 한 번으로 끝나지 않고 지속적으로 반복될 것으로 생각하였기 때문이다. 6절의 '베하제 하힐람 라아소트' (וְזֶה הַחִלָּם לַעֲשׂוֹת)에서 동사 '하랄' (חָלַל)은 '시작하다' 는 의미를 가지며, 이 말은 현재 건축하고 있는 바벨 성을 시작으로 성과 탑의 건축이 반복해서 일어난다는 뜻이다. 여기에서 사용된 동사 '하힐람' (הַחִלָּם)은 창세기 10:8에서 니므롯을 "땅 위에 용사로 존재하기 시작했다" (헤헬 리오트 기볼 바아레츠, הֵחֵל לִהְיוֹת גִּבֹּר בָּאָרֶץ)고 말할 때 사용된 히브리어 동사 '헤헬' (הֵחֵל)과 같은 동사이다.[13] 창세기 10:10-12에서 니므롯은 시날 땅의 바벨론을 시작으로 앗수르까지 그의 나라를 확장시키며 성을 건축한다.

이들의 생각과 행동에서 하나님은 노아 홍수 이전의 사람들과 노아 홍수 이후에 사람들에게서 보았던 악한 인간의 마음의 경향성이었다.

---

13) U. Cassuto, *Genesis II: From Noah to Abraham*, 245.

창 6:5 וְכָל־יֵצֶר מַחְשְׁבֹת לִבּוֹ רַק רַע כָּל־הַיּוֹם 그 마음의 생각의 모든 계획

창 8:21 כִּי יֵצֶר לֵב הָאָדָם רַע מִנְּעֻרָיו 사람의 마음의 계획하는 바가

창 11:6 לֹא־יִבָּצֵר מֵהֶם כֹּל אֲשֶׁר יָזְמוּ לַעֲשׂוֹת 그들이 계획하는 모든 일

홍수 전후의 사람의 마음의 계획이 어릴 때부터 항상 악했던 것처럼, 창세기 11:6에서 하나님은 이제 시작되고 있는 바벨 성과 탑을 쌓는 사람들의 경영하는 일을 방치하면 막을 수 없게 된다는 절박한 상황 인식을 하였던 것이다. 그렇기 때문에 하나님은 당대의 사람들의 단일 언어를 종결시키고 바벨론 건축을 중단시키는 일에 진력하였고, 창세기 11:5-9은 창세기 11:1-4에 사용된 표현들을 교차대구법과 반복법을 통해 강조한다. 매튜가 분류한 표는 이를 아주 잘 보여 준다.[14)]

A 온 땅의 구음이 하나이요 (1절)
　B 거기 (2절)
　　C 서로 (3절)
　　　D 자! 벽돌을 만들자 (3절)
　　　　E 자! 우리를 위해 쌓자 (4절)
　　　　　F 성과 대를 쌓아 (4절)
　　　　　　G 여호와께서 강림하셨더라 (5절)
　　　　　F' 성과 대를 (5절)
　　　　E' 인생들의 쌓는 (5절)
　　　D' 자! 우리가 혼잡케 하자 (7절)
　　C' 서로 (7절)
　B' 거기서 (8절)
A' 온 땅의 언어를 (9절)

14) Mathews, Genesis 1-11:26, 468. J. P. Fokkelman, *Narrative Art in Genesis: Specimens of Stylistic and Structural Analysis* (Eugene, Oregon: Wipf and Stock Publishers, 1994), 22-23.

대구 구조를 통하여 두 가지 효과를 가져 온다. 첫째는 유사한 단어와 표현을 통해 인간의 바벨론 건축과 하나님의 흩음을 극적으로 연결시킨다. 둘째는 유사한 단어와 표현을 대칭시킴으로 인간들의 원하는 바와 하나님의 뜻하는 바가 분명하게 다르다는 것을 보여준다. 이런 점에서 5절의 여호와의 강림은 바벨론 건축에 극적인 반전을 가져온다. 5절에서 하나님은 바벨 성과 탑을 쌓는 것을 보기 위해 강림하였고, 7절에서는 그들의 행동을 막기 위해 "자, 우리가 내려가서"라고 한다. 인간들이 하나님의 보좌인 하늘까지 탑을 쌓아 올리려 했지만, 그 탑은 하나님이 보기 위해 내려와서 봐야 할 정도로 연약한 인간의 작품에 지나지 않았다. 결국 하나님의 강림과 함께 인간들이 바벨론 건축을 통해 이름을 내고 흩어짐을 면하려 한 시도는 좌절된다.

5절에서 바벨론을 건축하고 있는 자를 '베네 하아담' (בְּנֵי הָאָדָם, 사람의 아들들)으로 지칭하고 있다. 이 표현은 창세기 1-11장에서 처음 사용되었으며 6:2의 '베노트 하아담' (בְּנוֹת הָאָדָם, 사람의 딸들)과 대비를 이룬다. 그렇지만 창세기 11:5-9에는 창세기 6:1-8과는 달리 하나님은 인간을 멸망시키려 하지 않는다.

창세기 11장의 하나님의 강림은 에덴 동산에서 있었던 하나님의 강림을 생각나게 한다.[15] 창세기 3장에 의하면 하나님은 하나님처럼 되고자 하는 아담과 하와를 찾아 에덴 동산에 강림하였다. 이들을 에덴 동산에서 추방한 후 하나님은 가인에게 말하고 노아에게 말하기도 했지만 더 이상 사람들 가운데 강림하지 않았다. 그런데 창세기 11:5에서 하나님은 바벨탑 꼭대기를 하늘에 닿게 하여 하나님 같은 이름을 남기려 하는 인간들에게 다시 강림한다. 에덴 동산에 강림하였던 하나님은 혼자가 아니라 '우리' 라는 말에서 알 수 있듯이 삼위 하나님을 포함하여 그룹들이 함께 있었다.[16] 창세기 11:7의 히브리어 동사 '넬다

---

15) Kenneth A. Mathews, *Genesis 1-11:26*, 484. 징벌에 앞서 하나님이 강림해서 상황을 파악하는 것은 창세기 18장의 소돔과 고모라 사건에서도 나타난다. 하나님이 진상을 파악하는 모습에서 하나님의 전능을 의심하려 해서는 안 된다. 그 이유는 하나님은 인간의 행위를 이미 알고 강림하기 때문이다. 오히려 이 같은 하나님의 행동은 사람에 대한 징벌에 앞서 하나님의 신중한 모습을 보여준다. U. Cassuto, *Genesis II: From Noah to Abraham*, 244-245.

베나베라'(נֵרְדָה וְנָבְלָה)가 1인칭 복수형으로 된 것에서 알 수 있듯이, 하나님은 홀로 강림한 것이 아니라 삼위 하나님을 포함한 그룹들이 함께 강림하였다. 에덴에 강림한 하나님이 아담과 하와의 범죄를 징벌하였던 것처럼, 창세기 11:5-9에서도 하나님의 강림은 인간에 대한 징벌로 이어진다. 하지만 에덴과 바벨의 강림 사이에는 중요한 차이점이 있다. 에덴의 강림에서는 범죄에 대한 징벌을 시행하기에 앞서 하나님은 아담과 하와에게 가죽 옷을 지어 입히는 은혜를 베푼다. 하지만 창세기 11:5-9에서는 하나님이 은혜를 베푸는 흔적을 찾을 수 없다.[17] 은혜를 베풀지 않은 것은 바벨 성 사건에 대한 하나님의 구속사적 의도를 다시 생각하게 만든다.

창세기 3-11장은 에덴 추방, 가인의 살인, 노아 홍수, 바벨 성과 탑이라는 네 개의 큰 사건들로 구성되어 있다. 각각의 사건들에서 인간은 범죄하고 그에 대해 하나님은 징벌을 내린다. 아담과 하와 그리고 가인은 추방을 당하고 땅에서 유리하는 자가 된다. 노아 시대의 사람들은 홍수를 통해 멸망 당하고 수명이 짧아지는 벌을 받는다. 바벨 사건에서 사람들의 언어가 혼잡하게 되고 인간은 온 지면에 흩어지는 벌을 받게 된다. 이런 징벌이 가해지는 와중에도 하나님은 은총을 베푸시는 것도 확인할 수 있다. 아담과 하와에게는 여자의 후손에 대한 약속과 가죽 옷을 지어 입히는 은혜를 베풀었고, 동생을 살해한 가인이

---

16) Terence E. Fretheim, *Genesis*, 413.

17) 17 Gerhard von Rad, *Old Testament Theology*, vol. 1 (New York: Harper & Row, 1962), 163. David J. A. Cline, *The Theme of the Pentateuch* (Sheffield: Sheffield Academic Press, 1997), 70. 바벨탑 사건을 통해 하나님이 인류를 땅 위에 흩어지게 한 것을 징벌이 아니라 은혜로 보아야 한다는 학자도 있다. Nancy L. deClaissé-Walford, "God Came down … and God Scattered: Acts of Punishment or Acts of Grace?," *Review and Expositor* 103 (2006): 403-417. J. Krašovec, "Punishment and Mercy in the Primeval History," *Ephemerides Theologicae Lovanienses* 70-1 (1994): 6-33. Bernhard W. Anderson과 Theodore Hiebert는 바벨 사건을 하나님이 인간에게 문화적 다양성을 가져다 준 사건으로 이해하려 한다. Bernhard W. Anderson, "Unity and Diversity in God's Creation: A Study of the Babel Story," *Currents in Theology and Mission* 5-2 (1978). 69-81. Theodore Hiebert, "The Tower of Babel and the Origin of the World's Cultures," JBL 126-1 (2007): 29-58.

죽음을 두려워할 때 표를 주어 죽임을 면하게 해 준다. 노아 홍수에서는 피조세계가 다시 생육하고 번성하며 땅에 충만할 뿐만 아니라 다시 홍수로 멸망시키지 않는다는 언약의 약속을 준다. 그러나 바벨 사건에서는 하나님의 은혜의 흔적을 찾을 수 없다. 하나님은 바벨 사건 때문에 온 땅에 흩어진 인류에게 왜 은혜를 베풀지 않았을까? 하나님은 이들을 어떻게 하려는 것일까? 하나님은 이전과는 판이하게 다른 방법을 선택한다. 그것은 여자의 후손인 아브라함을 복의 근원으로 삼아 땅의 모든 족속이 복을 얻게 하는 것이다.

하나님이 바벨론 건축자들에게 내린 징벌은 언어를 혼잡하게 하여 온 지면에 흩어 성 쌓기를 멈추게 하는 것이었다. 바벨론 건축자들은 탑을 쌓아 이름을 내려고 하였지만, 9절에서 그 이름은 바벨이라고 불리게 된다. 메소포타미아 사람들은 바벨을 '신들의 문들' 이란 의미로 불렀다. 하지만 창세기 11:9은 바벨이란 이름을 붙이게 된 이유를 하나님이 언어를 혼잡하게 했기 때문이라고 한다. 혼잡이란 말은 히브리어로 '바랄' (בָּלַל)이다. '바랄' (בָּלַל)과 '바벨' (בָּבֶל)은 유사한 발음을 가지며, 이를 통해 바벨탑 시도를 조롱하려는 의도를 가지고 있다. 하나님이 바벨론 건축자들을 지면에 흩어지는 것은 하나님의 창조 축복과 관련하여 생각할 때에는 축복이라고 할 수 있다. 하지만 바벨론 건축자들에게 이것은 큰 좌절감을 가져다 준 재앙이었다.

10-26절

창세기 1:21-31에 셈의 족보가 있음에도 불구하고 창세기 11:10-26에는 셈의 족보가 또 기록되어 있다. 왜 함과 야벳의 족보와 달리 셈의 족보가 다시 기록되어 있을까? 창세기 11:10-26의 셈의 족보는 창세기 10장의 족보와는 그 성격이 판이하게 다르다.[18] 창세기 10장의 족보에는 이름만 나열되어 있었

18) Victor Hamilton, *Genesis 1-17*, 360-362.

지만, 창세기 11:10-26에 등장하는 사람들은 'A가 x살에 B를 낳고, B를 낳은 후 y년을 지내며 자녀를 낳았다' 는 말을 항상 붙이고 있다. 이러한 족보 유형은 창세기 5장에 있는 아담과 셋의 족보와 매우 유사하다. 한 가지 차이가 있다면 창세기 11:10-26은 창세기 5장과는 달리 'A가 z년을 향수하고 죽었더라' 는 말이 없다. 창세기 11:10-26에는 이 표현도 없고 사람들의 수명도 창세기 5장의 사람들보다 훨씬 짧지만, 그러나 죽음에 대한 말이 존재하지 않고 생명이 이어지는 것만 기록하고 있다. 창세기 11:10-26과 창세기 5장의 유사점은 또 있다. 두 족보에 기록된 세대의 수가 각각 10세대이다.

창 5장 아담→셋→에노스→게난→마할랄렐→야렛→에녹→므두셀라→라멕→노아

창 11장 셈→아르박삿→(　　)→셀라→에벨→벨렉→르우→스룩→나홀→데라

눅 3장 셈→아박삿→가이난→살라→헤버→벨렉→르우→스룩→나홀→데라

70인역 *Σημ→Αρφαξαδ→Καιναν→Σαλα→Εβερ→Φαλεκ→Ραγαυ→Σερουχ→Ναχωρ→Θαρα*

물론 창세기 11:10-26의 마소라 텍스트에는 9세대만 기록되어 있다. 그러나 70인역과 누가복음의 족보에는 가이난이 포함되어 있는 것을 보면 마소라 텍스트는 필사자의 오류가 있었던 것으로 여겨진다. 둘은 각각 10세대로 되어 있을 뿐만 아니라, 이에 더해 마지막 10세대에는 각각 자식이 세 명이 있다. 노아의 경우 셈과 함과 야벳이고 데라의 경우 아브라함과 나홀과 하란이다. 창세기 11:10-26이 창세기 5장과 같은 스타일을 가지고 있는 이유는 셈에서 데라와 아브라함으로 이어지는 계보가 아담과 셋의 계보로부터 시작하여 이어지고 있음을 보여주기 위해서이다. 셋과 그의 후손들이 여호와의 이름을 불렀던 것처럼 셈의 장막에 하나님이 거하시고, 셈의 후손 아브라함은 창세기 12:8에

서 여호와의 이름을 불렀다.

셈의 족보에서 또 하나 눈여겨 보아야 할 것은 셈의 후손들의 구성원들이다. 창세기 11:10-26의 셈의 후손들과 창세기 10:21-31의 셈의 후손들은 일부 겹치기는 하지만 다른 사람들이다. 창세기 10:21-31의 셈의 후손은 에벨의 두 아들 중에 욕단의 자손들만 기록하고 있다. 반면에 창세기 11:10-26에서는 에벨의 두 아들 중에서 벨렉의 후손들이 기록되어 있다. 에벨을 기점으로 하여 벨렉과 욕단은 서로 나뉘어 진다. 욕단의 경우 그의 자식들의 이름은 기록되어 있지만, 그 이후 세대에 대해서는 창세기 10장의 노아의 다른 아들들의 경우처럼 전혀 언급이 없다. 그러나 벨렉의 경우 그의 후손들의 목록이 아브라함까지 이르고 있음을 확인할 수 있다.[19] 셈이 에벨 온 자손의 조상이었다고 하고(창 10:21), 에벨은 바벨 사건을 염두에 두면서 벨렉의 이름을 지은 것을 생각하며, 그리고 셈-에벨-벨렉-아브라함 계보가 창세기 5장의 계보 유형을 닮은 것을 감안하면, 한 가지 중요한 결론을 내릴 수 있다. 창세기 5장의 아담과 셋의 계보가 셈과 에벨 그리고 벨렉을 거쳐 데라와 아브라함으로 이어졌다는 것이다. 이것은 다르게 말하면 창세기 5장과 창세기 11:10-26의 계보를 통해 여자의 후손의 계보가 이어지고 있고, 그 나머지는 가인의 길을 걸은 뱀의 후손이 되었다고 볼 수 있다.[20]

27-30절

27그리고 이들은 데라의 톨레도트이라 데라가 아브라함과 나홀과 하란을 낳았고 하란은 롯을 낳았으며 28하란은 그의 아비 데라보다 먼저 그의 고향 갈대아 우르에서 죽었더라 29아브라함과 나홀이 아내를 취하였으니 아브라함의 아내의 이름은 사래며 그리고 나홀의 아내의 이름은 밀가라 하란의 딸이며 하란은 밀가의 아

19) John Walton, *Genesis*, 379.

20) John Sailhamer, *Pentateuch as Narrative*, 136. "There are two seeds, that of Cain and

비이며 그리고 이스가의 아비이더라 [30]사래는 잉태하지 못하여 자식이 없었더라

창세기 11:27이하는 데라의 톨레도트이며, 그의 가족사에는 슬픔으로 가득하다. 27-28절은 데라의 세 아들을 소개하고 있다. 물론 롯은 데라의 손자이고 창세기 12장 이후에 롯의 역할 때문에 소개되었다. 데라의 세 아들 중에 하란이 아버지 데라보다 먼저 갈대아 우르에서 죽었다. 사인을 밝히지 않고 있기 때문에 이유를 알 수 없지만, 한 가지 분명한 것은 자식이 죽었다는 것이다. 창세기 1-11장에서 사람의 죽음에 대한 기록이 있지만, 자식의 죽음에 대한 기록은 창세기 4장과 11장 밖에 없다. 아담에게 세 아들이 있었지만, 그 중에 한 명 아벨이 가인에게 살해 당했다. 유사하게 데라에게 세 아들이 있었는데, 그 중에 한 명 하란이 죽었다. 데라 가문의 고통은 여기에 그치지 않는다. 창세기 11:10-26의 셈의 후손들 중에 셈만 100살에 자녀를 낳고 나머지는 30살 전후에 자녀를 낳는데, 유독 데라는 70살이 되어서야 아들 아브라함과 나홀과 하란을 낳았다. 게다가 그의 아들 아브라함의 아내 사라는 잉태하지 못하였다.[21] 자손의 대가 끊어질 위기에 처해 있는 것이다. 데라 가문에는 창세기 5장처럼 노년에 자식을 낳거나 아니면 아예 자식이 없고, 그나마 있는 자식들 중에 한 명은 창세기 4장처럼 죽고 없는 불행이 가득하였다. 즉 데라의 가문은 창세기 4장과 5장의 상황을 재현하고 있는 셈이다. 여자의 후손에 심각한 문제가 생긴 것이다.

3장에서는 아담과 하와가 약속을 받았지만 에덴의 동쪽으로 추방되었다. 그

that of the woman. The line of Cain may rise up against the seed of the woman, but God had provided another seed in place of the one who was slain. The line of Cain may lead to judgment and destruction, but God would preserve the line of Seth, through whom the promise would be fulfilled. The same theological reflectonon God's promise lies behind the list of ten names in 11:10-26. Here the author's aim is to show that God's promise concerning the seed of the woman cannot be thwarted by the confusion and scattering of the nations at Babylon."

21) Sarna, *Genesis*, 87. 이는 창세기 12장부터 하나님이 아브라함에게 주는 자손과 땅의 약속을 예고한다.

러나 11:10-12:4에서는 아브라함이 약속을 받고 서쪽에 있는 가나안으로 향하여 가고 있다. 창세기 3장과 9장 그리고 12:1-4절의 약속은 특정한 의미를 가진다. 즉 아담에게 주어진 약속이 노아에게 반복되었고, 이 약속이 이제 아브라함에게 계승된다.

31-32절

> 31 데라가 그의 아들 아브라함과 하란의 아들 그의 손자 롯과 그의 며느리 곧 그의 아들 아브라함의 아내 사래를 데리고 그들과 함께 가나안 땅으로 가기 위해 갈대아 우르를 떠났더라 그리고 그들이 하란에 이르러 거기서 거하였더라 32 데라가 205살을 향수하였고 그리고 데라는 하란에서 죽었더라

이런 불행하고 어두움만 가득한 상황 속에서도 새벽 빛이 밝아 오고 있다. 아브라함이 마침내 가나안을 향해 이주를 시작한다. 아브라함의 아버지 데라는 예상치 못한 행동을 취한다. 데라는 둘째 아들 나홀을 갈대아 우르에 남겨두고 아브라함 부부와 롯을 데리고 가나안 땅으로 떠나 간다.[22] 데라는 비록 가나안 땅을 밟지 못하고 하란에서 죽었지만 분명히 가나안을 향하여 가고 있었다.[23] 왜 이들은 가나안을 향해 갔을까? 노아 홍수를 기점으로 창세기 3-11장

22) 아브라함의 고향 갈대아 우르의 위치에 대해 다양한 의견들이 있다. 고대 근동에서는 우르라고 불린 지역이 에블라와 우가릿에도 있었다. 하지만 갈대아 우르는 바벨론 남부 지역 걸프만 인근에 있는 지역으로 보는 것이 적절하다. Alan R. Millard, "Where was Abraham's Ur?: The Case for the Babylonian City," *Biblical Archaeology Review*, 27-3 (2001): 52-53, 57. Patricia Berlyn, "The Journey of Terah: To Ur-Kasdim or Urkesh," *Jewish Bible Quarterly* 33-2 (2005): 73-80.

23) 마소라 본문은 데라가 죽은 시기를 205살이라고 하는 반면에 사마리아 오경은 145살이라고 기록하고 있다. 마소라 본문의 따를 경우 아브라함이 하란에서 가나안으로 떠날 때(데라가 아브라함을 70살에 낳았고, 아브라함은 75살에 떠났다) 데라가 여전히 살아 있다. 사도행전 7:4에서 스테반은 테라가 죽은 후에 아브라함이 가나안으로 떠난 것으로 말한다. 즉 스테반은 사마리아 오경에 기록된 데라의 나이를 뒷받침하고 있다. J. A. Emerton, "When did Terah die (Genesis

에 등장하는 인물들의 이동을 살펴보면 한 가지 중요한 특징을 발견할 수 있다.[24)]

노아 홍수 이전

에덴 → 에덴의 동편(아담과 하와) → 에덴 동편을 떠나 놋 땅으로(가인)

노아 홍수 이후

아라랏 → 동방에서 시날 평지로(창 11:2) → 가나안으로(창 11:31)

노아 홍수 이전에는 에덴에서 동쪽으로 계속 옮겨 가고 있지만, 노아 홍수 이후에는 동쪽에서 서쪽으로 옮겨 가고 있다. 창세기 11:27-32는 두 가지에서 창세기 3-4장과 유사한 점을 가지고 있다. 첫째는 앞서 말한 것처럼 자식의 죽음이 기록되어 있다. 둘째는 서로 대조를 이룬다. 창세기 4장에서는 에덴 동산에서부터 동쪽으로 떠나가고 있지만, 창세기 11장에서는 동쪽에서 서쪽으로 가나안을 향해 나아가고 있다. 데라에 이어 아브라함은 하나님의 지시에 따라 마침내 가나안에 들어간다. 이것은 창세기 2-3장에서 하나님이 아담과 하와를 에덴에 둔 것과 흡사하다. 창세기 4:1-11:15에서 인간들은 각자 자신의 처소를 찾아 나서지만, 창세기 2-3장과 창세기 12:1에서 하나님은 직접 인간에게 살 장소를 제공하거나 지시해 주고 있다.[25)] 그러나 데라가 아브라함과 함께 가나안을 향해 가는 동안에도 가인의 길로 빠져든 사람들이 끊임없이 생겨났다. 여호수아 24:2-4에 의하면 아브라함이 데라를 하란에 남겨 두고 가나안으로 간 것은 데라가 다른 신들을 섬겼기 때문이라고 밝히고 있다. 데라는 아브라함이 떠난 후 하란에서 60년을 더 생존하였다. 안타깝게도 셈의 후손들

11:32)," *Language, Theology, and the Bible: Essays in Honour of James Barr*, eds. Samuel E. Balentine and John Barton (Oxford: Clarendon Press, 1994), 170-181.

24) Gordon Wenham, *Genesis 1-15*, 238-239.

25) Yehoshua Gitay, "Geography and Theology in the Biblical Narrative: The Question of Genesis 2-12," *Prophets and Paradigms*, ed. Stephen Breck Reid (Sheffield: Sheffield Academic Press, 1996), 206.

은 데라에 이르러서는 아브라함을 제외하고 모두가 가인의 길을 걷는 자로 전락했다. 하란에 남았던 아브라함의 동생 나홀의 가족들도 드라빔을 가족 신으로 섬기는 가인의 길, 뱀의 후손의 길로 빠져 버렸다(창 31:30). 그러나 이런 와중에 하나님은 아브라함을 선택하고 그를 통해 가나안에 새로운 하나님 백성의 공동체를 만든다. 창세기 12:2-3에서 하나님은 아브라함에게 복의 근원이 되게 하여 아브라함을 통해 땅의 모든 족속이 복을 얻게 될 것이라고 한다. 하나님은 아브라함을 열방의 저주와 축복의 통로와 방편으로 삼고 있다. 그리고 창세기 3:15에서 여자의 후손이 뱀의 후손의 머리를 부수겠다고 하였는데, 창세기 22:17에서는 아브라함과 사라의 후손이 대적의 문을 얻으리라고 약속한다. 모두가 뱀의 후손의 길을 갔기 때문에 뱀의 후손들이 승리하는 듯 했지만, 대적의 문을 얻고 뱀의 머리를 부술 여자의 후손이 예고된다. 이런 어둠 속에서 별빛이 찬란하게 비추기 시작한다.